The Tunisian Revolution and Democratization
An Anthropological Process Documentation

チュニジア革命と民主化

人類学的プロセス・ドキュメンテーションの試み

鷹木恵子
Keiko TAKAKI

明石書店

チュニジア革命と民主化過程での殉教者たちに捧ぐ

目次

凡例

一、本書中のアラビア語のカタカナ表記は、チュニジアの現地調査に基づく部分では、チュニジア・アラビア語方言の発音の近似音を当てることにする。したがって、長母音などの「ー」を省略する場合や二語の場合でも、間に「・」を入れずに続ける場合がある。例えば、ブー・アルギーバとはせずに、ブルギバとする。また母音も現地の発音に倣い、ビン・アリーではなく、ベンアリーとする。またバージー・カーイド・アルセブシーではなく、BCEとも略記されることから、ベージー・カーイドエッセブシーと表記する。

二、一般用語のアラビア語のカタカナ表記については、冒頭の定冠詞アル（al）は省略し、中間にくる場合には、次に続く語が「太陽文字」の場合でも、アルと表記する。なお、コーラン、メッカなどの語彙は、クルアーンやマッカとはせず、日本語の慣用例に従う。

三、アラビア語のローマ字表記は、一般用語については、原則として、『岩波 イスラーム辞典』（岩波書店）に倣うこととする。またチュニジアの人名や地名のローマ字表記は、煩瑣となることを避けるため、最小限に留め、重要なもののみを、初出の箇所で（ ）内に、現地で慣用となっているフランス語表記とアラビア語表記の順で、／を入れて併記するか、その一方を記す。

四、聞き取り内容の紹介に関しては、インフォーマントは匿名を原則とする。ただし、本人からの希望があった場合と、また政治家など公職にある人物で本人から許可を得ている場合については、実名で紹介している。また聞き取り内容は、（ ）内に、職業、性別、年齢、聞き取りをした場所、聞き取りの年月日の順で記入する。

五、引用文献は、［ ］内に著者名、刊行年、頁数を入れ、参考文献と照合できるようにする。またウェブ・サイトからの情報と新聞記事を参照または引用した場合は、参考文献ではなく、注においてそれらを示すこととする。記事のタイトル、サイト名、記事の掲載年月日、サイトのアドレス、閲覧した年月日の順で示すこととする。

六、写真は特に撮影者名等が明記されていないものは、原則として筆者が撮影したものとする。

地図　チュニジア共和国と各県

序章　なぜチュニジア革命か

第1節　問題の所在

本書は、「アラブの春」の起点となったチュニジア革命とその後の民主化移行過程に焦点をあて、人類学的現地調査を踏まえて、ほぼ五年にわたるその経過を、プロセス・ドキュメンテーションの手法を用いて描いたモノグラフである。

チュニジア革命は、同国の歴史において初めて民衆の力で民主化時代を切り開いた大事件であったが、それはまた同国に留まらず、当初、期待を込めて「アラブの春」と呼ばれたように、中東アラブ諸国のほとんどにその影響を波及させ、中東現代史にも大きな転機をもたらすこととなった。

しかし、その民主化のうねりは、エジプト、リビア、イエメンでは長期独裁政権を崩壊させたものの、その後は思い描いたような展開とはならず、エジプトでは自由選挙で成立したムルシー政権に対する事実上の軍事クーデターによる大統領解任、リビアやイエメンでの武力抗争の激化、シリアでのアサド政権と反政府諸勢力との内戦化、さらには混迷を深める権力の空白地帯に「イスラーム国」（以下、ISと記す）という時代錯誤的な国家が登場し、それは今や、その過激思想と残虐性から、中東・北アフリカ諸国のみならず、国際社会全体にとっても大きな脅威となっている。そして、そうした紛争やその戦禍を逃れてヨーロッパへと流入してくる難民や移民は、二〇一五年末には一〇〇万人にも達したとされ、この現状は一国や一地域の出来事が予想をはるかに超えるさまざまな連鎖を生むことを、われわれに厳然と突き付けることとなった。

そうした世界の動きのなかで、革命から五年目を迎えたチュニジアでは、この間多くの紆余曲折を経ながらも、二〇一四年一月には新憲法を制定、同年の秋には議会選挙と大統領選挙とその決選投票という三度の選挙を無事に終了し、年末には自由選挙で選出されたベージー・カーイドエッセブシー大統領の就任、そして二〇一五年二月には新政権を発足させた。

こうしてチュニジアは、革命の第一義的目標であった政治の民主化移行を、何とか平和裏に達成することとなった。この事実は、国際的にも高く評価され、大統領選挙後には、英国の雑誌『エコノミスト』が、「二〇一四年を飾る国（Country of the Year 2014）はチュニジア」とも発表した［*The Economist*, 20 December 2014］[1]。首都チュニスの街角にも、二〇一五年の春には、国民の多くが民主化の成功を誇りと自信をもって受け止め、それをアピールするかのように、「チュニジアはアラブ諸国初の民主主義国家」といった壁書きなども見られていた。そして、民主化を目指したアラブ諸国の多くが混乱や混迷を深めるなかで、「チュニジアは例外」とする論評などもみられた［Beau et Lagarde 2014］。

しかし実際には、政治的民主化の一方で、革命の背後にあったもう一つの大きな課題、すなわち失業対策や貧富・地域間の格差是正という経済面の民主化は、今なお、難題のままであり続けている。新政権発足後、その課題に本腰を入れ始めた矢先、二〇一五年三月のバルドー博物館と七月のスースのリゾート・ホテルで二度の観光客を狙ったテロ事件が発生し、基幹産業の観光業は大打撃を受け、政府の努力や国際支援にもかかわらず、経済再建は今や「テロとの闘い」との両輪で取り組まねばならない課題となっている。こうした状況下、将来に希望を持てない若者たちの地中海を横断してのヨーロッパ密航や、ＩＳへの戦闘員としての参加、そして今や「自殺の文化」とさえ命名されるまでになった、従来ほとんどみられなかった若者の自殺も急増するようになっている。[2]

内戦の続く隣国リビアからの難民の流入も、チュニジアの物価上昇や国内の治安悪化に結び付いてきた。新政権発足後も、生活が一向に改善されないなか、経済的困窮からストライキや座り込みの抗議活動も相変わらず各地で頻発し、二〇一五年の前半にはガフサ・リン鉱山の操業がストライキと抗議の座り込みによって中止に追い込まれ、連日、多額の損失を出していた。また五～六月にかけては小中学校の教師たちのストライキによって期末試験が遅れて夏季休暇にずれ込み、さらに医療機関関係者のストライキは、その間に患者の死亡という事態まで発生させることになっていた。

二〇一五年に入り実施された世論調査では、[3]新大統領就任直後の一月には、国民の半数近い四八・七％が「国は良い方向に向かっている」と回答していた。しかし、バルドー博物館テロ事件後の四月の世論調査では、それが二三％へと落ち込んでいる。その四月の世論調査ではまた、チュニジア国民の六二％が「国の政策に対して不満」と回答しており、七三％が「革命後の社会状況に不満」、さらには八七％が「国の経済状況に不満」と回答している［Boumiza 2015］。[4]こうした世論調査の結果ばかりでなく、国際機関の報告書［World Bank 2014］にもあるように、また筆者自身の現地調査からも、確かにチュニジア革命は、多くのことを達成してきた一方で、未だに難題もかかえ、道半ばであるという印象は拭い得ないように思われる。

しかし、民主化を目指した中東・北アフリカ諸国の一部では、それが武力衝突や内戦へと発展してしまったなかで、大きな武力衝突を回避し、政治的対立や抗争を市民たちが論争や対話、またデモや座り込みという平和的手段で解決しようとし、実際に国家的な最大の危機をも四市民団体「カルテット」の仲介による「国民対話（Dialogue Nationale/al-Hiwār al-Waṭanī）」で克服し、新憲法制定と自由選挙による新政権の樹立を果たしたことは、確かにノーベル平和賞受賞に値する意義をもつことであったと考えられる。

本書は、こうした中東現代史の大きな転換点となり、そしてまた「リーダーなき革命」ともいわれるチュニジア革命とその後の民主化過程が［Guen 2013: 243］、一体、どのような経過を辿ったものであったのか、そしてまたいかにして当初の革命の第一義的目的でもある民主化移行を達成し得たのかを、文献資料や現地での文化人類学的フィールドワークの観察や聞き取り資料をもとに、プロセス・ドキュメンテーションの手法を用いて描くことを目的としたものである。

二〇一〇年一二月、シーディ・ブーズィードの町での野菜売り青年の焼身自殺事件から始まったチュニジア革命は、翌二〇一一年一月一四日には二三年余りにわたったベンアリー独裁政権を崩壊させ、それは中東・北アフリカ諸国にも多大な影響を及ぼした。

チュニジア国内においてはその後、国民は未だ経験したことのない民主主義的な政治の実現に向けて、文字通り、手探りでの歩みを始めていったのである。それはまた、チュニジアの男女、さまざまな年齢層、社会経済階層、地域出身者、学歴、職業集団、イデオロギー保持者など、それら全てを巻き込みつつ、民主主義とは何か、民主的政権の樹立はいかなる手順で達成されるべきか、より良いガバナンスの礎となる憲法はどうあるべきか、公正かつ透明性のある選挙はいかに実施されるべきかなどの諸課題に、一つ一つ向き合い、その答えを探るべく、議論を積み重ね、論戦を交わし、交渉し、あるいは合意形成のための駆け引きをし、時には妥協や譲歩を引き出し、さらには主義主張や異議申し立てのために仲間を動員してデモや座り込みを実施し、またネット空間でもそれを展開するという過程でもあった。

その五年余りの、多様な勢力がせめぎ合う、複雑に入り組んだ動向の軌跡を辿ってみるならば、リーダー不在のチュニジア革命とその民主化過程とは、民主主義的政治をこの国に何とか根付かせようとする、国民のほとんどを巻き込んでの、まさに参加型での壮大なる社会開発プロジェクトであったようにも捉えられるのである。しかもその民主的で公正かつ透明性のあるガバナンス構築というそのプロジェクト自体、外部からの目標設定や資源投入などで実施されたという外発的なものではなく、多くの民衆の希求に基づく、手探りながらも自律的に展開していった動きという点では、文字通り、内発的プロジェクトとして捉えられるものである。「参加型開発の理念」について、佐藤寛は暫定的とはしながらも、「開発の当事者（開発の影響を直接的に受ける人々）が主体的に開発の過程に関与するようになること」と定義しているが［佐藤 2003: 14］、それを踏まえるならば、チュニジア革命と民主化過程を一つの参加型の社会開発プロジェクトとして捉えることは、あながち的外れなことでもないように判断される。

本書は、チュニジア革命と民主化の過程について、紆余曲折を経ながらも、新憲法の制定と自由選挙に基づく新政権の発足へとこぎつけたその五年余りの経過を、開発学の分野でのプロセス・ドキュメンテーションという手法を援用して、人類学的な記述考察を試みるものである。なお、本書では、二〇一〇年一二月一七日から二〇一一年一月一四日までの出来事を、「チュニジア革命」とし、また二〇一一年一月一四日のベンアリー政権崩壊の出来事については、「一月一四日革命」という名称を使用することにする。それでは、本書で採用するプロセス・ドキュメンテーションという手法に関して、まず最初に簡単に説明しておくことにしたい。

第2節　方法論としてのプロセス・ドキュメンテーション

⑴ 人類学的プロセス・ドキュメンテーションの手法

「チュニジア革命」について記述することは容易なことではない。この革命に関しては、すでに枚挙に暇のないほどの著書や論文、新聞や雑誌記事、インターネット情報、そして無数とも言える人々の証言が存在している。そうした既存の文献資料の一部に加えて、本書では筆者自身による文化人類学的現地調査に基づく観察記録や聞き取り調査による情報も資料として使用したいと考えている。それでは、それらの山積みの資料に基づいて、何をどうのように描いていくのか。

まずチュニジア革命と民主化過程についての文献資料のうち、著書のみを対象に取り上げてみても、多数のものがみられる。それらは書かれた時期によって、当然ながら、その内容や関心の焦点が異なっており、一月一四日革命直後には、ベンアリー政権崩壊に至る過程や革命の歴史背景や要因などを中心に取り上げたものや、また革命の意義や論評、また自らの実体験の手記などがみられた。[5]その後の民主化過程に関しても、それを跡付ける著書・編著が引き続き、同国内外で多数出版されている[6]また専門分野・テーマとの関連から、政治経済面からの研究、歴史学的研究、女性やジェンダー関連からの研究、若者に焦点を当てた調査研究、またイスラミスト勢力やナフダ党、労働総同盟、メディアなどとの関連から革命や民主化を論じた著書も出版されている。[7]

日本においても、「アラブの春」や中東全体を視野に収めた国際政治学や歴史学的研究やまた特にエジプト革命に関してはすでに少なからぬ研究成果が刊行されている。[8]しかしながら、中東・北アフリカ地域に大きな転機をもたらすその発端となったチュニジア革命やその後の民主化移行過程に関しては、その民主化についてはある程度成功モデルとも評されながら、日本ではいまだ研究は多くはなく、また実際にそれがどのようにして起こり、その後どのような経過を辿ったのかについて、その過程を跡付けた研究はごく断片的なものに留まっている。

本書は、その研究の手薄である部分を多少なりとも補うための一つの試みであるが、加えてそれをプロセス・ドキュメンテーションという手法で、現地調査を踏まえて、多くの聞き取り事例を交えながら、民族誌的に記述するものである。以下で述べるこのプロセス・ドキュメンテーションという方法論は、チュニジア革命と民主化という、特に政治・経済・社会・宗教・文化など多様な側面と関わる現象について、また多くの利害関係者や勢力が複雑に絡み合い、複数の場所で同時並行的にさまざまな動きが展開していった様相とその過程を記述するうえで、その多面性、多声性、多所性、多元性をも含めて描く手法として、優れて有効なものではないかと考えている。

こうしたプロセス重視のアプローチは、もともと開発学の分野においては、すでに参加型開発の流れのなかで採用されていた。しかし、複雑である開発の現象自体をプロセスとして捉えて、プロセス・ドキュメンテーションやプロセス・モニタリングと名付けたアプローチ手法を提唱し始めたのは、デイヴィッド・モスらを中心とした研究者たちである。モスは『プロセスとしての開発―複雑さを捉えるための概念と方法（*Development as Process: Concepts and methods for working with complexity*）』［Mosse, Farrington and Rew（eds.）2001］と題した編著書のなかで、このプロセス・アプローチは、従来の予定論的プロジェクト・アプローチや参加型評価法に満足できない者たちが[9]、より柔軟で応答的で、かつ特異性にもより敏感であり得るアプローチとして、この手法の重要性を認識するようになった、と述べている［Mosse 2001: xi］。

モスは、プロセス・ドキュメンテーションあるいはプロセス・モニタリングは、従来のモニタリングや参加型評価法を代替する手法というよりも、それらを補完する手法と捉えている［Mosse 2001: 3-53］。しかし、例えば、従来の開発評価手法として一般的に用いられてきたロジカル・フレームワークなどでは、開発プロジェクトにおける投入（インプット）と成果（アウトプット）との関連性により多くの注意が払われ、それらがあたかも自動的にまた直線的に繋がっているかのように捉えられている。またビフォー・アフター・アプローチにおいても、投入に対して予測される結果がどの程度生み出されたかを把握することは可能であるが、予測しなかったインパクトや想定外の変化については把握が難しいとする。

これに対して、プロセス・ドキュメンテーションのアプローチでは、開発の「プロセス」、すなわち投入（インプット）と成果（アウトプット）とのそのあいだの進展や経過により注目をすることから、投入から期待される成果が必ずしも生み出されずに異なる結果となり得ることや、成果が変化する可能性についても排除せずに考察することができ、それがまたなぜ、そしていかにそうした結果に至ったかを説明する助けになると主張する。モスは、「『プロセス』という概念は、複雑な社会的リアリティを把握し、またそれについて語るための新しいもう一つの方策（device）を提供するもの」と述べている［Mosse 2001: 4］。

モスはまた、開発プロジェクトの従来の捉え方と異なり、それをプロセスという比喩によって捉えることの意義を、以下の三点にまとめて説明している。

一つは、開発プロジェクトをプロセスとして捉えることは、プロジェクトの計画自体を柔軟で順応性のあるものとみなし、開始後の「学びの過程（learning process）」で変化し得るものとして捉える。この「学びの過程」への注目は［Korten 1980］、従来の「青写真アプローチ（blueprint approach）」とは対照的なもので、青写真アプローチでは、開発プロジェクトが特定の形式（投入・活動・成果・費用）と時間枠をもつ固定的なものとして扱われるが、「学びの過程」に注目することは、それに伴う変化の可能性をも十分に考慮し得るものであると述べている［Mosse 2001: 4-5］。

第二には、開発の「プロセス」研究においては、他のプロジェクトやその脈略での諸要素との関係性にも言及する。全てのプロジェクトは、プロジェクトを超えた広範な社会的また制度的環境の影響を受けているが、従来の手法ではこの諸要素との関係性への考慮が不十分であったとする。そうした諸要素との関連性に仮に言及することがあっても、それは問題の発生源とか誤解として捉えられ、開発の本質的部分として説明すべきものとは捉えられてこなかったとする。開発実践の行為とは、複合的で、その影響に関してはしばしば予測不可能な、その地域の固有の変数を伴うこともあり、管理統制の及ばない領域（文化・政治・制度・政策・資金や価格など）からも大きな影響を受けることがあるとして、それらも考察に含める必要があると考えるのである［Mosse 2001: 5-6］。

そして第三に、「プロセス」のドキュメンテーションとは、開発プログラムにおけるそのようなダイナミックで予測不可能な特異要素をも考慮し、それらに言及するものとしている［Mosse 2001: 4-5］。確かに、チュニジアの革命後の民主化過程においても、当初不在であったイスラミスト勢力の台頭やナフダ党の制憲議会選挙での勝利、また若者たちの西欧への地中海横断での密航やシリアへの聖戦参加の渡航、さらにテロ事件の発生などは予測できなかったことであり、そうした予測不可能であった要素も、プロセス・ドキュメンテーションの手法では、積極的に跡付けていくことが可能になる。

モスは、「プロセス」の概念やプロセス・ドキュメンテーションの手法とはまた、開発への異なる考え方や関与のしかたによって、その意義は異なり得ることも付記している。例えば、政策アドバイザーにとっては、プロセス・ドキュメンテーションの手法は、開発モデルの有効性についての調査手段となるかもしれないし、またプロジェクト・マネジャーにとっては、何らかの問題の解決策を探る手法となり、決定事項の正当性を説明する手段となるかもしれない。また学術研究者であれば、新しい解釈手法として関心をもつかもしれず、さらに資金提供者であれば、諸機関との協調改善のために採用する手法となるかもしれないとする。ただし、重要な点は、プロセス・ドキュメンテーションが、より効果的な開発に向けての実践的関心と、より広い視野に立った理解の深化への関心という、その双方を結びつけるものでなくてはならないとも述べている［Mosse 2001: 3-4］。

チュニジア革命は、ベンアリー独裁政権の終焉を強く願っていた人々にとってさえ、予期し得なかった出来事であったことを考えるとき、そしてまたチュニジアのほとんどの国民にとって、その後の民主化移行期がまさに「民主主義についての学びの過程」でもあったと捉えられるとき、上記のモスが提唱するプロセス・ドキュメンテーションの手法は、革命と民主化というプロジェクトの経過ばかりでなく、その予期せぬ紆余曲折も含めて記述し考察するうえでも、それに相応しい一つの方法論であるように考えられる。

実際に二〇一一年一月一四日のベンアリー政権崩壊直後、ムハンマド・ガンヌーシー首相によって、憲法五六条に基づいて首相による大統領職の代行が発表された。しかし、翌日には憲法五七条に基づいて、下院議会議長が臨時大統領に就任し、二か月以内に大統領選挙を実施するとの声明が出された。これによって、ベンアリーの大統領職への復帰の可能性は完全に閉ざされることとなったが、その大統領選挙は大幅に遅れただけではなく、その後、選挙自体が新たな憲法を策定するという目標に向かって、制憲議会選挙へと変更されることとなった。その制憲議会の期間も当初の予定での一年では新憲法の草案完成は叶わず、予想以上の長い時間を要することとなった。その間に、国民はイスラミスト支持派とリベラル派とに二極化し、双方が対立・抗争するようにもなり、二〇一三年には二人の野党議員が相次いで暗殺されるという不測の事態が発生した。そのため、イスラーム政党のナフダ党を中心としたトロイカ政権への批判が高まり、民主化自体が頓挫しかねない危機的状況に陥った。しかし、四つの市民団体「カルテット」の強力な働きかけにより「国民対話」が実現し、新憲法の制定、国民代表者議会選挙と大統領選挙とその決選投票という三度の選挙を無事に実施し、二〇一五年二月には新政権を発足させるに至った。

本書で採用するプロセス・ドキュメンテーションの手法は、こうした予期しなかった出来事や多様な利害関係諸勢力の攻防、また政治目標達成までの入り組んだ過程を排除せずに描くうえで、またなぜ問題が発生し、いかにそれらを解決・克服したのかを説明するうえでも、優れて有効なものであると思われる。

日本においても、このプロセス・ドキュメンテーションの手法は開発分野に関心をもつ人類学者の足立［足立 2001］や内山田［内山田 2003］、また国際開発学の七五三［七五三 2009］などの研究でも議論され採用されている。足立は、一九九〇年代以降、開発に関わる人類学的研究の主な流れとしてあった「言説としての開発」の議論を踏まえ、その後の開発研究は、開発言説を重視し、開発を批判的に見ながらも、開発過程におけるさまざまな要素の本質化を避け、関係論的な視点で詳細に見ていこうとすることが基本的な方法論となっているとしている。そして足立自身は、プロセス・ドキュメンテーションの一つとして、アクター・ネットワーク論を採用した論考を発表し［足立 2001］、またプロセス・ドキュメンテーションの手法を採用した共同研究も組織している［足立 2005］。またプロセス・ドキュメンテーションという語を用いずとも、先行研究のなかには、開発プロジェクトにおけるアクターたちの関係性や相互学習プロセスに着目して描いたエスノグラフィー［小國 2003］や開発実践プロセスにおける対話や協働について考察した人類学的論文［関根 2007］などもみられる。

本論では、これらの先行研究をも参考にしつつ、チュニジア革命とその後の民主化過程を一つの壮大な民衆参加型の社会開発プロジェクトとして捉え、その複雑で多様な利害関係勢力がせめぎ合う様相とその経過を、現地調査による人々からの聞き取り資料も交えつつ、プロセス・ドキュメンテーションという手法によって描いてみたい。

筆者はただし、チュニジア革命とその民主化過程に同国の人々のように、実際に参加したわけではない。その点では筆者の立場は、あくまでも外部者に留まっている。しかし先に述べたように、このプロセス・ドキュメンテーションという手法は、さまざまな関心をもつ者や立場にある者、また学術研究にも採用可能であり、プロジェクトの計画自体もオープンエンドであるような事例に適しているとされ、チュニジアの民主化が今もなお、二〇一六年度には地方議会選挙も控えて、進行中であるとすれば、その点でも適切な手法ではないかと考えている。

モスは、ただし、プロセス・ドキュメンテーションの理念やその意図については明解に論じているが、その具体的な手続きまでは説明していない。むしろそれは、モスらの編著のなかのプロセス・ドキュメンテーションの事例研究にみられるように、それぞれの事例のなかでそれを意識化し、工夫し記述していくべきものとみなしているからだろう。そこで、次の(2)では、チュニジア革命と民主化のプロセス・ドキュメンテーションに関して、本論では独自に、その多面性・多声性・多所性という点を意識しつつ、一つの時間軸の上で論じていくことについて説明してみたい。さらに(3)では、個別で特異であり得る事例をいかに扱うかに関して、ミクロ・メゾ・マクロのレベルという多元性と関連づけること、あるいはそれを意識しつつ記述していくということについて、若干説明を付け加えることにしたい。

(2) 現象の多面性・多声性・多所性と時間軸

チュニジア革命の発端は、野菜売りの青年の抗議の焼身自殺から始まったが、その背景には、生活の糧を得るための仕事の手段を奪われたという経済的理由に加えて、女性検察官の横暴さや賄賂という不公正に対する怒り、人間としてまた男性としての尊厳を傷つけられたという社会的倫理的要因もあっただろう。また青年の行動に同情してデモを始めた人々のなかにも、経済的理由に加え、警察や知事などの公権力への反発、さらには独裁政権への反感、政治的不満、言論の自由や民主化を求める欲求などから行動を起こした人々もおり、その現象がもつ意味合いは、実際には経済、政治、社会、さらには倫理・文化的側面にまで及び、それらが相互に複雑に絡み合ってもいる。本論においては、そうした現象のまず多面性や多義性についても、それらを意識しつつ記述していきたいと考えている。

また革命当初、ほとんど存在しなかったイスラミスト勢力が、革命の数か月後には、その支持政党ナフダ党が制憲議会選挙において第一党となり、新憲法の起草に大きな影響力をもつこととなった。革命以前には亡命や獄中生活を強いられていたナフダ党員やその支持者たちが政治のイスラーム化を日指す一方で、その勢力と対峙し、あくまで政教分離（ライシテ）を主張するリベラル派たちもおり、民主化過程とは多様な勢力が対立・抗争する過程でもあった。すなわち、そうした過程でのさまざまな人々からの聞き取りは、同じ社会現象を、全く違う角度からみている語りを集めるという作業でもあった。民主化推進に積極的に関わり活動する人々もいれば、不満や異議を唱える人々、あるいは自らの生活を守ることだけで精一杯で、政治的混乱からは距離をおこうとする人々など、民主化過程への人々の関わり方も当然多様であった。そうした言わば、さまざまな声を聞き取りながら、それらの資料をいずれかの立場だけに可能な限り偏ることなく採用し、本論ではその多声性を重視して記録していくことを心掛けたい。

さらに革命やその後の民主化過程は、チュニジアの一部で起こっている現象ではなく、革命の始まりの内陸部での動向が、全国各地へ波及していったように、その後もまたチュニスのカスバ首相府の動きと並行してブルギバ通りなどでのデモや、内陸部での賃上げ要求座り込み、イスラミスト勢力による暴力事件、若者たちのヨーロッパへの密航など、実にさまざまなことが、多くの場所で同時並行的に、あるいは同時多発的に発生し進行していった。本論では、そうした現象の多所性についても注意しながら記述していく。

すなわち、こうした多面性・多声性・多所性を孕んで展開していった革命とその後の民主化の現象を、プロセス・ドキュメンテーションという手法を用いて、それらをプロセスという一つの時間軸に乗せることによって、そのドキュメンテーションが複合的でありながらも、時間的な方向性と筋道の見通しをもったものとして描いていくことが可能になるのではないかと考えている。

(3) ミクロ・メゾ・マクロのレベルをつなぐ考察

本書で使用する資料は、文献資料とインターネット情報に加えて、筆者の現地でのフィールドワークによる観察記録や聞き取りの資料、またNGOなどの各団体からのパンフレットや活動報告書などである。まず文献資料としては、チュニジア革命や「アラブの春」をテーマにした著書・論文は既述のとおり、枚挙に暇がないほど多数にのぼるが、それらの一部を大いに参考にしており、それらは参考や引用の場合には本文中に明記し、また参考文献のリストにまとめた。

さらにインターネットからの情報も、主にニュース記事を多数参考にした。日本において、チュニジアの情勢や最新情報を把握するには、日々、インターネットで報道されるニュース記事などを追う必要があったことによる。それらは膨大なもので、一つのニュースについても複数の情報源とのクロス・チェックも頻繁に行った。そのため、そうした情報資料は、数が膨大であるため、参考文献リストではなく、注において最重要な情報源のみをサイト・アドレスと閲覧した年月日をともに記すことにした。

また現地でのフィールドワークでは、[10] 研究所やＮＧＯ諸団体やまた政党本部などを訪問し、さらに全国各地において革命時の体験や革命に関連した出来事に関して、多数の人々を対象に聞き取り調査を行った。旧知の研究者や友人、従来の調査地の人々の他に、偶然知り合った人々やまた全国ネットワークをもつＮＧＯを通じて、各地のスタッフや地域事情に詳しいキーパーソンを紹介してもらい、聞き取り調査を行った事例もある。こうして革命後から集めた個別の事例や資料は多数を数えることとなり、実際に聞き取りを行い、レコーダーに記録した人々の数だけでも三〇〇人以上に及んでいる。本論で紹介し得たのはその一部であるが、聞き取り調査に応じて下さった方々は、研究者や大学教員などに加えて、学生や失業中の若者、主婦、公務員、会社員、ＮＧＯ代表者やスタッフ、政党党首、元大臣、政治家、元外交官、弁護士、裁判官、教員、宗教指導者、元軍人、医者、芸術家、市民活動家、自営業者、商人、農民、タクシー運転手、旅行ガイド、ホテルの従業員など、多様な分野の男性と女性たちで、年齢も七〇代から一〇代の子供までが含まれている。その聞き取り内容については、許可を得て、職業や性別や年齢のみを記し、ほとんどの場合は匿名で記述している。ただし、公職にあるような人で許可を得られた場合、またなかには本人の強い希望に基づき、実名でその体験談や証言を記録している事例があることを予めお断りしておく。またプロセス・ドキュメンテーションの手法として、聞き取りした内容に関わらず、聞き取り実施の場所と年月日を明記した。

また、本論で使用する文献資料および自らの観察や聞き取り調査の資料など、個別で特殊であり得る事例については、できる限りその脈略がわかるように位置づけることとし、また異なるレベルの動向とも関連づけて、それらとの関連性のなかで捉え考察することを試みた。具体的には、ある個人の体験談の聞き取り内容は、個別的特殊事例であり得るが、そのミクロ・レベルの出来事をできるだけ、メゾ・レベルやマクロ・レベルの動きと関連させつつ扱い、その多元的関係性のなかで考察することを試みることとする。

なお、ミクロ・レベルの事例という場合、それは個人の事例であることもあれば、あるNGOや一村落や一都市の事例である場合もあり得る。またメゾ・レベルという場合も、個人の事例をミクロと捉えている場合には、メゾは村や町となる場合があるかもしれないし、また村や町の事例をミクロ・レベルとして捉える場合には、メゾ・レベルとはその地域と設定される可能性もある。そしてマクロ・レベルについても、ミクロの個人、メゾの町の事例を、さらにマクロとしての国家や政権レベルと関連させ、考察することもあるかもしれない。また町をミクロとして捉えた場合は、メゾをチュニジアという国家とし、そしてグローバル化のなかのイスラーム世界や国際社会や国際機関の政策などをマクロ・レベルとして論じることもあり得る。

すなわち、できるだけ一つの事例を閉じたかたちで提示するのではなく、論述が成功しているかどうかは別として、それをより大きなレベルでの動向と時間軸とに関連づけて、その関係性のなかで捉えるという視点を重視して記述していく。

それによって、日本からは遠い国チュニジアの事例ではあっても、それが中東・北アフリカ地域での事例として、また私たち自身のグローバル時代という現代の地球市民の課題としての認識へも繋がっていければと願っている。

第3節　本書の構成

以上のような主題と方法論に基づいて、本書は以下のような章立て構成をとっている。

まず第1章は、「『二つのチュニジア』と革命の背景」と題し、チュニジア革命の背景要因の一つともなった地域間格差について、それが特に独立以降の政府の偏った開発政策によっていたこと、またベンアリー政権の光と闇について論述する。開発政策の歪みに関しては、独立以降の開発政策が東部沿岸地域サーヘルを優先したもので、それが内陸部や南部との地域間格差や貧富の格差拡大にも繋がり、革命の一要因となったこと、続いてベンアリー・トラベルシー一族のネポティズム（縁故主義）や盗賊政治について、そして独裁政権を支える装置となっていた警察国家体制と情報統制について述べる。また章の最後では、革命の前兆ともされる二〇〇八年のガフサ・リン鉱山民衆蜂起事件についても論述する。

第2章「チュニジア革命の始まりとベンアリー政権の崩壊」では、具体的にチュニジア革命がどのように始まり、どのような地理的広がりを見せていったのか、時間的な経過に加え、革命に参加していった多様な地域の、さまざまな年齢層や境遇の人々からの聞き取り内容を交えて、そのプロセスを多所的に多声的に跡付けていく。またベンアリー政権の幕切れが、人々の予想以上に速かったことの背景には軍の存在があったこと、革命後に明らかになり始めた政権・警察組織と軍との確執についても論じる。

第3章「革命後の民主化移行と制憲議会選挙でのナフダ党勝利」では、革命後、まさに手探りで始まった民主化移行とは、どのようなものであったのか。内陸の町の民衆を中心に始まった「自由のキャラバン」の動き、「カスバ1」「カスバ2」の異議申し立て運動、さらに多所的に多発的に広がった自由の名の下での権利要求運動や諸集団の衝突、またカーイドエッセブシー臨時政府下で旧憲法の停止と法改革を推進する「革命の目的達成のための高等機構」の設置などについて記述していく。さらに制憲議会選挙に向けて、その選挙法にアラブ諸国初となるパリテ法（男女交互拘束名簿制）が採用されたことや多数の政党の結成、そして制憲議会選挙でのナフダ党の勝利までを跡付けることにする。

第4章「ナフダ党連立トロイカ政権からカルテット仲介の「国民対話」へ」では、制憲議会選挙で勝利したナフダ党が、世俗主義左派系の二党と連立を組んで発足させたトロイカ政権期について論述する。この三党はまた、政府主席（首相に相当）と共和国大統領と制憲議会議長という国政の三大ポストを分け合い、一年以内での新憲法の起草を目指した。しかし第一党となったナフダ党政権下で過激なイスラミスト（サラフィストやジハーディスト）の勢力が台頭し、多数の暴力破壊事件を起こし、世俗派リベラル派たちとの対立を先鋭化させていった。憲法草案をめぐっても、イスラミストとリベラル派とのあいだで、シャリーア（イスラーム法）採用の賛否、男女の関係性や女性の権利をめぐる論争が展開されていった。その新憲法の草案は予定の一年を過ぎても完成せず、遅滞するなか、経済と治安状況が悪化し、さらにそれを批判する野党議員の暗殺事件が相次いで起こったことから、民主化は危機的状況に陥った。その危機を、国民対話カルテットの仲介でいかに克服し、そして二〇一四年一月の新憲法制定に至ったのかを明らかにしたい。

第5章「女性たちの活発な政治社会活動」では、革命の過程、そして民主化移行期には、女性たちや女性団体による実に活発な活動が顕著にみられたことから、特に民主化過程で重要な役割を果たした女性たちの活動を紹介する。また革命後、憲法草案との関連でも女性をめぐる問題が大きな争点となったこと、さらに女性の身体自体がイデオロギー的闘争の場となり、戦術手段化されていったことについて、

ＦＥＭＥＮ活動家、結婚のジハード（ジハード・アルニカーフ）、女子割礼、名誉殺人事件などの具体的事例をあげて跡付けていく。またチュニジアは、独立後、家族法での複婚禁止など、女性の地位と権利向上に努めてきた国であるが、いわゆるそうした「国家フェミニズム」とも呼ばれてきたものが、革命以降、女性たち自身の主体的活動によって、いかに「市民フェミニズム」と呼び得るものへと大きく脱皮し変貌していったかについても考察し跡付けてみたい。

第6章は、「新憲法制定と自由選挙に基づく新政権の発足」と題し、「国民対話カルテット」による仲介で新憲法の制定後、ナフダ党からテクノクラートのマフディ・ジュムア政権への移行、そして新憲法下での国民代表者議会選挙と大統領選挙、その決選投票を経て、新大統領の就任と新政権発足に至るまでの過程を明らかにする。特にジュムア政権期に実施された過激派イスラーム勢力の掃討作戦やモスクからの過激派イマームの排除、また若者たちのシリアでの戦闘参加の社会問題、二〇一五年の新政権樹立以降に起こった三度のテロ事件と経済立て直しに向けての諸課題などについて、その年末までの状況を跡付ける。

第7章は、「市民社会の活動とトランスナショナルな連携」と題し、革命とその後の民主化移行期において、市民団体や市民が果たしてきた重要な役割について述べる。まず革命後、多数の市民団体が新設されたことから、その全体的動向について記述する。その上で特に民主化と深く関わる活動として、憲法起草に関わる支援や選挙の監視活動を活発に行っている市民団体、また革命後の経済的疲弊のなかで雇用創出支援のマイクロクレジットＮＧＯの事例を取り上げて、その具体的活動内容や意義、またそのトランスナショナルな特徴を明らかにしみたい。また革命以前はほとんどタブー視されていたマイノリティ集団の人権運動について、特に先住民アマズィーグ、黒人、ＬＧＢＴの市民団体を取り上げ、革命後に新たに生まれた市民運動の事例を通して、民主化革命の意義を考察してみたい。

終章では、本論で述べてきたチュニジア革命の背景、始まり、その後の民主化への五年余りの歩みを踏まえて、この革命と民主化の意義とまたその特徴について考察する。そしてそれを踏まえた上で、今なお残る課題を指摘し、今後の連帯や協働に向けての可能性について展望を述べる。

第1章 「二つのチュニジア」と革命の背景

第1節 独立以降の開発政策の歪みと地域格差

チュニジアの東沿岸部、ビゼルトからスファックスそしてジェルバ島へと続く地中海に面した一帯は、一年を通して気候が穏やかで、風光明媚なことでも知られている［巻頭地図参照］。

そのなかでも「サーヘル（sāḥel）」[1]と呼ばれるモナスティールとスースを中心とする地域は、この二つの都市がそれぞれ初代大統領ハビーブ・ブルギバ（Habib Bourguiba/Ḥabīb Bū Rugība 1903-2000/在任1957-1987）と二代目の大統領ズィーン・アビディーン・ベンアリー（Zine al-Abidine Ben Ali/Zīn al-ʿĀbidīn Bin ʿAlī 1936- /在任 1987-2011）の出身地であり、歴史的にも多くの政治家や財界人を輩出してきたことから、そうした支配者層の政治力や経済力もあり、チュニジアのなかでは首都のチュニスと並んで、最も開発が進んできた地域である。

これに対して、内陸中西部の県、カスリーンやケフ、シーディ・ブーズィードやガフサは山岳地帯やステップ地帯が多く、また南部の県、トズール、ケビリ、メドニーン、タタウィーンは半乾燥や乾燥地帯であり、開発からは取り残された、「遅れた」さらには「忘れられたチュニジア」とさえ表現される地域で

シーディ・ブーズィードの中央郵便局の正面に飾られたムハンマド・ブーアズィーズィの垂れ幕。上部には「12月17日革命ー愛国心のシンボル」と記されている（2015年3月）。革命直後の垂れ幕（2011年）には「自由と尊厳の革命」と記されていた。

ある［Bettaïeb 2011: 8-9, Beau et Lagarde 2014: 57-68］。

「二つのチュニジア（deux Tunisies）」[2]。すなわち、沿岸部 vs. 内陸部、北部 vs. 南部、穏やかな地中海性気候の一帯 vs. 半乾燥・砂漠気候の一帯、快適な生活環境 vs. 厳しい生活環境、開発先進地域 vs. 低開発地域、権力と財力に恵まれた地域 vs. 失業と貧困にあえぐ地域[3]。

この「二つのチュニジア」のあいだにみられる歴然とした格差は、チュニジア革命の背景にあった主要な要因の一つとされている。「二つのチュニジア」においては、そもそも「チュニジア革命」の呼び方も異なっている。首都のチュニスなどでは、ベンアリー政権が崩壊した日を記念し、「一月一四日革命」と呼ぶ[4]。しかし、革命の起点となった町シーディ・ブーズィードでは、野菜売りの青年が焼身自殺をしたその日をもって、「一二月一七日革命」と呼んでいる［Beau et Lagarde 2014: 61］（写真参照）。また当初、ブログで使われてからチュニスを中心に広まった、この革命を「ジャスミン革命（La Révolution du Jasmin）」という呼び方も[5]、内陸部ではその土地によくみられる植物の名を取って、「ハルファ（アフリカハネガヤ）革命（La Révolution du l'Alfa）」［Ayeb 2011-2012: 61］、また「サボテン革命（La Révolution du Cactus）」などとも呼ばれていた[6]。

こうした地域格差は、後述するように、さまざまな統計数値からも示すことができる。ただし、こうした格差は必ずしも古来、自然にまた本質的なものとして存在してきたわけではなかった。チュニジアの内陸部には、ガフサのように後期石器時代のカプサ文化に由来した地名の都市や、スベイトラやカスリーン、またドガのように古代ローマの都市遺跡のみられるところもある。イスラーム時代に入り、アフリカで最初のイスラーム都市カイラワーンが建設された（六七〇年）のも内陸部であった。現在でも、穀物・野菜の産地やナツメヤシ・オアシス地帯、さらにこの国の貴重な天然資源であるリン鉱石や原油の産出がみられる多くの場所も、内陸部や南部にある。

では、なぜ、今日、「二つのチュニジア」とも呼ばれるような「沿岸部」と「内陸中西部・南部」とのあいだに格差が生じ、内陸や南部の地域は「遅れた地域」、また「忘れられたチュニジア」とも呼ばれるようになったのか。

その過程には、少なからず、チュニジア独立以降の開発政策が関係している。そのようなことを風刺した逸話に、次のようなものがある。

ブルギバ大統領が南部ジェリード地方のナツメヤシ・オアシス都市、トズールを訪れた際、国民を再教育するという強い情熱をもって住民たちとの会合に臨んだ。大統領の熱のこもった演説の後、ある農民がトズールにイワシの工場を造って欲しいと願い出た。大統領は、トズールは沿岸部からは二五〇キロも離れているのに、なぜ、イワシの工場などが欲しいのかと尋ねると、農民が応えて言った。「大統領、あなたは、ここから同じくらい離れているモナスティールにナツメヤシの工場を造っているではありませんか」［Ayeb 2011-2012: 66］。

この逸話は、現在でもジェリード地方の人々のあいだではよく知られているものである。そしてこうした支配者層の地元優先主義や地域偏重主義はこの話に限らず、また過去のものではなく、今なお続く現状をも物語っているものである。ジェリード地方の農村部の女性は、次のように訴える。

〈聞き取り〉南部の貧しさを訴える女性

ジェリード湖は、アフリカでも最大級の塩湖の一つで、国内最大の塩の産地です。それなのに、なぜこの地域にはたった一つの製塩工場もないのでしょうか？　炎天下、塩塊を採掘して五〇キロもの重さの袋を運搬するという重労働にはこの土地の人々が安い賃金でまるで奴隷のようにこき使われているのに、それらの塩塊はみんなスースやモナスティール、チュニスなどの沿岸部にある製塩工場に運ばれて商品化されている。なぜ、ここに工場を建てて、この地域で製塩しないのでしょうか。なぜ、私たちの地域はいつまでも失業者であふれ、貧しいままなのでしょうか（ジェリード地方農村の既婚女性、三八歳、彼女の自宅にて、二〇一二年八月二七日）。

チュニジア革命の起点となった町シーディ・ブーズィードでも、同じような事実が知られている。シーディ・ブーズィード県は、国内有数の野菜果物の産地で、その四分の一ほどを生産しているとされている。しかし、実際にはシーディ・ブーズィード県の農地の約九〇％は所有権登録がされていない土地で、この地域の人々の多くは国営農場で賃金労働者として働くか、あるいは沿岸部からの個人投資家によって開発された民間農園で働くことが一般的であるとされている［Beau et Lagarde 2014: 63］[7]。

現地調査でもシーディ・ブーズィードの町の周辺には、広大なオリーブ畑が広がっていることが確認されたが、それらは沿岸部の都市スファックスなどの投資家が灌漑施設を整備し開発した農園で、そこで働く農業労働者は低賃金でその沿岸部出身の投資家たちに雇用されている。そしてここで生産されたオリーブの実は、この土地で加工・商品化されることはほとんどなく、スファックスなどの沿岸部の工場へと輸送され、そこでビン詰やオイルに加工され商品化される。すなわち、シーディ・ブーズィードは、土地と水と労働力とを提供しながら、さらなる雇用創出につながる工場などはほとんど誘致されず、利潤の多くが沿岸部の投資家に吸い上げられているという構図となっているのである。そして多くの場合、こうした有力投資家と政治支配者層とは、相互に賄賂や縁故関係でも結ばれてきた。

オリーブの例だけに留まらない。ヴァランシは、チュニジア古来の三大農作物として、オリーブとともに穀物（小麦・大麦）とナツメヤシの実を挙げているが［Valensi 1977: 152］、それらについても同様のことが指摘できる。チュニジア北西部のベージャ県は、チュニジアが「ローマの穀倉」と呼ばれていた時代から、麦の産地として知られてきた地方である。しかし、麦の製粉工場やパスタ類の工場がみられるのは、首都のチュニス圏やスース、スファックスなどの沿岸部の都市である。製粉工場は次頁の写真にもあるように、そ

シーディ・ブーズィードの周辺に広がるオリーブ畑

内陸部から沿岸部へと運ばれる水資源

の独特の形からもすぐに目に留まるものであるが、そうした工場を内陸部で目にすることはない。ナツメヤシの実も、南部のオアシス地帯ではそのまま箱詰めにして販売されているが、さらに輸出向けに付加価値をつけた商品やシロップなどに加工する工場やその売店は、首都圏に集中している。[8]

一地域のミクロ・レベルでの出来事は、こうして実際にはメゾ・レベルの国家の開発政策とも深く関わっており、それはまた新自由主義経済のグローバル化というマクロの地球規模レベルの問題と切り離し難く結びついていることが見えてくる。

スファックスの小麦粉工場（2015年6月）

統計数字からみる地域格差とサーヘル偏重主義

国家の開発政策が、支配者層の地元優先主義やサーヘル偏重主義の傾向を色濃くもち、この国の開発政策を歪めたものとしてきたことは、さまざまな統計数字によってもすでに明らかにされてきた。文献にみられる、全国の二二の工業地帯のうち、その八〇が沿岸部に集中しているという指摘［Beau et Lagarde 2014: 58-59］や、革命の二年後においてもなお、この二つのチュニジア地域の格差が縮まらず、むしろそれが拡大しており、チュニジアの国内総生産の八五％が沿岸部に集中しているという統計数字［IDEES 2013: 73］などは、「二つのチュニジア」のあいだの溝の深刻さを物語っている。「二つのチュニジア」はまた経済部門における二重構造、すなわち成長部門の産業とマイナス成長部門の産業との格差とも重なり合っているとされている。IDEES（Initiative pour Développement Economique et Social)⁹によれば、ここ二〇年間ほど、特にＩＭＦの勧告による構造調整政策が実施されてきた過程では、開発政策で重視されてきたのは専ら輸出向け産業や付加価値サービス産業であり、これらの部門では成長がみられた一方で、従来は重要な産業であった農業・水産業部門についてはここ一〇年、悪化の一途を辿ってきていたとされている [IDEES 2013: 33-34]。すなわち、チュニジアでは一九八〇年代後半からの構造調整政策が、この「二つのチュニジア」の格差をさらに鮮明にしてきたとも捉えられるのである。

そしてこの「二つのチュニジア」の格差、それを作り出してきた政府の歪んだ開発政策は、とりわけチュニジア革命以降、その背景や要因を探るなかで多くの研究者の関心を集め、その実態が明らかにされてきている [Ayeb 2011-2012, Bettaïeb 2011, Beau et Lagarde 2014, Bousinina 2012-2013, Clancy-Smith 2013-2014, IDEES 2013]。

チュニジアの経済成長率は、一九六〇年から二〇一〇年までは平均五・二%であったとされている [Beau et Lagarde 2014: 131]。この数字だけをみるならば、確かにチュニジアは独立以降、その開発政策は順調で、中東諸国の優等生であり続けてきたように思われる。しかしこうした数字が開発の光の部分であるとすれば、その影の実態を示す統計資料も数多くみられる。

例えば、ＩＤＥＥＳによる国立統計局（ＩＮＳ）の統計数値に基づいた貧困率に関する研究によると、チュニジアを北東部、北西部、大チュニス圏、中東部、中西部、南東部、南西部の七分割した地域別では、中西部の貧困率が三二・三%で最も高く、他方、ナブール、ハマメット、スース、モナスティール、マフディーヤ、スファックスなどの沿岸部では八%と、中西部の貧困率がその四倍以上であることが明らかになっている [IDEES 2013: 76]。

さらに同研究では、二〇〇〇〜二〇一〇年のあいだに絶対貧困層が必ずしも減少してきていなかったことも指摘されている［IDEES 2013: 75］[10]。IDEESによれば、二〇〇〇年、二〇〇五年、二〇一〇年の時点では、それぞれ絶対貧困層は、確かに三二・四％、二三・三％、一五・五％と、数字の上では減少してきていた。しかし、これは二〇〇〇〜二〇一〇年までの国家歳入の増加と関係していたとされている。特に予想に反したことは、少なくともチュニジアの二大低開発地域の中西部と南西部に関しては、全国平均より絶対貧困層の割合がその間により増加していたこと、特に中西部の貧困率とチュニス首都圏のそれとを比較した場合、二〇〇〇年には前者が六倍であったのに対し、二〇一三年にはそれが一三倍となり、格差が一層広がったこと、また大都市（grandes villes）と田舎（zones non-communales）との格差も、二〇〇〇年には後者の貧困率は前者の四倍であったが、二〇一〇年には七倍に上昇したとされ、経済的格差がより一層深刻化してきたことが示されている［IDEES 2013: 75］。

実際にその他の複数の統計数字も、この格差を如実に物語っている。以下では、チュニジア国立統計局の統計数字や先行研究のデータなども参照しつつ、「二つのチュニジア」の実態を、具体的数字とともにもう少し概観してみる。

なお、以下に示す表では、チュニジア国立統計局が採用している地域区分にしたがい、全国を七地域に、すなわち大チュニス圏、北東部、北西部、中東部、中西部、南東部、南西部の七つに分けて扱う。また取り上げる項目としては、基本項目となる人口分布、非識字率、人間開発指数[11]に加え、一九九四〜二〇〇九年までの産業プロジェクト件数と投資額、また革命前後の失業率として、二〇一〇年と二〇一一年の男女別・学歴別を含む失業率を示し、それらを順に見ながら論じていく。

表1-1は、まず各地域の男女別を含む人口とその分布割合である。チュニジアの全人口を、男女別でみると女性人口が男性のそれをやや上回っている。それにも関わらず、首都の大チュニス圏と北東部とサー

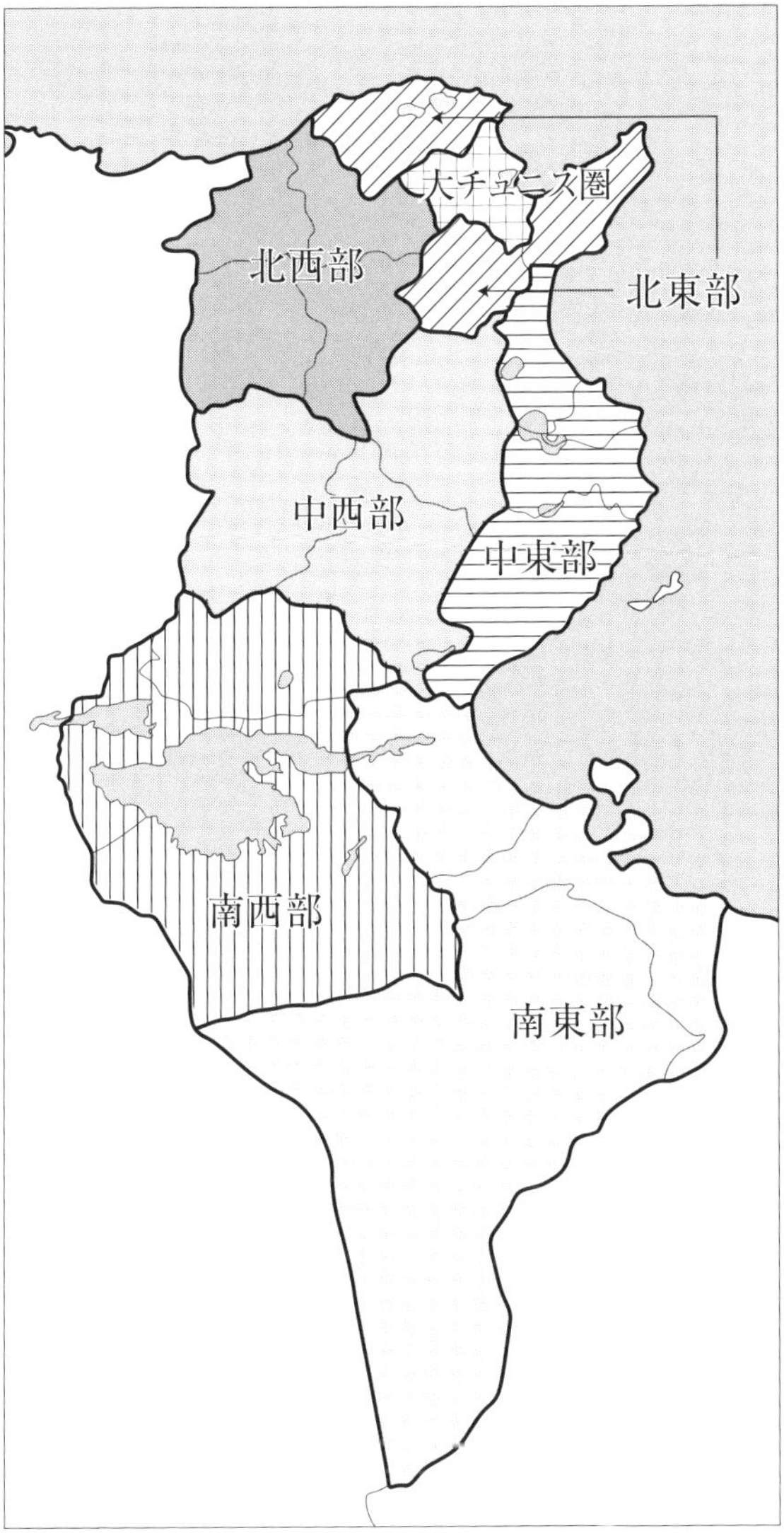

チュニジア国立統計局による七つの地域区分

地　域	男性人口（人）	女性人口（人）	全人口（人）	割合（%）
大チュニス圏	1254.4	1222.9	2477.4	23.2
北東部	759.3	727.2	1486.5	13.9
北西部	599.9	626.7	1226.7	11.5
中東部	1251.2	1241.2	2492.4	23.4
中西部	688.4	729.7	1418	13.3
南東部	468.5	505.7	974.2	9.1
南西部	295.2	303.4	598.6	5.6
合　計	5316.9	5356.8	10673.8	100

表 1-1　チュニジア地域別の人口(男女別)と分布割合（2011 年）（単位：1000 人）
（出典： INS 2012 *Population par gouvernorat* をもとに筆者作成）

地　域	流入人数（人）	流出人数（人）	差し引き合計
大チュニス圏	79007	16109	62898
北東部	11570	18525	-6953
北西部	5562	33789	-28227
中東部	41794	37257	4537
中西部	6594	34211	-27617
南東部	11393	11971	-577
南西部	4040	8091	-4051
合　計	159961	159961	0

表 1-2　2011 年 5 月～ 2012 年 5 月の地域別の国内移動人口の動向
（出典：INS 2013 *Enquête Nationale sur la Population et l'Emploi 2012* をもとに筆者作成）[12]

ヘルを含む中東部、すなわち東沿岸部では男性人口が女性人口を上回っており、当然、その他の地域ではその逆の実態となっていることがわかる。これらは、東沿岸部への男性の労働人口移動が起きていることを示唆している。また全人口に占める割合は、チュニス地域とサーヘルを含む中東部にそれぞれ二三・二％と二三・四％と、全人口の半分近い四六・六％が集中していることも見て取れる。なお、この全人口に占める各地域の人口割合は、後述する地域別のプロジェクト件数や投資額を見ていくうえでも、人口割合を考慮して比較するために参考にする。

表1‐2は、革命後の二〇一一年五月～二〇一二年五月にかけて、実際にチュニジア国内での移動人口を

地　域	男女平均	男 性	女 性	都市部	村落部
大チュニス圏	11.6	6.8	16.8	10.9	20.3
北東部	17.9	11.2	24.8	12.2	27.1
北西部	29.5	18.4	39.9	19.5	35.9
中東部	14.2	7.6	20.9	10.7	24.2
中西部	28.8	16.9	39.5	18.1	34.5
南東部	15.7	9	21.8	12.7	23.2
南西部	18.8	11.4	26.1	14.9	27.6
合　計	18.1	10.6	25.5	12.5	29.7

表 1-3　チュニジア地域別の男女別および都鄙別の非識字率（%）（2011 年）
（出典：INS 2013 *Enquêtes National sur la Poputaion et l'Emploi 2012* をもとに筆者作成）[12]

地域別にその流入人数と流出人数を示したものである。

ここからも、シーディ・ブーズィード県やガフサ県がある中西部やまたベージャ県やジャンドゥーバ県がある北西部からは多くの流出者が出ていること、そして北東部と南部でも流出者が流入者を上回り、移動人口ではマイナスとなっているのに対し、首都圏と中東部は人口がプラスとなり、特に革命後の一年には首都圏へ国内の移住者が集中するようになっていたことが見て取れる。

次の表1-3は、二〇一一年の地域別の男女別および都鄙別の非識字率を示したものである。この表からも、非識字率が大チュニス圏の一一・六%に比べて、その倍以上の高い数値となっている地域が、北西部と中西部の内陸地域であることがわかる。南西部の数値も、それに続いて第三番目に高いものである。特に北西部と中西部の女性たちは、全国平均（一八・一%）の二倍以上の三九.九%と三九.五%となっていることは注目しておいてよいだろう。さらに男女の格差（女性の非識字率二五・五は男性一〇・六の二・四倍）の方が、都市部・村落部の格差（村落部の非識字率二九・七は都市部一二・五の二・三七倍）よりも僅かではあるが、大きいことも確認できる。

続く表1-4は、チュニジア地域別の人間開発指数（Human Development Index: HDI）の一九七五年から二〇一〇年までの推移を示したものであ

地　域	1975年	1984年	1994年	2000年	2004年	2010年
大チュニス圏	594	721	823	870	803	826
北東部	504	635	759	801	775	813
北西部	387	529	689	754	704	748
中東部	580	661	795	837	806	839
中西部	363	523	669	716	711	734
南東部	430*	581	732	791	780	770
南西部	—	591	728	788	747	723
合　計	479	623	757	806	767	800

表1-4　チュニジア地域別の人間開発指数の1975年〜2010年の推移

（出典：Bousinina 2012, p.168. ＊は南部全てを含む数値）

る。国連開発計画の『人間開発報告書』にみられる人間開発指数は、「出生時平均余命」と教育達成度としての「識字率に関する指数」、および所得に関わる数値として「一人当たりの調整実質ＧＤＰ」の各指数を組み合わせて算出したもので、国別の指数が公表されている。表1‐4はブーシニーナの著書から引用したものであるが、このチュニジアの地域別での人間開発指数は、ブーシニーナが独自に算出したものである[Bousinina 2012: 168]。国連開発計画の『人間開発報告書』での人間開発指数は、小数点以下の数値となっているが、ブーシニーナによる数値はその小数点以下の数値だけを取り出したものである。なお、国連開発計画の『人間開発報告書二〇一〇』の人間開発指数の動向一九八〇‐二〇一〇によれば、チュニジアのそれは、一九八〇年〇・四三六、一九九〇年〇・五二六、一九九五年〇・五六八、二〇〇〇年〇・六一三、二〇〇五年〇・六五〇、そして二〇一〇年は〇・六八三となっている[国連開発計画 2011: 173][13]。一〇〇倍化した数値と見なして比較してみた場合、ブーシニーナが独自に算出した数値の方はかなり高くなっていることがわかるが、ここで注目したい点は、地域間格差であることから、それに関わるデータとして、以下、表1‐4を参照してみたい。

この表1‐4からまず確認できることは、一九七五年から二〇一〇年までの六つの時点での人間開発指標に関しても、それが最も低い地域は

地　域	産業プロジェクトの件数（件）	割合（%）	人口比・産業プロジェクト	投資額（100万DT）	投資額割合（%）	人口比・投資額
大チュニス圏	3818	25.8	1.11	3330.7	28.9	1.25
北東部	2849	19.2	1.38	2301.5	20.0	1.44
北西部	819	5.5	0.48	623.8	5.4	0.47
中東部	5107	34.5	1.47	3564	30.9	1.32
中西部	909	6.1	0.46	937.9	8.1	0.65
南東部	674	4.6	0.51	582.6	5.1	0.56
南西部	628	4.2	0.75	182.1	1.6	0.29
合　計	14,804	100	–	11522.9	100	–

表1-5　1994年～2009年のチュニジア地域別産業プロジェクト件数と投資額

（出典：API 2010 *Suivi des réalisations de projets déclares, 1994-2009*. Bousinina 2013, pp. 219-220 をもとに筆者作成）

毎回、北西部と中西部となっており、二〇一〇年のみ、最下位が南西地域で、次の順位が中西地域となっている。すなわち、この人間開発指数をみても、チュニス地域と中東サーヘル地域の沿岸部と、内陸部との格差は明らかであり、低開発地域が内陸部や南部と重なり合っていることを確認することができる。

以上で見たような地域格差や低開発地域の固定的状況が、国家の政策とも無関係ではなかったことは、革命が起きるまでの一九九四年から二〇〇九年までの一五年間の地域別の産業プロジェクト件数と投資額を示した表1‐5からも確認することができる。一九九四年から二〇〇九年の一五年間とは、ベンアリー大統領政権時代にそのまま重なる期間である。

まず産業プロジェクト件数に関しては、その三分の一以上（三四・五％）がサーヘルを含む中東部に集中していること、また大チュニス圏と北東部と中東部の東沿岸部にはその八割近く（二五・八＋一九・二＋三四・五＝七九・五％）が集中していた実態が、ここから容易に読み取れる。この三地域合計の人口は全人口の約六割（二三・二＋一三・九＋二三・四＝六〇・五％）を占めることを考慮しても、その人口割合よりもプロジェクト件数割合が約二割も高いことがわかる。さらに地域別の人口割合を考慮した産業プロジェクト件数の割合を算出してみると、人口割合にそのまま正比例していれば、数値は一・〇〇となるが、中東部は人口割合より多い一・四七（三四・五÷二三・四＝一・四七）、北東部一・三八（一九・二÷一三・九＝一・三八）、チュニス部一・一一（二五・八÷二三・二＝一・一一）となり、その数値が最も小さい地域が、中西部〇・四六（六・一÷一三・三＝〇・四六）であり、中東部の一・四七の、三分の一以下であることに気づかされる。

　各地域への投資額についても、地域格差は明らかであり、最大の割合を占めているのが、大チュニス圏と北東部と中東部で、その合計は約八割（二八・九＋二〇・〇＋三〇・九＝七九・八％）となる。人口割合を考慮した人口比での投資額割合をみると、これも人口比に正比例していれば、値は一・〇〇となるが、北東部が二・〇八（二〇・〇÷一三・九＝一・四四）、次に中東部の一・三二（三〇・九÷二三・四＝一・三二）となり、その最小数値の地域は、南西部の〇・二九（一・六÷五・六＝〇・二九）、続いて北西部〇・四七（五・四÷一一・五＝〇・四七）、中西部〇・六五（八・六÷一三・三＝〇・六五）となっている。すなわち、人口割合を考慮してもその投資額は北東部では一・四四で、南西部の〇・二九の五倍（四・九七）近く、中東部の一・三二も南西部の〇・二九の四・五倍（四・五五）以上の投資額を享受していたことになる。

　沿岸部が海上交通の面から産業や投資に有利であるという理由であれば、北西部も地中海に広く面しているが、しかしその人口比投資額の数値をみる限り、表にあるように〇・四七と大きな数値ではない。これらの数値を踏まえるならば、開発政策における東沿岸部の優先や偏重という傾向があったことは否めない事実であったことになる。

　産業プロジェクト誘致や投資額との関連で、さらに次に革命前後の年における地域別の男女別および高学歴者（diplômé）[14]の失業率を、表1-6（二〇一〇年）と表1-7（二〇一一年）から見てみることにしたい。この項目でも東沿岸部と西部内陸地域との格差は明らかである。またチュニジアの産業構造が高学歴者へ

地　域	地域平均値	男性	女性	高学歴者	高学歴男性	高学歴女性
大チュニス圏	13.2	11.4	17.7	14.4	9.4	21.3
北東部	11.0	9.7	14.2	21.9	15.9	29.8
北西部	14.4	11.6	22.2	31.6	21.7	43.8
中東部	9.3	7.6	13.7	19.4	13.9	27.3
中西部	14.8	12.6	21.6	38.1	30.6	48.5
南東部	16.8	12.3	37.8	35.4	20.3	53.9
南西部	23.4	19.1	38.7	41.7	31.9	52.5
合　計	13.0	10.9	18.9	22.9	15.9	32.4

表 1-6　チュニジア地域別の男女別および高学歴者の失業率（2010）（単位：%）
（出典：INS 2010 *Enquête Population Emploi 2010* をもとに筆者作成）

地　域	地域平均値	男性	女性	高学歴者	高学歴男性	高学歴女性
大チュニス圏	17.8	14.5	25.8	21.4	13	32.6
北東部	17.3	15.2	22.3	35.2	27.2	45.6
北西部	17.3	14.1	27.2	36.1	24.6	50.2
中東部	11.1	9.1	16.1	20.7	13.5	29.5
中西部	28.6	23.1	45.9	44.7	33.1	61.9
南東部	24.8	19.4	48.3	42.6	25.9	62.2
南西部	26.9	19.2	54.5	45.9	27.4	69.5
合　計	18.3	15.0	27.4	29.2	19.3	41.8

表 1-7　チュニジア地域別の男女別および高学歴者の失業率（2011）（単位：%）
（出典：INS 2011 *Enquête Population Emploi 2011* をもとに筆者作成）

の雇用を創出する構造にはなっていないこと、むしろ低学歴の単純労働者向けの雇用創出となっていることが読み取れる。

まず表1-6は、革命が始まった二〇一〇年の地域別の男女別および高学歴者の失業率であるが、全国平均の失業率が一三・〇%であるのに対して、高学歴者については二二・九%と異常に高い数値になっている。しかし地域別では中東部や北東部では、地域平均がそれぞれ九・三%、一一・〇%で、しかも男性の場合は、七・六%と九・七%に留まっているのに対して、南西部ではその失業率が二三・四%で、かつ高学歴者となると四一・七%とにまで跳ね上がっている。さらに高学歴者のなかでも女性の場合は、南東部と南西部ではそれぞれ五三・九％と五二・五％と、五〇％を超えており、東部より西部が、北部より南部が、そして男性よりも女性がより深刻な失業問題に晒されていることが見て取れる。

表1‐7は、革命後の二〇一一年の地域別の男女別および高学歴者の失業率を表したものである。革命による治安の悪化や政治の不安定化は経済状況の悪化にも直結し、それは失業率を押し上げることとなり、全国平均の失業率は一三・〇％から一八・三％と、五・〇％以上も上昇している。ただし、そのしわ寄せを僅かしか受けていないのが、一・八％増（一一・一‐九・三）の中東部であり、一方、その反対にその打撃を最も大きく被っているのが、再び中西部で、その数値は一四・八％から二八・六％へと倍近くに跳ね上がっている。また高学歴者でみれば、南西部の失業率が最も高く四五・九％で、さらに高学歴者の女性の場合は七割近い六九・五％という数値になっている。失業率の悪化についてもまた、東部より西部が、北部より南部が、そして男性よりも女性が、加えて高学歴者の方がより一層深刻であるという事実が浮かび上がっていることを確認し得る。それは、既述のようにまさにチュニジアの産業構造が高学歴者や有資格者の雇用に結びつくような構造となっていないことをも物語っている。

チュニジアの経済成長率は、既述のように一九六〇年から二〇一〇年までは平均五・二％であったが、革命後の二〇一一～二〇一三年には、それが一・五％へと落ち込んでいる［Beau et Lagarde 2014: 131］。そして、二〇一一年の失業者のうち、その七二％が三〇歳未満の若者であるともされている［IDEES 2013: 64］。産業プロジェクトも少なく、投資も十分ではないために、高学歴者への雇用を生み出すことができない地域はまた、「低開発の罠に嵌った地域 régions piégées dans des《trappes de sous-développment》」とも呼ばれている［IDEES 2013: 74］[15]。

革命の発端となった野菜売り青年の焼身自殺は、シーディ・ブーズィードという、まさにその「低開発の罠に嵌った地域」「忘れられたチュニジア」において起きた事件であった。そしてこの事件の数か月前の二〇一〇年三月一一日に、実はモナスティールにおいても、一人の男性の焼身自殺事件が起きていた。二人の娘の父親で、屋台での商売許可を得る手続きをしていたが、役所から散々嫌がらせを受けた末に不許可という回答を得て、抗議の焼身自殺を図ったという［Messaoui et Khalfaoui 2011: 53-55］。この事件は、シーディ・ブーズィードで起こった焼身自殺と同根の事件であったが[16]、チュニジアの日刊紙 *La Presse* で報道されたにも関わらず、抗議運動などへと広がることはなかった。モナスティールはブルギバ大統領の故郷、「二つのチュニジア」の最も裕福な地域という人々に共有されている受け止め方が、そこには少なからず関係していたのかもしれない。

そしてチュニジア革命は、シーディ・ブーズィードという「低開発の罠に嵌った地域」、あるいは「忘れられたチュニジア」から始まることとなった。

第2節　ベンアリー・トラベルシー一族のネポティズムと盗賊政治

チュニジア革命の背景要因は複雑でまた複合的である。以上でみてきたように、主要要因の一つが、地域格差や貧困・失業問題などであったことは確かであろうが、加えてベンアリー体制下で蔓延していたネポティズム（縁故主義）や盗賊政治とも呼ばれていた賄賂や不正蓄財といった倫理的腐敗、さらにそうしたことの告発や批判も自由にできない厳しい言論情報統制、そして反政府的動きを徹底的に封じ込めるという警察国家体制が、革命において、人間の「尊厳（karāma）」と「自由（ḥurrīya）」そして「公正（ʿadl）」をスローガンに、民衆が蜂起することへと繋がっていったのである。この第2節では、まず、そのベンアリー体制下で蔓延していたネポティズムや盗賊政治の実態をみていきたい。

そもそも、シーディ・ブーズィード（Sīdi Bouzid/Sīdī Bū Zīd）の町の路上でムハンマド・ブーアズィーズィ（Muhammad Bouazizi/Muḥammad Bū ʻAzīzī）が無許可で野菜売りをしていたのは、許可証の取得には賄賂を支払わねばならなかったからである。当時、この町が重苦しく病んだ状態にあったのは、低開発に加えて、賄賂（rashwa）の習慣の常態化であったとされている。チュニジア革命が起こる前年に異動となった元知事の在任期間中には、特に賄賂の慣行が蔓延しており、許可書や証明書の取得、就職の斡旋など、ありとあらゆる折に賄賂が要求され、全てが金次第という悪習がはびこっていたとされている。

ただし、こうした賄賂や倫理的腐敗は、この地域の個人的問題としてあったというよりも、それはベンアリー体制下で、大統領一族や夫人のトラベルシー（Trabelsī/Trābulsī）一族を頂点とする構造的な問題として蔓延していたものであった。それでは、そのような権力乱用、ネポティズムや不正蓄財といった倫理的な腐敗が、ベンアリー体制期にどのような経過のなかで生まれ蔓延していったのか、チュニジアの独立以降の経済政策などの歴史的背景も簡単に振り返りながら、その過程を跡付けてみたい。

ブルギバ政権期の経済開発政策

チュニジアは、一九五六年にフランス保護領から独立して以降、二〇一一年の革命に至る半世紀以上のあいだ、わずか二人の大統領によって統治されてきた。初代ハビーブ・ブルギバ大統領（在任一九五六-一九八七年）と、一九八七年の無血クーデタによってその後継者となった第二代目ズィーン・アビディーン・ベンアリー大統領（在任一九八七-二〇一一年）である。アラブ諸国には長期独裁政権が多いと言われるが、チュニジアもまさにその典型であったことになる。

まずブルギバ政権期は、その経済開発政策からは大きく四つの時代に分けて捉えることができる。独立後の「脱植民地化と国有化の時代」（一九五六～一九六一年）、「社会主義政策推進期」（一九六一～一九六九年）、「自由主義経済への転換期」（一九七〇～一九八二年）、そしてこの政権最後の数年間の「財政危機の時代」（一九八二～一九八七年）である。

独立後の「脱植民地化と国有化の時代」の後、六〇年代には経済計画大臣ベンサラーの下で、社会主義政策が推進されていき、一九六四年には政権の政党名も「新立憲（ネオ・ドゥストゥール）党」から「社会主義立憲党（Parti socialiste destourien）」へと改名され、外国人所有農地のほとんどが国有化された後、さらにそれらは約三〇〇の国営協同組合企業として再編されていった。農業部門の協同組合化は約九〇％を占めるまでになり、当時は農業部門に続いて、商業（卸業・小売業）、工業、金融、運輸交通の部門でも協同組合化を進める方向が目指されていたとされる。

しかし、一九六九年九月、ブルギバ大統領は、突如、ベンサラー経済計画大臣を国家を誤った方向へ導いたという理由で解任する。この解任劇の背景には、政党内にベンサラーの政策に反発する勢力が現れていたことに加え、チュニジア中央銀行総裁や国防相らが集団主義化に強く反対し、さらに民間企業や農民たちのあいだでも協同組合方式への反対運動が起きていたことなどがあったとされている［Murphy 1999: 55-57］。この事件を機にチュニジアの経済政策は大きく方向を転換し、自由主義経済へと移行していくことになる。

その「自由主義経済への転換期」（一九七〇～一九八二年）には、私有地や私有財産の許可、民間部門への投資促進、そして工業化と観光産業を二本柱として、その推進が目指された。こうして七〇～七七年には経済成長率が年平均八・四％に達するまでになっている［Wilmots 2003: 23］。しかし、工業部門などにおいては経済活動が繊維・アパレル・皮革産業に集中し［Bellin 2011: 29］、また地理的にも工業地帯が首都圏と東沿岸部に集中し、内陸部から首都や沿岸部の都市への人口移動が起こり、既述のような地域格差や経済格差が拡大していくこととなった。

チュニジア政府は、自由主義経済推進の一方、貧困緩和策として食品・燃料への補助金支出も行っていた。それは資源（石油・リン）依存による財政収入が安定していた時期には問題がなかったが[17]、しかし八〇年代に入り、資源収入の減少、一九八五年と八六年の干魃による農作物被害、一九八六年の石油価格の暴落などで国家財政が悪化していき、八六年には対外債務がＧＤＰの五六％を占めるまでになり、財政危機の時期（一九八二〜一九八六年）を迎えることとなっている。八六年、チュニジア政府は国際通貨基金（以下、ＩＭＦと記す）と構造調整政策についての協議を開始し、一九八七年からこの政策を実施することで合意している[18]［World Bank 1986］。一方、この時期にはまたイスラーム主義勢力が台頭し、反政府活動を活発化させていた。国家治安組織・警察庁のトップにいたベンアリーはその取締りで手腕を発揮し、内務大臣の職に就いた後、一九八七年一〇月にはブルギバ大統領から首相に抜擢されている。そしてそれから僅か一カ月後の一一月七日、ベンアリーは無血クーデター、「一一月七日革命」によって、ブルギバ大統領を高齢による大統領職務遂行不能を理由に解任し、自ら大統領の座に就任するという政権交代を実現している。

ベンアリー政権期の構造調整と不正蓄財

ブルギバ政権に続いたベンアリー政権期（一九八七〜二〇一一年）のその初期は、経済政策面ではまさに構造調整期と重なっており、「構造調整と民営化推進の時期」として捉えることができる。多くのアジア・

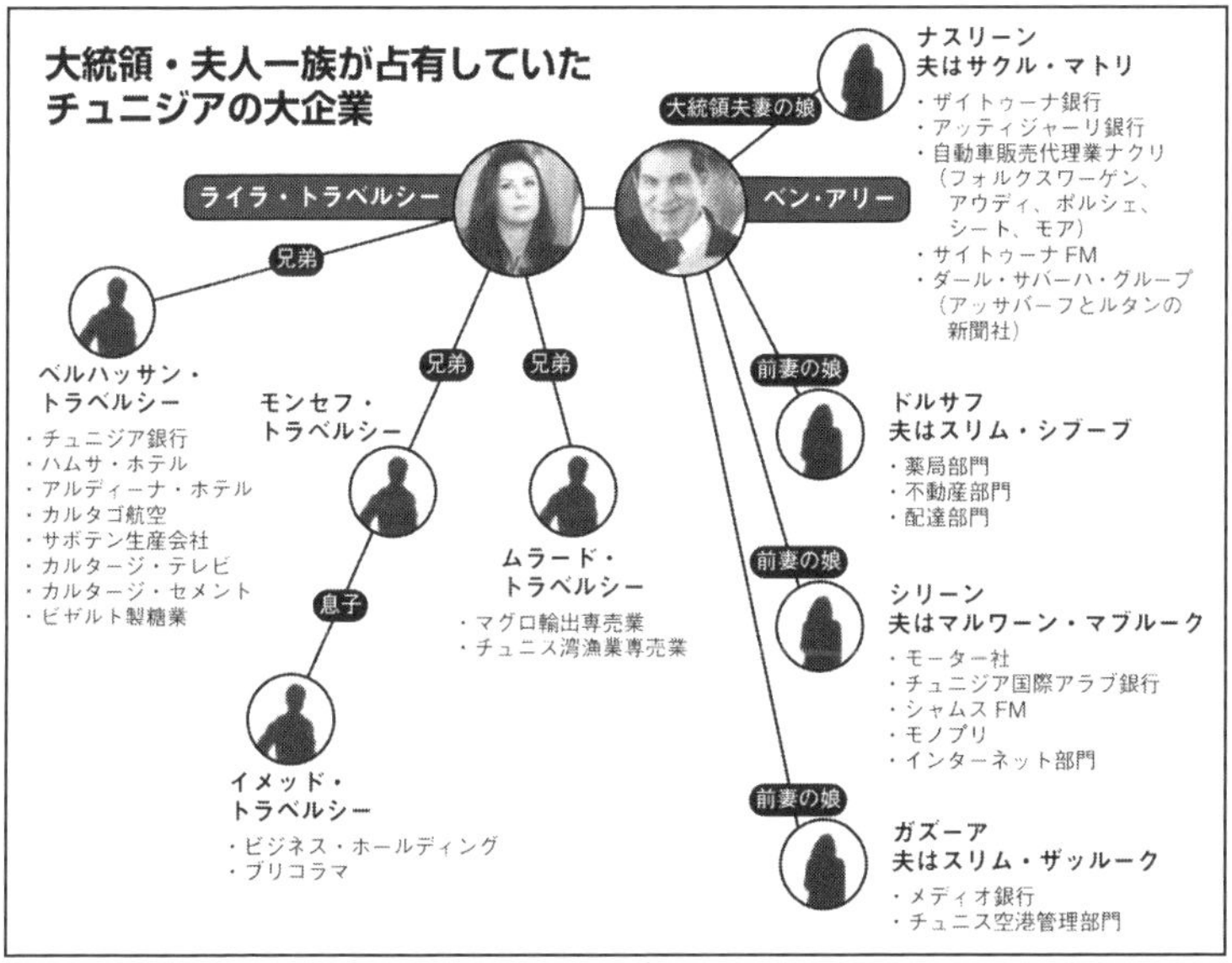

図1-1　ベンアリー大統領・夫人一族による大企業占有（出典：Missaoui et Khalfaoui, 2011, p.38）

アフリカ諸国における構造調整と同様、チュニジアにおいても市場開放政策として、関税引き下げや価格・為替レートの自由化、チュニジア・ディナールの通貨切り下げ、国営企業・農場の民営化、企業競争力の強化政策などが推進されていった。国営企業・農場の民営化は、[19]構造調整期（一九八七〜一九九年）の後もその政策路線は継続されていき、一九八七年から二〇〇八年までに二一七の国営・半官半民企業が民営化されたとされている。それらの企業の部門別の内訳は、サービス部門が五三・七％、工業部門が三七・八％、そして農業漁業部門が八・三％とされている［Chedly 2009］。

　こうした政策の結果、同国は一九九〇年代後半には年平均経済成長率が四〜五％に達するようにもなり、国際的には中東アラブ諸国のなかの優等生とまで評価されるようになっている［Murphy 1999: 1-130, OIT

2011: 1]。他方で、国内においては構造調整政策によって経済格差や地域格差が拡大していき、失業率が高まり、また貧困層は一層の窮乏生活や労働の搾取を強いられることともなっていった［Bousnina 2012, 2013］。しかし、チュニジア政府はさらに市場開放路線を推し進めていき、一九九〇年にはＧＡＴＴを批准し、一九九五年にはＷＴＯに加盟、経済特区も開設している。さらに同年にはＥＵとは二〇〇八年までに段階的に関税を全面撤廃するという条約も締結している。

そしてこうした市場開放路線のなかで、国営企業や半官半民企業の民営化などの過程において、大統領と夫人のトラベルシー一族による権力を乱用した、また縁故主義に基づく不正蓄財が進められていくことになったとされている［Aleya-Sghaier 2014: 33］。そうした蓄財がどのように、いつ、また誰によって為されたのかは極めて複雑かつ不透明であるが、後述するように革命後、国家訴訟統括管理課で調査され、大統領と夫人一族の一一四人もの人物が不正蓄財の容疑で告訴されることとなっている。[20]

図1-1は、ベンアリー一族と夫人のトラベルシー一族のなかでも主要な人物が、二〇一一年の革命時点まで所有、あるいは総裁などを務めていた企業の一部を示したものである。これらのほとんどが、チュニジア屈指の大企業であることがうかがえる［Missaoui et Khalfaoui, 2011: 38］。

特に大統領の後妻のライラ夫人については、その物欲や権力欲そして傲慢さは大統領でさえ牛耳られないほどのものであったとされ、すでに革命以前から「カルタージュの摂政」とさえ酷評されていた［Beau et Graciet 2009］。ベンアリー大統領とライラ夫人の長女の夫、すなわち大統領の娘婿にあたるムハンマド・サクル・マトリもまた、当時二九歳という若さで国会議員を務め、同時に図1-1にもあるように、ザイトゥーナ銀行、商業（ティジャーリー）銀行、自動車販売代理業（フォルクスワーゲン、アウディ、ポルシェ、シート、モア）、メディア関連の企業ザイトゥーナFM、さらにチュニジアの大手新聞社サバーハ・グループを所有していた［Missaoui et Khalfaoui, 2011: 38］。大統領は、マトリを自らの後継者と目していたとされている。そして、国民の体制批判感情に火をつけることともなったのが、シーディ・ブーズィードでの焼身自殺事件後にすでに抗議運動が起こっていた二〇一一年一月初旬に、国民議会において、マトリが何の臆面もなく、中央銀行から一〇億ディナールの融資を受けて、チュニジア最大の携帯電話会社チュニジアーナを買収したと公言したことであった［Beau et Lagarade 2014: 12］。

高学歴者たちでさえ就職難で多くの人々が失業しているさなかに、大統領の娘婿ということだけで国会議員になり、多数の大会社・企業を所有する実態、国家中枢機関との縁故関係に基づく巨額の融資という権力乱用、また図1-1に見られるように大統領や夫人のトラベルシー一族に国家の富が集中し、さらになおも蓄財を重ねるその貪欲さと悪質さは、すでに国民の目に余りあるものとなっていたのである。

〈聞き取り〉大統領の娘婿の権力乱用

マトリが国会議員になること、また会社の一つ二つを所有することくらいであれば、国民も何とか我慢ができたでしょう。ただ、新設のザイトゥーナ銀行の頭取になったばかりで、さらにチュニジアの携帯会社のチュニジアーナまで買収したと聞いて、国民はもう我慢の限界に達したのです。まだ三〇歳にもならない若僧が、しかも大した学歴もないのに、[21] 名家の出身とか大統領の娘婿というだけで巨額の富や高い地位を欲しいままにする。チュニジアには修士や博士の学位を持っていても、就職できずにいる若者が沢山いるというのに。しかもブーアズィーズィの焼身自殺事件が起こった後であっただけに、国民はもはや怒りを抑えられなくなっていたのです（チュニス在住の裁判官、男性五九歳　事務所にて、二〇一一年八月一〇日）。

ベンアリー政権崩壊の背景には、地域格差や若者の失業問題などに加えて、こうした大統領一族と夫人の一族を頂点とするネポティズムや権力乱用、不正蓄財、汚職といった倫理的な腐敗が深刻なものになっていたのである。

しかし、革命以前にはベンアリー政権下では厳しい言論情報統制もあり、こうした情報が関係者以外に広く伝えられるということなどはなかなか起こり得なかった。

実際に革命後になり、筆者自身、チュニジア各地で現地調査をするなかで、そうした事実を知る人々がそれについて語り始めるようになり、驚くほど多くの権力乱用や不正蓄財の実態を見聞きすることとなった。以下では、筆者の二〇一五年六月の現地調査に基づいて、そうした実態の一部を紹介してみよう。

ハマメットでの権力乱用と不正蓄財の事例

ベンアリーとトラベルシー一族の権力乱用や不正蓄財の例が最も集中し数多く見られる町の一つが、チュニジアを代表する観光地ハマメットである。ハマメットは、その入江の地形から遠浅でまた波が穏やかで、海水浴に適した最も美しいリゾート地の一つとされている。

現在、この町は古くからの北ハマメット（ハマメット・シャマール）と南ハマメット（ハマメット・ジャヌーブ、またはハマメット・ヤスミーナ）という二つの地区から成る。後者はベンアリー時代、二〇〇〇年頃から開発が進められた高級リゾート地で、四星五星のホテルが立ち並ぶ地区である。以下に箇条書きにした大統領・夫人一族の豪邸や彼らが所有するホテルは、彼らの財産の一部であるが、その幾つかは明らかに権力を乱用して不正に取得されたもので、革命後、裁判で抗争中となっている。[22]

a ベンアリー大統領の長男ムハンマド（当時五歳）の邸宅

ハマメット・ヤスミーナの「天使の入り江 La Baie des anges」という小さな湾を望む一等地に、ベンアリーとライラ夫人の一人息子ムハンマド（二〇〇五年二月二〇日生まれ）の豪邸がある。この土地が、革命直前の一月一〇日に息子ムハンマドの所有地として、不正登録されていたことが、チュニジア・ウィキリークスによって暴露されている〈図1-2〉。

港湾管理人の話では、邸宅のなかは桁外れの豪華さで、海に面した部屋は全てガラス張りで、しかも屋敷のガラス全てが防弾ガラスとなっており、屋上のテラスには大きなプールがあり、室内は豪華な調度品

ベンアリーの当時五歳だった息子ムハンマド所有のハマメットのヨット・ハーバーに面した邸宅（2015年6月）

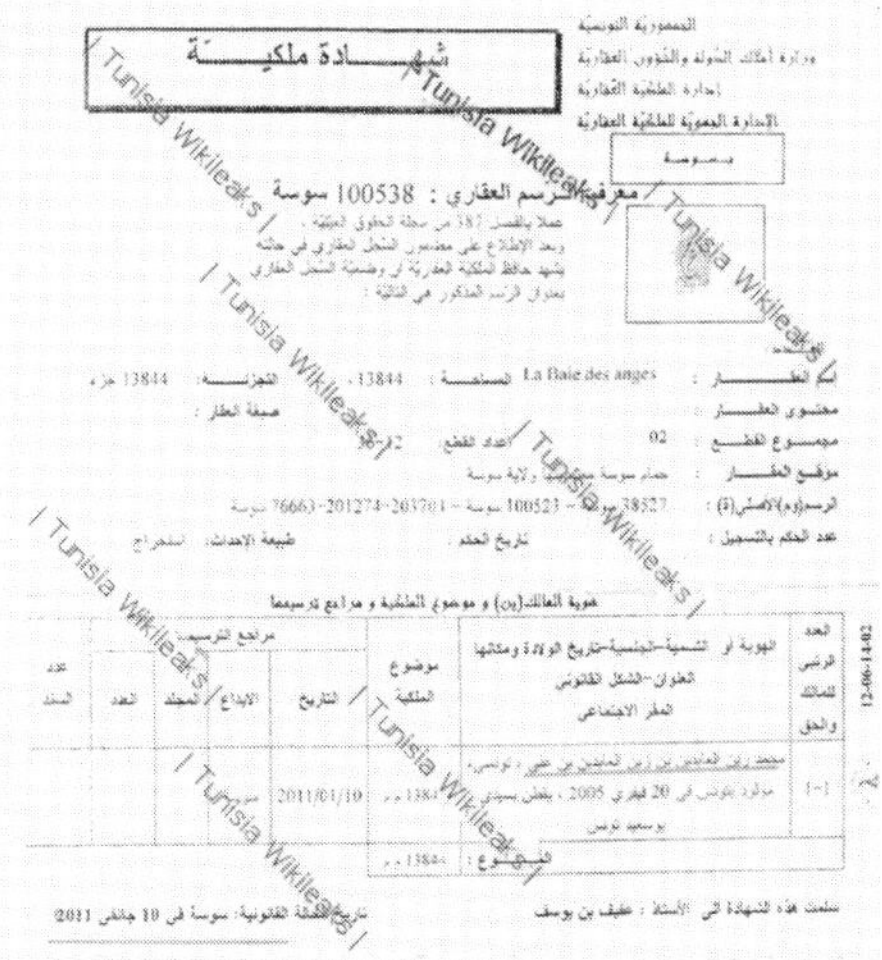

شهادة ملكية

الجمهورية التونسية

معرف الرسم العقاري : 100538 سوسة

La Baie des anges

図1-2　チュニジア・ウィキリークスによって暴露されたベンアリーの息子ムハンマドへの土地所有の不正登録

破壊されたその邸宅の内部（2015年6月）

ハマメットの高台にあるサクル・マトリの豪邸(2015年6月)

や置物や絵画で飾られており、床の絨毯はこの国で未だみたことのないようなもので、中に入った時には眩暈がしたほどだったと、語っていた。

b ムハンマド・サクル・マトリの豪邸

ベンアリーの娘婿マトリの邸宅は、北ハマメットの沿岸部の高台にある豪邸で、この土地はガフサ出身者の所有地を強制没収し、二〇〇九年から建て始めたものとされる。革命直前の二〇一〇年末には庭と塀の整備を残し、ほぼ完成し引っ越しまぢかとなっていた。一月一四日の政権崩壊後、略奪や焼き打ちがほとんど起こらなかったハマメットで、唯一、その対象となったのがこの建物で、現在も破壊と焼き打ちの跡を残したまま、野晒しとなっている〈写真参照〉。調査時には、ガフサ出身の元土地所有者が土地の権利を主張し抗争中とのことであった。

c ベンアリーの前妻の娘ドルサフとその夫スリム・シブーブが所有するリュセリオール・ホテル

このホテルは、ハマメットで唯一のノンアルコールの五つ星の豪華ホテルということから、特にサウジアラビアなど湾岸諸国から客が利用することで知られている。ベンアリー一族は、湾岸諸国の王族ともこうして親密な関係を築いてきていたことから、革命後サウジアラビアへと逃亡することとなった。

d 大統領夫人の兄ベルハサン・トラベルシーが所有していたホテル・カルタゴ

現在、ホテル・ライコと改称し、所有者も変わり営業されている。ホテルに隣接するショッピングセンターの最上階にベルハサン所有の豪華マンションがあった。二〇〇三年から二〇〇九年まで、ベルハサン氏のハマメットでの運転手を務めていた男性によれば、居間とキッチンの他に八部屋がある豪邸で、皆、スウィートと呼んでいたという。ベルハサンは、そのマンションの前にあった高層ビルが、彼のマンションからの海の眺望を損ねるという理由で、その高層ビルの取り壊しを命じたとされ、現在、そこには二階建てとなった商店が並んでいる。

ベンアリーの娘夫婦が経営していたリュセリオール・ホテル（2015年6月）

e イメッドが所有していた邸宅

イメッドは、トラベルシーの家族のあいだでも嫌われ者だった人物とされ、叔父のベルハサンでさえ、手を焼いていたという。ラマダーン中に、ホテルでみんなの前でガツガツ昼食をとったり、自動車立入禁止のビーチに大型車で入りこんで乗り回すなど、とにかく素行の悪いことで知られていた。彼が革命時まで所有していたという邸宅は、北ハマメット南端の入り江に面した絶景の場所にあり、手入れの行き届いた広い庭園つきのその豪邸は、イタリア人富豪が所有していたものであったが、イメッドがそれを没収し所有していたとされている。革命後、その元所有者のイタリア人が邸宅の所有権を主張して、やはり裁判で抗争中とのことで、住民たちも高い塀で囲まれたその豪邸をイメッド・トラベルシーが所有していたことは、革命後になり初めて知ったという。イメッドは、チュニス郊外のラグレットにも同じような手口で入手した邸宅を所有していたとされている。

ベルハサン・トラベルシーが所有・経営していたホテル（2015年6月）

f　大統領の宮殿

現在も、大統領宮殿は遠方からしか眺められない。自動車道から宮殿へと至る道は、現在立ち入り禁止となっており、ガードマンが警備し、写真撮影も禁止されている。ベンアリー大統領がかつて週末などにこの宮殿を訪れていた時には、大統領一家が自動車で移動する範囲のハマメット中の道路が全て通行止めとなっていた。そのため、一般自動車は大きく迂回せざるを得ず、交通渋滞の要因ともなり、住民には頭の痛い問題であったという。

大統領・トラベルシー一族による全国各地での権力乱用と不正蓄財

大統領一族やトラベルシー一族の権力乱用や不正蓄財の醜聞は、ハマメットの幾つかの豪邸に留まるものではなく、チュニジア各地での調査中にも多数の事例を見聞きすることとなった。以下は、その幾つかの聞き取り内容である。

〈聞き取り〉湾岸諸国の王族たちとベンアリーの繋がり

革命前にはよくサウジアラビアやカタールなどの湾岸諸国から王族たちが専用機で、ジェリード地方にバカンスにやって来ていた。彼らの目当ては、砂漠での野生動物の狩猟で、地元のわれわれ住民には狩猟は禁止されているのに、それを堂々と行っていた。それは彼らがベンアリーに巨額な金を支払っていたからだ。一度に八〇〇台ものランドローバーを連ねて、湾岸の王族メンバーが従者らとともに来ていたこともあった。彼らは、土地の若い女性を金で買うことも平気でしていたが、当局は全く取締りをしていなかった（南部ジェリード地方の観光ガイド、男性三六歳、二〇一二年八月二六日）。

〈聞き取り〉湾岸諸国の王族たちとトラベルシー一族

湾岸諸国の王族たちは、ジェリード地方での狩猟を楽しみ、そこの動物が少なくなると、今度はドゥーズの町に移っていく。ここの砂漠には、たくさんの野生動物や鳥、キツネやガゼル、ウサギ、ダチョウなどがいるから。湾岸の王族たちは、金を払って、砂漠を丸ごと借り上げるのだ。たいてい、トラベルシー家の者が彼らと一緒にやってくる。土地の者が野生動物の一匹でも捕らえようものなら、すぐに警察に逮捕されるのに、彼らは捕りたい放題。外国の王族は金を支払って狩猟しているから、まだ許せるが、トラベルシーの奴らは金も一切払わずに、勝手に狩猟をしていたのだから、全くひどい奴らだ（南部の町ドゥーズの観光ガイド、男性四五歳、二〇一五年六月八日）。

〈聞き取り〉ライラ大統領夫人とその兄弟のビジネスプラン

ドゥーズの町の郊外に、ライラとその兄弟がカルタゴ・ホテルという宿泊施設を含む巨大なリゾート地区を作る計画を立て、ラクダ使いたちをもみな抱え込もうとしていた。地元のホテル経営者や住民は、強力な競争相手が出現しては太刀打ちできないと、大規模な反対デモを行った。しかし、そうしたことをメディアはいっさい伝えなかった。結局、住民たちの強力な反対もあって、その話は立ち消えとなった（**ドゥーズのホテル従業員、男性五〇代、ホテルのロビーにて、二〇一三年三月四日**）。

〈聞き取り〉夫人一族の不正蓄財手法

僕は大学時代をケフで過ごしたので、この町のことをよく知っています。今から数年前にその人物は亡くなりましたが、彼はこの町の悪名高い部族長で、この人物がトラベルシー一族と結託して、アルジェリアからの密輸品を没収しては自らの利益にしていました。ケフにはこれといった産業もない。だから、住民はアルジェリアとの交易で何とか生活しているのに、やたらと厳しい取調べをして商品を没収したり罰金を科したりもしていたのです。トラベルシー一族は、ケフだけでそうしたことをしていたのではない。儲けになるような話があれば、権威を笠にきて、どこにでも行って手を出し、どこの会社からも利益を吸い上げていたんです（**チュニスの高校の体育の教員、男性二七歳、カフェにて、二〇一五年六月一五日**）。

〈聞き取り〉夫人一族の文化財不正売却

革命後、スベイトラの考古学博物館は閉館になっています。というのは、博物館が所蔵していたローマ時代の貴重な遺跡群を、トラベルシー一族の者が勝手に外国に売りとばそうとしていたことが発覚し、そのため、その調査に時間がとられているからです。トラベルシー一族は、スベイトラ周辺の山地に現在も残る古代のコインなども、許可なく勝手に掘り起こして、それらも略奪・売却しようとしていました（**スベイトラのホテル経営者　ホテルの**

ロビーにて、二〇一五年六月二日）。

〈聞き取り〉利益を上げている優良会社からの収奪

兄が焼身自殺を図り、そして革命が起こった後、あるパソコン製造会社の社長から、われわれ家族に一台のパソコンがプレゼントされました。それまで会社が利益を上げると、必ずいつも大統領一族やトラベルシー一族から利益の一部を巻き上げられていたけれど、これからはそうしたこともなくなるから、とても感謝していると言われました。そうした会社はその他にも沢山あったと聞きました（ムハンマド・ブーアズィーズィの妹Sさん、二〇歳、マルサの自宅にて、二〇一三年三月八日）。

〈聞き取り〉サッカーの試合での八百長や違反

僕は大のサッカー・ファンで、子供の頃から、地元のクラブ、チュニス・スクラのサッカー・チームを応援してきました。ベンアリー体制に反感を持ち始めたのはもう一〇年位も前から、サッカーの試合を通じてです。チュニジアには、サッカー・チームが各地にありますが、その中でも最強チームが四つありました。スファックス、スース、チュニスのチームと、そしてアフリカ・クラブ（Club Afrique）というチームです。ところが、ベンアリーの娘婿スリム・シブーブがエスペランスというチームのオーナーになった途端、このチームはさほど強くもない、いつも第二リーグに所属していたチームだったのに、それからいつも試合で勝つようになり、ついにはリーグ優勝まで果たしたのです。最初のリーグ優勝の年がいつだったかは忘れましたが、それからもこのチームが毎年優勝するようになったのです。僕はサッカー・ファンとして、本当にやりきれませんでした。大統領の一族ということで、金に任せていい選手や監督を引き抜くだけでなく、試合でも明らかに八百長だとわかるようなことが沢山あったからです。サッカーの試合が金で動いているなんて。試合中、エスペランスの選手が明らかな違反をしても、審判が笛を吹かなかったりするのです。もうウンザリでした。サッカー・ファンの若者の六割くらいは、こうした試合を通じて、ベンアリー体制の不正や腐敗に気づき、反感を持つようになっていったと思います。

金と権力さえあれば、何でもできるという傲慢さ（bazakh）。ライラの甥のイメッドもギャングのような奴でした。彼がラグレット・クラブ（Club Lagoulette）というチームのオーナーになった時も同じで、このチームも弱小チームだったのに、すぐにナショナル・チーム入りを果したのです。噂ですが、イメッドはある時、女性強姦事件を起こしたそうです。しかもその犯罪をもみ消すために、その婚約者の男性を逆に逮捕し投獄したそうです。噂ですから、僕自身がこの目で見て確かめたわけではありません。しかし、大統領一族やトラベルシー一族のやりたい放題の許し難い、そうした幾つものいろいろな噂が人から人へと伝わっていき、ベンアリー体制への反感が積もりに積って、革命の時に爆発したのだと思います（チュニスのNGO職員、男性二六歳、NGOの事務所にて、二〇一五年五月二六日）。

このイメッドとムイッズ・トラベルシーは、二〇〇六年にはモナスティールのヨット・ハーバーに停泊してあったフランスの大企業家ブルーノ・ロジェの豪華船を略奪し、しかもその船の外壁の色を塗り替えて、シーディ・ブーサイードのヨット・ハーバーに隠し持っていたことが発見され、フランスのメディアで二一世紀の地中海の海賊行為として報道されるという事件も起こしていた［Clancy-Smith 2014: 33］。

これらの事例からは、横領やネポティズムや犯罪隠蔽工作など、一連の倫理的腐敗が、まずこうしてベンアリー一族・トラベルシー一族を頂点として蔓延していたことが見て取れる。しかしながら、ベンアリー政権の闇、大統領や夫人一族の不正行為や横領などについては、国民がそれを知り得たとしても、それを訴え口にすらできなかった背景には、厳しい言論情報統制や、また僅かな反体制的動きさえも見逃さない、国家の隅々にまで張り巡らされた諜報員ネットワーク、そして投獄や拷問によって徹底的に取り締まるという警察国家体制があったことによっている。それは、ベンアリー時代の治安の良さや政治的安定が光の部分であったとすれば、逆にその深い闇を象徴するものでもある。そして革命以前には語られることのなかったその闇が、革命後、人々によって語られ始め、その実態が明らかにされるようになってきている。続いては、厳しい警察国家の現実を経験した人々の証言から、その闇の部分を探ってみたい。

第3節　警察国家と言論情報統制

革命後、チュニジア南部のオアシス地帯では、各地で農地紛争や農民蜂起が相次いで勃発することとなった。その背景には、二〇〇〇年前後から構造調整政策の一環として進められた国営農場の民営化政策があり、当初、その民営化は土地を持たない貧農たちにとっては国営農場の土地の分譲に与かれるかもしれないという期待を抱かせるものであった。しかしながら、それらの国営農場の膨大な農地は、結局、ベンアリー大統領と親しい縁故関係にある大富豪の地主に払い下げられることになり、多くの土地なし貧農は落胆・失望し、富者へのさらなる富の上乗せに憤慨することとなったが、それにも関わらず、その時点では抗議の声すら挙げられず、農民蜂起へも繋がらなかった。

しかし、その不満が革命によるベンアリー政権崩壊の直後から、大きな農民蜂起や暴動となり、大地主の倉庫の襲撃破壊や放火、さらには農地の所有権を主張してオアシス農地占拠事件へと発展していくことになった［鷹木 2015］。筆者は、このオアシス農地をめぐる事件について調査するなかで、ベンアリー体制下で、いかに人々がその強権独裁体制に対し、怒りや反感を覚えつつも、大きな恐怖心から、抵抗しても無駄だという一種の諦観の感情をも抱いていたかを知ることとなった。

まずベンアリー政権時代には、警察国家の仕組みとして一二万～一五万人の警察官が全国各地に配備されていた［Aleya-Sghaier 2014: 33］。そしてそれに加えて、国の末端の村々や集落に至るまで、諜報員のネットワークが張り巡らされていたことが、革命後、明らかにされるようになっている。こうした監視体制のネットワークを、体制は「隣人委員会 Lajna al-Jirān」とも呼んでいたとされている。表1－8は、革命後、ジェリード地方の区役所や役場が襲撃され、そのなかの書類などが運び出され、そこから発見されたジェリード地方の町村に配備されていた諜報員の名簿である。革命後の民主化過程においては、こうした情報がチュニジア・ウィキリークスやフェイスブックなどを通じて公開され、ベンアリー体制の警察国家の

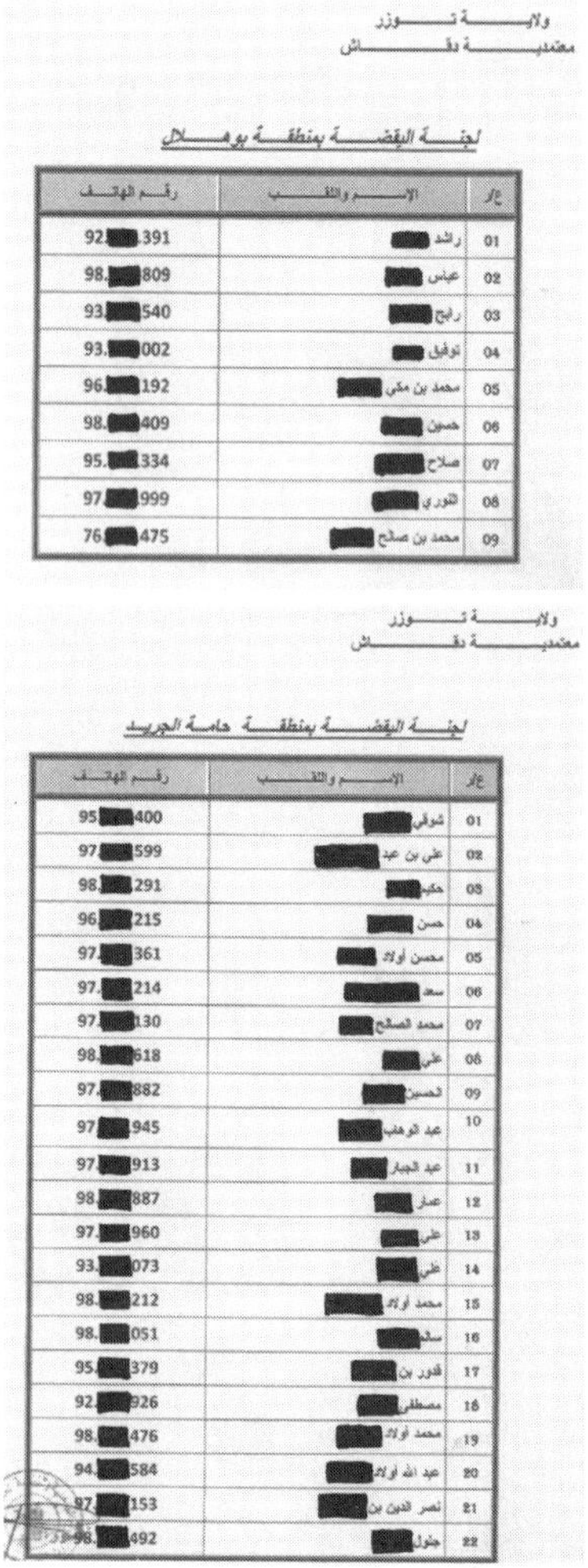
ولايــة تــوزر
معتمديــة دقــاش

لجنــة اليقظــة بمنطقــة بو هــلال

ع/ر	الإســم واللقــب	رقـم الهاتـف
01	راشد [redacted]	92[redacted]391
02	عباس [redacted]	98.[redacted]809
03	رابح [redacted]	93.[redacted]540
04	توفيق [redacted]	93.[redacted]002
05	محمد بن مكي [redacted]	96.[redacted]192
06	حسين [redacted]	98.[redacted]409
07	صلاح [redacted]	95.[redacted]334
08	النوري [redacted]	97.[redacted]999
09	محمد بن صالح [redacted]	76[redacted]475

ولايــة تــوزر
معتمديــة دقــاش

لجنــة اليقظــة بمنطقــة حامة الجريد

ع/ر	الإســم واللقــب	رقـم الهاتـف
01	شوقي [redacted]	95[redacted]400
02	علي بن عبد [redacted]	97[redacted]599
03	حكيـ[redacted]	98.[redacted]291
04	حسن [redacted]	96[redacted]215
05	محسن أولاد [redacted]	97.[redacted]361
06	سعد [redacted]	97.[redacted]214
07	محمد الصالح [redacted]	97.[redacted]130
08	علي [redacted]	98.[redacted]618
09	الحسين [redacted]	97.[redacted]882
10	عبد الوهاب [redacted]	97[redacted]945
11	عبد الجبار [redacted]	97[redacted]913
12	عمار [redacted]	98.[redacted]887
13	علي [redacted]	97.[redacted]960
14	علي [redacted]	93.[redacted]073
15	محمد أولاد [redacted]	98.[redacted]212
16	سـ[redacted]	98.[redacted]051
17	قدور بن [redacted]	95.[redacted]379
18	مصطفى [redacted]	92.[redacted]926
19	محمد أولاد [redacted]	98.[redacted]476
20	عبد الله أولاد [redacted]	94.[redacted]584
21	نصر الدين بن [redacted]	97.[redacted]153
22	جلول [redacted]	98.[redacted]492

表1–8　襲撃された区役所から運び出されネットで公開されたジェリード地方の町村に配備されていた諜報員の名簿
（S村革命保護委員会提供）

組織の実態が暴露されていったのである〈表1‐8〉。

これらの諜報員リストからは、村長や公民館の管理人などの名前が見つかっているものもある。ベンアリー時代にはまた、政権政党の立憲民主連合（RCD: Rassemblement Constitutionnel Démocratique）の党員が、一九八九年に複数政党制へ移行した後も、人口一〇〇〇万人足らずの国に、二〇〇万〜二五〇万人はいたとされ、それらの党員が国家機構のほとんどの役職ポストに配置されていたのである。すなわち、言論情報統制や警察国家の仕組みとの関連で考えるならば、かりに農民や貧民が大きな不満や怒りを覚えることがあっても、体制批判や反体制的行動が簡単にはできない強力な仕組みが厳然と存在していたことになる。

ベンアリー時代の凄まじい言論思想情報統制の政治は、革命後、「3F政治」とも揶揄されるようにもなっている。3Fとは、すなわち、三つのFのつく語をとって、国民が女性（Femme）、すなわち恋愛にうつつをぬかし、サッカー（Foot）に興じ、そして祭り（Fête）を楽しんでいればよいという、国民の関心を政治から逸らそうとする、国民を全く愚弄した政治を意味している［鷹木 2013: 24-25］。

投獄拷問の経験者とその家族の証言

とりわけ、ベンアリー政権時代に反体制的分子として摘発・拘束され、投獄・拷問などを経験した人々にはイスラーム主義者が多い。ただし拘束・投獄された人々のなかには、ナフダ党やその前身のイスラーム志向運動（MTI: Le Movement de la Tendance Islamique）のメンバーなどではなく、政治活動と全く無縁で、ただよくモスクに通う、信仰熱心な者というだけで投獄された人々も多数いたことが、次々に明らかになっている。革命後の現地調査のなかで、期せずしてそうした投獄経験をもつ人やその家族にも多く出会うこととなり、ベンアリー政権の闇の実態をあらためて思い知らされることとなった。投獄経験者の性別や年齢や職業などは実に多様で、また投獄の期間もたった一夜という人から十数年間に及んだ人々、拷問や独房の有無など、その経験の度合いも実にさまざまである。そしてまたそれは単に投獄されたその個人の問題だけではなく、その家族にも及ぼした影響の大きさや深刻さには言葉を失うほどのものがある。

なお拷問に関しては、第七章で後述するように、現在、拷問に反対するＮＧＯも結成され、国際的組織との繋がりも持ち始めている。ここでは、ベンアリー体制崩壊に至った要因や背景として、独裁的な言論情報統制や暴力的な警察国家体制の実態の一端を、さまざまな証言の聞き取り事例から跡付けてみる。

証言1　投獄されたイスラミストの母親、そして女優として生きる意味

私はビンザルトの出身、一九四六年の生まれですから、もうすぐ六九歳になります。高校卒業後、大学で演劇を専攻し、その後も演劇の専門学校で勉強を続けました。夫のハーディ・ダーウドもコメディアン俳優でした。古典演劇から、新ジャンルのものまで、劇場ばかりでなく、テレビや映画にも出演し、夫婦で俳優の仕事をしてきました。ですから、私の人生は演劇を抜きには語れません。演劇活動のなかで知り合い、結婚し、自分たちの劇団も作りました。俳優の仕事の他に、高校で教師もしていました。夫も私も、熱心なイスラーム教徒、その意味では私たちはイスラミストです。

私の息子は、チュニス大学の情報工学専攻の学生だった二〇歳の時に、政治活動など全くしていた訳ではないのに、何の証拠も裁判もないまま、モスクでよく礼拝をしているというただそれだけの理由で拘束され、一九九一年から五年間も投獄されていました。

その頃、全くはっきりとした理由もなく、拘束・投獄された人々は、八〇万人もいたと言われています。考えてもみてください。一〇〇〇万人足らずの人口の国で八〇万人ですよ。チュニジアのどの家族にも、あるいはその家

族ではなくても、親戚とか友人に必ずそうした被害者が一人や二人いたことは確かでしょう。

息子は、最初の四年間はチュニスの「四月九日通り Avenue le 9 avril」の近くの刑務所に、最後の一年は待遇が最も劣悪なことで知られるスースとモナスティール、そしてハワーレブ（ガフサの近く）の三か所の刑務所を転々とさせられ、やっと出所しました。

出所後、息子はチュニス大学に戻ることはできず、私立大学に入学しなおして、勉強を続けました。投獄されていた時も、私たち家族は本当に苦しみましたが、出所後の生活はさらに大変でした。というのは、息子が大学以外の所に行っていないか、彼の行動を監視するために、学生生活の期間中、毎日五回も、チュニスやチュニス近郊のさまざまな警察署に出頭し、それを証明する署名を義務付けられていたからです。朝八時半、ムルージュ、正午頃にはベンアルース、午後三時頃にはメンザ、夕方にまたムルージュ、そして夜にはまた他の場所でというように、チュニスと近郊の複数の警察署に日に五回、立ち寄ることを強制されていたのです。もちろん、そんなことをしていたら、勉強などできませんから、結局、息子の学業に支障をきたさないように、私の夫が毎日、車で息子の送り迎えをずっとしていたのです。

そればかりではありませんでした。時々、真夜中の二時や三時にベルを鳴らしたり、ドアを乱暴に叩いて、お前のうちの息子はいるかと、警察官が取調べに来るのです。ひどく傲慢で、しかもみなが寝静まっている真夜中にですよ。その当時、高齢の母がまだおりましたから、本当になぜそんなひどいことをするのか、警察官に食ってかかって喧嘩したこともありました。そんな時、私はもう怖いもの知らずでした。そうした真夜中の取調べも、頻繁にありました。

息子は、大学を二〇点満点の一八・五という好成績で卒業して、本当は大学院にも行きたかったようでしたが、卒業後すぐに働き始めました。絶対に公務員や国営企業では働きたくないと言い、ベルギー資本の会社に勤めまし

息子の投獄と家族の苦しみについて語る女優で劇作家のハリーマ・ダウードさん（2015年5月）

た。それからしばらくして、夫は息子のことで大変苦労したからでしょうか、まだ五〇代の若さで、癌で亡くなりました。

革命の時、私はベンアリー体制が崩壊することを心から願い、ブルギバ通りのデモに参加しました。人に押されたり、警官にこん棒で叩かれそうになり、逃げる途中、転んで眼鏡が壊れ、靴も脱げて、裸足で走りました。でもそんなこと、大したことではありません。私は息子のことでこの体制を本当に憎んでいましたから、絶対デモに参加しようと思っていたのです。

ベンアリーが出国したと知って、体制が終わったのだと知った時、私は本当に幸せでした。嬉しくて、涙があふれました。息子が投獄された時でさえ、私は心のなかでは大泣きしていても、人前では絶対涙を見せませんでした。なぜなら、息子は何も悪いことはしていなかったのですから、涙を見せてはいけないと心に誓い、絶対に泣きませんでした。でも、体制崩壊した時には嬉し涙があふれ出ました。

なぜ、あんなに沢山の人たちが通りに出て行ったか、なぜ全国的なデモになったか、わかりますか。チュニジア人の家族で、親戚や友人に、一人も投獄された者がいない家族など、親戚なども含めれば、おそらくそんな家族はなかったでしょう。みんな、何がしか体制からの嫌がらせなどを受けた経験があったからです。

ただ、革命後、私はすぐに革命をテーマにした演劇を作ることや、またそうした作品に出る気持ちにはなりませんでした。私には、まだこの革命が何であったのか、私たちに何をもたらしてくれたのか、それがよくわかっていないですし、自分自身、摑めていないからです。この革命について語るには、私にはまだもう少し時間が必要だと思っています。ただ、ベンアリー時代に私たち家族が経験したこと、それは私たちだけでなく、多くのチュニジア人家族が経験したことでもあるし、イスラミストだということで、投獄された人とその家族の物語は、チュニジアに限らず、もっと普遍的な意味やメッセージをもつものだと考えているので、私はそれを何とか演劇の作品にしたいと思ったのです。こうして複数の人たちと協力しながら出来たのが、「シラータ（道）」というタイトルの映画でした。私はそのなかで、投獄されたイスラミストの母親の役、まさに私の経験そのものですが、それを演じたのです。

このフィルムは、公の映画館や政府が主催するイベントなどでは、革命後の今でも問題があるということで、上映を許可されていません。芸術文化大臣が許可をしてくれないのです。その意味では、革命後、本当に表現の自由が得られたとは思っていません。ただ、NGOなどが、協力や共催をしてくれて、すでに全国各地で上映され、これまでで既に八〇万人の人々がこのフィルムを見てくれました。ヨーロッパでも、フランスとドイツ、またカナダでも上映されました。また今年三月にチュニスで開催された世界社会フォーラムでも上映され、有難いことに好評を得ることができました。

ただ、この作品を作っていた時も、実は私は息子が獄中でどんな生活を送っていたのかを知りませんでしたし、今も知らないままなのです。息子は、一切それを語りたがらないのです。その時の話を聞こうとすると、不機嫌になり、もう過去のことだと言って、部屋を出て行ったり、決してそれを誰にも話そうとしません。とても自尊心が強く、おそらく拷問も含めて自ら経験した五年間の体験を、簡単に言葉にはできないからだと思います。今、息子は四四歳になりました。結婚して子供も三人おり、普通の生活を送っています。

私は、現在、また新しい作品つくりに取り組んでいます。それは、パレスチナ問題についての演劇です。パレスチナ問題は、アラブ人としてイスラーム教徒として、避けて通ることができない問題だからです。このテーマで、長年、作品を作りたいと考えていたのですが、作るからには納得できる作品にしたいと考えて、長い間、試行錯誤をしてきたのですが、やっとパレスチナ人の著名な作家、ガナーム・ガンナームという作家と一緒に作品を作ることとなり、彼と一緒に脚本つくりをしているところです。

私は、二年前に一番末の息子を癌で亡くしました。まだ三九歳でした。医者で、一番母親思いの息子でした。夫も同じ病気でしたから、遺伝なのか、なんなのか、本当にとてもつらく深い悲しみでした。でも、私には演劇、演じるという仕事があります。パレスチナの作品を作るのは、私も同じような悲しみや苦しみを彼らと共有したいし、これはチュニジアやパレスチナ人の問題だけではなく、人間として生きることの意味、その点でもっと深い普遍的な意味がある問題だと考えているからです。是非そうしたメッセージを伝える作品にしたいと願っています。そしてそれが出来上がったら、可能であれば、ぜひ日本でも上演したいと思っています（**ハリーマ・ダウードさん、女優・脚本家、六八歳、マルサのカフェにて、二〇一五年五月三〇日**）。

証言2　ヴェール着用を理由に拘束されたスース大学法学部の女子大生

私は、たった一晩だけでしたが、スース大学の法学部の学生だった一九九一年に、ヴェールを被っているということで拘束され、投獄されました。私は、カスリーン県の出身で、故郷ではスカーフを被ることは当たり前、政治的意味合いなどから被っていた訳ではありませんでした。しかし、当時のイスラミスト狩りは大変なものでした。当時は、道路を歩いていても、スカーフを被った私のような女子学生にはすれ違いざまに唾を吐きかける人がいたり、棒で叩かれそうになったこともありました。

でも私自身、イスラーム教徒としてヴェールを被ることは宗教的に正しいことと考えており、神が望んでいることも思っていたので、大学でも被り続けていたのです。

ある日、女子寮に警官が多数入り込んできて、学生の所持品やカバンの中を調べ始めたのです。カバンの中には、本やノートの他に、昼食時にパンやチーズを切るためのナイフを入れておくことはごく当たり前でよくあることなのに、私のカバンにナイフが入っていたということで、特にスカーフを着用していた十数人の女子学生と一緒に拘束され、刑務所に拘留されました。翌日、いろいろと厳しく取調べを受けた後、特に政治活動をしている訳ではないとして、私は夕方、釈放されました。しかし、私の友人のなかには、もっと熱心なイスラミストもいて、彼女は長く投獄され、拷問も受けたということを後から知りました。

たった一夜のことでしたが、その体験に私は強烈なショックを受けました。部屋は数メートル四方の空間で、床には薄汚れた安物カーペットが敷かれ、隅にアラブ式のトイレがあるだけの他に何もない部屋でした。そこに四〇～五〇人もの女性が押し込められたのです。みなが寝るスペースなどありませんから、多くの人は立ったまま、そして代わる代わる一部の人が体を丸く小さくして数時間ずつ座るか横になるということにして、朝まで過ごしました。この事件があってから、私はすっかり勉強意欲を失い、結局、大学を中退してしまいました（元NGO職員女性四六歳、チュニス在住の主婦、カフェにて、二〇一三年三月五日）。

証言3　甥がイスラミストとして投獄された男性

私自身の子供ではありませんが、私の甥がイスラミストだとして、六年間、投獄されていました。彼はとても人柄が良く優秀で、大学卒業後はすぐにアラビア語の教師としてリセで教え始め、学生たちからも大変慕われていました。真面目でよくモスクに通っていましたが、特に過激なイスラミストというような人物ではなかったです。ある日、昼食を取りに家に戻り、家族と食事をしていると、玄関のベルがなったので、彼が出ていった。訪ねてきていたのは警察官らで、彼はそのまま理由も告げられず、シャツ一枚、草履のままという格好で車で連行されていったのです。急に姿を消した息子のことが心配で、親は気が狂いそうになりながら、チュニス中とその郊外の警察署を探し周り、そして二週間後になって、やっと息子の居場所がわかったのです。それはなんと南部の砂漠地帯にあるファッワールの刑務所だったのです。ベンアリー時代には、イスラミストばかりでなく、その家族をも苦しめるために、当局は故意に北部出身者は南部の刑務所に、南部出身者は北部の刑務所に投獄し、家族が面会するにも苦労するようにしていたのです（チュニスのタクシーの運転手　男性六〇歳前後、車内にて、二〇一四年二月二六日）。

証言4　UGTEの政治活動を理由に逮捕されたアマズィーグの男性

私は、ガベス県のマトマタからそう遠くないT村の出身。チュニス大学では歴史学を専攻していました。学生時代に、チュニジア学生総同盟（UGET:Union Générale des Etudiants Tunisiens）に所属し、活発に活動していたからでしょうか。大学を卒業してから数年後に当局に拘束され、四年間投獄されていました。投獄もつらい経験でしたが、出所後はもっとつらいことが多かったです。私は出所後、公的職務には就けなかったので、二つの私的企業を掛け持ちして仕事をし家族を養っていました。当局は出所後も私に嫌がらせをするために、この二つの会社に圧力をかけ、私を解雇するように仕向けたのです。会社の社長から、「あなたを解雇しなければ、我々の会社が危ないかもしれないから、判って欲しい」と言われ、私は退職せざるを得ませんでした。

チュニスで職を失い、故郷の村に戻ることにし、農業での生活を始めました。しかし、二週間に一度くらいの割合で、警察官らが私の家にやってきて、家の前に車を停め、家の中を、引き出しの中や台所の戸棚からベッドの下まで、私が何か政治的活動でもしていないか、何か隠し立てをしていないかと、取調べに来るのです。小さな村ですから、そうしたことはすぐに噂になり、村長にも村人にも伝わり、私は犯罪者扱いをされ、私たちの家族も村八分のような扱いを受けるようになりました。村のカフェに座っても、誰も私には話かけず挨拶もされなくなりました。妻は同じ地域出身者で、小学校の教師をしていたので、それは生活の上では助かっていたのですが、妻の家族が、今度は私とは離婚するようにと妻に迫るようになりました。妻の家族は私のことを嫌って、私と会うことも避け、私の両親の葬儀にすら、顔も出しませんでした。

私は少しでも生活の糧を稼ぐために、養蜂の講習を受けました。その時、若者ばかりの受講生のなかで、私は最年長者でした。その講習の後、私は農業の傍ら、知人から借金をして養蜂を始め、蜂蜜が採れて売れるようになり、やがて蜂の巣箱を一四箱にも増やすまでになりました。そしてやっと養蜂の仕事が軌道に乗り始めた頃、また警察がやってきて、それらの巣箱一四箱全てを没収し、さらに金を貸した人物のところに行って、私から「借金をすぐに取り立てろ」と言ったそうです。私はなけなしの金を全て集めて、借金をすぐに返済しました。わかりますか。つまり、ベンアリーの時代には、ほんの少しでも反体制的な活動をしている者ということになったら、出獄した後でも、生かしてはおかないのです。生活の糧を奪い、家族を崩壊させるようなことを追い打ちするように仕掛けてくるのです。

そんな出来事ばかりが続いた後、妻は家族からの圧力もあり、私との離婚を受け入れ、われわれは法廷での離婚の審議に入りました。しかし、最後の段階で、妻は離婚しないと決断してくれました。その後で、幼い娘が私に短い手紙をくれました。「パパとママが離婚しないで、本当によかった」という短い手紙でした。私は娘からのその手紙を読んだ途端、これまで獄中でも拷問の時にも、さまざまな嫌がらせの時にでさえ、泣いたことなどなかったのですが、それを読んだ時には涙をこらえ切れず、娘を抱いて泣きました。

革命の後、私は公職に就くことができて、今、こんな年齢になって初めて人並みの生活ができるようになりました。現在は、アマズィーグ文化、我々の文化を後世に伝えていくために、そしてこの国がマイノリティの権利を守りながら、多文化共生社会となっていくことを願って、NGOを立ち上げ、仕事の傍ら、そんな活動も行っています（公務員、男性　五四歳、チュニスのベルベル文化保存協会の事務所にて、二〇一五年六月一三日）。

証言5　失業中に一か月間投獄経験をした青年

二〇一〇年の一二月の末、失業中の若者たち（al-shabāb al-baṭṭāl）のグループと警察部隊（ḥaras）とがガフサの自動車道の交差点で言い争う出来事があったのです。われわれは夕方、そこにただたむろしていただけだったのに、警察部隊の奴らがやってきて、言いがかりをつけ始め、それに反抗したということで自分も仲間と一緒に拘束されたのです。一か月ほどメトラーウィとガフサの刑務所に投獄されました。一三×五メートルという部屋になんと五〇人近い人数が収容され、部屋には四段ベッドが五つあり、二〇人しか寝られないところに五〇人も入れられていたので、全員が寝ることはできず、残りの者は、細い隙間の床に寝転がって過ごしていました。監視員に文句を言ったりすると、殴られたり蹴られたりした者もいました。

労働はさせられませんでした。チュニジアでは、刑務所での労働は法律で禁止されているからです。だけど、労働をさせられた方がずっとましだったと思っています。何もしないで、二四時間、そんな狭いところに大勢で閉じ込められていたら、本当に気がおかしくなりそうでした。一日に夕方三〇分間だけ、刑務所内を歩かせられる。それが唯一、体を動かす機会。あとは、狭い部屋に閉じ込められっぱなし。想像できますか。

投獄されてから、一か月ほどが過ぎた頃、シーディ・ブーズィードの事件で国中が大騒ぎになったため、大統領の恩赦ということで、一二月末に釈放されました。一月一四日、ベンアリーがサウジに逃げて、体制が崩壊した後、警察や治安部隊のコントロールが利かなくなったので、僕は兄と一緒にヨーロッパを目指して、スビーラの港からランペドーサ島へ向かう密航船に乗りました（ガフサ郊外の村出身、土木作業員兼運転手、男性二九歳、友人宅にて、二〇一五年六月四日)。

これらの証言は、ベンアリー政権時代には、MTIのメンバーやナフダ党員でなくても、イスラミストとみなされただけで裁判なしに投獄されたり、ヴェール着用だけでの拘束や学生組織での活動、さらに失業中の仲間同士が単にたむろしていただけでも拘束投獄されることがあったという事実を示している。拘束や投獄が一晩や一か月程度のこともあれば、長期の年数にわたることがあったこともうかがえる。そしてそれらが本人のみならず、家族にも深刻な影響を及ぼしていたことも知ることができる。

バラックト・サーヘル事件の犠牲者たち

最後にここに挙げるもう一つの事例は、ベンアリー政権と軍との確執を物語る事件、一九九一年のバラックト・サーヘル事件(Les Affaires de Barraket al-Sahel)で、その被害者となった陸軍高官の証言である。このバッラクト・サーヘル事件とは、一九九一年、ハマメット近郊にあるバラックト・サーヘルの軍事基地で、一月六日に「国家反逆会議」を開催したという虚偽の事実を仕立て上げ、当時の陸軍・空軍・海軍所属の軍人たち二四四人を次々と拘束し投獄拷問を繰り返したという、ベンアリー政権時代の歴史的汚点とされている事件である。

この事件は、革命後、その被害者たちが二〇年を経て、旧政権の高官らを相手取って最初に法廷で争われることになった政治事件でもある[Zbiss 2012: 51][23]。第二章でのベンアリー政権と軍との関係の箇所で再度触れることにするため、ここではこの事件の犠牲者となった元陸軍大佐からの聞き取り内容を独裁体制の暗部を物語るものとして提示することにする。

証言6　バラックト・サーヘル事件で拷問・投獄を経験した旧陸軍大佐[24]

バラックト・サーヘル事件が起きた当時、私は、陸軍大佐の地位にありました。私はベージャの出身ですが、高等教育はチュニスで、その後、ナブールの軍事アカデミー（L'Académie militaire de Fondok Jédid）で教育を受けました。さらにフランス・パリとドイツ・ハンブルクの軍事アカデミーにも留学し、その後はアメリカ・カンザス州にも留学しました。その意味では、私は確かにエリート軍人でした。

バラックト・サーヘル事件が起きたのは、一九九一年のこと。五月のある夜、午後九時半頃でした。軍の上司から電話で呼び出しがあり、内務省で警察庁長官（directeur générale de la sûreté de l'Etat）ムハンマド・アリー・ガンズーニーと面会するようにと言われ、急いでそこへ向かいました。その執務室に入り、挨拶をすると、彼から急に、「お前はMTIー（イスラーム志向運動）のナンバー2だ」と言われたのです。MTIーは、現在のナフダ党の前身組織で、当時イスラミスト集団を摘発していることは当然知っていました。しかし、私は全くイスラミストでもなんでもない。ただの軍人。あまりに突拍子もない、奇想天外な発言に、私は思わず、冗談かと思い笑ってしまいました。すると長官が「何を笑っているのだ」と、突然、思いっきり私の顔を殴ったのです。私は耳に物凄い衝撃と痛みを感じ、そのままそこに倒れ込みました。長官は、その後、ドアのところに立っていた二人の大柄の部下に、私を地下室に連れていくように命じたのです。

男たちに抱えられて地下室に降りていくと、その場で私は全て服を脱がされました。そして膝の後ろに鉄棒を押し当てられた格好でかがまされ、足首と手首をロープで縛り上げられました[25]。その鉄棒はただの棒ではなく、拷問用の特別な突起のある棒で、その突起が私にさらなる激痛を与えたのです。手足を縛られかがんだ状態で、それから何時間くらいでしょうか、私はありとあらゆる罵声や罵詈雑言を浴びせられながら、体のあらゆる部分を棒や鞭で叩かれ、足で蹴られたりしました。私の背中には、かつて腎臓の手術をした跡が残っていたのですが、これを見て、男はわざとその部分を叩き、「死ぬがいい」と言ったのを覚えています。私はその場でそのまま気を失いました。

これは後から、自分の体を見て知ったことですが、私が本当に意識を失ったのかどうかを確かめるために、彼らは私の足や手にタバコの火を押し当てて確認していたようです。手足を縛られたそのままの姿勢で、私は丸二日間も放置されていました。三日目に手足をほどかれましたが、なお、執拗に拷問は続き、陰謀を企んだ仲間の名前を白状するようにと強要されたのです。

瀕死の状態で、私は初めて軍病院に運ばれました。私は大佐でしたから、名前が知られている地位にあったからでしょう。私の名前を別人のものに変えて、治療を受けさせられたのです。[26] 職場には、突然の私の投獄を知らせないように、「病気のため、しばらく欠勤」と連絡されていたそうです。

バラックト・サヘル事件の犠牲者のムンセフ・ゾグラーミー元大佐（2015年6月）

私は、それまで軍のなかで順調に仕事をして出世もした、確かにエリートでした。それがある日、突然、何の理由もわからぬまま、こうして拘束され拷問を受けるなど、誰が想像できたでしょうか。

私は軍人です。国のために必要であれば、闘い、命を賭する覚悟もありました。また私が本当に罪を犯したというなら、死刑宣告を受けることも厭いません。しかし、何の落ち度もなく、全く理由もわからず裁判もなく、突然こんな不条理な拷問や投獄を経験するとは、それがどれほど耐え難く屈辱的でひどい経験であったか。今でもその時のことを思い出すと、体が震えて涙を止めることができません。

当時、私はすでに四八歳でした。一八・一九歳の若者ではありません。この事件で拷問を受けた者たちのなかでも私が最年長で、心身ともにそのダメージは限界をはるかに超えるものでした。私は、体中に激痛を覚えながら、一か月ほど獄中で過ごしました。そして六月のちょうどイード・アルアドハー（犠牲祭）の祝日の二日目だったと思います。薬を渡され、飲むように言われました。それから、内務大臣A・カラールから呼び出しを受け、そこへ行くと、ただ「あなたの身に起こったことをすまなく思う。あなたは無罪だ。もう帰宅してよい」と言われ、「一か月間、休暇をとった後、また軍の職務に復帰するように」と告げられたのです。

こんなに理不尽で残酷非道な拷問や辱めを受けた後で、もとの軍の職務に戻る、そんなことができますか。考えてもみて下さい。私は、もちろん復職などしませんでした。それから数か月して、また軍から連絡がありました。軍の職務に復帰するように、そのために筆記試験を受けるようにというものでした。その筆記試験の論題は、「どのように陰謀を企てるか」というのがテーマだと言われたのです。私は言い返しました。軍の採用試験であれば、軍人としてのモラルとか、国家に対する忠誠心とかを問うテーマにすべきで、こんな論題はそもそも軍の採用試験に不適切だと、当然、拒絶しました。

それからさらに数か月して、軍から復職するようにとの再度連絡があり、ただし、職位なし、すなわち制服なしの単なる事務職員として復職しろという連絡でした。大佐だった私が、全くの職位も制服もなしの職員として軍に復職するなど、とても屈辱的で考えることもできませんでした。しかし、現実的にはその当時、私は失職したために、家族の生活は困窮し切っていたのです。私が拘束された年、長男はちょうどバカロレア受験の年でした。しかし、父親の私に起こったことがショックでバカロレアに合格できず、また娘までがそれから三年間も登校拒否になりました。

本当に苦渋の決断でした。本心では軍に戻ることなど、二度とあり得ないと思っていました。しかし、妻と三人の子供の生活をどうやって支えていけばよいのか。年齢的に私には再就職の道はほとんどなく、この申し出を受け入れる以外に家族を養うことは難しく、本当に苦々しい思いで受け入れざるを得なかったのです。復帰した事務職員としての職場は、他の人々とは隔離された一人部屋でした。私が他の者たちと話をすることや親しくなることを警戒したのだと思います。そして職場復帰した当日、その部屋の扉には、思い出したくもないあのバラックト・サーヘル事件の容疑者と題した名前のリストが貼り出されてあったのです。しかもその一番上に自分の名前があるのを見た時、復職したことを心から後悔しました。その後もさまざまな嫌がらせが続きました。しかし、家族の生活を支えるには、他に仕事がなかったのです。

革命の時、私はブルギバ通りに出ていき、デモに参加しました。一月一四日には内務省の前で、「ベンアリー、デガージュ！デガージュ！」と、私もあの群衆のなかで大声で叫んでいたのです。その日の夕方、ベンアリーが出国したと知った時、涙が一気に溢れ出てきて仲間たちと抱き合いました。そしてその夜は妻と子供たちとも、涙を流して喜び合いました（元陸軍大佐、男性七二歳〈一九四三年生まれ〉チュニスのホテルのロビーにて、二〇一五年六月一二日と一五日）。

この証言は、ベンアリー独裁体制下で、エリート軍人の身に起こった残酷非道、かつ家族までも巻き込んだ人権を蹂躙した事件について、本人が自ら語ったことを聞き取りまとめたものである。バラックト・サーヘル事件では、二四四人もの軍人が、国家反逆の嫌疑で一九九一年四月から七月にかけて、それぞれ異なる状況や時期に拘束・投獄されている。そのうちの二五人が大佐、八八人が将校、八二人が下士官、四九人が兵士であったとされ、投獄期間も出獄後の状況も各人で異なるものであった。以下のもう一人の軍人は、同じ事件で六か月間投獄され、その後さらに一六年間にわたり、就労を禁じられていたという人物の事例である。

証言7　バラックト・サーヘルの犠牲者の息子

私の父は、バラックト・サーヘルの事件で、一九九一年に六か月間ほど投獄されていました。出獄後は失職したため、故郷のシーディ・ブーズィード県のルゲッブの町に戻りました。しかしそれから二〇〇八年まで、一切の仕事や活動を禁止され、また許可なしの外出まで禁止されていました。そして毎日、一日五回、警察官が自宅にやってきて、父が外出や活動をしていないかを常に監視に来るという生活を送っていたのです。父はそのため、外で働き稼ぐことができなかったので、私たち家族、両親と私と二人の弟の五人家族を養うために、自宅の一部を書店にして、本や雑誌、教科書や文具などを売って生活の糧にしていたのです。もちろん、書店は法的には母親の名義にしていたもので、しかも公にはできず、シャッターを降ろしたまま中でこっそり商売していたのです。小さな町でしたから、みんなうちが書店であることを知っていて、必要なものを買いに来てくれていましたが、生活は本当に最低限のものでした。

私は、そんな環境で育ったのです。ですから、学生時代から政治には強い関心をもち、さまざまな協会や団体でボランティア活動をしたり、チュニスの美術大学に進学してからも、チュニジア学生総同盟に所属していました。

革命が起きて、チュニジアに新しい民主的な政府を作っていくということになった時、私は民主主義の基本はまず公正な選挙、多くの国民が平等に参加する公正な選挙が基本になると考えたのです。そして他の同志とともにムラーキブーンというＮＧＯの創設に関わったのです（ＮＧＯムラーキブーンの事務局長、男性二七歳、ＮＧＯの事務所にて、二〇一五年五月二八日）。

ベンアリーの独裁強権体制は、表面的には社会の安定や治安の良さを特徴としていた。しかしその水面下では、以上のような凄まじい人権侵害、裁判なしの拘束、投獄・拷問、生存権そのものをも奪うような就労・活動・移動の禁止、そして数々の嫌がらせなどが、多数の国民に対して行われていたのである。そしてそれを支えていたのが内務省や警察組織、治安部隊、政権政党組織網、全国各地に張り巡らせた諜報員網などであり、それらが連携するかたちで、強権体制の構造を作り上げていたのである。

チュニジア革命以前、二〇〇八年に起きた民衆の抗議運動として知られるガフサ県リン鉱山事件もまた、当時の厳しい情報統制下で、一般の人々に広く知られるまでには至らず、六か月も続きながら、結局、治安部隊の武力によって鎮圧されることになった事件である。その発端はガフサ・リン鉱業会社の職員採用と絡んだ縁故主義や賄賂といった不正に対する民衆側からの異議申し立てであったが、それが鉱山地域全体での抗議運動へと発展していった。それはまた、ベンアリー体制下で蔓延していた汚職やネポティズム、また警察国家体制下での情報統制や武力鎮圧とも関わっていくことになった点で、チュニジア革命の背景要因と通底する特徴をもつ事件である。

第4節　二〇〇八年のガフサ・リン鉱山民衆蜂起事件

二〇〇八年のガフサ・リン鉱山民衆蜂起事件は、同年一月五日、ガフサ・リン鉱業会社による三八〇人の職員（現場労働者・技術者・役職者）採用試験の結果発表を受けて、多くの大卒失業者が不合格であった一方、会社役員の縁故関係者や地域有力者の親族などが多数合格していたことに対し、ルダイフの町で大卒失業者らがその不公正さに怒り、抗議するかたちで始まった。その後、民衆を巻き込んでのデモや座り込み（シットイン）、さらにはリン鉱山の採掘作業の妨害活動（送電中止、鉄道の線路上にテント付設など）、そして警察官治安部隊と民衆との衝突にまで発展していった事件である。その抗議活動は時に暴動化し、また散発的な治安部隊との衝突もあり、六か月にわたり続いたという点では、チュニジア独立以降の主要な民衆蜂起事件、一九七八年の「黒い木曜日事件」や一九八四年の「パンの暴動」と比べても、最も長期に及んだ事件とされている。

ガフサのリン鉱業の始まり

ガフサのリン鉱業は、フランス保護領時代にフランス人地質学者フィリップ・トマスが一八八五年にガフサ県のメトラーウィ郊外のサルジュ山でリン鉱脈を発見したことに始まる。その後、一八九七年にガフサ・リン鉱業・鉄道会社（Campagnie des Phosphates et des Chemins de Fer de Gafsa）が設立され、本格的なリン鉱石の採掘作業が開始された。二年後の一八九九年にはメトラーウィとスファックス間を結ぶリン鉱石輸送のための鉄道も開通し、それ以降、リン鉱業はチュニジアの経済と近代化を支える重要な産業部門となってきた。その後、上記の会社は新たなリン鉱床の発見や開発もあり、組織的統廃合を経て、一九七六年に国営会社ガフサ・リン鉱業会社となった［Mansour 2012］。

リン鉱石の採掘が開始された当時は、ゴールドラッシュさながら、メトラーウィの町にはフランス人と地元チュニジア人の部族だけでなく、チュニジア南部ジェリード地方からの移住者ジェリーディーヤ（Jerīdīya）や近隣部族のガタリーヤ（Gatarīa）、さらにはアルジェリアのスーフ地方出身者、リビアのトリポリ出身者やマルタ島出身の移住者などもいたとされている。二〇世紀初頭には一時、その埋蔵量は米国に次ぐとも推定され、また二〇一〇年の時点においてもその産出量は世界第五位を保っていた［Khanousi et Yahachi 2012］。

当初、この地方に居住していた外国人は独立以降ほとんど出国したが、現在でも元々の住民に加えて、南部ジェリード地方からの移住者や他地域出身の役職者や労働者とその家族などが混住しており、そうした部族や出身地の違いも、縁故主義や賄賂の問題に加えて、会社の職員採用にあたっては、さまざまな対立や抗争を生む要因となっている。

「ガフサ・リン鉱山（Gafsa le bassin minier）」と総称されるリン鉱石の採掘現場は、実際にはガフサ県の四つの町、メトラーウィ、ルダイフ、ムラーレス（ウンム・アルアラーイス）、ムディッラに分散して存在している。したがって、ガフサ・リン鉱山事件という、六か月あまりにわたって続いたその抗議活動や民衆蜂起は、それらの町ごとに少しずつ異なり、その展開プロセスは多所的であり、かつ労働組合や政府当局の介入、それらとの交渉という点では地域レベルそして国家レベルと関わり、また後述するようにその背景に構造調整政策があったという意味では、国際レベルの政策とも繋がっていた多次元的な様相をもつ出来事であったことになる。

ここでは、このリン鉱山事件を、チュニジア革命の背景要因との関連で考察するという意味で、すでに上記で指摘してきた①ベンアリー時代の開発政策の歪みによる「二つのチュニジア」の「忘れられたチュニジア」で起こった事件であったこと、②縁故主義や賄賂への異議申し立てとして始まったこと、そして③言論情報統制と強力な警察国家によって鎮圧されることになった事件という、革命の背景要因とも共通する特徴に注目しつつ、以下、その展開のプロセスを文献［Chouikha et Gobe 2009, Missaoui et Khalfaoui 2011, Ben Mansour 2012, Yakoubi 2012, Bettaib 2012, Khanoussi et Ayachi 2012］と現地調査資料から跡付けてみたい。[27]

ガフサ・リン鉱山民衆蜂起の要因と展開過程

ガフサ・リン鉱業会社で働く正規職員たちは、この地域での労働運動などに参加することなどはまずないと言われている。その理由は、この会社の正規職員の給料はこの地方ではかなりの高給で、チュニジアの最低賃金の約五倍、月額一〇〇〇ディナールほどともされているためである。そのことから、この会社への就職問題は地元住民らにとっては生活を大きく左右する一大事であり、そのため会社役員や正規社員と、その職から漏れた人々や失業者とのあいだに亀裂や対立を生む要因ともなってきた。

そのようななかで、問題をさらに深刻化させることになったのが、一九八六年からの構造調整政策であった。ガフサ・リン鉱業会社もまたこの構造調整の対象となり、会社の効率化を図るため、人員削減を進めることとなる。同会社はその従業員数を、チュニジア独立の一九五六年時の七三一〇人から、構造調整政策開始少し前の一九八四年には一万四二五九人にまでほぼ倍増させてきていた。しかしその後、構造調整政策の実施を経て、二〇〇九年には五〇三六人にまで削減していたとされている［Ben Mansour 2012: 63］。すなわち二五年ほどのあいだに従業員数が約三分の一にまで削減された一方で、しかし、この間、リン鉱業以外にこの地域の産業を多角化するような政府の開発政策や投資はほとんど為されてこなかったのである。

シュイーハとゴブは、ルダイフでの抗議活動に参加していた若者からの以下のような話を紹介している。その語りの内容からは、すでに上述したような政府の開発政策の歪み、「二つのチュニジア」「忘れられたチュニジア」[28]を作り出している国家の開発政策への強い不満や怒りを読み取ることができる。

この地域の若者たちが、生活苦や貧困や失業であえいでいる時に、サーヘル地域では誰も働かないような工場や施設がどんどん建てられている。結局、この地方の若者や女性や家族がそこへ移住し、仕事のために家族がばらばらにならざるを得ないような状況に追いやられている。どこに開発のわれわれへの分け前があるというのだ。どこに国家財政のわれわれの取り分があるのだ。ここ五〇年以上も、われわれが国家建設や国家の経済発展のために寄与してきたことへの公平な報酬は、一体、どこにあると言うんだ（Chouikha et Gobe 2009: 390）。

既にみたように、内陸中西部の失業率は極めて高く、さらに高学歴者のそれは一層深刻なものであった。この地域のリン鉱山の町についても、その二〇〇七年の失業率は、全国平均が一四・一％のところ、ムラーレス三八・五％、ムディッラ二八・四％、ルダイフ二六・七％と、全国平均の二倍から二・五倍であったことが知られている（Chouikha et Gobe 2009: 390）。

他方、ガフサ・リン鉱業会社は、会社の効率化が功を奏し、リンの輸出額はその後順調に伸びていき、二〇〇五年（八億五八〇〇万ＤＴ）を基準とすると、二〇〇六年には一一％増、二〇〇七年には四七％（一二億六一〇〇万ＤＴ）の増加となり、二〇〇八年には、最初の四か月間のみで七億八一〇〇万ＤＴにも達していたとされている（Chouikha et Gobe 1009: 390）。

そうした状況下で、地元民衆の不満をさらに募らせることになったのが、このリン鉱業会社の上層部の縁故主義、すなわち、上記の②縁故主義や賄賂の蔓延という倫理的腐敗であった。会社の責任者がスファックス出身者、ガベス出身者などと変わるたびに、職員採用試験ではその地域出身者が優遇されて合格する

2008年のガフサ・リン鉱山のルダイフでの蜂起事件について語るUGTTメンバーのウマル・スライミー氏（2015年6月）

という血縁・地縁を優先する縁故主義や地域偏重主義が公然とみられていたことによる。そのため、一九九三年からは採用人数の二〇％を地元地域から採用するというクオータ制が取り入れられていた。

しかし、実際に三八〇人の枠に数千人が応募したとされる職員採用試験の一月五日の結果発表では、依然としてその合格者の多くが会社役員と縁故関係を持つ者や地元有力者の親族などであり、公正さを欠く結果に大卒失業者らが反発し抗議することになったのである。この地方には、当時、「働きたければ、金払え」という言い回しすらあったとされている［Missaoui et Khalfaoui 2011: 121-128］。

二〇〇八年のこのリン鉱山での民衆蜂起事件に先立ち、チュニジアの失業中の若者にみられた動きとして、二〇〇七年三月にチュニス大学卒業後、失業中であった若者数十名が発起人となり、「大卒失業者連盟(L'Union des Diplômés Chômeurs)」という団体が結成されていた。この組織は政府の公認を得ていなかったが、その後、チュニジアの主要都市にも委員会や支部を持つようになった。そしてルダイフで採用試験結果の発表後、ただちに抗議活動を開始したのが、この連盟所属の大卒失業者らで、四人が即座にハンガー・ストライキに入った。さらに翌日には、失業者ばかりでなく、ガフサ・リン鉱業会社の元従業員で労災による死者の遺族や障害者の家族、女性たち、大学生・高校生、さらに低賃金労働者や労働組合員など、実に多様な立場や境遇の人々が参加して抗議デモが行われ、またガフサ・リン鉱業会社の前では座り込みも開始された［Chouikha et Gobe 2009: 389］。

ガフサ・リン鉱業会社の下には、その運送や警備業務などを請け負う多数の下請け会社が存在するが、その待遇もまた極めて劣悪で、低賃金のうえ、しばしばその支払いが遅滞することもあったため、その下請け会社の労働者も、異議申し立てに参加していったのである。

ガフサ県ルダイフのリン鋼業会社の作業場（2015年6月）

しかしながら、ルダイフの民衆蜂起事件は、会社経営陣や労働組合や政府当局を巻き込んでの交渉過程において、利害関係が極めて錯綜した様相を呈していくことになる。というのは、この地域のチュニジア労働総同盟（UGTT）の当時の支部長アマーラ・アッバーシーは、政権政党RCDの中央委員会の委員も務めていた人物で、さらに労働組合支部長でありながら、同時にガフサ・リン鉱業会社の下請け会社の社長でもあったからである。その息子ともう一人の身内もまた、ガフサ・リン鉱業会社の下請け警備会社などを経営しており、この下請けの三つ会社のみでも八〇〇人ほどを雇用しており、その労働者が低賃金（二〇〇～三〇〇DT）の改善を要求し、この抗議運動に参加する展開となっていったからである。

ルダイフでは、抗議活動開始の翌日、一月六日にはアドナーン・ハッジ[29]が小学校教員の労働組合という別組織の書記長の立場で、失業者側と地区長（muʿtamad）を交えて、会社側との交渉の仲介をし、その後、失業者側の要求の一部が受け入れられることになった。

ムラーレスでは、一月一〇日、多数の高校生を含む二〇〇〇人近い人々がデモを行い、さらに一〇基のテントを張り、そのテントでは夫を労災で失った未亡人たち一一人が座り込みを開始した。この女性たちの抗議活動はその後、民衆運動のシンボルともなり、チュニジア革命後の女性運動へも引き継がれていったとされている［Yakoubi 2012：66-69］。そして、二月二四日には他の六〇人の未亡人たちも参加し、その息子たちが職を得ることへと繋がった。すなわち、当初の採用試験結果への異議申し立ては、単にそれだけに留まらない、新たな要求をも含む異議申し立て、抗議運動へと展開していったことが見て取れる。しかし、ムラーレスでは抗議運動への参加者がさらに増え始めた段階で、四月六日、当局の治安部隊の介入があり、この動きは武力で鎮圧されることとなった。

ムディッラでは、当初、自発的に始まった抗議デモや座り込みが、特に中心となる指導者もいないまま、地域の労働組合を通じた集団交渉の動きとなっていった。また、リン鉱業会社の採用問題とは別に、区役所の採用人事と関連して、三月二五日に区役所前でやはり抗議集会が開催されている。

メトラーウィは、リン鉱山の中心都市でありながら、抗議活動の動きは鈍く、一月五日の採用結果発表から五週間ほど経って、抗議活動が開始され、テントも敷設されたが、ここでもリン鉱石採掘作業のもたらす環境問題の改善など、多様な要求を含む異議申し立てを含む抗議活動へと変質し発展していくこととなった。

そしてこの地域全体の動きに関与すべきチュニジア労働総同盟（UGTT）は、アマーラ・アッバーシーがガフサ支部長を務めるなか、そのガフサ支部執行委員会が、二月一九日に組合活動の一時中止を発表したのである。そのため、ルダイフではアドナーン・ハッジらがその声明に抗議し、さらなるデモやストライキを展開した。三月九日、初めて政府側の代表者が仲介し、ガフサ・リン鉱業会社の元従業員の労災による死者・障害者に対し、その遺族から四六人を採用することで合意した。しかし、三月一三日、再び各地で抗議活動もUGTTで座り込みを続ける住民らを警察治安部隊が掃討したことに対し、翌日、なお
が起きるなど、こうした攻防が各地で断続的に続いていったのである。

そして、四月六日と七日に若者らがルダイフの警察署を襲撃したのをきっかけに[30]、治安部隊が、催涙弾や放水などで抗議運動の鎮圧を開始し、七日にはアドナーン・ハッジを含む数十人が逮捕・拘束された。翌日、逮捕された者の家族や女性、若者、組合員、下請け会社の労働者、自営業者、公務員、教員、他の町からの支持者・人権活動家なども加わり、抗議のデモや座り込みを再開し、四月九日の夜に、逮捕者のうち二二人が釈放された。

しかし、最終的には六月に警察隊員六〇〇〇人を投入し、この民衆蜂起事件は武力鎮圧されることとなった。それまでにも、五月初旬にはルダイフでは、リン採掘現場への送電を妨害して若者らが感電死したり、六月六日、夜間外出禁止令の発令後、治安部隊によるデモ隊への発砲で一人死亡、二一人が負傷という被害も出していた。六月に入り、ルダイフの町での武力鎮圧は、二週間以上にわたって続き、六月六に四人が死亡、六月二三日には教職員組合の幹部アドナーン・ハッジを含む、この町のみで一五〇人以上が逮捕拘束され、事実上、抗議運動は幕を閉じることとなった。アドナーン・ハッジら数人は、その後、一〇年間の実刑判決を受けている。

その後も六〜七月にかけて、この地域全体で約三〇〇人が拘束・投獄されており、それらの多くがまた拷問を経験したことが、革命後になって明らかにされている。

しかし、この民衆抗議活動への支持や連帯を表明したNGOや人権団体がなかったわけではない。チュ

ニジア人権擁護連盟（LTDH: Ligue Tunisienne de la Défense des Droits de l'Homme）のカイラワーン支部代表のメサウード・ラムダーニーも支持を表明したが、当局の圧力でルダイフに赴くことも叶わなかったとされている。また同じくカイラワーン出身の女性ジャーナリストのザカリーヤ・ディーファーウィは、ルダイフの町で六月に取材中に拘束投獄されている。[31] また二〇一三年二月六日に暗殺されたショクリ・ベライードは、当時、弁護士としてリン鉱山の民衆側に立って支援し、弁護士集団の取りまとめもしていた。そのことから、暗殺事件の後、ガフサには彼を記念するモニュメントが設置されている。

フランスのナントでも、ルダイフからの移民らが、パリのチュニジアNGOメンバーと民衆側と連帯し抗議活動を支持する委員会を立ち上げたが、その委員長ムヒッディーン・シェルビーブはその後欠席裁判で二年の実刑判決を受けたほか、この事件のドキュメンタリー映画を作成したファーヒム・ブー・カッドゥースも、インターネットで情報発信した訳ではなかったが、同じく欠席裁判で六年の実刑判決を受けたとされている［Chouikha et Gobe 2009: 398］。こうした厳しい情報統制や当局による圧力もあり、この事件に関しては、国内メディアでも大きく取り上げられることがなく終わっている。

以上のような事件のその展開過程の記述からも、このガフサ・リン鉱山民衆蜂起事件は、ベンアリー体制期における歪んだ「二つのチュニジア」という、「忘れられたチュニジア」をなおざりにした開発政策、ネポティズムや賄賂といった倫理的腐敗、そして三つめの特徴として、言論情報統制と強力な警察国家という特徴を、如実に映し出しているものであったと捉えられよう。

この民衆蜂起の一連の過程は、ハンガーストライキに始まり、抗議デモ、シットイン、さらに作業妨害のための送電停止や運送妨害のための線路上のテント設営など、長期間にわたって経済活動を麻痺させる手法も取られていた。抗議活動は、時に暴動に変化し、若者グループがバリケードを築き、タイヤを燃やして黒煙を上げるなど、町の交通を麻痺させていた。他方、公共の場ではさまざまな人々によるデモや、プラカードや横断幕をもった行進、リズミカルな拍子のスローガンの叫びなどもみられたとされている。それらは、チュニジア革命の過程でもまさに同じく繰り返されていったことがわかる。

ただし、このリン鉱山での抗議運動は、厳しい情報統制の他にも、チュニジア労働総同盟のガノサ支部

北　　　　　　　　南

私たちの富は、私たちの生活を全く変えてくれない。

南部には、石油、リン鉱石、塩、デグラ（ナツメヤシの最上級品種の実）、天然ガスがある。

しかし、大学、病院、ホテル、道路は、サーヘル地域にある。

これは事実である。一部の人々が言うような、地域的な戯言ではない。

図 1-3　南北の格差を風刺した漫画
出典：Radio chebbi fm　2015 October 25 at 10:26am
（友人のフェイスブックから）

道路のロータリーでの職を求める異議申し立ての座り込み（ガフサ県で、2015 年 6 月）

長がすでに体制側に政権政党ＲＣＤの中央委員会委員として取り込まれていたこと、そのため組織が機能せず、また大卒失業者連盟も組織として経験不足であったこともあり、全国的な広がりには至らなかった。

しかし、この事件には、チュニジア革命の背景要因と重なる、「二つのチュニジア」のまさに「忘れられたチュニジア」での事件であったこと、縁故主義や賄賂などの倫理的腐敗を理由に始まったこと、そして言論情報統制や警察国家の厳しい武力鎮圧など、すでにチュニジア革命への前兆とみることもできる。

そして革命後には、リン鉱山地帯のメトラーウィでは住民同士の激しい対立抗争も起こり、さらに二〇一五年時点においても、デモや座り込みや操業妨害などがこの地域の各地で断続的に繰り返されていた。二〇一五年一～五月にはリン鉱業会社は民衆の抗議活動と妨害活動により、操業停止に追い込まれ、一日三〇〇万ディナールもの損失を出していた。それは、革命後低迷するチュニジア経済をさらに悪化させていた一方で、革命における民衆の希求とは何であったかを、今なお考えさせる現実を示していた。

第2章　チュニジア革命の始まりとベンアリー政権の崩壊

第1節　シーディ・ブーズィードでの野菜売り青年の焼身自殺

　革命の発端となった野菜売り青年の焼身自殺事件が起こった町、シーディ・ブーズィードは、チュニジアの首都チュニスから南へ二六五キロメートル、内陸中西部に位置している。人口約一一万人、[1]古くはガムーダ（Ghamūda）、またはバッル・エルハマーンマ（Barr Al-Ḥamāmma）、すなわち「ハマーンマ族の土地」とも呼ばれていた。「ハマーンマ族の土地」という古い地名が物語るように、この辺りはもともと遊牧民や半遊牧民が暮らしていた部族社会の地であった。[2]

　一方、シーディ・ブーズィードという地名は、この町に祀られているイスラーム聖者の名前に由来する。モロッコ・フェス出身の人物で、この町に来てイスラームの布教活動を行い、今から約三五〇年前に没したとされている。人々に善行を施し、多くの病気を治療したことから、死後、町の守護聖者として廟に祀られるようになり、[3]それがそのまま町名になったという（写真参照）。すなわち、その地名からは、北アフリカのマグリブ地域でしばしばみられるように、この町もまた、複数の部族から成る社会が一人のイスラーム聖者を象徴的核として新しい共同体へと再編されていった歴史をもつことを垣間見ることができる。

シーディ・ブーズィードの町名の由来となった聖者シーディ・ブーズィードの廟内（2012年9月）

現在では遊牧生活を送る人々はほとんどいなくなったが、その部族社会の伝統的気風や精神は今も根強く残っているといわれている。その伝統的気風とは、男性らしさを重んじることや反骨精神であるという。特にその反骨精神を代表する歴史的人物、アリー・ビン・ガダーヒム（'Alī Bin Ghadāhim ？-1867）の名は、後述するように、チュニジア革命や民主化の過程でも、この地方の人々による抗議運動のなかで集団的記憶の表象となって甦ってきている。[4]

野菜売りの行商をしていたムハンマド・ブーアズィーズィは、こうした内陸部の伝統的気風を今も色濃く残す町に、一九八五年に生まれた。

ここでチュニジア革命の発端となった出来事、すなわち、二〇一〇年一二月一七日にこの町で焼身自殺を図ったその人物に特に焦点をあてて詳述することは、チュニジア革命の要因や背景を考察するうえでは誤解や偏見を生むことに繋がるかもしれない。他の研究者も既に指摘しているように［Kraiem 2014, Aleya-Sghaier 2014］、ブーアズィーズィの焼身自殺は突発的な出来事であり、社会変革やまして革命などを意図したものでは全くなかった。そして、他の場所での同じような事件によっても革命が引き起こされる可能性は、すでに十分熟した政治社会的状況にあったからである。チュニジア人歴史家の泰斗ムスタファ・クライエムは、チュニジア革命への動きは、二〇〇八年のガフサ・リン鉱山事件の後、二〇一〇年二月のスファックス県スヒーラ（Skhira）での大卒失業者らによる求職運動や、また同年八月、リビア国境近くの町ベンガルデーン（Ben Guerdane）における突然の国境封鎖に対する民衆抗議運動とも繋がっていたとし、その都度、ベンアリー政権は警察官や治安部隊を投入して武力でそれらを鎮圧していたとしている。[5] 特にベンガルデーンでの民衆蜂起は、この地域の多くの人々がリビアとの交易やそこへの出稼ぎで生活の糧を得ているなか、国境封鎖はその経済手段や生存権を奪うもので、武力鎮圧や多くの逮捕者を出しながらも、最終的には封鎖解除をもたらした点では民衆側の勝利であり、その点で大きな意義をもつものであったと評価している。焼身自殺に関しては、既述のように二〇一〇年三月三日にモナスティールにおいて、さらに同年一一月二〇日にメトラーウィにおいても起きていたのである［Kraiem 2014: 266-269］。

したがって、ブーアズィーズィを「革命の英雄」扱いすることやその神話化については、十分慎重にならなくてはならないだろう。しかしこの事件は、先述した「二つのチュニジア」のなかでも「忘れられたチュニジア」における正規の職をもたない若者の悲劇であったこと、賄賂（rashwa）という社会的腐敗や権力乱用、警察国家の横暴さ、そしてまたこの土地特有の部族的精神文化とも関わりのあるものであったことから、以下ではそれらの要素に留意しつつ、この事件の展開過程を文献と現地調査資料[6]をもとに文化人類学的に記述考察してみたい。

ムハンマド・ブーアズィーズィの焼身自殺事件

ムハンマド・ブーアズィーズィ（Mohammad Bouazizi/ Muhammad Bū ʻAzīzī 1984-2011）は、その正式な名前をターレク・ブーアズィーズィ（Tareq Bouazizi/ Ṭāriq Bū ʻAzīzī）と言い、父タイイブ（Tayeb/

Ṭayyib）と母マヌービーヤ（Manoubiya/Manūbīya）のあいだに第二子として生まれた。上には一歳半年上の兄サーレムが、また下には一歳半離れた妹のライラがいる。ムハンマドが三歳の時、実父が死去し、母マヌービーヤはその約半年後に亡夫の弟アンマール（Ammar/ʻAmmār）と再婚している。チュニジアの特に地方では、こうした亡夫や亡妻の兄弟姉妹と再婚するという慣行、文化人類学の用語でレヴィレート婚やソロレート婚と呼ぶ婚姻の慣習は、現在でもしばしばみられるものである。新しい父親が子供たちにとっては父方のオジ（ʻāmm）であることから、相互に親近感を持ち易いと考えられているためである。母親のマヌービーヤは、アンマールとの間にその後、二人の娘サーミアとベスマ、二人の息子カリームとズィエードを授かった。こうして親と子供七人の九人家族となり、叔父で父親のアンマールは日雇いの仕事をしていたが、収入は安定せず、母も畑仕事をして働いてはいたが生活は苦しく、長男のサーレムはその貧困から抜け出すため、一三歳という年齢で家を飛び出し、ひとり沿岸部の都市スファックスに出て働き始めている。

ムハンマドはこうして一一歳で、家庭内では長男と変わらない立場におかれることとなった。その頃から、母親の反対を押し切り、放課後には菓子などをたくさん買い込み、二つ三つ先の街区で行商をしたり、休日には畑仕事や土木の力仕事をして稼ぐこともあったとされている。中高等学校の四年次には学業がおろそかになり進級できず、その後、私立学校に転校し、五年次から七年次までの学業を続けたが、大学資格試験のバカロレアまであと数か月という時期に中途退学し、本格的に働き始めている。

ムハンマドの母親、マヌービーヤさんからの聞き取りによると、「夫も私も働いていました。私は、シーディ・ブーズィードの町の外にある野菜畑やオリーブ農園やアーモンドやザクロの農園で、朝、トラックに乗って他の女性たちと一緒に出かけ、そこで農作業をして働き、一日四ＤＴ（約二四〇円）を稼いでいました。でも家族での一番の稼ぎ手はやはりムハンマドでした」と話している。また妹のSさんによると、「兄はよく勉強ができたのですが、私たちの家族の生活が苦しいことをよくわかっていて、私立学校は学費もかかるので、『俺は男だ（Anā rajul）、俺が妹や弟たち、家族みんなの面倒をみる』と言って、結局、学校を中退して働き始めたのです」と話していた。[7]

ムハンマドのこの生い立ちのなかに、すでにこの地域の部族的伝統の気風や精神を見い出すことができないではない。ブーアムードによれば、ハマーンマ族の文化においては、男性、ラジュル（Rajul）であることとは、「隣人や友人に空腹の人がいれば、食事を与えること」「お金に困っている人がいれば、自分のポケットから一ディナールを差し出すこと」「突然の来客には、羊を屠って歓迎すること」「自然災害の被害にあった家族や隣人がいれば、自分の家族の毛布を差し出すこと」ができる人であると、考えられているという。すなわち、伝統的な男性らしさ、男性性とは、こうした寛大さやホスピタリティや連帯感を示すことであり、反対にラヘル（Rahel）、「ぶらぶらしていること」「仕事をしないでいること」は、最も嫌悪されることで、失業は男性にとって最大の苦痛や屈辱と見なされているという［Bouamoud 2011: 37］。

シーディ・ブーズィード県での女性たちの農労働（2015年6月）

アラブの伝統的文化やイスラームの法（sharīʻa）においても、男性には妻や家族の扶養「ナファカ（nafaqa）」の義務があるとされており、ハマーンマ族でも部族的伝統としてそうした精神

焼身自殺事件の現場となったシーディ・ブーズィード県庁前（2012年9月）

シーディ・ブーズィードの町の中央（2015年3月）

文化が尊重されていたとしても全く不思議はない。そうした伝統文化のなかでは、家庭内では長男に相当する立場にもあった者として、学業より収入を得ることを優先するという選択はごく自然なものであったのだろう。

こうして、高校中退後、大卒者でも仕事が容易に見つからない地方都市で、また野菜果物の産地でもあるその町で、当時一九歳であったムハンマドは地元の野菜果物を仕入れては、押し車（barwīṭa）の荷台に乗せて、青空市場の片隅で路上販売を始めることとなった。

シーディ・ブーズィードの町は、まずその中心部に県庁舎（wilāya）と郵便局（maktab al-barīd）、区役所（mu'tamdīya）と地方裁判所（maḥkma nāḥiya）が並んで建っており、その前の大通りを挟んで、向かい側に警察署（shurṭa）と市役所（baladīya）が建っているという構図となっている。その警察署と市役所の裏側の方面にはまた、スーク・バラディ（sūq baladī）という、市役所が管轄している公設市場の建物があり、そしてこの公設市場の建物の周りに多くの露店の野菜果物売りの青空市場が広がっている（写真参照）。

実際に現地に行ってみると、シーディ・ブーズィードはチュニジア有数の野菜果物の産地であることから、革命後も野菜果物を売るその青空市場は活況を呈しており、多数の露天商が屋台や荷車で商いをしている。ムハンマドもこうした露天商に混じって商売をしていたことから、彼をよく知るという同業の商人たちにも容易に出会うことができる。そして、そうした露天商たちから話を聞いてみると、現在でも販売許可証なしで働いているという商人たちが多数みられることも明らかになった。そのなかには無許可のまま一〇年以上、最長では一八年間も商売しているという商人にも出会うこととなった。

ではなぜ、許可証なしで、こうした露天での商売を長く続けることができたのか。また市役所の職員が屋台や露天商に許可証を求めることになった背景には、実際にはどのような事情があったのか、現地での市場の商人たちからの聞き取り情報をもとに説明してみたい。

公設市場スーク・バラディの建物には、生鮮食品を扱う精肉店や鮮魚店、野菜果物を扱う八百屋の他に、パン屋や香辛料店や乳製品を扱う店、日用雑貨店や衣料品店などが入っており、これらの店主はいわゆるフォーマルな経済活動を行っている人々で、市役所で正規登録をして販売許可証を得て、場所代を支払い、また納税するかたちで商業活動をしている。ところが、この市場の建物の周りには、かなり以前から特に野菜果物を屋台や荷車に並べて売る露天商や行商人が多く出回るようになっていた。また場所代も税も支払わないこのインフォーマル経済の青空市場の商品の方が、公設市場の商品よりも安価であることから、客が専ら青空市場の方に流れてしまい、そうしたことから、許可証を有する八百屋の店主たちから市役所に苦情が寄せられ、取締りが要請されていたという。

したがって、野菜果物の露天商や行商の取締りはかなり古くから始まっていたという。しかし、夥しい数の露天商たちの取締りは容易ではなく、市役所の取締り検察官がやってくると、相互に「ラッファール、

閑散としているシーディ・ブーズィード公設市場。シャッターが下りたままの店も多い（2015年3月）

市営市場の周りに広がる屋台や野菜を売る商人たちの荷車（2015年3月）

ラッファール」（フランス語で警察の「手入れ」を意味するrafleがアラビア語風になまった言葉）と声を掛け合って、多くの商人が商品を置いたまま逃げて姿をくらますか、小さな荷台であれば、それを引いて捕まらないように逃げるというかたちで、罰金逃れをしていたという。また実際に許可証を得るには、当時、慣習ともなっていたかなりの額の賄賂を支払わねばならず、さまざまな書類の提出や、さらには書類提出後、許可証発行まで数か月も待たされることもあり、日銭で生活する者にはそのゆとりはなく、許可証を得て場所代や税金まで支払うことになるより、多くの商人は無許可のまま、インフォーマル領域で商売を続けていた。運悪く取締り検察官に捕まると、たいていはその時の検察官の気分次第で、一五〇DT～三〇〇DT（約九〇〇〇円～一八〇〇〇円）という、一か月分の収入にも匹敵する罰金が科せられていたとされる。

高校を中退して一九歳で野菜売りの仕事を始めたムハンマドも、二六歳で亡くなるまでの数年間、無許で商売を続け、時には罰金を科せられながらも、他の多くの商人たち同様、そのまま仕事を継続していたのである。

二〇一〇年一二月一七日の朝、ムハンマドはいつものように野菜と果物を荷台に積んで商売をしていたところ、すでに顔見知りになっていた市役所職員の女性検察官とその同僚から再度取調べを受けることとなった。許可証を提示できなかったため、この折にはその女性検察官に商売道具である秤と商品を積んだ荷台を没収されることになった。さらに周知のように、この女性検察官からムハンマドは顔を平手打ちされたとされている。

この暴力行為に関しては、その後、騒ぎが拡大するなか、この女性検察官が拘束され、法廷での罪状審議の過程でそれを否定したことから[8]、その真偽についての断定は難しくなっている。しかし少なくとも、現地での多くの人々のあいだで共有されている話としては、その行為は次のような状況下で起こったことと理解され語られている[9]。まず、女性検察官が秤と商品等を没収した後、何の理由もなく、ムハンマドの顔を平手打ちした訳ではなかった。チュニジア各地での聞き取りで多くの人々が語ったところでは、実は商売道具の秤や商品を没収され、生活手段を奪われることとなったムハンマドは怒りに任せて、立ち去ろうとする女性検察官に向かって悪態をつき、それが性的嫌がらせに相当する言葉であったとされている。そのことから、女性検察官がムハンマドの顔を平手打ちするという行為に及んだとされている。

秤は、商人にとっては無くてはならない商売道具であろう。ムハンマドが使用していたその枡は、現代風の数字がそのまま表示されるデジタル計量器ではなく、分銅を乗せて重さを量る古い型の秤だった。そのことから、秤を奪われ、怒り心頭に発したムハンマドは、その分銅を女性検察官の胸に譬えて悪態をついたとされている[10]。すなわち、女性検察官が理由もなく、ムハンマドの顔を平手打ちしたわけではなく、取締りの後、没収した秤を持ち去ろうした時に、性的嫌がらせと受け止められる言葉を浴びせられたため、それに反応してムハンマドの顔を平手打ちすることになったのであった。

屋台で野菜・果物を売る商人（2015 年 3 月）

荷車にピーマンとトマトをのせて売る商人（2015 年 3 月）

しかし、この女性検察官のムハンマドへの平手打ちという行為は、しかも市場という多数の人々が行き交う公共空間での女性から男性への暴力行為は、ムハンマドの自尊心を著しく傷つけ、さらに彼を激昂させることとなったのである。男性として家族を扶養するためのその手段を奪われただけでなく、公衆の面前で女性から暴力を受けるという、部族社会の伝統的気風からするならば、許し難い恥辱を受けたと感じたムハンマドは、男性としての自尊心を二重に否定され傷つけられることになったのである。

ブーアムードによれば、この地域には「妻に打たれた夫は、二度とその家には戻らない」という言い回しや、また女性に暴力を振るわれるような弱い男性を揶揄して、「女性に顔を張られる男にはドレスが似合う。それがミニならもっといい」という言い回しがあるとされている [Bouamoud 2011: 39]。

いずれにしても、ムハンマドがその時に感じた屈辱感と憤怒がどれほどのものであったかは、この地方の部族的伝統やその気風を考えれば、想像に難くないものがあるだろう。激昂するなか、彼は検察官の暴行に抗議し秤と商品を取り戻すため、市役所と県庁に赴いたが、そこでも再び門前払いの扱いを受け、その末に手にしていたガソリンを頭からかぶり、抗議の焼身自殺を遂げることとなった。

イスラームでは、自殺は禁止行為（harām）である。まして自らの身体を焼くことは業火の地獄すら連想させるおぞましいものでもある。それにも関わらず、焼身自殺に至ったという背景には、単なる経済的物質的困窮だけではないものがあったことは明らかであろう。働く意思や意欲があっても自由に働けず、何をするにも賄賂が要求されるという汚職の常態化、この悪習は特に二〇一〇年までの元知事の五年間の在任中はこの地域の行政の全レベルに蔓延することになっていたとされている［Missaoui et Khalfaoui 2011: 58］。そして貧者を貶める役人や検察官らの横暴さや権力乱用、一方でそれに対して決してひるまないとする反骨精神、伝統的保守的社会における男らしさ、人間としての尊厳、チュニジア革命の過程で叫ばれた、「自由（hurrīya）」と「公正（'adl）」と「尊厳（karāma）」への渇望が、この事件の背景にあったことは十分みてとれるように思われる。

革命を記念するブーアズィーズィの荷車のオブジェ。下の部分には「自由を求める者たちのために」（For those who yearn to be free）と書かれている。（2012年9月）

チュニジア革命の過程で叫ばれていた「ホブズ・ワ・メー、ワ・ベンアリー・レー（khubz wa mā, wa Ben 'Alī lā）（パンと水、ベンアリーはノー）」というスローガンは、[11]「パンと水で凌ぐ生活をしても、ベンアリーはノー」という意味で、物質的な貧困以上に受け入れ難い、拒絶すべきものがあるという、それは民衆の心からの叫びでもあったとも言えるだろう。

ムハンマドの妹のSさんは言う。「ラシュワ（賄賂）

に対して、初めてノーと言ったのが、私の兄だったのです[12]」。

第2節　地域的デモから全国的デモへの展開

野菜売りの青年ムハンマドの焼身自殺の事件は、その日のうちにシーディ・ブーズィードの町だけでなく、この地域の町々、数十キロも離れているジェルマの町や、メクネッシーやルゲブ、メズーナ、そしてメンゼル・ブザイエーンにも、またたく間に伝えられることとなった〔Bettaïeb 2011:20, Bouamoud 2011:34〕〔次頁地図参照〕。以下では、この事件の発生が地域的な抗議活動へと広がり、さらにそれが全国的な多所的な抗議運動へと繋がり、そしてその強度を増幅させて、二〇一一年一月一四日のベンアリー政権崩壊をもたらすことへと至った、そのチュニジア革命の展開の過程を、文献研究〔Bettaïeb 2011, Bouamoud 2011, Missaoui et Khalfaoui 2011, Nafti 2015, Kraiem 2014〕と現地調査による聞き取り情報などを交えて、跡付けてみたい。

〈シーディ・ブーズィード〉

シーディ・ブーズィードの町では、事件が起きた一七日、その日の午後にはすでにブーアズィーズィを門前払いにした県庁舎の前に同僚の商人たちや失業中の若者たちが自発的に集まり、野菜や果物や石などを投げつけて抗議する騒ぎとなり、抗議のデモも行われた。当初、それらに対処していたのは、この町の数人の警察官だけであった。

そして翌一二月一八日土曜日は、シーディ・ブーズィードの町ではちょうど週市（sūq usbūʿī）が立つ日でもあったため、[13]この日には近隣の集落から大勢の人々が集まっており、それらの人々も参加して大規模なデモが執り行われることとなった。これに対して、当局はカスリーンやガフサ、スファックスという県外からの特殊治安部隊（BOP: Brigade d'Ordre Publique）まで動員して、[14]催涙弾などでデモを取り締まろうとしたため、デモ参加者の一部が暴徒化し、政権政党ＲＣＤの事務所の車に放火し、対立衝突することになった［Missaoui et Khalfaoui 2011: 62-63］。そうした住民と治安部隊のにらみ合いや緊張した状態はその後も続いたが、住民のあいだでは早くも役割分担し、日中は労働組合員や有職者、女性などが中心となって平和的デモを実施し、若者たちは治安部隊に拘束されないよう、夜間に抵抗活動を活発化させ、警備する治安部隊を混乱させていたとされている。

シーディ・ブーズィード県の地区名

　そしてシーディ・ブーズィードの民衆に連帯する抗議デモや民衆蜂起は、この地域の先に挙げたような近隣の町々で、まず始まった。

そのシーディ・ブーズィード県内における近隣の町々での少しずつ異なる抗議活動の展開を、以下に三つの町の事例を挙げて描写しておく。

〈メクネッシー〉

事件の翌日一二月一八日（土）、この町では八〇〇～一〇〇〇人の人々が参加してデモが行われ、求職や賃上げ要求なども叫ばれたが、デモは平和裏に行われ、この時点では警察の介入はなかった。しかし、翌一九日には治安部隊がこの町に配備され、デモができないように通りを封鎖したことから、逆に住民たちの反発を招き、その翌日二〇日（月）には午後六時からこの町の大通り、ハビーブ・ブルギバ通りで大規模なデモが行われることになった。これに対して、治安部隊が催涙弾を使用してデモを阻止しようとしたため、若者らは投石でそれに対抗しようとし、小競り合いが続いた。翌二一日（火）には、当局がさらにこの町の軍兵舎にいた軍人に加え、ケフ、ジャンドゥーバ、ナブール、スファックスなど複数の地域からの一五〇〇人もの警察官をこの町に派遣・展開させた。こうして、治安部隊と住民たちとの衝突がさらに激化し、逮捕者が増加していった。当初はＲＣＤの事務所が放火されただけであったが、衝突の激化とともに、その他の公的機関、区役所や町役場、郵便局なども襲撃や破壊の対象となった。この間、若者たちは現場の様子を写真や動画で撮影してインターネットで配信していった。二五日（土）には、さらに同僚の逮捕に抗議するかたちで教員たちによる組織的デモも展開され、こうした抗議活動は一月一四日まで断続的に続いていった。

〈メンゼル・ブザイエーン〉

シーディ・ブーズィードから約六〇キロ離れたこの町でも、焼身自殺の事件に呼応したデモが自然発生的に起こっていた。一二月二二日（水）には、小中学校教師と医療関係者の労働組合が共催し、より組織化されたデモが執り行われた。この日、すでにこの町は治安部隊に包囲され、緊張が高まっていたが、この町の一五〇〇人以上の若者たちが戦略を練って、町の各地区の道路に砂利を敷き、また石を積んで治安部隊の町への侵入を阻止するバリケードを築き対抗していた。

しかし一二月二三日（木）、この区長（mu'tamad）がデモ参加者や暴徒に対する取締りと逮捕を宣言したことから、区長を支持する住民と、区長に反対する住民とで町民が分裂することにもなった。しかし、体制側の政権政党ＲＣＤ支持者が治安部隊を町に招き入れた後、その隊員らが民家や個人商店に入り込んで破壊行為や女性に暴行を加えたため、一気に住民らは反体制派へとまとまっていった。

また聞き取りでは、この町在住の警察官は、本来はこうした治安部隊に協力し情報提供をすべき立場にあるが、この時には住民の側について治安部隊に地元情報を一切伝えず、町への誘導もしなかったとされ、革命過程での人々の動きは、必ずしも体制側と抗議集団側というように明確に分けられるようなものではなく、複雑に入り組んでいたことも分かる。

翌日一二月二四日（金）のデモは、労働組合ＵＧＴＴの呼びかけもあり、参加者数がさらに二〇〇〇人に膨れ上がり、そしてこの日、治安部隊の実弾による最初の犠牲者（一八歳の青年）と多数の負傷者が出ることとなった。この日、銃弾に倒れたもう一人の四四歳の男性は、数日後の一月一〇日に死去している。この町では二四日に夜間外出禁止令が出された。当局は、さらに翌日の死者の葬儀で民衆の抗議活動が一層激化することを恐れ、治安部隊の人数を追加し、この町全体を包囲し、そうした緊張した小競り合い状態が一二月二五日から三〇日まで続いた。

〈ルゲブ〉

この町でも、事件の翌日一二月一八日にデモが実施された。そのデモは平和的なもので仕事の権利を主張するものであったが、この折からすでに他地域からの治安部隊や警察官らが投入された。そしてこの治安部隊の隊員や警察官によるこの町の住民に対する侮蔑的態度や横暴な振る舞い、例えば、無断での商店侵入や商品強奪、食堂での無銭飲食や理髪店での無料サービスなど、そうした権力乱用が、住民たちを一層激昂させ、体制への反感や敵意を募らせていくこととなり、反体制、そして体制打倒の動きへと徐々に変わっていったとされている。

一二月一八日（日）のデモに続き、翌週末二五日（土）にも平和的デモが実施されたが、当局がそれを許可せず、治安部隊がデモ参加者を拘束・逮捕し始めたため、住民との衝突へと発展し、それは午後から真夜中過ぎまで続き、裁判所や銀行が放火された。こうした小競り合いが断続的に続いた後、警察官によるトラック運転手の携帯電話没収やモスクから出てきた若者の理由なしの拘束という出来事をきっかけに、一月九日（日）にはこの町で再度大規模抗議デモが起こり、この日、治安部隊が実弾を発砲、女性も含む五人の死者を出すことになった。

以上のような地理的な現実の公共空間での動向の一方で、ヴァーチャルなインターネットの空間においても、シーディ・ブーズィードでの出来事は、一二月一七日の焼身自殺事件から、すでにその写真と短い動画が現場で撮影され、翌一八日にはインターネットで配信されていた［Hosrup Haugbølle 2013:169］。サイバー・アクティヴィストたちは、この事件に早い段階から強い関心をもち、それをさらにブログやツイッターで情報発信するという活動を展開していった［Ben Mhenni 2011］。一八日（土）にはまた、カタールのテレビ局アルジャズィーラが、シーディ・ブーズィードでの事件について報道していた［Abdelmoula 2015］[15]。

現地において、筆者も多くのチュニジア人たちに一二月一七日のブーアズィーズィの焼身自殺事件を、いつ、またどのように最初に知ることになったかを尋ねてみたが、ほとんどの人々が一両日中にはそのことを知っていたと回答している。多くの人々はカタールのアルジャジーラの報道によって、また少なからぬ若者たちは友人のメールやフェイスブックなどのネット情報で、また最初は人の噂で知り、その後テレビやインターネットで情報を確認したと回答した人々もみられた。

一方、チュニジア国内のテレビ・ラジオ局は、その多くが当時、体制統制下にあっただけでなく、大統領一族やトラベルシー一族が所有する企業であったこともあり、当初、シーディ・ブーズィードの事件は一切報道されなかった。またインターネット情報については六〇〇人もの検閲官を配置して厳しく検閲やサイト管理や削除をしており、一二月一九日（月）にはシーディ・ブーズィードでの事件のサイトを閉鎖し、さらに「シーディ・ブーズィードでは何の暴動も起きていない。アメリカのアクション・フィルムがインターネットで流されている」というコメントまで付していたとされている［Bettaïb 2011: 20］。事件直後の体制批判のラップミュージックも、すぐにインターネットから削除された。

しかし抗議活動の現場では、若者らがその後も携帯やカメラで事件の様子やその展開を写真や動画に撮影してはインターネットに配信し続けたため、当局の検閲官らとのイタチごっこが続いていった。そしてこうしたインターネットというメディア戦術を最初から取り込んでいた点が、シーディ・ブーズィードに始まった出来事と、それまでの二〇〇八年のリン鉱山事件や二〇一〇年のベンガルデーンでの民衆抗議運動との大きな違いであり、この戦略がその後のミクロからメゾへ、そしてマクロ・レベルの大規模な動きへも繋がっていったことは強調しておいてよいだろう。

ここで一二月一七日のシーディ・ブーズィードでの焼身自殺事件からその翌年一月一四日にベンアリー政権が崩壊するまでの二九日間、その革命の進行過程とは、一体、どのようなものであったのか、またその間にどのような変化が起きていったかについて、時間軸に沿って主要な出来事を中心に、幾つかの文献［Bettaïeb 2011, Bouamoud 2011, Missaoui et Khalfaoui 2011, Nafti 2015, Kraiem 2014］をクロスチェックしつつ跡付けて考察してみたい。

まず二〇一〇年一二月一七日から二〇一一年一月一四日までのチュニジア革命の展開過程は、その地理的拡大や進展の特徴から三段階に分けて捉えることができる。まず（1）地理的拡大という点では、抗議活動が当初内陸のほぼシーディ・ブーズィード県内に留まっていた一二月一七日から最初の死者が出た翌日の一二月二五日（土）までの第一段階、（2）地理的に全国的な動きへと拡大していった一二月二六日（日）から一月六日（木）までの第二段階、そして（3）その動向が単なる抗議運動から、明確に体制打倒を目指すものとして激化していった一月七日（金）からベンアリー政権崩壊の一月一四日（金）までの第三段階である。以下では革命の過程を、この三つの段階に分けて捉え、それぞれの段階の展開過程とその特徴を見ていく。

第一段階：シーディ・ブーズィード県内での抗議活動の広がり（一二月一七日〜一二月二五日）

二〇一〇年一二月一七日（金）

シーディ・ブーズィードでの野菜売り青年の焼身自殺事件（二〇一一年一月一四日に死亡）。その日の午後の県庁舎前での民衆の抗議と市内でのデモ。

一二日一八日（土）

シーディ・ブーズィードでの週市の参加者を巻き込んだ大規模デモの実施。他県からの治安部隊とデモ参加者との衝突、負傷者多数、数十人が拘束。一部のデモ参加者が暴徒化。シーディ・ブーズィードの近隣の町々、メクネッシーやルゲブ、メンゼル・ブザイエーン、ジェルマ、メズーナでも抗議デモが実施されたが、当初は求職や賃上げ要求が中心で、体制打倒という政治色はなかった。インターネットでシーディ・ブーズィードの事件の写真と短いフィルムが配信。アルジャジーラがこの事件について報道。

一二月一九日（日）

シーディ・ブーズィードは騒乱状態が続行。当局、インターネットでのその情報を検閲遮断し、シーディ・ブーズィードでの民衆蜂起を否定、アメリカのアクション・フィルムの流布とする。

一二月二〇日（月）

近隣の町メズーナ、アウラード・ハーフェズ、ジェルマで、シーディ・ブーズィードの住民と連帯する集会開催。シーディ・ブーズィードでの抗議活動には他県のカスリーン、ガフサ、スファックス県からの若者たちも参加。

一二月二一日（火）

チュニジアの日刊紙『ラ・プレス（*La Presse*）』と『ル・タン（*Le Temps*）』がシーディ・ブーズィードでの事件を短く報道。シーディ・ブーズィードでの抗議活動激化、民衆が政権政党ＲＣＤの事務所を占拠、道路でタイヤを燃やし、県庁舎前の自動車などに放火。

一二月二二日（水）～二四日（金）

二二日、シーディ・ブーズィードで若者が電柱に登り、貧困と失業に抗議して感電自殺。二二日からメンゼル・ブザイエーンでは求職の他に、物価高や賄賂やネポティズムへの批判も含めたデモ実施。二四日に再度大規模デモを実施し、それに対する治安部隊の投入により二四日には最初の死者二人（一名は一月一〇日に死亡）、一〇人の負傷者を出す。

一二月二五日（土）

政府高官らが大卒失業者を優先した若者層への新プロジェクトを発表。一方、内陸部での抗議運動はさらに広がり、シーディ・ブーズィードと近隣の町に加えて、シーディ・アリー・ベンアウーン、サベラ・ウレド・アスカル、ビイル・アルハファーイ、スーク・ジャディードなどの村々へも広がる。

この第一段階では、抗議活動は、シーディ・ブーズィードではブーアズィーズィとの連帯表明、近隣の町村ではシーディ・ブーズィードの住民との連帯、加えて求職や賃上げ要求などが中心であったが、治安部隊の投入やそれとの衝突を経て、次第に賄賂や縁故主義批判、さらにデモや言論の自由の要求へと変化していった。

一方、こうしたシーディ・ブーズィードでの事件やその後の内陸部での抗議活動に対するベンアリー大統領の当初の反応は、それを実に甘く見くびったものであった。内陸部での民衆抗議の広がりをよそに、一二月のクリスマスの頃から年末年始の休暇とショッピングを楽しむために大統領一家はドバイへ旅行に出かけていた。しかもこの外遊の出発予定が少々遅れることになったのは、シーディ・ブーズィードでの事件があったからではなく、ライラ夫人のシーディ・ズリーフ宮殿[16]での整形手術後の体調回復を待っていたためとされている［Beau et Lagarde 2014: 13］。

抗議活動は、翌週末一二月二六日（日）とその週明けには、複数の全国組織による内陸部の人々への連帯支持表明が為されたことによって、地域的活動から全国的運動への広がりという第二段階へ移行・進展していくことになった。全国組織の一部には、さらに国際的組織と連携して運動を展開していったところもあった。

第二段階：地域的抗議活動から全国的抗議運動への進展と広がり（一二月二六日～一月六日）

一二月二六日（日）

シーディ・ブーズィード県の市町村では引き続き、抗議活動が継続。

チュニジア労働総同盟（ＵＧＴＴ）と野党の二党[17]が、まず内陸部の民衆蜂起への連帯を表明、国家の贈収賄などの腐敗を批判。またこの日には、チュニジア人権擁護連盟（ＬＴＤＨ）、チュニジア民主女性協会（ＡＴＦＤ）、チュニジア自由全国委員会（ＣＮＬＴ）、世界拷問反対組織チュニジア支部（ＯＭＣＴ）、ヨーロッパ・地中海人権ネットワーク、人権擁護者保護監視団体、チュニジア全国弁護士会、チュニジア判事協会が連名での民衆抗議への支持を表明。

一二月二七日（月）

チュニスで初めてチュニジア労働総同盟（ＵＧＴＴ）本部前で大集会が開催され、その後デモも実施。

一二月二八日（火）

警察官の投入により負傷者や逮捕者を出す。ルゲブでは二〇〇〇人規模のデモを週末から開催・続行。

シーディ・ブーズィード県のシーディ・アリー・ベンアウーンで若者が抗議の焼身自殺。

チュニジア全国弁護士会所属の弁護士ら三〇〇人が、法廷衣を着用してチュニス裁判所前で抗議活動。チュニスでは昨日同様、労働組合員の平和的デモ行進を警察官らが妨害。ガフサでも、UGTTのメンバーがデモ実施。その組織のRCD党員幹部の一部が反政権へ離脱の動き。スース、ガベス、ザルジス、ドゥーズでも同様に組合がデモを組織。

ベンアリー大統領、急遽帰国。チュニスのベンアルース病院を訪問、ムハンマド・ブーアズィーズィを見舞う。大統領宮殿でムハンマドの母などと面会。

午後八時、国営テレビ局がベンアリー大統領の演説を放送。


この一二月二八日の夜の大統領演説は、その日何度も事前に予告されていたものであったため、多くの国民が自宅やまたカフェ・レストランなどでテレビの前に釘付けになって見たとされている［Bouamoud 2011: 55-56］。しかし、その演説内容は、多くの国民にとって期待外れのもので、「少数派である過激派や暴徒に対しては法の下で厳正に取り締まる」とし、また「民衆蜂起の責任は外国テレビ局の虚偽の報道にある」として責任転嫁する発言をしたことで[18]、むしろ自らの独裁体制を印象付けることとなった。

二〇一〇年一二月二九日（水）
北部の町ジャンドゥーバでもデモが開催。ガフサでもUGTTがシットインを実施しようとしたが警察が妨害。この間、野党の民主進歩主義者党（PDP）の書記長やラジオ局カリマのジャーナリストなどが逮捕。また警察官によるデモ参加者や弁護士などへの暴行も激化。これらの現場の情況は、携帯電話で撮影され、フェイスブックで配信、ツイッター、ユーチューブなどを通してさらに情報が流通。

一二月三〇日（木）

シーディ・ブーズィード、ジャンドゥーバ、ザグワーン県の県知事が新たに任命。モナスティール、スビーハ（カイラワーン県）、シェッバ（マフディーヤ県）、ジュベニアーナ（スファックス県）でも、デモや座り込みの実施。警察官らの介入と阻止。

他方で、チュニスでは、大統領を支持する体制側組織、議会や議会内の委員会、チュニジア産業商業手工業連合（UTICA）、チュニジア農業漁業連合（UTAP）、チュニジア女性全国連合（UNFT）、母親協会、青年組織全国連合、新聞社社長全国組合の組織が、「小さな出来事を政治的目的で利用している」と批判する声明を連名で発表している。

一二月三一日（金）

シーディ・ブーズィードのUGTT執行部が一月一四日に全国ストライキの実施を呼びかける。

全国弁護士会が、新たにチュニス、スファックス、ジェルバでもデモを実施。弁護士たちが黒の法廷衣に赤いリボン、すなわち市民の基本的人権や自由の尊重、あらゆる暴力の停止を意味する象徴を付してデモに参加。治安部隊が一部の弁護士らに暴行。

二〇一一年一月一日（土）

チュニスでは、政権政党のRCD党員たちがベンアリー大統領を支持する集会を開催。

一月二日（日）

ジャンドゥーバ県に新知事が着任。

一月三日（月）

革命過程で襲撃放火されたスファックスのRCD事務所（2011年1月12日撮影、 Kais Aloui氏提供）

年明けの教育機関での授業開始に伴い、首都および内陸部で大学生や高校生が抗議活動に参加。

カスリーン県のテーラでも大規模な民衆抗議運動が勃発。

シーディ・ブーズィードやメンゼル・ブザイエーンなどでの抗議運動は近隣のサイーダにも飛び火。

一月四日（火）

ムハンマド・ブーアズィーズィ、ベンアルース病院で死去。

この報道が全国的各地でのさらなるデモを誘発。テーラでの抗議活動激化、ＲＣＤの事務所を襲撃。住民と治安部隊との衝突。

一月五日（水）

シーディ・ブーズィードでのムハンマド・ブーアズィーズィの葬儀には約五〇〇〇〇人が参加。

市から約一六キロ離れたガッラ・ベンヌールの墓地に埋葬。全国各地でデモ開催。

ケビリではフランスから国外強制退去となった帰国直後の三五歳の男性が焼身自殺。

一月六日（木）

数千人の弁護士らが、武力鎮圧への抗議とデモに参加した二人の同僚の逮捕に抗議するデモを展開。デモ参加者などへの警察や治安部隊による取締りが一層強化。

ブロガーのスフィヤーン・ベルハッジ、スリム・アマムー、アズィーズ・アマミーと、ラッパーのハマーダ・ベンオマルらが逮捕。

国際的にも、フランスの各地（ストラスブール、マルセイユ、ナント、リヨン、トゥルーズ、パリ）や、またマグレブ諸国の首都（アルジェ、ラバト、ヌアクショット）、その他、モントリオール、ロンドン、ジュネーブ、ベルリン、またベイルートでもチュニジアの民衆に国際的に連帯するデモの開催。

第三段階：全国的抗議運動から政権打倒の動きへ発展（一月七日〜一月一四日）

二〇一一年一月七日（金）
カスリーンでは金曜日の夜から抗議活動が激化し、ＲＣＤの事務所、市役所、警察署に放火。求職などのデモの要求が体制打倒の抗議活動へと転化。前日に焼身自殺を試みたハッサン・ジェルビーが死亡。
アメリカ政府は、在米チュニジア大使を通じて、チュニジア政府に自由の尊重、インターネットへのアクセス権の尊重などを求める。ＥＵもチュニジアでの警察官による暴力行為を批判。
一月八日（土）
カスリーンで、焼身自殺で死亡したジェルビーの葬儀の行列に治安部隊が実弾で発砲。住民と警察治安部隊との間で激しい衝突が発生、治安部隊は実弾をなおも使用し、それまでで最大の約五〇人の死傷者を出す。テーラでも治安部隊が屋上から実弾でデモ参加者に向けて発砲。頭部や胸部を撃たれた死傷者多数。ルゲブ、サイーダでも衝突激化、カイラワーンでも抗議活動が勃発。シーディ・ブーズィードで、五〇歳の男性が焼身自殺。
一月九日（日）

カスリーン、テーラ、ルゲブ、シーディ・アリー・ベンアウーンでは同様の衝突が継続。チュニジア人権擁護連盟が、抗議デモ参加者に警察や治安部隊が実弾で発砲したことへの非難声明を発表、直ちに武力行使の停止を要求。国際人権連盟がカスリーンでの週末の衝突での死者二三人と発表。

政府は週明けから全国の教育機関の全面休校を発表。

一月一〇日（月）

カスリーンでは週明けには衝突がさらに激化し、多数の死傷者が出る。カスリーンには、警察や治安部隊に代わって軍が展開。テーラとルゲブでも治安部隊が住民に発砲継続。

シーディ・ブーズィードで再び若者が焼身自殺。

政府の全国教育機関休校の発表にも関わらず、チュニス大学マナール・キャンパスでは学生が抗議活動展開、警察部隊と衝突。高校生もチュニス中心部でデモ実施。チュニスのUGTT本部前のムハンマド・アリー広場ではデモ隊と警察部隊の衝突で多数の負傷者が出る。

午後四時、ベンアリー大統領の二度目のテレビ演説の放送。抗議活動について、「チュニジアの経済的成功を妬む外国の集団によって煽動されたテロ行為」とし、今回の国内問題に対しては直ちに治安部隊の投入により秩序回復を図るとし、政治体制に揺ぎないことを印象付けようとする一方、二〇一二年までに三〇万の雇用創出を約束。


テーラとカスリーンでその週末に多数の死傷者を出した後のこの二度目の演説で、ベンアリー大統領がなおもデモ参加者をテロリスト呼ばわりしたこと、また治安部隊による徹底した武力鎮圧という声明が、全国的な抗議運動を政権打倒という明確な目標をもった動きへと転化させていくこととなった。カスリーンは、革命過程で最大の犠牲者を出す都市となったことから、「シーディ・ブーズィードで革命の火が点火されたとすれば、その火をあおったのがカスリーン」とも言われている。

二〇一一年一月一一日（火）

カスリーンでは、埋葬行列にスナイパーによる発砲が続く。テーラ、カスリーン、またシーディ・ブーズィード、ルゲブ、さらにシーディ・アリー・ベンアウーンでも新たに治安部隊と住民との衝突で十数名が命を落としている。南部のケビリ、ガベス、ガフサでも、また北部ビゼルト、ジャンドゥーバ、マトゥール、アインダラーハムでも民衆が蜂起し、死者が続出。

チュニスでは、警察署やＲＣＤの事務所が放火、また大統領一族や夫人のトラベルシー一族が所有する商業施設なども襲撃され放火。またチュニスの低所得地区のタザーメン地区、インティラーカ地区、イブン・ハルドゥーン地区、ザフルーニー地区とシーディ・フセイン地区などで民衆蜂起が激化、約五〇人の死者を出す。

一月一二日（水）

Ｍ・ガンヌーシー首相が、ラフィーク・ベルハージ・カーシム内務大臣の更迭を発表。また二〇一〇年年末からの民衆蜂起で逮捕された者全員の釈放も発表。しかし民衆抗議は収まらず、チュニス郊外のクラムで大規模抗議デモの展開。これにはチュニス郊外のマルサ、カルタージュ（カルタゴ）、シーディ・ブーサイードといった高級住宅街からの若者らも合流。チュニス郊外でも群衆が暴徒化。ＲＣＤ事務所や公共機関の建物、商業施設を襲撃や放火。チュニスでは夜間外出禁止令が発令。

チュニジア第二の都市スファックスで一〇万人規模の大デモ開催。スローガンは「自由」や「民主主義」

の要求などへと明確に変化。この町のＲＣＤの事務所が襲撃・放火。他の都市でも抗議活動と衝突続く。政府はチュニス市内とその郊外に軍を配備。一方、陸軍ラーシド・アンマール将軍が、大統領によるデモ隊への発砲命令を拒否。

東京都千代田区の在日チュニジア大使館前でもベンアリー体制への抗議デモ開催。

一月一三日（木）

ＵＧＴＴ前のムハンマド・アリー広場でのデモを治安部隊が武力鎮圧。全国各地で死傷者多数。国際人権連盟はこの日の死者、六六人と発表。

国営テレビ局がベンアリー大統領の三度目の演説を放映。チュニジア方言で語りかけ、インターネット利用を解除すること、さらに次期二〇一四年の大統領選挙には出馬しない意向を表明。

他方、警察・治安部隊による実弾での発砲続く。民衆はベンアリーによる「暗殺行為」と非難し、抗議運動から明確に政権打倒運動へ変化。

一月一四日（金）

首都チュニスのブルギバ通りで、午前一〇時頃から数万人が参加して政権打倒デモを展開、内務省前での体制打倒のシュプレヒコール、「ベンアリー、出ていけ（irḥal）」「ベンアリー、デガージュ」が繰り返される。全国各地でデモや衝突が続く。

午後、トラベルシー一族の二八名が空港で国外脱出直前に拘束。午後、国家非常事態宣言、夜間外出禁止令の発表。

午後四時一五分、ベンアリー大統領、内閣総辞職と六か月以内の議会選挙の実施を発表。夕刻五時半過ぎ、軍がカルタゴ国際空港を閉鎖。午後六時四〇分、ベンアリー一族が搭乗した航空機が軍専用のアウィーナ空港からマルタ経由でサウジアラビアに向けて離陸。大統領護衛隊の隊長アリー・スリアーティが軍によって拘束。

午後八時、ムハンマド・ガンヌーシー首相、憲法五六条に基づき、大統領の一時的職務遂行不能により、共和国大統領職の代理を務めることをテレビ放送で発表。

翌一月一五日（土）午前一時、サウジアラビア当局がベンアリーとその家族の無期限滞在を発表。

一二月一七日のシーディ・ブーズィードでの焼身自殺事件から政権崩壊に至る一月一四日までの主要な出来事の同時並行的かつ多所的な展開の一部を記述してみた。当初、シーディ・ブーズィードでの事件とそれに連帯した抗議活動は、その地方の近隣の町村に限られていたが、それらは全国組織の労働総同盟や人権擁護連盟や全国弁護士会などの複数の組織団体やまたインターネットを通じて全国レベルへ、さらに国際的レベルへと広がっていった。また当初の平和的デモでのスローガンはシーディ・ブーズィードの民衆との連帯や、また求職や賃上げの要求が中心であったとすれば、警察や治安部隊の投入やその武力行使や鎮圧が激化する過程で、体制腐敗や武力弾圧に対する非難や抵抗へと変化し、さらに多数の死傷者を出すに至って、体制打倒を目指す明確な動きへと変化していったことが読み取れる。

デモで叫ばれたスローガンの文言にも、そうした変化が確かに読み取れる。当初は「殉教者の血に忠実な者たち、忠実な者たち（Awfiyā', awfiyā' li-dimā' al -shuhadā'）」といった、焼身自殺をしたムハンマド・ブーアズィーズィらに連帯して抗議する文言や、また「仕事は権利、やあ、泥棒集団（Al-tashghīl istiḥqāq, yā. ʿisāb al-sarrāq）」という、働くことの権利や求職に関わることに加え、汚職まみれの当局を「泥棒集団」と言って揶揄する文言などが中心となっていた。

それが次第に、体制に抵抗し、体制を拒否・否定するスローガンとなっていき、「水とパン、ベンアリーはノー（Khubz wa mā, wa Ben ʻAlī lā）」（水とパンで凌ぐ生活をしても、ベンアリーはノー）という文言や、「ノー、ノー、国家財産を略奪したトラベルシー一族（Lā, lā, al-Trābelsīya, illī nahabū al-mīzanīya）」へと変化している。そして最終的な段階では、体制打倒を明確にした文言、「民衆は体制崩壊を望んでいる（Al-sh'ab yurīd isqāṭ al-niẓām）」「ベンアリー、出ていけ、出ていけ（Ben ʻAlī irḥal, irḥal/Ben Ali Dégage）」というスローガンへと変化していった。そして、一月一四日のデモの群集のプラカードのなかには、「もう終わり！（Game Over！）」という文言なども掲げられることとなった。

第3節　多様な市民と集団組織の参加と軍の役割

チュニジア革命には、特定のリーダーがおらず、そしてまた最初から明確なイデオロギーがあったわけでもなかった。その過程には、ありとあらゆる社会階層の人々、年齢層、性別、職業、地域の人々が、さまざまなかたちで参加していた。また二〇一二年五月時点でのチュニジア革命犠牲者国家調査委員会の発表では、革命過程での死者は三三八人、負傷者は二一七四人とされており[19]、これだけの犠牲者が出たことは痛ましいことであったが、しかし民主化動向がみられた他の中東アラブ諸国の犠牲者数と比べるならば、はるかに少なく、その意味ではより平和裏に革命が推移したことは評価できるだろう。

またこの革命の過程に多様なアクターが参加していたということは、それらの人々や集団について整理分類して捉えることができないことを意味するわけではない。この節では、革命過程での主要なアクターや集団を幾つかに整理して捉え、それらが果たした役割、またその集団自体も一枚岩ではなく、その内部でもさまざまな動きがみられたこと、またこれまでベンアリー体制を崩壊に導いた「民衆」や「仟民」と記述してきたが、それらの人々のなかにも反体制派と同時に、体制支持者がみられたことを、以下、①若者たち、②チュニジア労働総同盟、③チュニジア人権擁護連盟、④チュニジア全国弁護士会、⑤軍と警察、そして⑦反革命勢力に分けて、複眼的にまた多声的に捉えてみたい。なお、この中には女性を含めるべきであることは当然であるが、革命と民主化過程での女性たちの活躍やその役割に関しては、別途、第五章でそれを中心に論じることから、ここでは後に譲ることにする。

①若者たち

革命の発端となった抗議の焼身自殺を遂げた人物が、二六歳の正規の職を持たない若者であったということが、確かに多くの若者たち、特に失業中の同様の境遇にある者たちの関心を引き付け、この革命過程に彼らを参加動員させる要因になったことは間違いないだろう。大卒の野菜売り青年という当初の流言も［Ben Mhenni 2011: 11］、そうした社会的不満を反映していたと思われる。

チュニジアに限らず、中東アラブ諸国における人口ピラミッドのなかでとりわけ若年層の割合が膨らんでいるという「ユースバルジ（若者層の膨らみ）」の実態は、ドイツの社会学者グナル・ハインゾーンによっても、社会の脅威になり得るものとして注目・指摘されている［ハインゾーン 2008］[20]。そしてその若年層に十分な雇用を創出できないことが、チュニジア革命を始め、その後の「アラブの春」への要因の一つにもなったという指摘は、すでに他でも多く為されてきているとおりである［Haas and Lesch 2013, Reré Larémont 2014. Aleya-Sghaier 2014］。

チュニジアのユースバルジに関しては、二〇一〇年の時点で、チュニジアの全人口に占める二五歳未満の人口割合は四二％であったとされている［Aleya-Sghaier 2014: 32］[21]。またそのなかでも高学歴者の失業率が、特に内陸部ではより高くなっていることは既に第1章において見てきたとおりである。

そしてこうした若者たちが、抗議運動を開始した当初からその前線で活動していたことは、現地でも確認できたことで、シーディ・ブーズィードでは、ルダイフでのリン鉱山での抗議運動の経験を踏まえて、労働組合の活動家が、若者たちに警察や治安部隊に拘束・逮捕されないように、日中は活動を控え、夜間に活動をするようにと助言していたという。

〈聞き取り〉革命過程での役割分担

日中は、組合員や有職者や女性たちが平和的なデモを繰り返し、われわれ若者は夜、グループに分かれて、治安部隊の様子を携帯電話で連絡し合い、道路でタイヤを燃やしたり、石を投げたりする抵抗活動を続けていた。組合員は仮に警察や治安部隊に拘束されても、組織が圧力をかけて彼らを救済することが可能だが、特に失業中の若者は所属する組織もなく、一端拘束されると最も危険な目に合いやすいので役割分担をしていたのだ。抗議活動や治安部隊との衝突などは、携帯で写真やビデオに撮影してインターネットに流すことも若い仲間がやっていました（二〇代の男性、不定期で日雇いの仕事、シーディ・ブーズィードにて、二〇一二年二月二八日）。

〈聞き取り〉警察官や治安部隊による携帯電話の没収

警察官や治安部隊は、若者の所持品をチェックしては携帯電話を没収しようとしていた。道路を走る車を停めて、運転手の携帯を没収することまでしていた。それは、インターネットで写真やフィルムが配信されることを恐れていただけでなく、自分たちの顔が公開され、その後、人物を特定されて住民から復讐されることを恐れていたためです（二九歳の男性、元ホテル従業員、革命後は失業中。トズールのカフェにて、二〇一一年八月二九日）。

チュニジア革命が、当初「フェイスブック革命」とか「ツイッター革命」とも呼ばれていたように、携帯電話やインターネットを利用する主に若者たちが、この革命の展開を地理的にも、また時間的にも迅速に拡大させていったことは確かである。

チュニジアに携帯電話が初めて導入されたのは一九九八年のことであるが[22]、その利用契約者人数は、二〇一〇年中頃の時点ですでに人口の六割以上の六二〇万人にも達している［Hostrup Haugbølle 2013: 167-168］。この携帯電話の契約者人数については、他の論文では、二〇〇二年から二〇〇七年のあいだに著しく伸び、全人口の二・九％から七五・九％へと増加していたともされている［Larémont 2014: 26］。いずれにしても革命以前にすでに三分の二から四分の三以上の人々がそれを利用するようになっていたことがわかる。

またチュニジアでのインターネット利用者数は、二〇一一年の時点で全人口の三三・九％、またフェイスブックの利用者は全人口の二四・五％であったとされており、エジプトではそれらはそれぞれ一四・五％と八・九％、リビアでは五・四％と八・九％、またモロッコでは四一・三％と一一・二％とされており、他国と比較してみても、チュニジアでのフェイスブックの利用者割合が極めて高かったということを知ることができる［Larémont 2014:26-27］。そしてそのフェイスブック利用者の多くは、当然ながら若者たちであった。

二〇〇八年のルダイフのリン鉱山蜂起事件との著しい違いは、ルダイフでの抗議運動もフィルム撮影されていたが、その時点でのメディア媒体と言えば、専らＤＶＤで、それが手渡しで流通するに留まっていた点で、チュニジア革命でのメディア、携帯電話やインターネットが果たした役割とは比べものにならないものであった［Hostrup Haugbølle 2013: 168-169］。また当時もインターネットが使用されていなかった訳ではないが、チュニジア革命の折には、そうしたフェイスブックやツイッター、ユーチューブに加えて、ちょうどその頃に、チュニジア・ウィキリークス（Tunisia Wikileaks）によってもベンアリー体制やトラベルシー一族の権力乱用や不正蓄財の実態が暴露され、それらにアクセスした若者たちが、次々にそうした情報をツイッターなどで共有していったことが大きなインパクトをもたらすことに繋がった。

〈聞き取り〉ウィキリークスによるアメリカ大使の文書の暴露

僕は、インターネットでウィキリークスによって暴露された在チュニジアのアメリカ大使による本国宛ての機密通信文書を読んだ。アメリカの大使ですらベンアリー政権を批判していることを知り、アメリカもこの政権を見放したのだと思って、ベンアリー政権への恐怖心が一気に薄らいでいきました（チュニス大学大学院生　二四歳男性友人宅にて二〇一一年八月二七日）。

ウィキリークスで暴露された、その米大使のトップ・シークレットともされる機密文書とは、以下のようなものである[23]。

この国は、大きな問題を抱えている。ベンアリー大統領は高齢になり、その体制は硬化症に病んでいるが、明確な後継者がいない。チュニジア人の多くは政治的自由がないことに不満を抱き、また大統領一族の腐敗や高い失業率、地域格差の問題に怒りを覚えている。過激派は常に脅威となっている。チュニジアは、ほとんど言論の自由も結社の自由もない、また深刻な人権侵害が起きている警察国家である。例えば、最近、ベンアリー大統領の親族が民間メディアの大企業を接収したように、前進の一方で必ず後退がみられている。

大統領とその体制は、チュニジア国民との関係を失っている。彼らは、国内的にも国際的にも、助言や批判を受け入れようとはしない。ますます警察の力に依存し、権力維持を図ろうとしている。そして内輪での不正蓄財は一層ひどくなっている。今や、普通のチュニジア人でもそのことに気付いており、不満の声が高まっている。ファースト・レディのライラ・トラベルシーとその一族を嫌悪している。内々では、反体制派は彼女を物笑いの種にしている。政府の側近ですら、彼女の振る舞いには失望の色を隠さない。その一方で、チュニジアの高い失業率や地域格差への怒りは増している。したがって、体制の長期安定性についてはそのリスクが高まっている。

その他にも、政権崩壊前には大統領の権力乱用やトラベルシー一族の不正蓄財などについての今まで国民が知り得なかったような情報が、チュニジア・ウィキリークスによって流されていった。こうしたインターネット情報に対しては、当局も検閲官を六〇〇人に増強して対応していただけでなく、活発なサイバー・アクティヴィストらを次々に摘発・拘束していた［Aleya-Sghair 2014: 45］。

②チュニジア労働総同盟（UGTT: Union Générale Tunisienne du Travail）

ＵＧＴＴは、チュニジア独立以前、一九四六年に、フランスの労働組合（CGT: Confédération générale du travail）から分離独立するかたちで、ファルハート・ハッシャード（Favhat Hached/Farḥāt Ḥashshād 1914-1952）[24] によって設立された。この組織は、独立運動の過程ではブルギバとも共闘して重要な役割を果たし、独立後もこの国の政治界において大きな影響力を持ち続けてきた。チュニジア革命前の時点では、[25] UGTTは組合員数五一万七〇〇〇人、二四の地域組合、また職業分野別の一九の組合、その他の二一の草の根組合を束ねる、チュニジア最大の市民組織であった［Yousfi 2015: 320］。

しかし、すでにガフサ・リン鉱山事件との関連でも述べたように、この組織は常に一枚岩であったわけではなく、幹部の多くがRCD党員ですでに体制側に取り込まれており、地方において抗議する労働者や民衆側を十分に支援しなかったことが、この事件が体制側による武力鎮圧で収束してしまった一要因ともなっていた。

しかし、ユースフィは、アラブ諸国の労働組合のほとんどが国家の体制側に取り込まれた組織であるのに対し、UGTTはその例外とも言えるもので、体制側と労働者側との二つの立場を組み合わせた組織として存在してきたと指摘する。すなわち、支配権力に従順で国家機構に取り込まれた組織としての側面と、また危機的状況においては、支配権力に抵抗するという二面性をもつとする。そして一九七八年の「黒い木曜日事件」や一九八四年の食糧暴動の折には、UGTTは民衆側にたってその抗議活動を率先する組織集団となっていたとしている。しかし、その後はガフサ・リン鉱山事件でも、二〇一〇年のベンガルデーンでの抗議運動でも、十分な役割を果たせず、そしてチュニジア革命の発端となった二〇一〇年一二月のシーディ・ブーズィードでの事件、二〇一一年のカスリーンでの多数の死者を出した事件の時には、この組織の内部分裂が鮮明なものとなっていた。教育や郵政、医療分野の組合員や左翼の活動家は、連携してこの抗議活動を支援しようとしたのに対し、執行部の幹部メンバーは体制との仲介をするのが精一杯か、むしろ体制支持にまわっていた［Yousfi 2015: 320］。ベンアリー政権下では、UGTTのRCD党員の幹部は特権や優遇措置を受けて、支持基盤となるよう取り込まれていたのである［Aleya-Sghaier 2014: 42］。

しかし、ガフサでは革命の過程で、この町の労働組合幹部の三人が、体制支持派から離反し、民衆抗議運動を支持することを表明し、参加者を動員してデモを組織していった。

〈聞き取り〉ガフサの労働組合メンバーが抗議運動を始めるまで

ガフサのUGTTのメンバーも、シーディ・ブーズィードでの事件を受けて、それに大きな関心をもち、情勢を注視していましたが、二〇〇八年のリン鉱山事件の記憶もあり、大きなデモや抗議活動は、当初は体制側の武力鎮圧をみな恐れて控えていました。ただ、抗議活動が起きている都市の組合員らに連絡をとり、現場の情報を集めるうちにテーラやカスリーンで死者が出るようになった段階で、カスリーンの組合員からガフサの組合支部が動かないなら、もうこれ以上、こちらからの情報は流さないと迫られた。そんな状況下で、ガフサのUGTT幹部の三人が抗議する民衆側に回って、デモの準備を始め、仲間にデモ実施の日時と場所を連絡して回った。当初はそれでも秘密警察を恐れ、デモ（masīra）とか抗議運動（intifāda）とかの言葉は一切使わず、暗号のように日時と場所だけを伝えたのです。

警察にその計画が事前に漏れると、多くの治安部隊が投入されたり、リーダーの拘束や逮捕も十分あり得たので、われわれは慎重でした。アルジェリアでの一九五四年一一月一日に各地で同時に勃発した対仏抵抗運動の開始は女性たちの歌でその連絡が伝えられたとされていますが、われわれの場合は携帯電話とメールでその連絡をしていたのです（三五歳の男性、失業中の左派活動家、元NGO職員、ガフサのカフェ、二〇一五年六月三日）。

こうした聞き取りからは、人々が体制による武力鎮圧をかなり恐れ、緊迫感を覚えていた様子がうかがえる。またUGTTが一つの組織として存在していても、その内部が一様であったわけではなく、体制側に取り込まれている幹部と一般の組合員や労働者とのあいだには亀裂があったことも見えてくる。しかしユースフィによれば、そうしたUGTTの立場の曖昧さはあったとしても、例えば、同じく革命過程で重要な役割を果たした「チュニジア人権擁護連盟（LTDH）」の組織は、全国組織とはいっても、UGTTのように各地に事務所をもたないことから、革命過程ではUGTTの事務所が抗議活動者たちの避難所となっていったことも確かであると強調している［Yousfi 2015: 322］。

そしてユースフィもまた、テーラとカスリーンでの多くの犠牲者を出した一月七日からその週末が、体制崩壊へと向かう大きな転換点であったとみなしている。虐殺のような当局の武力弾圧をみて、UGTTの各支部の組合員の動きも単なる社会的連帯運動から、明確な体制打倒という政治目標をもった活動へと変化していったとしている［Yousfi 2015: 325］。

しかし、政権崩壊の二日前の一月一二日にチュニスのUGTT本部前で多数の民衆が集まり、「民衆は体制崩壊を欲している」というシュプレヒコールを繰り返すなかで、UGTTの書記長アブデルサラーム・ジュラドは、「このスローガンはUGTTとは何の関係もないもの。UGTTの役割とは仲介にある」と述べていたとされ、事実、この日、カルタゴ宮殿でベンアリー大統領と面会し、UGTTの政権支持を伝え、反体制側に回ることはないと明言していたとされ［Aleya-Sghaier 2015: 42］、同一組織であっても、その動きは一様ではなかったことを確認し得る。

こうした亀裂が、革命後、ジュラド書記長の解任、また元組合員による新組織の結成、すなわち二〇一一年二月にはハビーブ・ギーガがチュニジア労働者総連盟（CGTT: Confédération Générale de Travailleurs Tunisiens）を結成し、さらに同年五月には一九九〇年代にUGTTの書記長を務めたイスマイール・サフバーニーがチュニジア労働者連合（UTT：L'Union des Travailleurs Tunsiens）という新団体を結成することにも繋がっていった。

③チュニジア人権擁護連盟（LTDH : Ligue Tunisienne pour la Défense des Droits de l'Homme）

チュニジア人権擁護連盟は、一九七六年にチュニジアの人権擁護団体として、シャルル・ニコル病院の医師サアードディーン・ズメルリを代表とし、法学者、教員、医師、弁護士、ジャーナリストらが中心メンバーとなって設立されたものである。人権団体としては、アフリカまたアラブ世界では最初の団体とされている。

ブルギバ政権末期には、体制側との関係が悪化していたが、一九八七年にベンアリー政権に変わってからは一時その関係を改善し、ズメルリは厚生大臣にも就任している。一九八九年にはまた、革命後に暫定政府の大統領となったモンセフ・マルズーキーが、この組織の会長に就任した。しかし、一九九〇年代初頭、イスラミストの摘発と弾圧が強化されるなか、一九九二年の法改正により、この組織加入者には政権政党ＲＣＤ党員であることが義務付けられることとなった。そのことからこの組織自体が分裂・解体の危機にさらされ、マルズーキー自身、多くの嫌がらせを受けることとなり、結局、一九九四年二月にこの組織の会長職を退いている。二〇〇七年にはより体制に近い、元外交官でまた政府の下部組織の「基本的人権と自由の高等委員会」の委員長モンセル・ルイーシーがＬＴＤＨの会長に就任している。

チュニジア革命の過程では、このチュニジア人権擁護連盟（ＬＴＤＨ）が、二〇一〇年一二月二六日（日）に複数の全国組織、チュニジア民主女性協会（ＡＴＦＤ）、全国自由委員会（ＣＮＬ）、世界拷問反対組織（ＯＭＣＴ）、ヨーロッパ地中海人権ネットワーク、人権擁護者保護監視団体、チュニジア全国弁護士会、チュニジア判事協会との連名で、抗議する民衆への支持表明をしている。

ＬＴＤＨは、二〇一一年一月九日には、治安部隊の実弾使用による死者の発生を受けて、以下のような要望書を政府に提出している［Bettaïb 2011: 30］。


⑴警察部隊や軍の展開を直ちに停止し、どのような理由であれ、実弾使用を控えること。

⑵集会と平和的デモの権利を尊重すること、市民を圧倒する軍事的包囲や暴力を止めること。

⑶抗議集団や反体制集団の代表者と誠意ある対話を行うこと、仕事の権利や地域格差などの社会政治的問題をタブーとせず、緊急に解決するために議論すること。

⑷実弾による死者については直ちに中立的調査を実施し、責任を明確にすること。

⑸今回の抗議活動との関連での逮捕者を直ちに釈放すること。


また一二月二九日のジャンドゥーバでの抗議活動では、ＬＴＤＨのヘーディ・ベンラマダーン支部長や会員のラバーフ・ハライフィも治安部隊からの暴行を受けている。ＬＴＤＨは革命後の民主化移行期にも、労働総同盟や次の全国弁護士会とともに連携し重要な役割を果たした。そしてそれは、後の「国民対話カルテット」へとも繋がっていった。

④チュニジア全国弁護士会（ONA：Ordere National des Avocats de Tunisie）

全国弁護士会は約一〇〇〇人の会員から成り、会長は毎回選挙で選出されるという民主的な団体で、また多様なイデオロギー、すなわち、世俗主義者、イスラミスト、ＲＣＤ党員、マルクス主義者、アラブ民族主義者など、あらゆる思想をもつ弁護士がともに活動している点が特徴とされている。この組織の一部の弁護士はまた、「チュニジア人権擁護連盟」や「チュニジア拷問反対協会」「国際政治犯支援協会」などの組織創設にも関わっている［Aleya-Sghaier 2015: 43］。

既述のようにこの組織も、ＬＴＤＨと同様、一二月二六日に他の組織と連名で民衆抗議への支持を表明していた。またすでに年末一二月二八日にはチュニスでデモを開催し、三一日にも複数の都市でデモを実施し、一月六日には全国ストライキを呼びかけていた。これらの弁護士たちの活躍が特に印象に残るものとなったのは、抗議デモの折に弁護士たちが敢えて黒い法廷衣を着用し、隊列を組んで参加していたからである。さらに一部の地域のデモでは弁護士たちがその黒の法廷衣に赤いリボンを付け、それを市民の基本的人権や自由の尊重、あらゆる暴力への反対のシンボルともしていたことから、視覚的にも強くアピールすることとなった［Bettaïb 2011］。弁護士会の動きは、「法的武装」を意味し［Aleya-Sghaier 2015: 43］、民主主義の原則としての三権分立、すなわち、政権から独立した司法の権限を印象付けることになった。

なお、法曹界のもう一つの組織、チュニジア判事協会（ＡＭＴ）は最終的には抗議集団側に立って革命を支持したが、その動きは緩慢であったとされている。法曹界でも、革命過程での動きは必ずしも一様ではなかったことがうかがえる。独立以降、この国の司法組織は支配体制側の機構に組み込まれており、イスラミストの投獄やその罪状判決などでも体制側に協力してきた経緯もあり、また体制に反抗的な判事は左遷や昇格停止の対象にもなっていたとされ、弁護士会ほど活発な動きはみせなかった。ただし、革命後には、こうした体制との癒着関係が見直され、二〇一一年二月一二日には、チュニス裁判所前での裁判官らが司法の独立を求める座り込みを実施し、のちにこの日は「司法解放の日」と呼ばれるようになっている［Aleya-Sghaier 2015: 44］。それは、同国の民主化移行期における一つの記念すべき出来事として記憶されるものであろう。

⑤軍と警察

ベンアリー大統領は、もともと軍出身でありながら、軍の存在に対しては常に警戒心を抱いていたとされている。チュニジア軍は、独立直後一九五六年六月三〇日に創設され、その主要な任務は外国の攻撃からの国土防衛と平和維持、また国土開発と被災地支援とされている。同国の軍は、旧フサイン朝ベイ政権の軍を引き継ぐかたちで結成され、近隣国モロッコやアルジェリアの軍が国家独立の過程に関与し、独立後も体制維持集団となっているのとは異なり、創設当初から政治的には中立的集団であったとされている［Aleya-Sghaier 2015: 46］。

チュニジアでは、軍に関する一九五七年一月一〇日の法によって、軍人が政府の構成員や特定の政党員となることは禁じられている。しかしながら、ベンアリーは、一九八七年当時、首相でかつ警察部隊の将軍という地位を兼務しており、一一月七日には自ら無血クーデターによって政権を掌握するに至っており、その後、高位の軍人らを大臣にも登用していた。しかし、一九八九年の大統領選挙での圧勝以降も、ベンアリーは自らの政権を脅かす最大の宿敵は、イスラミスト勢力、すなわちＭＴＩ（のちのナフダ党）と、そして軍であると認識していたとされている［Zbiss 2012: 52］。

ベンアリーは、その一方、権力の基盤固めに警察組織を大いに利用し、全国各地に秘密警察や諜報員を配備していた。実際に同政権下では、一二万～一五万人とも言われる警察官がいた一方で、軍はわずか三万五〇〇〇人程度で、そのうち陸軍は二万七〇〇〇人ほどとされ、その予算も装備も貧弱であったとされている［Aleya-Sghaier 2015: 46］。

そして、ベンアリーが軍に対して脅威と猜疑心を抱いていたことを象徴する二つの事件が、第一章でもすでに述べた一九九一年のバラックト・サーヘル事件と、そして二〇〇二年のヘリコプター墜落暗殺事件であった［Kraiem 2014: 291-296］。

バラックト・サーヘル事件については、すでに第一章第三節で述べたように、一九九一年一月六日に、ハマメット近郊バラックト・サーヘルの軍事基地にて、「国家反逆会議」を開催したという虚偽の事実に基づき、陸軍・空軍・海軍所属のエリート軍人総勢二四四人を、裁判もなく、次々と拘束し、拷問・投獄したという事件である。出所後もその多くは失職したままで、また拷問によって障害者となった者も多くいたとされる、ベンアリー政権の闇を象徴する残虐極まりない事件である。そしてもう一つの事件とは、二〇〇二年四月三〇日に自らの権力を脅かす政敵と見なしたエリート軍人ら一三名をヘリコプター事故死に見せかけて暗殺したとされる事件である［Barrouhi 2002］。

バラックト・サーヘル事件もヘリコプター墜落暗殺事件も、軍が最終的に革命過程でベンアリー政権を擁護せず、むしろ蜂起した民衆側に回ることになったその背景にあるものとして注目されている。

ベンアリーは、軍に対して、上記の一九九一年のバッラクト・サーヘル事件によってそのエリート集団の一部を粛清する一方、同時期にはまた国連の平和維持活動やその治安維持部隊にチュニジア軍を積極的に海外派兵していた。それによって、チュニジアの国際貢献を国際社会や国連などにアピールすると同時に、国内における軍の活動を抑制することを目的としていたと考えられる。

二〇〇二年のヘリコプター事故の真相究明は、今なお継続中であるが、その事件の概要については次のとおりである。二〇〇二年四月三〇日、陸軍アブデルアズィーズ・スキーク将軍（Général Abdelaziz Skik/ ʻAbd al-ʻAzīz Skīk）を筆頭とする一三名のエリート軍人らが、アルジェリアとの国境付近のケフ軍事基地の視察後、チュニスへの帰路、彼らが搭乗していたヘリコプターがメジェッズ・エルバーブという場所で墜落し、全員が死亡したという事件である。それによって、スキーク将軍の他、二名の幕僚長（colonel major）、三名の大佐（colonel）、四名の指揮官（commandant）、二名の中尉（lieutenant）、そして准尉長（adjudant-chef）の計一三名全員が事故死した。

このスキーク将軍という人物は、チュニジア軍が国連治安維持部隊に参加した時の隊長で、一九九一年から九二年にかけてはカンボジアでの平和維持活動を指揮し、その後もボスニア・ヘルツェゴヴィナ、クロアチア、ルワンダ、ソマリア、ハイチ、アンゴラ、ナミビア、西サハラなどで同様の活動を行い、二〇〇一年夏に陸軍将軍としてベンアリーに抜擢された人材である。国民のあいだでもスキーク将軍の人気は高く、平和維持活動への貢献から国際的にも高く評価されていた人物とされている［Barrouhi 2002］[26]。こうしたエリート軍人の存在を、ベンアリーが政敵として脅威を感じていた可能性は十分にあり、このヘリコプター事故は、技術的事故に見せかけた軍部エリートの抹殺事件という疑念が未だに強くもたれている。

旧軍人の複数の人々の証言では、ケフからチュニスに戻る予定のヘリコプターが、離陸直前に故障とされ、軍人全員が他のヘリコプターに乗り換えて離陸後、そのヘリコプターが墜落して全員が死亡したとされている。さらに不可解であるのは、この事故は独立以降、チュニジア軍に起こった最大の悲劇と言えるものであったにも関わらず、国内メディアは技術的故障による事故という最小限の報道しかしなかったという点である。こうしたことから、現在も旧政権による軍部への陰謀ではと疑われている。

バラックト・サーヘル事件の被害者のゾクラーミー元大佐も、「警察官や治安部隊と異なり、軍が革命時に反ベンアリー勢力とはならないまでも、ベンアリー政権擁護へと動かなかった背景には、この二つの事件が大きく関係していた」と証言している。

チュニジア革命の過程では、二〇一一年一月一二日にラーシド・アンマール陸軍将軍が、大統領命令に反して、一般市民への実弾使用を拒否したとされ、そのことが革命後には、アンマール将軍が国民から「革命の英雄」として賞賛されることにも繋がった。このアンマール将軍は、実は先のヘリコプター事故で死亡したスキーク将軍のその後継者にあたる。革命過程での軍の中立性やベンアリー体制への不服従は、アンマール将軍個人の問題というよりも、以上のような軍に対する二つの事件とも関連があるとみる方がより自然であろう。

また汚職や不正が蔓延していたベンアリー時代にあっても、軍人が県知事や大企業の幹部になることはなかったことから、軍は「清廉」であるとされ［Kraiem 2014: 290］、その点でも実際に国民の軍に対する信頼度や評価には非常に高いものがある。そしてそれと対照的であるのが、警察官に対する国民のイメージで、それは革命過程でのデモ参加者への武力制圧も含め、抑圧、不正、汚職、暴力、暗殺、拷問、窃盗そして強姦といった、極めて「汚れている」というものである［Aleya-Sghaier 2015: 46］。筆者の現地調査でも、革命以前からすでに一般市民のあいだでは、「警察というと、ちょうど、『中東における米国』のようなイメージだ」と語った人もいたほどである。

革命の過程では、こうした感情もあり、真っ先に民衆による襲撃や放火の対象となったのが、ＲＣＤの事務所と警察署であり、革命後には警察官個人の中には一般市民からの復讐の対象となった人たちもいた。

〈聞き取り〉チュニジアの警察官の横暴さ

僕は、ブーアズィーズィの事件を友達のメールで知って、自分でもフェイスブックを見て確認した。警察官が彼の顔を平手打ちしたという話は、僕にはすぐにイメージできるものでした。というのは、僕はそうした光景を何度も見たことがあったから。例えば、サッカーの試合を見に行った時、警察もベンアリー一族とグルになっていて、彼の娘婿がオーナーのチームとの試合の時には、その相手チームを応援に来た特に身なりの貧しいような若者に対しては、チケットを持っているのに、警官が入口でそのチケットを取り上げ、目の前で破り捨てて追い返すということを何度も見たことがあったからです。僕もサッカー・ファンだから、その時の彼の気持ちが痛いほどよく分かる。安くはないチケットを、小遣いを貯めてやっと購入して、楽しみにしてきた試合の当日、観戦しようとスタジアムに入ろうとしたその入口で、警察官に理由もなくチケットを奪われ、目の前で引きちぎられ、それに抗議すると平手打ちを食わされたり、棍棒で叩かれて会場から追い出される。失業中の貧しい若者などが、よくそうした目にあっていた。だから、ブーアズィーズィの話を聞いた時、僕にはそれがとても身近なことに感じられたのです。

僕は、革命の当時、チュニス大学マヌーバ・キャンパスの学生だった。でも大学を卒業しても就職ができるかどうかとても不安だったから、体制のそうした権力乱用や傲慢さには我慢がならなかった。だから、僕は革命の時、デモにも出かけたし、実際に自分の居住地スクラにある警察署や、密輸品のオートバイや電化製品を没収・保管している倉庫の焼打ちにも手を貸した。というのは、その倉庫の品物はトラベルシー一族の財源になっていたものだったから（チュニスのＮＧＯ職員　二六歳 男性　二〇一五年五月二六日の聞き取り）。

⑥反革命勢力

チュニジア革命の過程は全国各地で民衆によるデモや蜂起が起こったが、しかし、体制支持に回った勢力がもちろん、みられなかった訳ではない。その最大の反革命勢力となったのが、政権政党の「立憲民主連合ＲＣＤ（Rassemblement Constitutionnel Démocratique）」の党員であった。ＲＣＤは、ベンアリーが政権の座に就いた一九八七年一一月の後、翌一九八八年二月にブルギバ時代の政権政党「社会主義立憲党Ｐ

SD（Le Parti Socialiste Destourien）」を改称したものである。党員数は、ベンアリー政権時代、全人口が一〇〇〇万人ほどの国で、二〇〇万人ともされ、全国各地にその組織網をもっていた［Aleya-Sghaier 2015: 33］。

筆者の二〇〇〇年代のチュニスの低所得地区での調査過程でも、貧しい女性がRCDの地区役員として活発に活動することで、当局から無償で住宅提供を受けていたが、党の上層部のそれ以上の役職者には多くの優遇措置や特権などが与えられていたのである。また全国各地にいる党員の一部は、既述のように反体制分子を摘発する諜報員ともなっていた。さらにアルヤ・スガイエルによれば、RCDは独自の武装集団も有していたとされ、低所得層の若者やギャング団を雇っては、政敵に対する脅しや嫌がらせやスパイ活動をやらせていたという。そして一月一四日には、大勢の民衆がブルギバ通りと内務省前で抗議デモを行うなか、RCD本部前のムハンマド五世通りにはRCDの武装集団のメンバーが六〇〇人以上も集まっていたとされる［Aleya-Sghaier 2014: 37］。

革命に至る過程では、多様な市民が各地で抗議活動に参加していたが、一方ではベンアリー体制をあくまでも維持しようとする勢力もあり、その集団の筆頭がRCD党員やこの政党幹部に指示・買収された者たちだったのである。

〈聞き取り〉一月一四日当日の民衆の動き

一月一四日の午前中、僕はその日、たまたまチュニスのアリアナにいたのですが、そこではベンアリー体制に抗議するデモ隊の一方で、RCD事務所前にはRCDの党員たちが沢山集まっていてベンアリー支持を訴えるデモを繰り広げており、警察や治安部隊とは別に、この二つのデモ集団が小競り合いを起こしており、とても緊迫していました（チュニス大学大学院生　二四歳男性　友人宅にて二〇一一年八月二七日）。

また国民議会やその傘下の諸委員会、そして政府の外郭団体「チュニジア女性全国連合（ＵＮＦＴ）」「母親協会」「青年組織全国連合」、また体制下に取り込まれていたメディア関係者の「新聞社社長全国組合」、そして経済的に体制と癒着関係にあった「チュニジア産業商業手工業連合（ＵＴＩＣＡ）」や「チュニジア農業漁業連合（ＵＴＡＰ）」なども、ベンアリー政権を支持し、反革命的勢力となっていた。特にＵＴＩＣＡは企業家連合体であるが、その企業家たちを束ねる「パトロンの中のパトロン」とされていた会長のヘーディ・ジーラーニー（Hedi Jilani/Hādī al-Jīlānī）とは、ベンアリーが大統領就任以来、同じく二三年間、その会長職を務めてきた人物である。しかもその娘は大統領夫人の兄弟でトラベルシー一族の「マフィヤの首領」とも言われていたベルハサン・トラベルシーの妻で、もう一人の娘もベンアリー大統領の甥スフィヤーン・ベンアリーの妻という関係にあり［Bettaïeb 2011: 198］、この事実だけでも大統領一族と夫人一族がチュニジア経済界と親密な癒着関係にあったことは十分に明らかであろう。これらの組織は、革命過程では当然ながら、ベンアリー支持を表明し、反革命勢力となった。そして、これらの組織のほとんどが革命後、幹部刷新、組織的改革を経験していくことになる。

第４節　一月一四日のベンアリー政権崩壊と対外関係

二〇一一年の一月一四日のベンアリー政権の崩壊は、抗議活動に参加していた多くのチュニジア人にとってさえ、予期できなかったほどの早い展開と幕切れとなった。

この日の内幕については公式見解などが出されていないため、さまざまな憶測や噂があるが、現在では一月一四日のベンアリー政権崩壊は単に民衆の抗議活動やデモだけで達成されたのではなかったという見方が一般的になっている。ボーとラガルドはその著書で革命から四年が経ち、ようやく語り始めた当時の関係者らの証言を集め、その日の経過について明らかにしている［Beau et Lagarde 2014］。そしてその政権崩壊の過程で重要な役割を果たしたのが、実はベンアリー大統領の側近たちとそして軍であったとしている。この節では、一月一四日にベンアリー政権が崩壊した当日の動きを主にこの著書に依拠し、また他の文献ともクロスチェックしつつ［Belkhouja et Cheikhrouhou 2013, Kraiem 2014］、この日の前後からの経過を跡付けてみたい。加えて二三年以上に及んだこの政権をナショナル・レベルのみならず、それを支えてきた、よりマクロ・レベルの諸外国や国際機関などとの関係からも捉えてみたい。

二〇一一年の一月一二日（水）、ベンアリーの私的宮殿シーディ・ズリーフ宮殿はすでにパニック状態になっていたとされている。この日には、陸軍のラーシド・アンマール将軍が大統領のデモ参加者への発砲命令をすでに拒否したという噂が流れていた[27]。この日の前後から大統領の親族や夫人のトラベルシー一族のチュニス郊外の豪邸が次々に覆面集団に襲われる事件が起きており、彼ら三〇人ほどがシーディ・ズリーフ宮殿に避難してきていたとされる。一月一三日（木）にはベンアリーの娘婿マルワーン・マブルークを通じて、側近の一部に陰謀の計画ありとの情報が伝えられていた。さらに一四日（金）には治安部隊が、正体不明のヘリコプターの宮殿上空の飛行や、またチュニジア領海内での謎の巡視艇二艘を確認していたとされている。そして一月一四日は、陸軍のアンマール将軍と大統領護衛隊のスリアーティ隊長とのまさに対立劇の日であったともされている。

一月一四日の午前中、大統領護衛隊のスリアーティ隊長が、大統領に死者の人数二八人、また昨日解禁したインターネットでは「体制打倒」が叫ばれていること、またデモ参加者数がますます増加していることを、大統領に報告している。大統領はその情報を公にしないよう命じ、またスリアーティ隊長は、大統領と夫人の親族の国外脱出に向けてパスポートを準備していた。

午後、陸軍のアンマール将軍が国家非常事態を発表。ベンアリーは防衛省に対して、なおもテロリストを殲滅するようにと指令を出していたとされている。

その後、内務省からチュニス・カルタゴ空港で出国直前にトラベルシー一族の一二人が、身柄を拘束されたこと[28]、またチュニス郊外の町クラムからは五〇〇〇人ほどの群集がカルタゴ宮殿に向かってきているとの情報が入り、最終的にはスリアーティ隊長が大統領と夫人に一時的に国外退避を提案し、治安回復後の帰国を確約して航空機に搭乗するよう説得したとされている。陸軍のアンマール隊長が体制擁護に回らなかった一方、スリアーティ大統領護衛隊長は、大統領から満幅の信頼を得ていた人物であった。そして、午後六時半過ぎ、大統領一家はカルタゴ空港の近くにある軍専用のアウィーナ空港から特別機に搭乗し離陸することとなった。ベンアリーは最後まで航空機への搭乗を逡巡していたとされ、また自らの出国についてはその情報を漏らさぬようにと命じて搭乗したとされている。

そして大統領一家を見送り、搭乗待合室へと戻ってきた直後、アリー・スリアーティ隊長は、軍によって拘束され、そのままアウィーナ軍事基地に拘留された。

午後八時、ムハンマド・ガンヌーシー首相が国会の両院議長とともに、テレビ放送で憲法の五六条に則り、大統領職に一時的支障が生じたため、首相がそれを代行することを発表した。大統領一家の国外脱出から、この声明までのごく僅かの時間に、大統領不在の事態に対して国家体制の維持を図るため、憲法五六条でそれに対処するかあるいは五七条に則るかで、ガンヌーシー首相と同首相に呼び出されたファード・ムバッザア下院議長、アブダッラー・カッラール上院議長のあいだで議論され、最終的に第五六条に則ることを首相自身が決定し、声明を発表したとされている。

その頃、ベンアリーは機上からなおも状況確認の電話を入れていたとされるが、スリアーティ隊長が軍に拘束されたことを知らされ、アンマール将軍への電話を最後に連絡が途絶えたとされている。こうして一歩間違えば、アリー・スリアーティ（Ali Sriati/ʿAlī al-Sriyātī 1940-）とラーシド・アンマール（Rachid Ammar/Rashīd ʿAmmār）の対決、すなわち「大統領護衛隊と治安部隊」対「軍」との対決、さらには民衆をも巻き添えにするような内戦へと突入し兼ねない状況は辛くも回避されることとなったのである。

ボーとラガルドは、ベンアリー政権崩壊の裏には、実際にはムハンマド・ガンヌーシー首相と、反トラベルシーだったヘーディ・バックーシュ（Hedi Baccouche/Hādī al-Bakkūsh 1930-）元首相[29]、リダー・ギリーラ（Ridha Grira/ Riḍā al-Qrīra）防衛大臣、そしてラーシド・アンマール陸軍将軍らの連携があり、彼らが抗議する民衆にあくまで徹底抗戦の構えだったベンアリー大統領を国外へ追放したとされ、その全員がサーヘル地域の出身であることから、この内幕については「サーヘル出身者の陰謀[30]」とも言われていると記している［Beau et Lagarde 2014: 24］。

ラーシド・アンマール将軍（在日チュニジア大使館提供）

一月一四日までのこうした経緯をみてみると、軍事力で国内情勢を掌握できる唯一の人物でもあったとされる陸軍アンマール将軍が、その後、権力の座に就任しようとする動きを全く見せなかったことも注

革命時に一部を破壊されたチュニスのRCD本部（2011年8月）

「11月7日広場」から「1月14日広場」に改称されたチュニス中心部の交差点（2011年8月）

目に値する。また警察部隊や治安部隊などが、市民の抗議運動に対して武力鎮圧する行動をとり、大統領の護衛部隊も反革命勢力となるなかで、軍は終始、抗議する市民の側にたってその保護に回り、革命後の警察官や治安部隊の一部またベンアリー支持者による反撃や暴動が続くなか、治安回復に努めたことは、チュニジア革命がより平和裏に推移するうえで多大な貢献をしたと考えらえる。特にアンマール将軍は、「ベンアリー大統領にノーと言った男」として、その後も国民から高い評価と支持を得ることとなり、革命後、軍に対する国民の信頼は一層厚いものとなっている。

一方、軍に拘束されたアリー・スリアーティは、一月一七日に、チュニスの裁判所で国家の治安妨害などの罪状で収監されることとなっている。[31]

ベンアリー政権と諸外国との関係

ここで二三年間以上にわたり、ベンアリー政権が不正蓄財やネポティズム、権力乱用、人権侵害、思想・言論の自由の抑圧、警察国家といった多くの闇を抱えつつも、なぜそれがかくも長きにわたり存続し得たのか、その背景にある諸外国との関係についても若干述べておきたい。その長期独裁政権の存続背景には少なからず、諸外国との良好な関係やそれらの国々からの支援、また国際機関からの高い評価などがあった。

米国政府は、すでに一月七日の時点で、在米チュニジア大使を招請し、市民の権利、特に表現の自由の権利やインターネットなどの情報アクセスの権利の尊重、またデモ隊への武力行使の停止を要請したとされるが、それに対するベンアリー政権の対応は、その在米チュニジア大使を直ちに本国に帰還させるというものであった。また一月一〇日には欧州連合も、自由の権利を尊重するよう、また問題を対話で解決するように呼びかけていた。

その一方で、特に保護領時代の旧宗主国であったフランスは、シラク大統領の時代もまたサルコジ大統領政権期も、チュニジア・ベンアリー政権を過激派イスラミスト勢力の防波堤とみなし、テロに対する闘いの強い支援者として、二三年間、常にベンアリー政権とは良好関係を保ち、その最後の時点まで支援をしていたとされている［Aleya-Sghaier 2014: 48］。

サルコジ仏大統領は、二〇〇八年四月二八日の「人権の日」には、「チュニジアでは、自由の範囲がより拡大してきている」とまで演説していたとされている［Missaoui et Khalfaoui 2011: 38］。また革命がすでに始まっていた二〇一〇年一二月、フランスの外務大臣ミシェル・アリヨマリーは、チュニジアでこの国の大富豪企業家から接待を受けて休暇を過ごし、同国の国内問題については何も知ることなく、新年一月一日に帰国している。しかもその後、民衆蜂起の事態を知って、国会でこの種の治安問題を統制するには、世界のどこでも通用するフランス治安部隊のノーハウを、国際協力の枠組みでチュニジアに技術移転することまで提案していたとされている［Bettaïb 2011: 27, 32］。

さらに当時のフランス文化通信大臣であったフレデリック・ミッテランは、二〇一一年一月九日に、「チュニジアが独裁国家だというのは、私には誇張としか思えない」とも発言していた。さらにフランスの農業大臣のブルーノ・ルメールも、「ベンアリーはしばしば正当に評価されていない。彼は多くのことを成し遂げてきた」とも擁護していたとされている［Bettaïb 2011: 29, 32］。これらのフランスの大統領はじめ、閣僚たちの発言からも、フランス政府がベンアリー政権を評価し、その長期政権化を支えることになっていたことは明らかであろう。

さらに経済面では、ベンアリー政権下で実施された構造調整政策については、それがまさに大統領と夫

革命後襲撃・略奪対象となったベンアリーの娘婿サクル・マトリのガマルタの高台の屋敷。その後は、罵詈雑言の落書きで埋め尽くされていた。（2011年9月）

革命過程での襲撃・略奪対象となったベルハサン・トラベルシーの邸宅の一部（2011年9月）

人一族の不正蓄財の過程でもあったにも関わらず、ＩＭＦや世界銀行からはチュニジアは中東アラブ諸国の優等生として評価されていた。革命の直前の二〇一〇年一〇月にも、チュニジア育ちのフランス人ジャーナリストのフランシス・ギレが、世界銀行はチュニジアの経済的実績を高く評価していると伝えている[Clancy-Smith 2014: 33]。

日本も、二〇一〇年に革命が起こるその直前の一二月一一〜一二日にチュニスにおいて、前原誠司外務大臣や大畠章宏経済産業大臣などを筆頭に四〇〇人も経済界の人員が参加して、第二回日本・アラブ経済フォーラムを開催し、相互の経済関係の強化を目的とした話し合いを行っていた[32]。

これらはまさに、二三年間にわたり続いたベンアリー政権のその光と影の両面を映し出しているものとして捉えられる。

第3章　革命後の民主化移行と制憲議会選挙でのナフダ党勝利

第1節　臨時政府発足後の混乱と「自由のキャラバン」

一月一四日、ベンアリー一家の出国後、カルタゴ宮殿ではムハンマド・ガンヌーシー（Muhammad Ghannouchi/Muḥammad al-Ghannūshī 1941- ／在位 1999-2011）首相を中心とした政府高官らが、この事態に対して、まずいかに合憲的に対処するかの検討を行っていた。実際には、この時点からまさにチュニジアの民主化をいかに進めていくかの重要審議が始まっていたとも言える。それはまた、政権崩壊後の国家体制の維持に関わる問題でもあった。その争点になったのは、憲法の第五六条かあるいは第五七条のいずれに基づいて対処するかであったが、最終的にこの日の時点ではムハンマド・ガンヌーシー首相が、既述のように第五六条に則るという判断をしたとされている［Beau et Lagarde 2014: 22］。

午後八時、国営テレビ局の放送で、ムハンマド・ガンヌーシー首相が、国民議会の上院議会（Chambre des conseillers /Majlis al-mustashārīn）議長アブダッラー・カッラール（Abdallah Kallal/ʻAbd Allah al-Qallāl 1943-）と下院議会（Chambre des députés /Majlis al-nuwwāb）議長ファード・ムバッザア（Fouad Moubazaa/ Fuʼād al-Mubazzaʻ 1930-）とともに、憲法第五六条に則り、[1] 首相が大統領の権限を代行するとの声明を発表した。この第五六条とは、「共和国大統領に一時的支障が発生した場合、政令によりその権限を首相に委譲することができる」とされているものである。[2] しかしながら、この条文に則ったガンヌーシー首相による大統領職の代行は、ベンアリーに大統領職復帰の可能性を未だ十分に残しているものであった。

そのため早くも翌一月一五日（土）には、新たに憲法第五七条に則った対応が図られることになった。第五七条とは、「共和国大統領職が、死亡、辞職あるいは極度の支障によって空席になった場合には、憲法委員会が直ちに会議を開催し、大統領職の最終的空席をその委員の絶対的多数の下で確認する。憲法委員会は、下院議会議長と上院議会議長にこの由の声明を伝え、下院議会議長は臨時政府の大統領職に就任し、その期間は最短四五日間から最長六〇日間とする。（以下、省略）」というものである。こうして、一五日には、憲法委員会（Le Conseil Constitutionnel）が、新たにこの憲法第五七条に則り、臨時政府の樹立を宣言し、そして臨時共和国大統領（Le Président de la République par Intérim）[3]には下院議長のファアード・ムバッザアが就任すること、そして六〇日以内に大統領選挙を実施するという声明を発表することとなった。すなわち、この憲法第五七条をもって、ベンアリーの大統領職復帰の可能性が全面的に否定されることとなったのである。

翌一月一六日（日）の夕方、臨時政府は「挙国一致政府」（Gouvernement d'Union Nationale）として、その人事を発表した。ムバッザア臨時大統領の下、首相にはムハンマド・ガンヌーシーが留任、大臣には新たにベンアリーの最大の政治的ライバルでもあった野党の「民主進歩党（PDP: Parti Démocrate Progrèssiste）」のアフマド・ナジーブ・シェービー（Aḥmad Nejib Chebbi/Aḥmad Najīb al-Shābī 1944 - ）が地域開発大臣に、また「労働と自由のための民主的フォーラム党（FDTL: Le Forum Démocratique pour le Travail et les Libertés、以下、通称の「タカットル党」と記す）」党首で医師のムスタファ・ベンジャアファルが厚生大臣に、そして「革新党（Tajdīd）」のアフマド・ブラーヒムが高等教育科学研究大臣に、さらに市民運動活動家のタイイブ・バックーシュが教育大臣、元弁護士会会長のラズハル・カルイ・シェッビーが法務大臣、元外交官のアフマド・ウナイエスが外交問題国務長官、また革命過程で一時拘束された若きブロガーのスリム・アマムーが青年・スポーツ国務長官に任命されることが公表された。しかしながら、その他の特に重要ポストの大臣には、ベンアリー体制下での元大臣や旧政権政党ＲＣＤの大物政治家たちがそのまま残留することとなっていた。

ムハンマド・ガンヌーシー首相（在日チュニジア大使館提供）

臨時大統領となったムバッザア自身も、ブルギバ政権後半の一九七三年から一九八七年まで二つの大臣職を経験し、またベンアリー政権下では一九九七年から革命時まで国民議会（下院）議長を務めた人物である。ムハンマド・ガンヌーシー首相については、ベンアリー政権の当初から大統領の側近中の側近であった人物で、計画財務大臣、経済財務大臣、財務大臣を歴任し、一九九九年から革命時まで首相の座にあり、二〇〇八年九月からは政権政党ＲＣＤの副代表をも務めていた。また大臣職のなかでも最重要とされる内務大臣のアフマド・フリーア、外務大臣カマール・モルジャーン、財務大臣ムハンマド・リダー・シャルグーム、そして防衛大臣リダー・グリーラは、全て前ベンアリー政権時代に大臣職にあった残留組であり、その他に四人の大臣が留任となっており、彼らは当然、政権政党ＲＣＤの党員でもあった。また文化大臣に任命された女性映画監督のムフィーダ・トラートリーは[4]、映画界では国際的にも知名度の高い人物であるが、ベンアリーの第五期目の大統領選挙戦ではその映像演出に協力していた人物であった。

そのため、臨時政府のこの人事の発表は、多くの市民にとっては「ベンアリー抜きのベンアリー体制」とも映るもので［Kraiem 2014: 308］、革命の意義を疑わざるを得ない、大きな失望を感じさせるものであった。そしてこの人事の発表後、直ちにUGTTやまた野党の「民主社会主義運動（MDS：Le Mouvement des Démocrats Socialistes）」のアフマド・メスティーリーらが批判、また後に暫定大統領となる野党「共和国のための議会党（CPR: Le Congrès pour la République）」の党首モンセフ・マルズーキー（Moncef Marzouki / Munṣif al-Marzūqī 1944 -）も「四週間に及ぶ革命で九〇人もの死者を出しながら、挙国一致政府とは名ばかりで、独裁体制の旧政党党員たちによって構成されている政府ではないか」と、革命後の臨時政府の人事を厳しく批判することとなった［Beau et Lagarde 2014: 30］。事実、二三人の大臣のうち、一〇人がRCD党員であった。

こうして、翌一七日と一八日には、チュニスでは臨時政府の特に旧政権の大臣らの留任批判や旧政権政党RCD解体を求めるデモが起こり、さらに内陸部のシーディ・ブーズィードやルゲブの町でも、臨時政権に対する抗議デモが革命後も継続していくこととなった。そして任命早々に大臣のなかには就任を保留する者、辞任する者が相次ぎ、当初から混乱が生じていった。

しかし、そうした批判もあるなか、臨時政府のガンヌーシー首相は、翌一月一七日には、全ての政治思想犯の釈放、人権擁護連盟に対する従来の制約（会員はRCD党員とするなど）解除、言論と報道の自由の保障について、声明を発表している。そして、政治思想犯に関しても、革命後には実際に一八〇〇人が釈放された。[5]

さらにこの臨時政府の下で、以下の三つの重要な委員会が設置されていった。[6] それらは、①「法改正委員会（La Commission sur la Réforme des Lois）」、②「治安部隊の役割に関する独立調査委員会（La Commission Indépendante d'Enquête sur le Rôle des Forces de Sécurité）」、③「汚職に関する調査委員会（La Commission d'enquête sur la Corruption）」である［Kraiem 2014: 310］。

まず、①「法改正委員会」は、反ベンアリー派の法学者でチュニス大学法学部長でもあったイヤード・ベンアシュール（Yadh Ben Achour/'Iyād bin 'Āshūr 1945-）が委員長を務め、ベンアリー政権下の条例文の見直しや、刑法、結社法、政党法、報道などに関する法の改革を任務とするものである。②「治安部隊の役割に関する独立調査委員会」は、[7] 革命過程でのデモ参加者の死者・負傷者などの被害状況について調査するもので、③「汚職に関する調査委員会」は、[8] ベンアリー政権下でのベンアリー一族とトラベルシー一族による不正蓄財リストの作成やその実態を明らかにすることを任務とするものである。さらにこれらの三委員会は、三月に入り、ガンヌーシー首相の後任、カーイドエッセブシー臨時首相の下で、後述するように、ベンアシュールを代表とする「革命の目的実現・政治改革・民主化移行達成のための高等機構（HIROR: La Haute Instance pour la Réalisation des Objectifs de la Revolution, de la Réforme Politique et de la Transition Démocratique）」へ再編されていった。

元大統領一族の不正蓄財の実態

上記三つの委員会のうち、③「汚職に関する調査委員会」は、大統領と夫人の一族の不動産や公的財産の横領、スイス・ドバイ・レバノン・カタール・マルタ・バハマなどの銀行へのマネーロンダリングやその貯蓄額、また大統領の私的宮殿にある高級家具、宝石、絵画、多様な外国紙幣など、総額二五〇〇万ユーロに相当する不正蓄財の実態を次々に公表していった。一月二一日には、国営テレビがこれらのベンアリー・トラベルシー一族三〇人の身柄を拘束、さらに二月二五日には、同一族の一一四人が公共財の不正横領の罪で逮捕されることとなり、三月末にはそれらの財産は全て政府によって没収されることとなったと報道した［Kraiem 2014: 310,323］。六月には、不正蓄財没収委員会のムハンマド・アーデル・ベンイスマイール委員長が、元大統領によって不法に横領された動産・不動産の額は巨額で、国家経済の四分の一ほどにも相当すると、発表している［Ben Hamadi 2011］[9]。

そしてこの年の七月までのみで、ベンアリー元大統領の罪状は、裁判で被告欠席のまま、六月二〇日はその夫人とともに、不正蓄財の罪で禁固三五年の刑、七月四日には武器と考古学的遺跡の横領罪で一五年半の禁固刑、七月二八日には汚職と不動産横領と譲渡の罪で一七年の禁固刑が言い渡されている［Labat 2013: 257］[10]。

また八月には元大統領の娘婿サクル・マトリ名義の会社四一社と一五八件の財産の総額二億ディナールが国家により没収となった[11]。こうした大統領一族の不正蓄財の報道はそれ以降も長く続き、二〇一二年六月にはシーディ・ズリーフの私的宮殿の二五〇〇点の財産が没収され、そのうちの一六八台の自動車のなかには、世界に四〜五台しか存在しない超高級車も含まれていたと報道されている［Ben Hamadi 2012］[12]。

〈聞き取り〉元大統領一族の不正蓄財に怒る男性

革命後、テレビや新聞でベンアリー政権時代の不正蓄財の実態が次々に暴露され、われわれ国民は今まで何も真実を知らされていなかったことに嫌というほど気付かされることになりました。もちろん、ベンアリー時代にも政権に関するいろいろな悪い噂を聞くことはありました。ただ、それはちょうど、何か問題があると、すぐに何でも「アメリカが悪い、イスラエルが悪い」と文句を言うような、それと同じような、掴みどころのない情報と思っていました。しかし、革命後、こうした幾つもの事実を知ることとなり、今さらながら、前政権に強い怒りを感じていますし、何よりも今は報道の自由の大切さを考えるようになっています（開発ＮＧＯの職員、男性三二歳、チュニスの事務所にて、二〇一一年八月一三日）。

革命後の市民生活レベルでの混乱

一方、ベンアリー政権の崩壊は、チュニジア国内の一般市民のあいだに、大きな二つの相反するような動きを生じさせていた。一つは混乱と著しい治安の悪化であり、もう一つは市民のあいだでのそれまで見られなかったような連帯感や団結、またユーフォリア的な状況である。

一月一四日の夜からすでに夜間外出禁止令が発令されていたにも関わらず、独裁政権からの解放感に浸るなか、また旧体制への怒りや不満を爆発させるかのように、ベンアリー・トラベルシー一族の邸宅や彼らが所有していた商業施設や企業、また警察署、ＲＣＤの事務所、県庁や市・区役所や税務署などの政府機関やチュニス航空事務所などの国営企業も、民衆による襲撃や破壊、略奪や放火の対象となっていった。加えて、あくまでもベンアリーを支持する勢力のなかには、故意に国家を混乱や無秩序状態へと陥れることで、ベンアリーの復権を図ろうとし、警察や治安部隊の隊員たちのなかには自暴自棄となって、その騒擾を激化させようとする者たちもいた。さらに混乱に乗じて一儲けしようとする暴徒もおり、こうした襲撃や略奪や放火は、その後は公共機関ばかりでなく、一般の民間企業や工場、商店にまで及んでいった。

また臨時政府による革命後の政治犯の恩赦とは別に、一月一五日には、マフディーヤの刑務所では暴動

革命後に焼打ちにあったトズールの
ＲＣＤ支部の建物（2011 年 8 月）

焼打ちにあったトズールのチュニス航空
の事務所（2011 年 9 月）

革命直後に襲撃と焼き打ちにあったオアシス
農地の地主所有の倉庫と運搬用の自動車
（2011 年 8 月）

が起き、看守らを殺害した後、一〇〇〇人から一二〇〇人もの囚人が脱獄し、またモナスティールの刑務所では火災が起きて、囚人四二人が死亡する被害が出た後、その折にも多数の囚人が脱走し、一月のみで、チュニジアの刑務所にいた囚人三万一〇〇〇人のうち、一万一〇二九人が脱獄、そのうち刑務所に連れ戻された数は、僅か一四七〇人であったとされている［Kraiem 2014: 307］。こうしたこともあり、革命後のチュニジアでは、多くの地域が混乱状態に陥ることになった。

〈聞き取り〉経営する本屋が放火にあった元ＲＣＤ党員の男性

私は本屋を営んでいます。ガベスの生まれですが、二〇歳の時にチュニスに出てきて、親戚の本屋で働き始め、そして結婚後、自分の店を持つようになりました。

ベンアリーが国外に出た一月一四日の夜、タザーメン地区にある私の本屋が襲撃されて、中にあった商品が盗まれ、放火されるという被害にあいました。夜一〇時頃、電話があり、あなたの店が燃えていると知らされました。すぐに出かけようとしたのですが、妻が今、出て行ったら、あなたは殺されるかもしれないから、絶対に行くなと泣いて引き止められ、結局、翌朝になってから見に行きました。店は跡形もなく、鉄筋の柱と天井を残して全焼していたのです。私の店だけでなく、私の店の二階のブライダルの店まですっかり燃えており、隣の夜間薬局（Pharmacie de nuit）も全焼でした。

私は熱心なＲＣＤ党員だったので、ベンアリー支持者ということで、私の店もターゲットにされたのだと思います。店が全焼する被害を受けても、その頃は警察署も同じように襲撃や放火にあっていて、警察官など取り調べに来る者もおらず、結局、しばらくして裁判所に被害届を出し、それから係官が写真を撮りに来て、調書を作成して帰りましたが、革命後、もう四年以上も経つというのに、何ら犯人捜査の報告も補償の話もありません。

私は、補償を待っていても仕方がないと考え、全て一から仕事をやり直すことにしました。自分の車を四万ディナールで売却し、また五〇〇〇ディナールの融資を受けて、仕事を再開したのです（**チュニス・タザーメン地区の本屋店主、元ＲＣＤ党員、男性五七歳、本屋にて二〇一五年五月二六日**）。

〈聞き取り〉息子と甥を革命時に亡くした女性

私は、トブルスクの生まれですが、子供の頃に両親とチュニスに出てきて、同じ地区の人と結婚し、それからずっと今までジュムフリーヤ地区に住んでいます。私には五人の息子と二人の娘がいます。

私は、二〇一一年の一月一三日の全く同じ日に、タザーメン地区で私の長男と、またクラムで私の甥（妹の息子）を一度に亡くしたのです。長男は、家族の唯一の稼ぎ手でした。電気配線工の仕事をしていて、全国各地、工事があれば、いろいろなところに出かけて行って、仕事をしていました。その日はチュニスで仕事があり、仲間と一緒に出かけて、昼食を取りに帰宅する途中、デモの騒ぎに巻き込まれたのです。アッラーに誓って言いますが、息子はデモをしていたわけではないのです。ただそこを通っただけだったのに、銃撃されて、それが胸にあたり、亡くなったのです。側にいた人たちがすぐに息子を病院に運んでくれたようでした。午後一時頃、家に電話があり、あなたの息子さんが今、病院で亡くなったと言われました。一緒にいた仕事仲間の三人が同様に銃撃を受けて、三人とも一緒に亡くなったのです。そして同じ日の夕方に、私の甥（wuld okhti）もクラムでデモの群衆を見に行ったところ、銃撃戦に巻き込まれて亡くなりました。

私の息子と甥は、翌一月一四日の午後五時半頃、墓地に埋葬されました。ほとんど同じ時間にです。そしてその時間は、ベンアリーがこのチュニジアを去った時間であったことを後から知りました。つまり、三つのことが同じ時間に起きたのです。

私は、息子を殺した銃弾がどこから飛んできたものやら、わかりません。ある人は、屋上から銃撃されたようだと言っていましたが、私は、何としてもその犯人を突き止めたいのです。

革命だとか、ベンアリーのことだとか、私には全く関心なんかない。私は、ただ息子を返して欲しいだけ。いくら補償金をもらっても、大事な息子は戻らない。

家には四人の息子がいますが、一人は病気で、後はみんな仕事がないので、家にいます。娘の一人は結婚したのですが、離婚して、今、二人の子供を連れて、実家に戻ってきています。もう一人の娘も家にいる。稼ぎ手だった息子を亡くして、どうやって、暮らしていけばいいのですか。息子はまだ三五歳で、これから結婚をと考えていた時だったのに。私は、ただただ息子を返してほしいだけ（チュニスの主婦、革命時の犠牲者の母親、六二歳、NGOのオフィスにて、二〇一五年五月二六日）。

〈聞き取り〉混乱した町で外出もできなかったという主婦

革命後もしばらく軍の装甲車などが配備されていたチュニス市内（2011年8月）

ファウダ（fauda: カオスの意味）、ファウダ、本当にひどい状況でした。革命後は、ガフサの市内は至る所で煙が立ち上っていて、まだ実弾の発砲も続いていて、女性が外出したりすると、バッグなどの持ち物だけでなく、首に付けているネックレスなども強引に奪われたり、暴行を受けるというので、私は怖くて三か月間くらい、ほとんど家から出られませんでした。買い物も全て夫がしていました。二歳の娘が病気になった時も、病院に連れていくことさえ、できませんでした（ガフサ在住の主婦、三〇代後半、ジェリード地方の彼女の実家にて、二〇一一年八月三一日）。

〈聞き取り〉携帯略奪や自動車損傷の被害にあった男性

僕の妹は、革命が起こった時、ガフサ大学の女子寮で暮らしていました。大学も閉校になり、ガフサのひどい混乱状態を知り、女子寮が暴徒に襲われるかもしれないというので、妹を家に連れ戻そうと車でガフサに向かいました。途中、道路には幾つもバリケードが作られていて、本来それはリビアなど国外に逃亡しようとするベンアリーやトラベルシー一族や警察官などを拘束するためのものなのに、相手構わず、ひどい取り調べ方をしていて、僕の携帯は取り上げられ、車のボンネットも叩かれ、前方のライトも一つが割られました。その時は敵も味方もわからないようなひどい状況だったのです（トズール在住、男性三二歳　ホテル従業員、友人宅にて、二〇一一年九月二日）。

〈聞き取り〉チュニスの革命後の混乱と田舎の平穏さ

私は革命の時はチュニスにいたので、革命のデモもベンアリーの出国も、その後の混乱状況もみなチュニスで経験しました。家の近くにある電気製品の工場も、ベンアリー一族とは全く関係がないのに、暴徒の襲撃を受けて多くの商品が盗まれ、それらは破格の安値で売り飛ばされたようでした。ある民家ではそうした電気製品が山積みにされているのが見つかり、警察が問いただすと、人に脅されて預かっただけだとか言い逃れをしていたそうです。ただ、マフディーヤ県の農村に住む私の親戚は、デモやベンアリーの国外脱出も、革命のことは全てテレビで見ただけ、その間も、普段とあまり変わらない生活をしていたというので、その違いにはとても驚きました（チュニス大学の学生　男性　二二歳　友人とチュニスのカフェにて、二〇一一年八月一八日）。

〈聞き取り〉息子が銃弾で負傷し、怪我の証明書を依頼して法外な額を提示された父親

私の息子は、一月一一日、カスリーンのH地区の雑貨屋で働いていたのですが、デモを見に出かけて、そこで腹部に銃弾を受けたのです。カスリーンの病院には四日間、その後カイラワーンの病院に転院して、そこで四か月間治療を受けて、何とか一命だけは取り留めました。退院してから、病院に行って、息子の怪我の証明書を医者に依頼したら、「証明書が欲しければ、二〇〇DTを払え、支払えば、書いてやる」と言われました。たった一枚の証明書に二〇〇DT（約一万二〇〇〇円）ですよ。革命後は、みんな、金、金、金、全てが金次第の世の中になってしまったのです（男性、無職、五八歳、カスリーンのNGOの事務所にて、二〇一五年六月二日）。

これらの話は、革命最中と直後のチュニジアの混乱ぶりを示すその一端にすぎないものである。またその混乱状況も、地域ごとにさまざまであったことを示している。その他の聞き取りからも、こうした極度の混乱はチュニス市内では二～三週間、観光地のハマメットやスース市内では、大統領・夫人一族所有の建物などは略奪と放火の対象となった以外は比較的混乱は少なかったとされ、他方、内陸部のガフサやシーディ・ブーズィード、カスリーンなどではそうした騒乱状態が半年以上も続き、さらにその後も経済状況の悪化もあり、就労に関する抗議運動などが長く継続していくことになった。またサーヘルの農村などには、革命の影響が僅かしかみられなかったところもあったことがうかがえる。

革命後のユーフォリア的状況

そして革命後に一般市民のあいだでみられた、これと相反するようなもう一つの動きが、革命の達成感に酔いしれるような幸福感や仲間同士の連帯感や団結、すなわちユーフォリア的な状況であった。

〈聞き取り〉地区の自警団に参加した男性

チュニスでは、ベンアリー出国後、いろいろなところが放火されたり、モノプリなどのショッピング・センターが略奪対象となったり、治安がとても悪くなっていました。僕らの地区ではすぐに住民たちが自発的に、暴徒などから居住区を護るための民衆組織（Lajna sha'biya）を結成しました。地区の男性たちが自衛の見回り（dawriya al-shurṭa）をしたり、夜間も外で交替で見張りをすることにしたのです。私は、革命後の二週間から三週間くらいの日々を、一生忘れることができません。近所の人々がまるでみんな一つの家族、兄弟姉妹のようになって助け合い、その時はほとんど商店も開いておらず、毎日食べるパンすら、手に入れるのが難しかったのですが、僅かなパンやミルクをみんなで分け合い、みんな一緒に協力し合って過ごしたのです。みんなお互いのことを思い合い、助け合い、ぼくはあんな幸せな時間、素晴らしい体験をそれまでの人生で経験したことがありませんでした。携帯電話会社のチュニジアーナも、革命直後、家族がお互いの安否を確認できるようにと、契約者全員に一DT分の通話を無料で提供したりもしたのです（チュニスのNGO職員、男性、二六歳、二〇一五年五月二六日）。

〈聞き取り〉トズールでの自警団に参加した男性

革命後は、警察官も治安部隊もすっかりどこかへ逃げてしまったので、治安が急激に悪くなるなかで、私たちの地区（ḥūma）でも、自警団が作られました。若い男性を中心としていましたが、それでも七〇代の年輩の男性や小学校に上がったばかりの私の息子などもパトロールに参加して、みんなで自分たちの家や家族を護るために活動しました。

夜は、一〇代後半から四〇代くらいの男性たちが中心になり、幾つかのグループに分かれて、見張りや巡回をしていましたが、時期が一月でしたから、夜は冷え込み、みんなで焚火を焚いて、毛布に包まりながら見張りをしました。女性たちは、家々から温かいお茶やコーヒーを運んできてくれたり、食事やお菓子を差し入れしてくれたり、みんな自分にできることを一生懸命しようとしていました（トズール県庁勤務の公務員、男性四七歳、自宅にて二〇一一年九月一日）。

〈聞き取り〉父親とともに自警団の活動に参加した男の子

ぼくもパパと一緒にパトロールに参加したよ。これくらい大きな棒をもって参加したんだ。全然怖いなんて、思わなかったよ（小学校三年生、トズール県庁勤務の公務員男性の息子九歳、自宅にて、二〇一一年九月一日）。

革命後、治安が悪化しさまざまな混乱がみられた一方で、このような聞き取りからはまた、一般市民のあいだには二三年間君臨した独裁者を民衆の力で追い出したという達成感や満足感、またみなが一致団結するというユーフォリアと呼べるような状況がみられていたことも確認することができる。チュニスでのそうしたユーフォリア的雰囲気について、ボーとラガルドも、以下のような印象深い描写を残している。

ベンアリー国外脱出のその翌週、チュニスのシェラトン・ホテルの大ホールに隣接したレトロ風のバーには、大臣となったばかりの旧反体制派の者たちから、革命で急に時代の寵児となったブロガー、刑務所から出所したばかりの元政治犯、さらに何ら恥じ入ることもなく旧政権の高官らも集い、そこは和気あいあいと交流する大サロンと化していた。革命後のユーフォリアのなかで、ビゼルト生まれのベルトラン・ドゥラノエ[13]が、旧政権と親しかったという関係を早々に忘れて、民主主義についての講演を行ったりもしていた。都会的な寛容さとも言うべき雰囲気のなかで、チュニスの知識人と政治家エリートたちは、民主化移行期に決定的に重要な役割を果たすことになる巨大なアゴラを、そこに作り出していたのである［Beau et Lagarde 2014: 9］。

そして同じような革命後の高揚感とまた部分的にはそうしたユーフォリア的状況とが相まったなかで、内陸部シーディ・ブーズィード県からは、旧政権の大臣やＲＣＤ党員がまだ残留していた臨時政府に抗議するために、「自由のキャラバン（La Caravane de la libérté / qāfila al-ḥurrīya）」と名付けられた、チュニスのカスバまでの徒歩での行進が実行されることになったのである。

内陸部の町からチュニスへの「自由のキャラバン」

この「自由のキャラバン」は、革命で最初の犠牲者を出したシーディ・ブーズィード県のメンゼル・ブザイエーンの町の住民が中心となり、一月二二日午後、その町から出発し、近隣の町村住民を巻き込みながら、旧政権の大臣などが残留する臨時政権に対し、その辞任を求め、徒歩でチュニスを目指したという出来事で、それはまた、「カスバ１」そして「カスバ２」というカスバ広場での座り込みの抗議活動へと繋がる契機となったものである。

シェルニーは、この「自由のキャラバン」の過程で、シーディ・ブーズィード県の町村からチュニスのカスバを目指してきた者たちが、口々に「われわれはベンガダーヒムの子孫だ、ここに来たのは政権打倒のためだ」と叫んでいたことこそ[14]、この地域の歴史を映し出しており、それこそが革命における最も重要な位相の一つを示すものであると述べている［Cherni 2011: 109］。このアリー・ベンガダーヒム（Alī Ben Ghadāhim ?-1867）とは、一世紀半程前の一八六四年にフセイン朝ベイ政権の重税に抗議し、部族を率いて民衆蜂起を指揮した人物である。

革命後の臨時政府が、ガンヌーシー首相を含め、旧政権の高官を多く残したまま発足したことは、確かに革命の意義を損ね兼ねないものであった。それに不満と怒りを覚えた内陸部の人々が、臨時政府の打倒を求め、チュニスまで徒歩で上京しようとしたこの出来事は、チュニジアの民主化移行のプロセスに政治家や知的エリートばかりではなく、一般市民の多くがさまざまなかたちで参加し関与していたことを如実に示す出来事として、実に興味深く、また特筆に値するものと考えられる。

この行進を統率した中心人物の一人によれば、それは周到な話し合いを踏まえて準備されたもので、革命後の混乱のなかにあって、そこには同時に革命後の特有の高揚感やユーフォリア的な住民同士の結束感があったこともうかがえる。

〈聞き取り〉「自由のキャラバン」の中心人物の男性

「自由のキャラバン」は、実は最初はこんなふうに始まったのです。革命の後、この地域ではまだ銃をもった治安部隊の残党がいて、臨時政府に対する抗議デモ参加者との衝突も続いていて、また混乱に乗じた暴徒らも暴れまわっており、治安がひどく悪化し、怪我人も出ている状況でした。病院に負傷者を運んでいっても医薬品が足りず、そこでわれわれは何ができるかを考え、有志でせめて献血をして負傷者を助けようということになった。そして病院に行き、われわれが献血の申し出をしたところ、病院側が政府当局からの許可がなければ、そうした献血は受け付けられないと、その申し出を無下にはねつけたのです。

われわれは、その対応に怒った。メンゼル・ブザイエーン、私たちの町は、革命で最初の犠牲者を出した町だ。多くの死傷者を出して革命を達成し、独裁政権を倒したというのに、今までと何も変わっていないではないか。われわれには何の自由も与えられていないのだ。仕事の自由もなければ、善意で何かを行う自由もない。こんな旧政権と何も変わらない、RCDの残党ばかりの臨時政府などはもう一度倒すしかない。だったら、チュニスのカスバまで行って、直接抗議をするしかないだろう、ということになったのです。

「自由のキャランバン」に参加した男性（2015年6月）

ただ、われわれはそれをすぐに行動に移したのではなく、そのために町内に委員会を作り、話し合いをして徒歩で行くという計画を立てました。そして徒歩で出発するグループと、その集団を後方支援し、必要な物資を逐次送り届けるというグループとに分け、それぞれ役割分担を決めました。そして一月二二日（土）昼過ぎ、午後一時頃にこのメンゼル・ブザイエーンの町から出発し、チュニスのカスバを目指して歩き始めたのです。参加したのは七〇人から八〇人くらい、この町のほとんどの家族から一名は参加していました。男性ばかりで、一番の年輩者は七〇代、中学生くらいの子供もいた。私の弟も参加したいと言ったのですが、家族を妻や子供だけにして残して行くわけにはいかないので、弟は後方支援を担当することになりました。

順路は、この町からメクネッシーを通り、その後、ルゲブとサイーダ、そこにシーディ・ブーズィードからの者たちも加わり、そこから北上して、カイラワーンとアンフィダを通ってチュニスに向かいました。われわれは、当初、全て徒歩でチュニスまで行く積りで出発したのです。行先の道々で、われわれの集団に加わる者たちがどんどん増えていった。参加者が増えるだけでなく、われわれに飲み物や食べ物を提供してくれたり、いろいろなものをわれわれに与えてくれた。私は、後方支援のグループが必要な物資を届けてくれることを知っていたので手ぶらで出発しました。出発した時は昼過ぎだったので、私はシャツ一枚着ていただけだったのです。夕方、冷え込んできた頃、ある家族が私に上着と帽子をくれたので、それはとても助かりました。行く先々で、われわれは旧政権の残党を追い出すためにチュニスのカスバまで歩いていくのだと言うと、みんな大声援を送ってくれた。そのうちにあるガソリン・スタンドに着くと、そこのオーナーが、あなた方がチュニスまで歩いて行くのはとても大変だからと言い、店のガソリン全部を無料で提供するからと言って、近隣の住民たちにも呼びかけて、十数台の自家用車やトラックやバイクなどを用意してくれていたのです。そこでわれわれは、みなそれらの車やトラックなどに分かれて乗り込み、私がチュニス近郊のベンアルースに到着したのは、夜明け前の午前四時半頃だったと思います。

当時、夜間外出禁止令が出ていたので、われわれはそれを尊重して、チュニス市内には入らず、その手前のベンアルースでみな車から降りて、後続集団の到着を待つことにした。

そして夜明けを待ち、明るくなり始めた六時半頃、われわれはそこから全員でチュニスのカスバを目指して、再び歩き始めたのです（メンゼル・ブザイエーンの雑貨店店主四二歳、彼の弟の食料品店で複数の人物と一緒に二〇一五年六月五日）。

七〇～八〇人で始まった行進は、チュニスに到着する頃には一〇〇〇人近くに膨れ上がっていたとされる[15]。その行進の間、行く先々で人々が食事や飲み物や衣類を提供していただけでなく、当初の徒歩の計画がそれらの人々の協力で自動車やトラック、さらにバイクなどにも分乗してチュニスまで送り届けられることになったのである。そこにはそれまでの日常生活では考えられないほどの連帯感や結束感、兄弟愛、革命後特有の高揚感やユーフォリア的な雰囲気もあったことが見て取れるだろう。

そのキャラバン集団は、チュニスのブルギバ通りを通って、メディナを抜け、首相府と財務省のあるカスバ広場前に向かい、その後一週間ほどそのままその場に留まり、座り込みの抗議を続けることになるのである。そして、これが「カスバ１」の始まりである。

第2節　「カスバ1」と「カスバ2」の抗議運動

「自由のキャラバン」の集団が、一月二三日（日）の早朝、チュニスに到着すると、その行進にはチュニス市民も加わり、それからカスバでの座り込み抗議運動は旧政権の大臣たちが辞任するまで六日間、一月二八日まで続くことになる。その様子を、引き続き、聞き取りの内容をもとに描写してみたい。

カスバ1の座り込み

〈聞き取り〉カスバでの座り込みの抗議活動に参加していた男性

われわれが、カスバ広場に到着すると、その日は日曜日であったにもかかわらず、首相府と財務省の入口の扉がわざわざ開けられていた。私たちは、政府の役人たちがわれわれを田舎者、野蛮な奴らだと卑下し軽蔑していることを知っていました。そこで、このまま無断で首相府や財務省に入り込むようなことをすれば、治安部隊が丸腰のわれわれを手荒く拘束し逮捕するかもしれないと思ったので、われわれはその手には乗らなかった。カスバ広場に留まり、抗議活動することにした。われわれは野蛮な人間なんかじゃない。教育を受けた、きちんと躾された良識のある市民だということを示そうということになったのです。

そこでカスバ広場で、平和的な抗議活動、臨時政権の打倒、旧政権の高官らの辞任、RCD解体を要求するデモを行い、そこで座り込みを始めたのです。チュニスの人たちもそこに加わり、人数がどんどん増えて、抗議活動は盛り上がっていった。行進の時と同じように、いろいろな人々が食べ物や飲み物を差し入れしてくれました。ただ、私は、カスバ広場では、そうした差し入れの食事には一切手を付けませんでした。われわれの町からは、後方支援グループがわれわれのためにテントやマットレスや毛布を届けてくれて、そして毎日、家族が作った料理も届けてくれていたからです。それにわれわれは当局を全く信用していなかった。他人からの差し入れの食事や飲み物には毒や薬物が入れられているかもしれないと疑っていたから。なぜ、そう思ったかというと、夜になると、アルコールとか麻薬とかを差し入れにくる者がいて、そうした物に手を出した途端、それを口実に逮捕するということもあり得ると考えていたから。さらに当局は、われわれをバカにして、売春婦まで送り込んできたのです。われわれが、すぐにそうした犯罪に手を出すだろうと見下していることもすぐにわかりました。だからわれわれは絶対に犯罪者と間違えられるようなことはしない、あくまでも平和な座り込みの抗議活動を続けようと話し合いました。

ただ、そうした平和な座り込みですら、ときどき治安部隊がわれわれを追い払おうと、催涙弾などを投げつけてきた。その時はすぐに逃げて、少し様子が収まったら、また戻って座り込みを続けるということを繰り返しました。座り込みを続けるなか、厄介な問題もありました。まず手洗いやトイレがなかったことです。その頃は、革命後の混乱のなかで、モスクもみな閉鎖していたからです。ザイトゥーナ・モスクも、カスバ・モスクも、ハムーダ・パシャ・モスクも閉鎖されていて、唯一、アズィーザ・オスマーナ病院だけが開いていた。ただ、ここはすでに多くの怪我人や病人が運び込まれて来ていて、いっぱいになっていたので、なかなか中に入れてもらえなかった。だから、毎日、営業中のカフェなどを探して、何キロも歩いて用を足すしかなかったのです。

われわれは、旧政権のメンバーが臨時政府から出ていかない限り、ここを動かないと言って抗議を続けた。それを沢山の人たちが応援してくれた。そして二七日、旧政権の大臣たちが辞任するという報道が伝えられた。それでとりあえず、町に戻ってくることにしました。アッラーに誓って言いますが、私は、家を出てから、そして一週間後にまた家に戻ってくるまで、その間、履いていた靴を一度も脱ぎませんでした**（メンゼル・ブーサイアーンの雑貨屋の店主、四二歳、彼の弟の食料品店にて、二〇一五年六月五日）**。

「自由のキャラバン」のカスバ到着後、そこには多くのチュニス市民なども加わり、二四日にはその数が数千人にも達していたとされている。以上の聞き取り内容からはまた、内陸部の人々が政府当局に対して抱いている不信感や猜疑心を十分伺い知ることができる。それと同時に、自分たちが決して野蛮人やまして犯罪者などではない、教育を受けた良識のある者たちだという自負や自尊心も感じられる。チュニジア革命に関するドキュメンタリー映画『悪意なき闘い（No Harm Done）』のなかでも、「カスバ1」を撮影した場面があり、一〇〇DTのカネや麻薬や女を差し出して、ここでの座り込みを止めさせ追い返そうとする動きがあることに対し、キャラバン参加者の一人が自分たちの要求が受け入れられるまでここを動かないと主張しているシーンや、またチュニスの若者が、母親が作ったクスクスをカスバで座り込みを続ける人々に差し入れしたと話す様子などが記録されている。

カスバ広場には、国旗やプラカードを掲げる者、革命の殉教者の写真を掲げた遺族やその関係者、「われわれの革命を盗むな！」と叫んで抗議する者など、そこには多種多様な人々が参加していたとされている［Beau et Lagarde 2014: 32］。クライエムも、「夜になると、デモ参加者は夜間外出禁止令が出ているにも関わらず、マットレスや毛布を出して抗議活動を続け、臨時政府の旧大臣らの辞任に向けて圧力をかけ続けた。そこは祭りのような雰囲気もあり、ベドウィンのテントが張り出され、人びとは歌い踊ったりもしていた」と、観察し記録している［Kraiem 2014: 316］。そこには、治安部隊と対峙する緊張感の一方で、また同時に一種のコミュニタス的な仲間意識や相互の連帯感、さらには祝祭的なムードもあったことがうかがえる。

労働組合のUGTTも、教員たちを対象に臨時政府の人事に抗議する無期限ストライキを呼びかけ、それには教員の約九割の人々が参加したとされている。ハリールは、このカスバでの出来事について、「チュニスの民衆は、国家お墨付きの反対勢力に対する語り（the state-sponsored narrative of opposion）から抜け出し、正義公正を求めて一つに団結するという歴史的現実のなかにいた」とも記している［Khalil 2014: 58］。

ガンヌーシー首相は、こうした抗議活動が続くなか、一月二七日（木）に臨時政府の人事刷新と新たな大臣任命を発表した。最初の人事がＲＣＤの仲間内で決められたものであったとすれば、二度目の人事は公認政党と、ＵＧＴＴを含む市民団体や外国からのオブザーバーとともに検討・決定したもので、重要ポストに残留していた四人の大臣は総入れ替えとなり、文化大臣も交替となった。加えて新たに一二人の大臣が任命され、そのほとんどが旧政権政党とは無関係のテクノクラート（高級技術官僚）であったことから、市民からおおむね評価されることとなった。二八日（金）には、カスバ広場に未だガンヌーシー首相の辞任をも求める人々が残ってはいたが、それらの人々も治安部隊による追い出しと取締りによって、「カスバ１」の抗議活動は収束することとなった。

この「カスバ１」の出来事は、憲法に則り発足した臨時政府ではあったが、その人事に対し、再度、革命の目的と意義を真剣に問い正し、誤った過去と決別し、真に公正な新時代を築こうとするチュニジア市民の情熱、特に内陸部の人々の熱意が、民主化過程のその初期の段階で一つの大きな成果をもたらした運動として高く評価できる。

「カスバ2」のガンヌーシー首相辞任要求運動

「カスバ１」の収束の一方、チュニジア各地では、ムバッザア臨時大統領に関しては憲法に則った合憲的就任であるとしても、ガンヌーシー首相の残留に対しては、なおも抗議活動が続いていた。

　一方、臨時政府は二月七日と八日には、国民議会において、以下の政令公布について審議をしていた。まず正式な臨時政府発足とムバッザア臨時大統領の就任の承認、政治犯等の恩赦、人権尊重体制の確立、そして自由選挙に向けての組織設立、加えてＲＣＤの活動停止、ＲＣＤ本部・支部事務所の閉鎖およびその解体の予定[16]などについてである。

　他方、人々の抗議は、旧政権から存続するこうした両院議会自体の解体にも向けられていき、発足したばかりの臨時政府の大臣のなかには抗議を受けて辞任も相次ぎ、政府人事も目まぐるしく交替していった。革命後、ガンヌーシー首相としては、ベンアリー政権後の状況にあくまでも一九五九年憲法に則って対処しようとしていたことから、第五七条にあるように、六〇日以内の大統領選挙の実施を想定していた。しかし、法改正委員会のベンアシュール委員長は、独立後初となる自由選挙の選挙法の準備過程で、大統領選挙に留まらない、従来の体制との決別を図るため、憲法自体を見直す必要性も視野に入れていたとされている。そのため、民主化推進のうえで鍵となる選挙をめぐっては、その選択肢として、大統領選挙ばかりでなく、憲法を策定する制憲議会選挙、あるいは国民議会選挙というさまざまな提案が出されるようになり、またそのいずれを先行させるか、あるいは同日実施とするかなどについて、活発な論議が展開されていくこととなった［Beau et Lagarde 2014: 33-34］。

　こうして当初、民主化過程の第一段階として想定されていた大統領選挙に代わり、より明確に過去との決別を図るために新憲法の策定から開始するという、制憲議会選挙を求める声が高まるようになっていった。また民主化の推進を臨時政府だけが決定するのではなく、革命の意義を民衆側の手に取り戻そうとする大きな動きが市民社会のなかから立ち上がることとなったのである。そしてさまざまな交渉と調整の末に、二月一一日に発足することになったのが、「革命保護全国委員会（CNPR: Le Conseil National pour la Protection de la Révolution）」であった。この組織は主に左翼勢力が主導したものであるが、弁護士会、チュニジア人権擁護連盟、UGTT、ナフダ党、さらに「一月一四日戦線（Le Front du 14 Janvier）」と名付けられた一二の野党政党から結成された組織が加わり、最終的にはチュニジア民主女性協会（ATFD）やジャーナリスト組合など二八の組織が参加して結成された大委員会であった。この委員会も、大統領選挙ではなく、憲法から新たに作り直すという制憲議会選挙の実施を支持し、また旧政権時代からの組織の解体、そして臨時政府に留まり続けるガンヌーシー首相の辞任をも要求することになったのである［Beau et Lagarde 2014: 35］。

そして二月二〇日には、この「革命保護全国委員会」の呼びかけにより、チュニスとスファックスなどで再度大々的なデモが開催され、そこには一〇万人もの人々が参加したとされている。そして、その翌二一日から三月四日まで、再びチュニスの首相府前のカスバ広場で座り込みの抗議活動「カスバ２」が実施され、ガンヌーシー首相の退任要求、国民議会の解体、ベンアリーの身柄引き渡し、制憲議会選挙の要求運動が続行された［Kraiem 2014: 321］。

この「カスバ２」の抗議活動に対しては、翌二月二三日には治安部隊が投入され、抗議集団との間に激しい衝突が起こり、その結果、五人の死者とさらに八八人もの逮捕者を出すこととなった。しかしこの「カスバ２」の抗議活動によって、一週間後の二月二七日、ガンヌーシー首相が辞任、後任にはムバッザア大統領によって、当時八四歳であったベージー・カーイドエッセブシー（Béji Caïd Essebsi/Bājī Qā'id al-Sebsī 1926-）が任命され、首相に就任することとなっている。そして三月三日には、同大統領によって制憲議会選挙の実施が発表されるということへも繋がっていった［Beau et Lagarde 2014: 38-39］。こうして二月二一日から三月四日まで続いた「カスバ2」もまた、市民の平和的抗議活動が、チュニジアの民主化過程での重要な道筋を決定づけたことを、この国の歴史に刻印することとなったのであった。

第3節　カーイドエッセブシー臨時政権発足と各地での権利要求運動

ムハンマド・ガンヌーシー首相の後を受けて、首相に就任したベージー・カーイドエッセブシーは、弁護士の資格を有し、ブルギバ大統領時代には内務大臣、防衛大臣そして外務大臣を務めたほか、フランスと西ドイツの大使も経験した政治家・外交官である。またベンアリー政権時代に入ってからは国民議会議員と下院議会議長（一九九〇－一九九一）を務めたが、一九九四年以降は政界を引退しており、革命後の臨時首相就任はそれ以来の政界復帰であった。

老獪な政治家でもあるカーイドエッセブシーは、革命後の混乱のなか、臨時首相就任後、まず中央政府の権限強化を試みた。その一つとして行ったことが、多数の市民組織から成る「革命保護全国委員会」を政府の側に取り込むことであった。すなわち、市民側で立ち上げられたその委員会と融合させるかたちで、三月一五日には、「革命の目的実現・政治改革・民主化移行達成のための高等機構（Le Haute Instance pour la Réalisation des Objectifs de la Révolution, de la Réforme Politique et de la Transition Démocratique (HIROR) / Al-Haia ʻĀl-ʻalīyā li-Taḥqīq ʼAhdāf al-Thawra wa al-Iṣlāḥ al-Siyāsī wa al- Intiqāl）（以下、高等機構と略す）[17]」を発足させ、その機構長には法曹界の重鎮イヤード・ベンアシュールを据えて、彼がすでに委員長となっていた「法改正委員会」をもそのなかに取り込むという改革を実施したのである。この高等機構のメンバーには、「革命保護全国委員会」の諸市民団体や一二の野党政党の合計二八団体の他に、多分野からの市民の代表者も加えて七一人のメンバーで発足し、その後、さらにメンバーを追加して、四月初旬には一五五人に達している［Kraiem 2014:334］。こうして、カーイドエッセブシー首相は、民主化を官民一体化したかたちで推進するよう、市民社会側に働きかけ、その大組織を政府側の高等機構へと取り込むことに成功したのである。

またこの高等機構の下で、三月二三日には政令（Décret-loi No 2011-14 du 23 mars 2011）を公布しており、それは一九五九年憲法を停止し、新憲法制定までの民主化移行期間、その憲法に代わる法の役割を果たすものとなった点で極めて重要なものである。ベンアシュールは、民主化移行期間中は、これをみな「小憲法（La petite consitution）」と呼んでいたとしている［Ben Achour 2012: 3］。

カーイドエッセブシー首相はまた、労働争議が各地で頻発するなか、ＵＧＴＴすらもそれらが自らの組織と関わりなく起こっており、統制できなくなっていることを認めていたが、首相はＵＧＴＴとも交渉し、次期選挙終了まではストライキを行わないという確約も取り付け、社会情勢の平常化や安定化に努めていた。

また同首相は、ベンアリー政権期と決別を図り、しかしその一方で国家体制の維持とその権力基盤の強化に向けて、ブルギバ主義を利用すること、すなわちチュニジア独立の父であるブルギバ初代大統領の威光にあやかる演出なども行っている。

それを象徴するセレモニーが、ムバッザア大統領とカーイドエッセブシー首相がともにブルギバの命日の二〇一一年四月六日に、モナスティールのブルギバ元大統領の壮麗な白亜の墓廟に詣でて、次期選挙までの臨

イヤード・ベンアシュール高等機構長
（在日チュニジア大使館提供）

モナスティールのブルギバ初代大統領の霊廟
（2015年6月）

時政府の職務遂行を誓約するという儀礼であった［Beau et Lagarde 2014: 41-42］。それぞれがブルギビストという政治的キャリアをアピールするかたちで、また革命後の混乱のなかにいるチュニジア国民に対して、共通のアイデンティティと結束の象徴を提示し演出して見せたのである。チュニスの書店には、その後、ブルギバに関する書物などが多く出回るようにもなっていた。

さらにカーイドエッセブシー首相は、外務大臣や外交官であったその経験を存分に発揮し、首相に就任後、すぐに外国の要人を招待し、また外国への訪問を繰り返して、経済的支援を取り付けるなど活発な外交交渉も展開していった。就任後まもなく、二〇一一年三月一七日にはアメリカの国務長官ヒラリー・クリントンをチュニスに迎えている［Bouali 2011］[18]。また五月二六日〜二七日にはフランスのサルコジ大統領からの招待を受け、同国のドゥヴィルで開催されたG８に参加し、革命後のチュニジアには五年間で五〇億ドルの支援が必要であることを訴え［Kraiem 2014:3 33］、この折に世界銀行から六〇億ドル、フランスからも一〇億ユーロの支援を、エジプトとともに取り付けることに成功している[19]。さらに同年一〇月初旬にはアメリカを訪問、一〇月七日にはホワイトハウスでオバマ大統領と会見している。

しかしながら、そうした臨時政府の努力や活発な外交努力にも関わらず、国内の社会経済的混乱はさまざまなかたちで継続していった。以下では、その革命後の混乱状況について、四つの点、①全国の行政機関と公的機関における「脱ベンアリー化（デベナリザシオン）」、②多種多様な異議申し立てと犯罪の多発、

③ラペンドゥーサ島への不法移民と「自殺の文化」、④リビアからの難民の流入、にまとめて述べていくことにする。

脱ベンアリー化（デベナリザシオン）の動き

まず、①全国各地の行政機関や公的機関における「脱ベンアリー化（débenalisation）」とは、ベンアリー政権時代との決別を目的として、行政機関や国公立機関のほとんどで、その役職者の人事が刷新されるという脱ベンアリー化の嵐が吹き荒れたことである。

それは、カスバ1、カスバ2での政治的要人の辞任要求に留まらず、各省庁の人事、県市町村の行政組織の幹部、国営企業、国立金融機関、研究機関、国公立の大学から小学校に至る教育機関の長や役職者など、多くの人事刷新にまで及んだ。それらは一部の民間企業やさらにＮＧＯなどにも及んで、少なからぬ混乱をもたらすことになった。例えば、県知事が新たに交替しても、新任知事が元ＲＣＤ党員であったことを理由に再び辞任要求が起きるなど、異議申し立てが続いていった。例えば、トズール県では、革命後、数か月の間に知事が三人も交替するという事態が起きていた[20]。またガフサ県のルダイフでは、警察署が襲撃や放火の対象となった後、二〇一五年六月の現地調査の時点でも、未だに後任の警察官が赴任しておらず、空白状態が続いていた。こうした脱ベンアリー化の嵐は、芸術文化活動の領域にも及び、革命後、高名な歌手たちが、ベンアリー元大統領とその一族と繋がりが深かったとみなされて、弁明を余儀なくされたり、チュニスのラーシディーヤ伝統音楽研究所でも、二〇〇六年に楽団のディレクターとなり、自身も円熟期にあったズィアド・ガルサがその職を辞任することになったとされる［松田 2015：117］。チュニス大学でも、ほぼ同様のことが起こっていたが、革命までは学長と学部長職は政府による任命制であったが、革命後はそれらの役職者は教員による選挙で選出されることとなり、その点では民主化が進んでいった面もみられた。

多種多様な異議申し立てと犯罪の多発

次に②革命でスローガンとなった「仕事 shughl」「自由 hurrīya」や「人間の尊厳 karāma」という名のもとに、多種多様な異議申し立てや権利要求運動、さらには対立抗争が全国的にみられるようになったことである［鷹木 2012］。首都のチュニスでも、また農村部のオアシス地帯などでも、さまざまな異議申し立てや権利要求運動が多発し、デモやストライキ、シットインやサボタージュがしばらく各地で頻発していた。

二〇一一年八月の現地調査の折にも、至るところでデモやストライキが行われており、なかには警察官らが、革命後、一般市民からの不当な攻撃や復讐の脅しを受けていることに対して、「われわれも同じチュニジア国民だ」というデモを、ブルギバ通りの内務省前で展開したりもしていた。

これらの多様な異議申し立てや対立抗争については、しかしながら、対立の関係性から、二つの類型に大別できる。一つは、縦の関係の対立抗争で、すなわち、特に現代の経済的グローバル化のなかで貧富の格差が拡大するなか、中央や上位の強者に対する、周縁化された人々、下位の弱者たちからの異議申し立てという対立抗争である。それは、中心／周縁、上位者／下位者、強者／弱者という階級闘争的な対立抗争として捉えられるものでもある。自らの労働の権利や待遇改善を要求し、あるいは資本家や企業主に対して労働搾取やその富の独占に異議申し立てをするという動きである。

そしてもう一つの対立抗争の類型とは、より並列的な横並びの社会集団同士の間での抗争である。すなわち、失業者同士、地域住民集団同士、部族間、双分制の集団同士などが、体制崩壊に伴い、治安や警備の統制のタガが外れ、従来の強権体制下で抑え込まれていた対立の火種が再燃するかたちで、あるいは限られた就労の機会や土地を奪い合うかたちで起きている対立抗争である。これら二つの類型の対立は必ずしも明確に区別できない部分もあり、時に重複した様相を呈することもある。

前者の対立が、チュニジア革命の背景にあったことは大卒失業者たちの抗議行動からも見て取れる。それは地位や富や権力をもつ者に対する、持たざる者による、公正や平等の権利の要求で、雇用要求や賃上げ要求、労働待遇の改善はそれに相当する。革命後、これは国営企業ばかりでなく、民間企業やＮＧＯなどでも起こっていった。時にそれは、歯止めがかからないような過度の要求ともなっていた。

革命後のさまざまな異議申し立てデモ

内務省前での警察官らによる自らの人権保護要求デモ（2011年8月）

カスバでの恩赦要求のシットインの横断幕（2011年8月）

革命後もさまざまな要求を掲げて繰り返されたチュニスのブルギバ通りでのデモ（2012年2月）

〈聞き取り〉**職員側の過度の要求を非難するNGOのディレクター**

私たちのマイクロクレジットの融資NGOは、革命後の失業者で溢れている状況を少しでも改善しようと、融資件数を増やすために、大卒スタッフを十数名、新規に採用しました。こうしたスタッフの採用も、少しでも大卒失業者の雇用対策になればと考えたからです。ところが、その新任のスタッフたちは採用後、従来の一部のスタッフらと一緒になり、労働待遇の改善要求をして、NGO本部でサボタージュを開始したのです。新任スタッフはまだろくに働き始めてもいないのにですよ。

何を考えているのかと思いましたよ。何が「自由」だ、「権利」だと思いましたよ。革命後は、そうした言葉を使えば、何でも正しいように勘違いをしている者も多いのです。今はみなが大変な時期だから、自ら失業者の助けになろうというような気構えもモラルもない。われわれはできるだけ話し合いで解決するために、しばらくは給料も支払い続けますが、このままにしておくわけにはいかないので、働かないスタッフは解雇するつもりです（マイクロクレジットNGOのディレクター、男性、七二歳、チュニスのオフィスにて、二〇一一年八月二六日）。

こうした縦の関係の階級闘争的な対立は、さまざまな背景や要因を伴い、企業経営者と従業員、工場主と賃金労働者などの間でも起こっていたが、チュニジア南部のナツメヤシ・オアシス地帯ではまた、オアシス農地の所有権をめぐり、農場経営者と貧農や失業中の若者たちとの間での対立抗争として表面化していった［鷹木 2015］。

その背景には、一九八〇年代後半からの構造調整政策の一環として進められた国営農場の民営化過程で、それらの農地が貧農や失業者ではなく、ベンアリー政権に近い大農場経営者らへ払い下げられたという経緯があり、貧困層のあいだにはそのネポティズムや弱者切り捨ての政策への大きな不満があった。そうした不満を背景に、ベンアリー政権崩壊後に、南部オアシス地帯の各地で、貧農や失業者による農地要求運動が勃発していったのである。なかには農地にピケを張り、農園の労働者を追い出して農地分譲まで座り込みを続けるという例もみられた。また革命後、各地に開設された既述の「革命保護委員会」を通じて、政府や行政機関に農地の分譲要求など、さまざまな異議申し立てがなされていった[21]。

こうした農場経営者と貧農との農地紛争については、経済のグローバル化過程で周辺化された者たちが、中心や上位にいる経営者や経済的優位者に対して、革命時に独裁政権の不正義（zulm）に対して抗議や批判をしたと同じ論理の延長上で、その不正を訴え、公正や正義を求め、自らの権利を主張しているという共通性も指摘し得る。この対立抗争は、経済的グローバル化と緊密に結びついており、経済格差の拡大に伴う、中心と周辺、富裕層と貧困層、上位者と下位者という、より階級闘争的な対立・衝突として捉え得るものである。

革命後にはまた、もう一つの対立抗争の類型、すなわち並列的な関係である、地域住民同士、部族同士、失業者同士、双分制の集団同士のあいだでの対立抗争も、全国各地で頻発していった。特に中西部や南部では、政権崩壊により治安組織が機能しなくなるなか、伝統的な対立関係や潜在的な敵対意識が表面化していき、部族間や住民集団同士の衝突や多数の負傷者を出す流血事件も発生した。

その中でも最も多くの犠牲者を出すこととなった事件が、ガフサ県メトラーウィでの住民間の抗争である。この地域ではすでに二〇〇八年にリン鉱山での雇用をめぐる民衆蜂起が起きており、これについては第1章で述べたとおりであるが、メトラーウィには加えて、この土地の先住の遊牧民ブー・ヤヒヤー族と、後から鉱山労働者として南部ジェリード地方のオアシス農村から移住してきた「ジェリーディー」と呼ばれる人々の集団がみられる。前者が遊牧の伝統をもつ人々であるのに対し、ジェリーディーの集団は農耕の伝統をもつ人々で、伝統も出身地も異なる二つの集団間では過去にも時折小競り合いが起きていたとされる。ベンアリーの強権下では、ジェリード地方出身の官僚がこのリン鉱山での就労斡旋に際し、自らの親族や同郷者を優遇した縁故主義人事もあったとされるが、ブー・ヤヒヤー族側の不満は抑えられていた。しかし、革命後、積年のそうした不満を背景に、ブー・ヤヒヤー族側の人物によって、二〇一一年三月にジェリード地方出身の病院の救急車運転手の若者が頭部に多数の釘を撃ち込まれて惨殺されるという事件が発生した。それを発端として、ジェリード地方の故郷の村での被害者の埋葬後、親族や同郷者がバスやトラックでメトラーウィーへと向かい、夜間にブー・ヤヒヤー族の家々を次々と斧や鎌、鉄棒などで襲撃して報復するという事件が起きたのである。この二集団の間での衝突は数日間にわたって続き、死者約二〇人と多数の負傷者を出す事態となった。双方の住民集団の衝突は、その後も五月六月にも発生し、繰り返し多くの死傷者を出すに至っている[22]。

地域住民同士の対立抗争は、チュニスの南方約八〇キロのザグワーンのセメント工場では、職をめぐって、また異なるかたちで起きていた。革命後、そのセメント工場では未婚の若年労働者と失業中の既婚男性たちとの間で抗争が起こり、就労の権利を主張する失業中の既婚男性らが若年の未婚労働者たちを追い出して工場を占拠し、工場が操業停止に追い込まれる事態が数か月も続いていた。

チュニジアにはまた、集落や共同体が二つの集団から構成される双分制という、サブ・サハラ地域とも共通する伝統的社会構造を有する村や町があるが、そうした町村でも政権崩壊後、その基層の伝統的社会構造が再び表面化するかたちで対立や衝突が起きていた。例えば、南部ネフザーワ地方ドゥーズの町は伝統的に南北に分かれた双分制集団から成り、独立の頃まではこの二集団は各居住地区に住み、それぞれ独自のモスクと墓地を有していた。独立後の近代化過程ではこうした部族的伝統は薄れつつあったが、革命後再びこの二集団間で衝突が起こり、夜間外出禁止令が発令されていた[23]。ほぼ同様の衝突や対立はその他にも北部ビザルト県のメンゼル・ブルギバや西部のカスリーン県のスベイトラ、また南部スファックス県のジュブニアーナでも起こっていた。ジュブニアーナでは、二〇一一年八月初め、マサトリーアとアウラード・アフマドの二部族間で衝突が発生し、四〇人が重傷を負うという事件となり[24]、八月下旬、一旦、対立抗争が収まったが、九月末から一〇月にかけても衝突が再燃し、この対立衝突は二〇一五年に入ってからも続いていた[25]。

チュニスなどの都会の人々のあいだでは、こうした部族間の衝突事件について、「現代のこのチュニジアに、アフガニスタンやせいぜいリビアなどで耳にするような『部族』が未だに残っていたとは」と驚きを隠せない様子で話す人たちも少なからずみられた。革命後にはこうして一見、前近代へと後戻りするかのような部族間対立や住民集団間の衝突も噴出していた。ただし、それはまた部分的にはチュニジアにおける中央と地方、都市と農村部における近代化、人間関係の脱血縁化の進度の差を浮き彫りにする現象であったとも捉えられる。

革命直後から、略奪・強盗・放火・暴行などの犯罪の多発については、すでに上述したとおりであるが、革命後、観光産業も大きな打撃を受けて、経済的悪化が続くなか、公共インフラ設備などまで盗難の対象となっていった。例えば、町の街灯の電線やその電球の多くが盗難の対象となり、その二〇一一年から二〇一四年までの被害総額は、チュニス首都圏の自動車道だけでも、三〇〇万ディナールにも上ったと報道されている[26]。南部のオアシス地帯の一部でも、農地紛争が解決に至らないなか、灌漑施設の破壊や、さらには配水管の盗掘も頻発し、それらが安値で売り飛ばされるなど、農地の荒廃ばかりでなく、農村社会にモラルハザードを招く深刻な事態を引き起こしていた［鷹木 2015］。

民家の前でのアルジェリアからの密輸品のガソリンの販売（2012年3月）

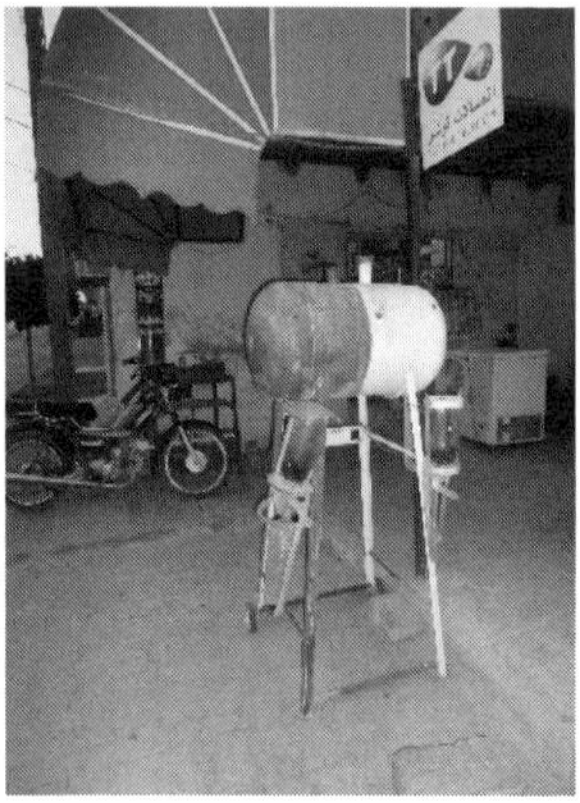

密輸ガソリンの販売（2013年2月）

また行政機関の人事交替などの混乱期に多発していたことが、無許可の違法建築の増加であった。特に土地登録制度の整備が行き届いていない地方では、新たに違法建物がどんどん建てられるようになり、人々のあいだでは、チュニジア革命を皮肉って、「セメント革命 révolution du ciment」と呼ぶほどの活況を呈していた。こうした違法な犯罪まがいの行為はまた、国境付近では密輸での商業活動となり、特にガソリンの密輸に関しては、チュニジアで使用するガソリンの四分の一がアルジェリアからの密輸品とまで言われるようにもなっていた［Beau et Lagarde 2014:115］（写真参照）。

ラペンドゥーサ島への不法移民や「自殺の文化」

こうした混乱や経済不況が続くなかでまた、③ラペンドゥーサ島への不法移民や「自殺の文化」という現象が、特に希望を持てない若者たちのあいだで見られるようになった。革命以前には、こうした地中海を横断しての不法移民や「自殺の文化」は、チュニジアではほとんど知られていなかったものである。革命後、国境警備が手薄くなったこともあり、チュニジア沿岸部の漁村などに密航斡旋業者が現れはじめ、その仲介でイタリアのランペンドゥーサ島へ向かう若者たちが急増していった。

ランペンドゥーサ島には、二〇一一年だけで、北アフリカから五万二〇〇〇人の移民が押し寄せ、そのうちの三万人がチュニジア人であったとされている。[27] このチュニジアから西欧を目指す不法移民は、二〇一五年に入ってからも一向に減らず、密航船の遭難事故も相次ぎ、二〇一五年四月二二日には、チュニジアからの八〇〇人の不法移民が地中海航行中に船の難破事故で死亡との連絡がイタリア当局から同国外務省にあったとされている［Chennoufi 2015］。[28] しかもこうした不法移民問題は、「アラブの春」以降の中東情勢も反映して、リビアやシリアなどからの難民も加わり、二〇一五年の一月～六月までに七万人がイタリア沿岸部に押し寄せ、それは二〇一四年前半の六万四〇〇〇人という数を上回るものとなり、解決にほど遠い状況となっている。[29] また国連難民高等弁務官事務所によると、中東やアフリカから地中海を渡って、欧州に入った難民や移民は二〇一五年八月下旬までに三〇万人を超え、前年の総数約二二万人をすでに上回り、さらに地中海の密航船の転覆事故などで死亡、行方不明となった人数も推計約二五〇〇人にのぼるとされている［吉田 2015］。[30] 増え続ける不法移民や難民の問題は、欧州諸国にとっても重い政治社会問題となっている。

〈聞き取り〉ランペドゥーサ島に渡った若者

一月一四日にベンアリーが国外に出た後、国境のコントロールが利かなくなっていたので、僕は、スファックス県の港町スヒーラ（Skhira）から、密航の斡旋業者に一五〇〇ディナールを支払って、ランペドゥーサ島に向かいました。一番上の兄が、イタリア人女性と結婚して、ナポリに住んでもう一五年になるので、その兄を頼って、もう一人の兄と一緒に行くことにしました。革命以前は密航の港と言えば、スヒーラとビザルトくらいでしたが、革命後はチュニジアのあらゆる港から密航船が出ていくようになりました。当初はチュニジア人ばかりだったのが、その後はリビアから逃げてきてそこで出稼ぎをしていたアフリカ諸国のさまざまな国籍の人たちも、チュニジアからランペドゥーサ島に向かうようになりました。

僕は、夜、三〇人乗りのボートに五〇人以上もの人が詰め込まれたボートで、ランペドゥーサへ向かった。兄は一つ前のボートに乗り、自分はそれに乗り切れなかったので、次のボートに乗ることになった。普通なら、一日、だいたい二〇時間あれば、島に着くのに、自分が乗ったボートは途中でエンジンが故障して、その後、二日間、海のなかをさまようことになったのです。船には、若者ばかりでなく、赤ん坊を抱いた女性や自分の母親と同じくらいの年輩の女性も乗ってました。一日目は水と食べ物があったのですが、二日目には水も食べ物もなくなり、子供はぐったりして、ただアッラーに祈ることしかできず、もう死ぬ覚悟をしなくてはならなかったです。こうしたボートが毎晩、スヒーラからだけでも五〜六隻は、ラペンドゥーサ島に向かって出ていました。二日目も、アッラーに祈るしかなかった。ああ、もう二度と、あんな思いはしたくないです。仮に半額でイタリアに連れて行ってやると言われても、絶対に断る。二度とご免です。二日目、もうこのまま死ぬんだと思っていた時に、イタリアの海上警備のヘリコプターが空を飛んでいてわれわれの船を見つけてくれたのです。その後、イタリアの大型船が救助に来てくれて、やっとラペンドゥーサ島に上陸することできました。自分は、本当にラッキーで命を落とさず済んだのですが、同じように密航を試みて、たくさんの人が海で亡くなりました。数千人は亡くなったと思います。イタリアのテレビではそうした遺体も映して報道していましたが、チュニジアではそうした報道はほとんどなかったようです。

上陸後、島にはすでにたくさんのチュニジア人が到着していて、学校やガレージなどにグループに分けて収容されていた。けれども、われわれが到着した時は、もうその収容所も満杯になっていて、若者には、ビニールシート一枚が与えられただけ、山で過ごすことになりました。冬だったから、とっても寒かったです。携帯電話も、上陸時にすべての持ち物と一緒に取り上げられていたので、家族と連絡が取れたのは二週間後でした。家族は二週間も連絡がとれなかったので、自分がもう海で死んだものと悲しみに暮れていたと言っていました。一緒に密航した兄は先にローマに連れて行かれていました。島には一か月ほどいて、一部の者は、そのままチュニジアに送還されたのですが、私は長兄がナポリにいるということで、ローマに送られ、一緒に密航した兄に会えたのはそのローマに着いてからでした。

ローマで三週間ほど過ごし、取り調べの後、密航した兄と一緒に長兄がいるナポリに行くことを許され、長男の兄の家に二人で転がり込み、九か月間そこで暮らしました。ただ、イタリアも不況で、仕事がなかなか見つからず、やっと見つかったレストランの皿洗いの仕事も、朝七時から夜の七時まで働いて、さらにその後、夜中まで駐車場での警備の仕事もさせられました。それで、一日の賃金はたったの三〇ユーロ。イタリア人は人種差別主義者だし、イタリアへの出稼ぎなどもう二度としたくないです。

それで、結局、またチュニジアに戻ることにしました。イタリアにいても全く貯金もできないし、いる意味がなかった。それにイタリアに来てもう長くなったチュニジア人に何人も会って、五〇歳も六〇歳にもなって、それでもまだ水道も電気もないひどい住まいで暮らしているのを見て、考えさせられました。チュニジアに留まって、質素でも家族と農業でもして働いていれば、あんな惨めな人生は送らずに済んだだろうに、家族と一緒にもっと幸せな人生を送れただろうにと思うと、やりきれない気持ちになりました。自分は絶対あんなふうに齢を取るのは嫌だと思ったのです。それで帰る決心をしました。

帰国後、一週間くらいして、今度はリビアに出かけました。リビアは治安が悪いですよ。行きたくはなかったですが、チュニジアにいても仕事がない。自分には婚約者がいて、彼女はもうすぐ大学を卒業するので、できるだけ早く結婚したい。金がなければ、結婚もできないし、生活もできない。リビアの行先はザーウィヤという町です。トリポリよりは安全だし、チュニジアにも近い。四〜五か月働いて、一週間くらい、チュニジアに戻り、またリビアに出かける。リビアでは同郷の仲間と一緒に暮らすから、みんな一つの氏族（'arsh）のような感じです。リビアでの仕事の方が、イタリアよりもずーとましです。朝、九時頃から働き始めて、午後三時か四時には仕事が終わる。そして一日五〇ディナールはもらえるし、住居と食事も支給されるから、働いた賃金はほとんど貯めることができるからです。

イタリアで働けば、給料から部屋代や食費や水や電気代も自分で払わなくてはならないし、物価も高い。だから、イタリアには二度と行く気がしない。親も婚約者も、リビアは危険だからと行くなと言って、反対するけど、じゃ、他にどうやって仕事をして金を稼ぐことができるんですか。今は、危険を承知で、リビアで働き続けるしかないんですよ。だからまた近くリビアへ出かけるつもりです（ガフサ近郊の村出身、現在ガフサ在住、男性二九歳、運転手・土木作業員、ガフサのホテルのロビーで、二〇一五年六月四日）。

チュニジアでの将来に希望を持てない若者たちが、危険を承知で、また不法と知りつつ、海外脱出を試みるのと同じく、将来に絶望した者たちの自殺が、革命後、ブーアズィーズィの例に続いて、一つの社会病理のように増加していった。自殺は、イスラームでは禁止されている行為であり、従来、チュニジアではそうした自殺行為はごく稀であった。しかし、革命後は、それが感染するかのように増え続け、「自殺の文化」とさえ呼ばれるようになり、深刻な社会問題となっている。クランシー・スミスは、この「自殺の文化」現象は、国連が二〇一〇〜二〇一一年を「若者の年」としていたことを考えると、実に皮肉であると指摘している［Clancy-Smith 2014: 5］。チュニジアでは自殺の増加がその後も続き、二〇一五年五月には、法医学学会によれば、一〇万人に対して三・四人の割合にまでなっているとされている［Charfi 2015］[31]。

リビアからの難民の国内流入

チュニジア革命後、その影響が中東アラブ諸国の多くに波及するなか、エジプトに続いて、リビアでも二月半ばから反体制勢力の蜂起があり、その武力闘争に三月半ばから米英仏などのNATO軍が軍事介入し戦闘が激化していった。その過程で、リビアからの難民が二月下旬からチュニジアへと押し寄せてくることとなり、三月初めにはすでに五万人に達していた［Jaulmes 2011］[32]。加えて、リビアに出稼ぎにいっていた五万人のチュニジア人も帰国を余儀なくされている。さらにカダフィー体制崩壊後もリビア国内の紛争状況からその難民の数は増え続け、その後三年間でチュニジアへのリビア難民の数は、一八〇万人に達したとされ、リビア全人口の四分の一以上もの人々がチュニジアに流入してきたことになる［Gall 2014］[33]。

チュニジア国内でも異議申し立てや権利要求運動、対立抗争が続くなか、チュニジア国民のあいだでは、革命時に相互に連帯や協働の動きがみられたと同じように、リビア難民に対しても支援やボランティア活動が少なからずみられた。すなわち、革命後には、極端に利己的になり権利要求をする動きがみられた一方で、他方では利他的に弱者を支援する動きが同時にみられていたのである。

二〇一一年のラマダーン月は、夏の七月三一日〜八月二九日という盛夏で、その時にはリビアからの難民急増の影響もあり、一日の断食明けの折に飲む発酵乳や牛乳などの乳製品やまた断食月のチュニジア料理に欠かせない卵の品薄状態が続いていた。しかし、不思議とそれに対して不平不満を言うチュニジア人は少なく、戦禍に巻き込まれている隣人のリビア人を気遣い支援することはあっても、大量に流入してきたリビア人たちに不満をぶつけたり、排除やましてや攻撃することなどが全くみられなかったことは実に印象的であった。

九月に入り、大学生らが新学期に向けて賃貸アパートや部屋を探しても、その多くがすでにリビア人たちに貸し出され、住居難ともなっていた。それでもリビア人を排斥するようなことはなく、多くの一般市民が実に寛容にリビア人たちの受け入れや援助を行っていた。

〈聞き取り〉リビア人家族を自宅に受け入れていたタクシー運転手

私のタクシーに、リビアから逃れてきた家族が乗って、一緒に部屋を探すことになりました。夫婦と小さな子供二人連れの家族で、昼頃から夕方近くまで、いろいろなところを探し回ったのですが、いずれも契約済みとか、値段がとても高かいとか、ちょうど良いところが見つかりませんでした。それで、私は自分の家の一室を、彼らに提供することにしました。もちろん、マダムと相談して、無料で一部屋を使ってもらうことにしたのです。それから六か月間ほど、カダフィーが殺害されてからもしばらく、彼らは私たちのところに留まり、毎日、私たちと一緒に朝も昼も食事を共にして家族同様に暮らしていました。

半年ほどが過ぎて、リビアに帰るということになった時、その家族はわれわれにとても感謝して、私たちのことを一生、忘れないと言って、リビアに戻っていきました。その家族からは、今でもイードの時などには挨拶の電話がかかってきますよ（チュニスのタクシーの運転手、五〇代後半、タクシーのなかでの聞き取り、二〇一二年二月二〇日）。

リビア人難民も当然ながら、さまざまで、急ごしらえの国際機関の難民キャンプで最低限の生活を強いられていた人々もいれば、リビア人富裕層のなかには、家族で高級ホテルに長期滞在している人々もみられた。そして一部のリビア人難民は、こうして賃貸住宅の他に、チュニジアの一般市民の家庭にも受け入れられて過ごしていたのである。

〈聞き取り〉リビア人難民キャンプでボランティアをしていた男性

私は、革命以前から時間のある時には赤十字社でボランティアをしていました。リビアから沢山の難民が国境沿いに押し寄せた時には、半年間くらい、頻繁に南部のシューシャ難民キャンプにボランティアに出かけていました。[34]

私は、自分で運送業の仕事をしているので、私の車で赤十字社からの食料品や衣料品、医薬品などをたくさん積んで、キャンプに届ける活動をしていました。一度、持っていくと、それをキャンプで分配する仕事もあるし、テントを張ったり、病人を運んだりする仕事など、力仕事も沢山あるので、二週間くらい、キャ

内戦のリビアから逃れてきたチャドからの出稼ぎ労働者。チュニスの赤新月社の収容施設にて（2012 年 8 月）

街角に設置された難民への救援物資寄付のためのテント（2012 年 3 月）

ンプに留まり、ボランティア活動をしていました。それからまた一～二週間、チュニスの自宅に戻って来て、また一〇日～二週間、難民キャンプに行くという生活を半年くらい続けていました。
もちろん、キャンプでは、食事もマカロニとかクスクスやパンとか、スプーン一つでかきこむ食事ばかりです。野菜などは全くないです。食べられるだけ、ましという生活です。シャワーもないので、一〇日～二週間くらいが限度です。私は自営業の仕事なので、こうしたボランティア活動ができるのです。ムスリムとして当然のことをしているだけです（チュニスで運送業を営む男性、四〇歳前後、チュニスの赤新月社で、二〇一二年二月二五日）。

こうしたボランティア活動やまた難民支援の慈善活動は、多くのＮＧＯも行っていたもので、第７章でも述べるように、「国境なき心」という援助物資供給活動も行われていた。また町角には、一般市民から難民支援用の物資を集めるテントが張られている光景もよく見かけられた。革命後は、チュニジア社会自体が混乱し、さまざまな権利要求運動や対立抗争や犯罪も多発していたにも関わらず、その一方では、隣国リビアからの難民たちに対して、同じく独裁政権下で苦しんできた同胞として、チュニジア市民は寛容な支援や受け入れを当然のごとくに行うという現象が、同時並行的にみられていたのである。

第４節　制憲議会選挙とナフダ党勝利

カーイドエッセブシー首相就任後、臨時政府にとっての最重要課題とは、自由で公正かつ透明性のある制憲議会選挙を無事に実施することであった。それ以前のベンアリー体制下での大統領選挙と言えば、それはすでに結果がわかっている単なる茶番劇であった。二〇〇四年のそれは四人の候補者で争われたが、ベンアリーが全投票数の九四・四九％を獲得、二〇〇九年も四人が立候補していたが、結局ベンアリーが八九・四〇％の得票を得て、再選された。特に二〇〇九年の大統領選挙は、ベンアリーの最大のライバル候補とされた「民主進歩党（PDP: Parti Démocrate Progressiste）」のアフマド・ナジーブ・シェービーが立候補できないように選挙法に条件を加えて改定し、立候補した四人はベンアリーに近い人物という、まさに茶番選挙で［Chouikha et Gobe 2009: 401-402］、ネットでは反体制派の漫画家が描いた「チュニジア国立劇場での選挙コメディー」といった風刺画も出回っていた。

　しかし、一般の人々のあいだでは、堂々とベンアリーへの反対票を投じることができないような厳しい監視体制の空気があったことも、以下の聞き取りからうかがえる。

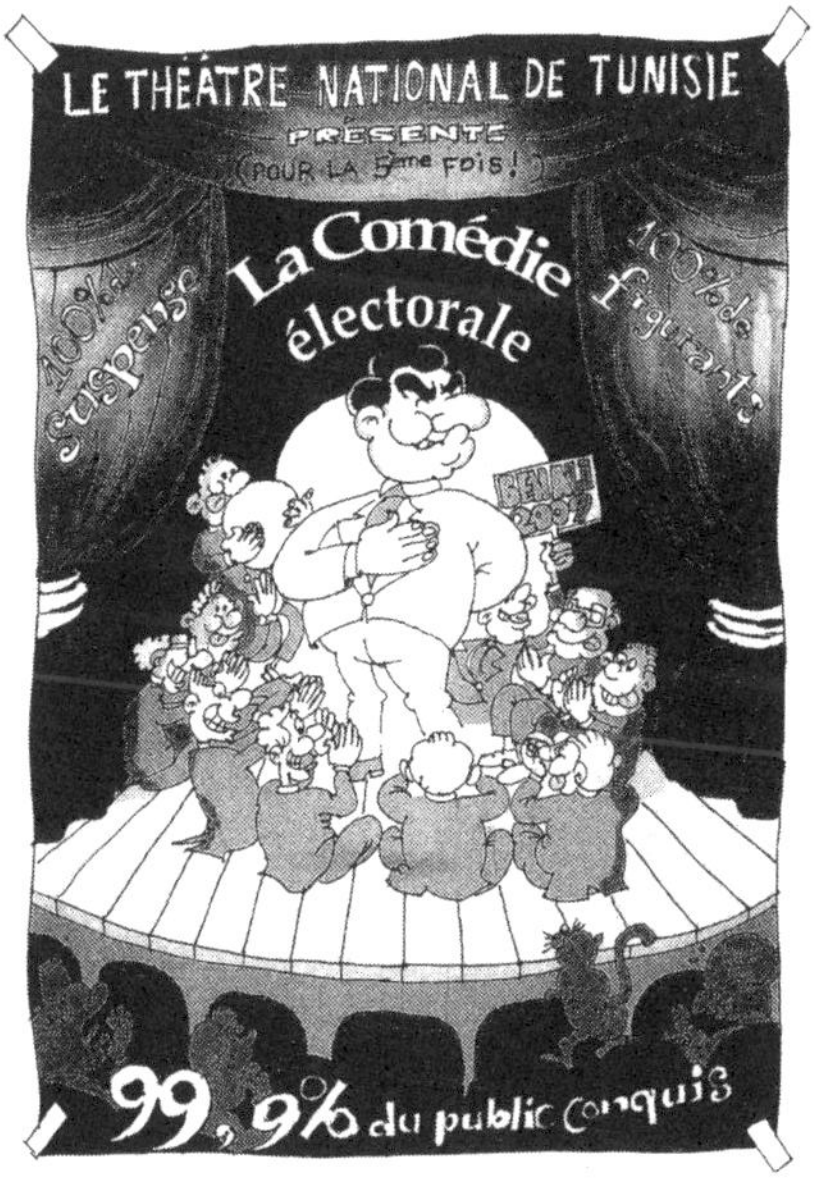

2009年の大統領選挙の茶番劇を「チュニジア国立劇場での選挙コメディー」と題して描いた風刺画（出典：SM & BBR *Révolution ! des années mauves à la fuite de Carthage.* Tunis: Cérès éditions, 2011, p.100.）

〈聞き取り〉不正な選挙に対して憤っていた医学生

　私は、その頃、まだ医学部の学生で、大学病院でインターンをしていました。二〇〇九年の大統領選挙の時には、私はベンアリーを支持してはいませんでしたが、医局にＲＣＤの役人たちが来て、ベンアリーに投票するようにと教員や学生たちに圧力をかけていました。そして二〇〇九年の大統領選挙の当日、

> 私は、実際に選挙管理委員の者たちが、投票用紙をベンアリーに書き換えているのを目にしました。人々がいる前でそんなことをしていたのです。ベンアリーの時代には、そうしたことは普通だったのです。私は、他の候補者に投票しても何も変わらないとわかっていたので、しかもその当時は至る所に私服警官がいて監視もしていたので、自分の就職のことや身の安全も考えて、不本意でしたが、結局、その時はベンアリーに投票したのです（小児科医、女性二八歳、チュニス郊外の彼女の自宅にて、二〇一一年八月二四日）。

革命後、それまでのこうした独裁政権下での自由の抑圧やその悪しき社会的慣行を一新すべく、新たな秩序や法の整備に向けて、上述のような「革命の目的実現・政治改革・民主化移行達成のための高等機構（略称：高等機構）」が、官民合わせた組織として設置されたことは、実に大きな意義をもつことであった。そしてこの機構の下に、さらに政府や党派から全く独立した、公正な選挙の実施に向けて、その実務を担当する組織として「選挙のための高等独立機関（ISIE: Instance Supérieure Indépendante pour les Élections）（以下：選挙高等独立機関）」が五月一八日に開設されることとなり[35]、その長にはカマール・ジャンドゥービーが就任することになった。

ジャンドゥービーは、パリで行政学を修めた後、人権活動家として市民運動に身を投じ、ヨーロッパ地中海人権ネットワークの代表を務めた経歴をもつ人物である。大使職の申し出を辞退するなど、権力志向のないことでも定評があり、すでにさまざまな国々で五〇回ほどの選挙に立ち会った経験をもつ［Beau et Lagarde 2014: 50-53］、いわば適任者であった。

そしてこの二つの機構が両輪となり、制憲選挙の実施に向けてその準備を進めていった。まず、前者の高等機構が策定した制憲議会の選挙法とは、革命後のチュニジア独特の事情も踏まえ、次のような特徴をもつものであった。

一つは、アラブ諸国では初となる、①パリテ法を導入したことである。これは比例代表制で行われる選挙において、各政党の立候補者名簿を男女交互に作成することを義務付けるもので、男女交互拘束名簿制とも呼ばれるものである。これはフランスの男女平等政治参画法に倣ったもので、議会にできるだけ同数の男女の議員を送り出すことを目的としたものである〔鈴木 2007〕。この審議過程では、制憲議会議員の四分の一を予め女性議員とするクォータ制の対案も出ていたが、最終的にパリテ法の提案が二〇一一年四月一一日に高等機構によって採択され、五月一〇日に官報で選挙法二三条として施行されることとなった[36]。このパリテ法の採用は、第五章でも後述するように、大学教員でフェミニストのファイーザ・スカンドラーニーが自ら革命後設立したNGO、「平等とパリテ協会（Association Égalité et Parité）」とともに強い働きかけをして実現したことでもあった。

次の特徴は、②現臨時政府の閣僚には被選挙権なしとしたことである。それによって、臨時政府の閣僚たちが次期選挙までの在任中、より中立的に公正に職務を遂行できるよう、政治的な環境を整えたことである。

そして最後の特徴とは、③RCDの党員で、過去一〇年間にその役職にあった者についても被選挙権なしとしたことである。これによって、ベンアリー政権期の政治勢力と決別を図るようにしたことである。この選挙法案作りに関しては、先の「平等とパリテ協会」ばかりでなく、革命後、設立された選挙監視や民主化を専門とするNGO、ATIDE（Association Tunisienne pour l'Intégrité et la Démocratie des Elections[37]「選挙の公正と民主主義のためのチュニジア協会」）やムラーキブーン（Murāqibūn:「監視員」の意）など、多くのNGOがさまざまな提案を出し、より良い民主化に向けて支援していたことを明記しておきたい。

六月八日、カーイドエセブシー首相が、制憲議会選挙の実施日を予定していた七月二四日から、一〇月二三日に延期することを発表し、またその選挙は、従来のように内務省の管轄下ではなく、選挙高等独立機関の下で実施することを発表した。九月末には、その制憲議会の任期を一年以内に限定することを、主要政党のあいだで合意している。

選挙高等独立機関の下、選挙区としては、チュニジア国内には二七の選挙区、海外在住のチュニジア人には六つの選挙区が設けられた。二一七の議席をめぐって、一〇九の政党が登録、一万一六八六人が立候補し、その約半数が無所属での立候補者であった［Kraiem 2014: 336］。選挙高等独立機関は、各立候補者に二五〇〇DTを支給、また選挙キャンペーン期間は選挙前一〇月一日〜二一日までの三週間とし、立候補者全員に国営テレビ放送の三分間の出演時間を認めたが、それ以外の広報やまた選挙キャンペーン中の事前の投票動向調査などは一切禁止とした［Beau et Lagarde 2014: 52］。

革命後、新しく一〇〇近い政党が結成され、制憲議会選挙には最終的に一〇九政党が参加し、一万一千人以上もの人々が選挙に立候補したという事実は、独裁体制から解放されたチュニジア市民の民主化への大きな期待と意欲を物語っているように思われる。

しかしこうした民主化への意欲と熱意が感じられる一方で、あまりに多くなった選挙の選択肢に戸惑うことになった市民も少なくなく、選挙のための事前登録への出足は当初、かなり鈍いものであった。チュニジアの全人口一〇〇〇万人強のうち、有権者は七五〇〇万人ほどとされていたが、選挙のための事前登録を済ませたのは結局、四〇〇万人程度に留まった。しかし、選挙投票日の当日、事務所での当日登録も認められていたことから、最終的には四三〇万人が独立後初となる自由選挙で一票を投じることとなった。そして投票場では、投票で不正行為が生じないように、投票前には必ず指にインクを付けるという制度も採用された。

選挙高等独立機関の長ジャンドゥービーは、この制憲選挙の終了後、「私は、民主化移行期にある国において、これほど公正にそして透明性のあるかたちで選挙が行われた例を未だ見たことがなかった」と、その選挙の成功について感想を述べたとされている［Beau et Lagarde 2014: 53］。

そしてこの選挙は、イスラーム政党のナフダ党が、過半数には届かなかったものの、第一党となるという結果で終わった。ナフダ党の得票率は、全投票数の三七・〇四％で、二一七の議席中、八九議席を獲得することとなった。次に得票数を伸ばしたのが、モンセフ・マルズーキー党首の「共和国のための議会党（CPR: Congrès pour la République）」で、得票率八・七一％で、獲得議席数二九議席、そして第三番目に高い得票率を得たのが、「民衆嘆願党（Pétition Populaire）」で六・七四％[38]、二六議席、そして第四番目がムスタファ・ベンジャアファル党首の「タカットル党」で六・一五％、二〇議席であった。

革命後に現れ始めたイスラーム服のジルバーブを着た女性（2011年8月チュニス中心街にて）

サラフィストの男性たち（2011年9月チュニス・ムルージュ地区にて）

このナフダ党の勝利は、リベラル派の人々には少なからぬ衝撃をもたらすものでもあった。この衝撃についていては、高等機構の長ベンアシュールさえも、「投票箱のなかには神がいた」という表現で、その驚きを表現している［Ben Achour 2012: 5］。

ナフダ党は、カタールなど湾岸諸国から潤沢な資金援助を得て、選挙の準備を進めていったとされている。事実、この選挙をテーマとしたドキュメンタリー映画『共通の敵』[39]のなかでも、ナフダ党政権一周年の記念祝賀会にカタール首長が来賓として招待され祝辞を述べるという、その深い結びつきを示すシーンが撮影されている。ただ、ナフダ党とカタールとの繋がりは、革命以前から続いてきたもので、特に党首ラーシド・ガンヌーシーは、エジプトのムスリム同胞団団員でカタールに長期滞在していた高名な学者ユーセフ・カラダーウィと懇意にしていたことから、一九九〇年代にはカタールから巨額の資金を得て、西欧で活動していたとされる［Labat 2013: 79］。クライエムは、ナフダ党の選挙活動を二枚舌と批判しているが、確かに選挙活動中は、ナフダ党はモダニストを極力刺激しないように、イスラーム政党ではありながら、その穏健さをアピールし、チュニジア女性の既得権利などを容認し、イスラーム体制やシャリーアの採用などについては一切ふれずに、専ら民主主義について熱心に語っていたとも記している［Kraiem 2014: 333,336］。またナフダ党は、トルコの政権政党「公正発展党ＡＫＰ」と自らの政党との共通性をアピールし、イスラームと民主主義とは矛盾しないとして、モダニストを取り込もうとしていたとされている［Labat 2013: 85-89］。

革命が起こった時点では、全くその姿がみられなかったイスラミストたちが、一月三〇日の英国からのナフダ党指導者ラーシド・ガンヌーシーのチュニジア帰国後、各地で活動を開始し、二月後半の「カスバ2」の頃からその活動が目立ち始めたとされる。ナフダ党は革命後、三月一日に政党としての認可を得ることになるが、その後、組織網を全国に張り巡らせて、活発な選挙活動を開始している。しかしナフダ党員の一部の過激なイスラミストたちは、すでに選挙前からモダニストたちの文化芸術活動を妨害したり、宗教の名の下に、ネスマTV局がチュニジア国内の映画館で既に二〇〇回以上も上映されていたM・サトラピ原作の神と少女が対話する場面のあるアニメーション『ペルセポリス』をテレビ放送したことに抗議し、このテレビ局の社長ナビール・カルウィ宅を襲撃するという事件を起こしてもいた。しかし、革命後の混乱が続く中で、倫理的腐敗と汚職にまみれたベンアリーの長期独裁政権に対して、最大の敵対勢力であり、また政権による弾圧という最大の犠牲をはらってきたイスラミスト政党ナフダ党に対しては、信頼を寄せる国民も少なくなく、選挙ではナフダ党が票を大きく伸ばすこととなった。

ベンアシュールも、ナフダ党のこの勝因については、以下のような二つの点を挙げている。一つは独裁体制下で、最も大きな犠牲を強いられてきたナフダ党こそ、次期政権を担うにふさわしい正当性があると考えた国民が多かったこと、また二点目として選挙運動過程での政治論争が、あたかも宗教を守るか、あるいは宗教を否定するかというような印象がもたれる構図となるなかで、多くの国民が自らの信仰を脅かされたくないという判断から、ナフダ党を支持したと分析している［Ben Achour 2012: 6］。

そして、制憲議会選挙で第一党となったナフダ党は、その政権を盤石なものとするために、得票数上位の他の二政党と連立を組んでトロイカ体制を発足させ、また国家体制の三大要職、共和国大統領（le président de la République/raʾīs al-jumhūrīya）、政府主席（le chef du gouvernement/raʾīs al-ḥukūma）、制憲議会議長（le président de l'Assemblée constituante/raʾīs al-majlisal-waṭanīal-taʾsīsī）の職位をその三党で分け合うことになる。

こうして暫定政府主席にはナフダ党書記長のハマディ・ジバリー（Hamadi Jbali/Ḥammādī Jibālī 1949 -）が、暫定共和国大統領にはＣＰＲ党首のモンセフ・マルズーキー（Moncef Marzouki/Munṣif Marzūqī）が、そして制憲議会議長にはタカットル党党首のムスタファ・ベンジャアファル（Mustapha Ben Jaafar/Muṣṭafā Ben Ja'far）がそれぞれ就任することとなった。

第4章 ナフダ党連立トロイカ政権からカルテット仲介の「国民対話」へ

第1節 ナフダ党連立トロイカ政権と政権運営の未熟さの露呈

革命後の制憲議会選挙ではナフダ党が第一党となる結果となったが、ナフダ党は自らの政党一党のみで暫定政権の運営を図るのではなく、政治イデオロギー的にはかなり異なる政党とも連立を組むというかたちで新政権を発足させた。すなわち選挙でナフダ党の次に多くの得票数を得た中道左派系の「共和国のための議会党（CPR）」と、また第四番目の得票数を得た社会民主系の「労働と自由のための民主フォーラム（タカットル）党」と連立を組み、トロイカ政権を発足させた[1]。そしてこの三党でチュニジア国体の三大要職である、共和国大統領、政府主席、制憲議会議長の職位を分け合うという、世界的にも稀な体制を発足させたのである。具体的には、選挙後、二〇一一年一一月二二日に制憲議会での議長選挙によってタカットル党党首のムスタファ・ベンジャアファルが選出され[2]、一二月一二日に実施された議会での暫定共和国大統領選挙では唯一の立候補者であったモンセフ・マルズーキーがそのまま信任され、そして一二月一四日にはナフダ党のハマディ・ジバリーが政府主席に就任し、そして一二月一六日の閣僚の発表とともに暫定政権が正式に発足した。

国政の三大ポスト、ベンジャアファル制憲議会議長、マルズーキー暫定共和国大統領、ジバリー暫定政府主席（AFP＝時事）

このナフダ党を中心としたトロイカ政権は、チュニジアが独立以降、長く独裁政権を経験した後、新しく民主化を進めていくその不安定な移行期にあって、挙国一致でまた国民の合意形成を優先して権力の分散を図り、政権運営を図る意味では、一つの重要な選択であったと高く評価できる。またこの体制に関して、ジバリー政府主席はインタビューに答えて、以下のように述べたとされている。

一つの支配政党が、他の諸政党を圧倒するような覇権体制は好ましくありません。それは民主主義にとって危険なことです。私たちは、穏健で教育的なまた段階的方法を採る政党です。できるだけ大きな連立政権を作ることで、民主化移行期における経済や社会、法そして警察に関わる緊急な諸課題によりよく対処していくことを願っています［Beau et Lagarde 2014: 69］。

このトロイカ政権とは、ただし、第一党となったナフダ党が独自に考案したものではなかった。実際にはその背景には、すでに二〇〇三年の南仏エクサンプロヴァンスでの反体制派のナフダ党や左派勢力も含む諸野党の会合開催や、その流れで二〇〇五年にチュニスで反体制派勢力が主催した「一〇月一八日運動（Mouvement du 18 octobre）」という動きがあり、そうした経緯を踏まえてトロイカ政権が誕生したのであった［Beau et Lagarde 2014: 74］。

一〇月一八日運動とトロイカ政権

「一〇月一八日運動」とは、ベンアリー体制下の二〇〇五年一〇月一八日に野党と反体制派の八団体が中心となり、民主主義の三つの基本的自由の要求、すなわち、①表現と情報の自由、②結社の自由、③政治犯の釈放、の三つの要求を掲げて、ハンガー・ストライキを開始し、それが三二日間に及んだという、チュニジア独立以降、初めての民主化要求運動であった。またこの運動は、独立後初というばかりでなく、そこには野党政党のみならず、多様な市民団体、また自由を希求する多様な分野の市民が参加し、特に左派活動家に加えてイスラーム政党のナフダ党も、ともに一つの運動に加わり活動したという点で、画期的なものであった［Sana Ben Achour 2005］。

具体的には、その「一〇月一八日運動」には、革命後、トロイカ連立政権を構成することになった「共和国のための議会党（ＣＰＲ）」や「労働と自由のための民主フォーラム（タッカトル）党」や、また「進歩民主党ＰＤＰ」党首のアフマド・ナジーブ・シェービー、「チュニジア共産労働党ＰＯＣＴ」のハンマ・ハンマーミー（Hamma Hammami/Ḥamma al-Hammāmmi）、さらに「ナフダ党」党員も参加しており、その他、弁護士保護委員会、チュニジア人権擁護連盟、ジャーナリスト組合、政治犯支援国際協会、地域別の各種労働組合、加えて人権活動家、元裁判官、弁護士、芸術家、学生など、多様な分野からの市民、総勢一二四人が参加していた。さらにこの期間中には、ちょうど一一月一六日〜一八日までチュニスで「第二回世界情報社会サミット（SMSI: Sommet Mondial sur la Société de l'Information）」が開催されていたことから、この運動は全国的にも国際的にもメディアから注目され、予想以上の大きな支持と反響を得ることになったのである。その後、この運動の総括として、一二月四日には「権利と自由のためのハンガー・ストライキを支援する全国委員会」による声明も発表されている。[3] この運動の幹事役のサナ・ベンアシュー

チュニスのモンプレジールにあるイスラーム政党ナフダ党本部（2015年3月）

ナフダ党幹部のアブデルカリーム・ハルーニー元運輸大臣（党本部執務室にて、2015年3月）

ルは、その活動報告書のなかで、政治家や市民社会運動家のなかにはイスラミストの参加については、緊張を招き兼ねないと懸念する声や批判もあったが、さまざまな政党や市民団体や個人が共に参加する意義を支持する声もあり、多様なイデオロギーを排除しないことが好意的に受けとめられたとしている。そしてこの運動は、政界と市民社会とまた全ての政治アクターたちが、民主主義的価値を決定づけるその最低条件とは、あらゆる暴力の排除と、多様性の尊重であることを確認する機会となったと記している［Sana Ben Achour 2005: 99］。

ナフダ党が、政治イデオロギーの異なる二政党と連立を組み、トロイカの暫定政府を発足させた背景には、このような以前からのさまざまな市民勢力が協働した民主化要求運動の経験がみられていたのである。

トロイカ政権下で運輸大臣を務めたアブデルカリーム・ハルーニー（Abdelkarim Harrouni/ ʻAbd al-Karīm al-Ḥārūnī）も、[4]トロイカ政権を構想したその政治理念やその後の政権運営の方針などについて、次のように語っている。この聞き取りは、ナフダ党がすでにそのトロイカ政権から退いた二〇一五年三月に行ったものであるが、ナフダ党の理念を知る上で興味深い発言も多いことから、やや長くなるが、以下にその内容を紹介してみたい。

〈聞き取り〉ナフダ党のアブデルカリーム・ハルーニー元運輸大臣の話

日本は、第二次大戦で敗戦しながら、その後立派に立ち直り、近代化を進め、経済的にも発展してきたが、一方で日本独自の伝統的価値を保持してきており、われわれはその点に注目し、またそれを高く評価しています。私たちも、チュニジアを同じように伝統的価値を保持尊重しつつ、近代的な国家にしていきたいと考えています。

民主主義を尊重し、民主化を伝統に根ざして推進し、さらに世界にも開かれた国にしていきたいと思っています。ナフダ党は、そうした理念をもって国造りをしています。そのモデルはあくまでもイスラームに基づくものです。ただし、注意して頂きたいのは、イスラームに基づく国造りと言うと、今や、すぐにイスラーム国やアルカーイダなどと結びつけて誤解されることが多いのです。ナフダ党は、あのような考え方はイスラームだとは見做しておらず、彼らに対してははっきり「ノー」という立場をとっています。ナフダは政党であり、世俗（政教分離）の（civil）[5]、民主主義的かつ穏健でモダニストの政党です。そのような理念をもってチュニジアを導いていけば、この国で過激派のテロなどが広がることはなく、穏健なイスラームの広がりは中東にも良い影響をもたらすと考えています。

私たちの革命は、平和的なものでした。独裁者を倒したのも、武力ではなかった。民主化移行期においても、多くの政党のあいだには思想やイデオロギーの違いがありながらも、私たちは対話と議論を積み重ね、互いに合意点を模索していったのです。私たちのあいだには最初から一つの合意がありました。それは考えが異なっても、決して暴力に頼らず、話し合いによって問題を解決する、合意形成を目指すという暗黙の前提でした。平和的に物事を進めるという暗黙の了解です。

まず、私たちの軍がそうでした。革命に対して、その反対勢力となることなく、中立を保ち、むしろ国民を保護する立場を貫いた。われわれは軍が立派な働きをしたと高く評価しています。一部のアラブ諸国で見られるように、独裁者側についてその権力を保持することも、また自ら政権を奪取することもしなかったのです。軍はまた、革命後、兵舎にこもったりはしていなかった。テロの脅威からこの国を護るために国境に張り付いて、国の安全を守り、治安維持のために活動してきた。これは素晴らしいことです。評価できるでしょう。もちろん、政権がそれを指示し、軍はその役割を忠実に果たしたのです。二〇一一年と二〇一四年の選挙も、こうして首尾よく実施することができたのです。

チュニジアは、アラブで最初の民主主義国家となることができました。私たちは、何としても民主化移行期を平和裏に進めたかった。私たちは対話を通して、和解や合意形成を進めていきました。国民のあいだにはまず革命後、自由選挙によって政治の方向性を決めていこうという考えがあった。そしてその選挙で勝利したナフダ党が、まず自ら犠牲を払ったのです。ナフダ党が穏健主義の政党であったから、チュニジアの革命と民主化はなんとか成功することができたとも言えます。ナフダ党が率先して他の政党と連立を組むという提案をし、トロイカ政権となったのです。この考えは、どこから来たかと言えば、二〇〇五年にさかのぼります。野党や反政府勢力が集まって、すでに一つの運動グループ、「一〇月一八日運動」という連合体を結成していたのです。

それからもう一つ、付け加えておかなくてはならないことは、ナフダ党は政権についた時、決して復讐をしないということを方針としたことです。それを前提として、物事を進めたのです。二〇年以上もの間、われわれは弾圧され続けてきました。もし旧政権にあった者を裁くとするならば、それは裁判所において、法の下で行われなくてはならない。フランス革命やロシア革命のように、多くの血が流されるような事態を、われわれは最初から避けたのです。革命とその後の民主化は、平和裏に復讐なしで進められるべきだと考えていました。何故なら、復讐を始めれば、それは際限なくその応酬が続くことになるでしょう。われわれは、本当の裁きとは、人間によってではなく、ただアッラーによってのみ為されるものだという信念を持っているので、そうすることができたのです。

もう一つ、強調しておきたい点は、われわれが選挙で勝利し、政権を取った時も、決して、チュニジア国民に対して、われわれの信仰や宗教、つまり個人的な生活の部分に対してまで、われわれの考え方を強制するというようなことはしなかったということです。市民の信仰や私的生活の部分にまで介入するようなことはしなかった。それは、個々人の自由に関わる問題だからです。私たちは、ヴェールやイスラーム服の着用を強制したことはありません。シャリーアについての考え方も、われわれの考え方は、ダーシュやアルカーイダのような考え方とは全く異なります。彼らはシャリーアを、刑罰を科すための基準だと考えています。

私たちにとってのシャリーアの定義とは、自由であり、正義であり、女性の権利や平等や尊厳と関わることで、彼らの考え方とは正反対のものです。それがイスラームなのです。刑罰をどのようにするか、もちろん、かつては厳しい刑罰を科していた時代があったかもしれませんが、われわれにとっては刑罰が重要なのではなく、そうした犯罪をどのようにすれば、防ぐことができるのか、そのことの方がずっと重要なのです。例えば、盗みを犯した人を罰する前に、われわれはその人に食べ物を与えなくてはならない。食べ物も与えられず、空腹のままでいれば、盗みを働いてもそれはやむを得ないことかもしれません。食べ物を与えずに、盗みを働いた者を罰することは、これは正義ではない、不公正なことです。

私たちがシャリーアを社会や政治に適用しようとする時の基本的考え方とは、こうした意味においてなのです。空腹の人が盗みを犯したとして罰するのではなく、まずその空腹を満たすような政策を行うこと、盗みをせずに生活していける環境を作り出すこと、そのような意味で正義や権利や平等を作り出していこうとしているのです。そのうえで、もし全てを与えられていて何一つ不自由していない者が、さらに盗みを働いたとしたなら、その場合は刑罰を科します。それは、誰もが容認することでしょう。それに対する言い訳はできないはずです。

私たちは、そうしたことから改革に着手していきたいと考えています。つまり刑罰の前に、生活苦にあえぐ人々や貧困を解決していくこと、シャリーアにしたがって、そうした社会問題を解決していくのです。

ナフダ党員は、みなこのように考えています。もちろん、細かな点で解釈の違いはあっても、ナフダは一つの学派ですから、基本的な考え方は共通しています。ですから、四〇年間も分裂せずに存続してきたのです。これは個人の学派ではありません。民主的な学派で、党内で意見が分かれた時には、話し合いを重ねて、物事を解決します。その民主的な経緯を経た後の決定には、党員みなが従う。なぜなら民主化を進めようとしている時に、そして民主主義について語る時に、自ら民主的でなくては、そうしたことを推進できるはずもないからです[6]。

このトロイカ政権は、アラブ世界では初めての、世界的に見てもパイオニア的な試みでした。革命後の時期は、本当に難しい時期でした。だから、われわれは慎重に慎重に事を進めていったのです。民主化移行期に権力闘争などをしている場合ではないことを十分理解し、それをわきまえて、われわれはさまざまな妥協や譲歩もしたのです。われわれは国を救うか、自らの党を救うかという選択を迫られたとき、チュニジアの国を救うことを選択する決断をしたのです。

国を救うとは、つまり国益とは、具体的には新憲法の制定であり、選挙であり、そしてそれらを順調に実施できれば、民主化移行を無事に終えて、民主主義を軌道に乗せ、民主主義の国家と言えるようになるはずです。しかし、私たちは、それを一から造っていかねばならなかったのです。

新憲法については、私たちはそれをとても大切にそして慎重に考えていきました。新憲法を、われわれナフダ党の憲法にしてはならない、チュニジアの国民全てにとって、より良いものにしなくてはならないと考えたのです。ですから、われわれ全員が合意できる点を最も重視したのです。そして最終的には、制憲議会においてその草案が大多数の賛成をもって可決されたのでした。[7]

これほど多くの異なる政党がともに合意に達するためには、時間が必要だったのです。急いで問題のある憲法を作るのではなく、時間がかかっても、みんなが納得するような憲法を作らねばならなかったのです。

私たちは当初から、憲法を一から造り直すべきだと考えていました。革命後、旧RCDのムハンマド・ガンヌーシー首相が、大統領選挙を実施するということを発表しました。われわれはそれに反対しました。古い憲法の下で、新しい大統領を選ぶのではなく、国の基本となる憲法をまず新しく作り直して制定することを最優先すべきだと主張したのです。つまり、民主化は新しい大統領によって始められるものではない。新しい憲法のもとで始められなくてはならないと主張し、最終的に制憲議会選挙が先に行われることになったのです。そして新憲法制定のうえで、国民代表者議会選挙、その後に大統領選挙が実施されるべきだと考え、実際にその順番通りになったのでした。他にもそうした考えを示していた政党はありましたが、ナフダ党がそれを最初から提案していたことは事実です。

チュニジアの場合、全て基礎から作り直すという手順を採ったので、革命は成功したのだと思います。この順番が逆で、大統領選挙、国民議会選挙、そして新憲法の作成が最後となっていれば、我々の民主化革命は失敗していたかもしれません。この手続きと順番がとても良かったと考えています。もし大統領選挙を先にしていれば、その大統領の権限を新憲法もなしに、どのように制限・統制できたでしょうか。大統領の権力と独断的判断によって新憲法が作られ兼ねなかったかもしれません。ですから、何よりもまず先に新憲法を作る必要があったのです。大統領とは、あくまでも国体の一部であって、その国体の基本の全てを決めるものが憲法です。国体の骨格が決まって初めて、大統領が選出されるべきであって、その逆ではないのです。

革命と民主化の過程では、われわれはまた独立した人々から成る委員会、「真実と尊厳の委員会（IVD: L'Instance de la Vérité et de la Dignité）」を設立しました。これは、一九五五年、つまりチュニジア独立の前年から革命後のトロイカ政権下の二〇一三年一二月末までの民主化移行期までのあいだに、人権侵害を受けた人々がその被害についての申し立てをするという機関です。[8]

私は、「一一月七日の政変」の後、一九八八年七月一七日、ベンアリーの恩赦によって、刑務所から出所しました。この恩赦までの一年間、そしてその後も一九九〇年一〇月九日〜一九九一年の四月までの約半年間、投獄されていました。そして三度目は、一九九一年一〇月から二〇〇七年一一月まで、一六年間、獄中生活を強いられました。しかもその一六年間のうち、一五年間を刑務所のなかでも最も過酷とされる独房で、ただ一人で過ごしていたのです。[9] それに私が耐え抜くことができたのは、私に信仰と信念があったからです。人間は信仰と信念があれば、どんな状況にも耐えられるものです。自分には強い信仰と信念があった。いつか独裁政権は倒れるときがくると分かっていたのです。

私は、チュニスのマルサの生まれです。誕生日は一九六〇年一二月一七日です。チュニジア革命が始まった二〇一〇年一二月一七日は、たまたま偶然の一致であるとは思いますが、私の五〇歳の誕生日でした（アブデルカリーム・ハルーニー、ナフダ党幹部、元大臣、男性五五歳、ナフダ党本部の執務室にて、二〇一五年三月一三日）。

ナフダ党幹部からのこの聞き取り内容からは、トロイカ政権の発足の政治理念や、また少なくとも同党幹部たちがもつ崇高かつ開明的とも言える合意形成に向けての理念や復讐なしでの民主化推進など、チュニジアの民主化成功の鍵となったと考えられる思想や政治方針を随所にみることができると思われる。これらの点は、トロイカ連立政権の選択と同様、確かに特筆するに値するものがあるだろう。事実、このハルーニー元大臣との会見は、数多くの聞き取り調査のなかでも、最も心に残る、印象深いものの一つであった。

ナフダ党による役職への党員任命のツナミ

こうしたナフダ党の幹部が語る民主主義とイスラームの理想的な理念や政治方針と、実際にナフダ党連立トロイカ体制の発足後からの現状とのあいだには、しかしながら、実に大きな乖離がみられたことも確かで、現実の過程においては、ナフダ党はその政治的覇権主義や勢力拡大志向を露わにしていったのである。

ナフダ党は選挙で第一党となったという驕りとそれを自らの政策の正当性の根拠にし、まず国家レベルのあらゆる機関や組織網の要職にナフダ党員を配置して勢力拡大を図っていったのである。ナフダ党のガンヌーシー党首は、選挙で勝利を収めた後、ほろ酔い気分で、「以前、われわれは店を一軒、持つことを夢見ていたが、今や市場の全てがわれわれのものとなった」と語ったとされている［Chouikha et Gobe 2013: 389］。

そしてナフダ党は、あらゆる省庁や全国行政機関の主要ポストに加え、教育・研究機関、情報メディア機関、法制組織、外交機関、宗教機関やモスク、公営企業などの主要な役職に、その個人の資質や能力ではなく、ナフダ党への忠誠心や貢献度に応じて、人事割り当てをしていった。革命後、こうした役職ポストをめぐってはすでに、デベナリザシヨンと呼ばれる脱ベンアリー化現象が起こっていたが、続く制憲暫定政府下では、その動きをまさにうまく利用して、第一党となったナフダ党が、選挙結果に基づく正当性をかざして、人事のナフダ化を推進していったのである。ザントールは、この政治社会的現象を、「ナフダ党による任命のツナミ」とまで表現している［Zantūr 2013］[10]。

行政官の役職人事に関しては、トロイカ政権の三党各党からの五人ずつの委員から成る諮問委員会で協議・決定されていたとされるが、一〇〇〇人ほどの国家機関の重要ポストのうち、その八割が、専門や能力と関わりのないナフダ党党員で占められることになったとされている［Chouikha et Gobe 2013: 389］。

また県知事に関しては、二四のポストのうち、一九ポストにトロイカ体制の三党いずれかの党員が任命されたが、その一九のうち一七のポストにナフダ党員が任命されたとされている。また市長や町長に関しては、トロイカ政権下で、二六七のポストのうち、約二〇〇にイスラミストが任命され、また全国に三〇〇〇人ほどいるオムダ（ʻumda）と呼ばれる村長についても、その多くがナフダ党員オムダ（ʻumda nahdhāwī）に交代されることになったとされている。加えて革命後、刑務所から恩赦によって出所した政治犯のイスラミストたちが、やはり能力や資格と関わりなく、そのうちの二割が公務員の職に就くことになったともされている［Kraiem 2014: 432-435］。

〈聞き取り〉ナフダ党幹部の行政機関の役職人事に関する発言

ナフダ党は、県知事などのポストにできるだけ、党員や党の支持者が就任することを願っている。これからは、中央集権化に対し、地方分権化が進んでいくことになるでしょう。行政機関の多くの役職ポストをナフダ党員で占めることができていれば、上からの民主化ばかりでなく、下からの民主化を進めていくことができる。ナフダ党の勢力を下から積み上げ、将来的にナフダ党の大統領が誕生すれば、民衆からの確固たる支持と経験に基づく政権を築いていくことできます。最終的には、民衆の経験が物事を決定していく力になるのです（アブデルカリーム・ハルーニー元大臣、ナフダ党本部の執務室にて、二〇一五年三月一三日）。

ナフダ党幹部のこうした発言からも、役職者の任命は党の勢力拡大戦略であったことは明らかである。

すなわち、こうした点では旧政権政党のRCDが行っていたと同様のことを、ナフダ党もまた実行しようとしていたのである。しかも資格や能力を無視したナフダ党員や支持者ということだけでの行政機関の役職就任は、結局、行政機関の機能不全や麻痺を生じさせることに繋がり、革命後の社会の混乱を助長させていくことにもなった。

ナフダ党はまたさまざまなところで前政権と同じようなネポティズムの特質も露わにしていった、例えば、外務大臣にナフダ党ガンヌーシー党首の娘婿ラフィーク・アブデルサラームを任命した。しかし、大臣就任後間もなく、その無能ぶりに加えて、シェラトンゲートとして知られることになった女性問題の醜聞事件や公金横領の不祥事を起こし、市民からの批判に晒されることともなった[11]。

〈聞き取り〉ナフダ党員の役職就任や就職に反発する若者

行政機関では、革命後、ベンアリー時代の役職者たちを追い出して、新しい役職者を迎えている。しかし、その新しいボスたちが、ベンアリー時代の人たちよりもっと優れているなどという保証は全くない。今は、かえってひどい奴らが、そうしたポストに就いている。ナフダ党はまた、必要もないポストを作って、どんどん党員を就職させている。だから、今まで二人で働いていた狭い事務所に、四人が机を並べて座り、後の二人は大した仕事もせずに暇にしているというような無駄なことがたくさん起きている（元ホテルの従業員で失業中の男性、三四歳、トズールの友人宅にて、二〇一二年三月二日）。

またこうしたナフダ党による行政機関への任命人事が大きな事件へと繋がったのが、二〇一二年一一月二六日のスリアナ県での事件であった。内陸部のスリアナ県は低開発地域の一つであるが、トロイカ政権によって任命された新知事が無能で、地域振興政策なども一向に進まないことから、県庁職員らが辞任要求をして一一月二二日からストライキを開始した。その動きに地域労働組合（URT: Union Régional de Travail）も連帯を表明し、一一月二七日に知事辞任を要求する全面ストライキに突入することとなったのである。これに対して、トロイカ政権側は後に首相となる当時アリー・ラライエド内務大臣の指揮下、治安部隊を投入して催涙弾などで抗議する市民を武力制圧することとなり、三〇〇人もの負傷者を出し、そのうち十数名が失明するという事態をもたらすこととなったのである。この事件をめぐっては、中央のナフダ党連立政権と地方との緊張が高まるなか、最終的にはUGTT本部が仲介して、政権側と地方行政機関とURTとが協議し、一二月一日にトロイカ政権側が県知事の解任を受け入れることとなっている［Chouikha et Gobe 2013: 402］。

以上のような行政機関やまた多様な分野の諸機関の役職人事のナフダ化現象が、まず国家レベルでのナフダ化現象であったとするならば、次にナフダ党が着手したのは、草の根の民衆レベルの組織のナフダ化であった。革命後、チュニジアの各地には市民のあいだで自発的に自警団にも相当する「革命保護委員会（Comité de Protection de la Révolution ／ al-Lajna Ḥimāya al-Thawra）」が組織化されていたが、ナフダ党は、それらを自らの勢力組織網として活用するため、「革命保護連盟（LPR: Ligue de Protection de la Révolution ／ al-Rābiṭa Ḥimāya al-Thawra）」と改称し、勢力傘下へと収めていったのである。この革命保護連盟と改称された組織拠点は、二〇一二年春までに全国各地に四〇ほどを数えるまでになり、それらは内務省から法的認可を得た公的組織とされた［Kraiem 2014: 361］。その組織網は、またサラフィストやジハーディストなどの過激なイスラミストたちの活動拠点となっていき、あたかもナフダ党の武装集団組織という性格すら帯びるようになっていった。後述するように、この組織の過激派イスラミストのメンバーらが、ライバル政党の集会や活動を妨害したり、反対勢力や世俗派のジャーナリストやアーティストらを背教者呼ばわりして攻撃するなど、暴力事件の増加に拍車をかけていったのである。

しかもナフダ党連立政権の他の二党も、台頭するこうした過激なイスラミストを十分統制できず、多くの暴力事件をそのまま野放しにしていったことも、市民からの批判や抗議の対象となり、イスラミストとリベラル派勢力との対立や溝を深めていくこととなった。

ナフダ党連立政権下での政権運営での相変わらずの混乱は、ナフダ党の幹部の多くが、長い間、外国での亡命生活やまた獄中生活にあった者たちで、政治経験に乏しく政権運営にも不慣れであったこととも関係していた。それにも関わらず、ナフダ党はその政権運営を開始後、革命以降、民主化に向けて重要な役割を果たしてきた二つの機関、「革命目的実現のための高等機構」や「選挙高等独立機構」などのそれまでの蓄積や経験などを継承し活用することもなく、結局、これらの機構はナフダ党政権下で消えていくこととなった[12]。

また上記二つの重要機関に加えて、革命後の臨時政府下では、「国立情報通信改革機構（INRIC: Instance Nationale de Réforme de l'Information et de la Communication）」が設置されていた。この機構の役割は、情報と表現の自由に関する国際的基準を参考に、情報通信分野の改革を推進するというもので、革命以降のチュニジアの民主化に向けて、重要な任務を担うものであった［Chouikha et Gobe 2013: 387-388］。独立以降、半世紀余りにわたり、情報通信分野が独裁政権の統制下にあったことを考えれば、革命後、その自由と独立性とを保証することはまず民主主義の基本となることで、この機構の職員らも情報通信法の改革や民主的国家における公共メディアの新しい文化の創造に意欲をもって取り組んでいたとされる[13]。

二〇一一年一一月二日には、臨時政権のムバッザア大統領により、報道・印刷・出版の自由に関する政令一一五とまた視聴覚通信独立高等官庁（HAICA: La Haute Autorité Indépendante de la Communication audiovisuelle）に関する政令一一六も公布されていた[14]。

しかしながら、ナフダ党連立政権が発足するや、ナフダ党幹部は、報道機関の情報発信の在り方がナフダ党に対して公正なものが少なく、中立的でないとする立場から、こうした法も無視し、主要な報道諸機関を統制下におくようになっていったのである。すなわち、国営テレビ放送局、ラジオ局、新聞社などの最高幹部に、それらの機構や職員組合などとの事前協議もなく、ナフダ党の独断で自らの党員や支持者などを任命していったのである［Kraiem 2014: 377］。

二〇一二年一月七日には、ジバリー政府主席が、従来の国営メディアが選挙による国民の意志を反映した報道をしていないとして、国営テレビ局とＴＡＰ通信社、日刊紙ラプレス（*La Presse*）の最高幹部にナフダ党系の人物を任命した。これに対しては、ただちに翌々日の一月九日、カスバの首相府前で、ジャーナリストや報道関係者が抗議行動を起こすことになっている。また革命以前、ベンアリー一族が所有していた新聞社サバーフ（*Essabah*）とルタン（*Le Temps*）とテレビ局のトゥニシーヤ（Attounissia）は革命後には国有企業となっていたが、それらの幹部にも同様にナフダ党寄りの人材を任命し、こうして情報通信分野を統制下におき、ナフダ党の覇権主義を露わにしていったのである。その一方、湾岸諸国の四つのイスラーム主義的宗教テレビ放送局を法的手続きなしに独断で開設し、問題となった。すなわち、「情報通信改革国立機構」という機関があるにもかかわらず、その存在意義を全く無視し否定するような政策が、ナフダ党政権下で次々と為されていったのである。結局、その機構長カマール・ラビーディは、政府に対し、報道内容の検閲や情報操作まで行っていると厳しく批判・抗議し、職員全員の集団的意志に基づくとして、機構の解散を宣言するに至っている［Chouikha et Gobe 2013: 387-388］。

トロイカ政権下での民主化移行の遅滞

トロイカ政権下での民主化移行作業の遅れは、政権内の三党の間での足並みの乱れや対立も関係していた。例えば、トロイカ政権発足後まもなくみられた連立政権内でのそうした不和としては、リビアのカダフィー政権崩壊後、チュニジアに亡命していたリビアのバグダーディ・マフムーディ元首相の処遇をめぐる対立があった。マルズーキー大統領は、人権活動家としての立場から、リビア元首相バグダーディ・マフムーディの本国送還に反対し、その書類への署名を拒否していたが、ナフダ党のジバリー政府主席は議会の審議も経ずに独断でそれを決定し、二〇一二年六月にはリビア元首相を本国に強制送還することにしたのである［Chouikha et Gobe 2013:402］。

最多の議席数をもつナフダ党によるこうした独断的覇権主義的な政権運営に対しては、連立政権の他の二党も十分な統制力を発揮できず、連立政権内の足並みは乱れ、民主化移行に向けた制憲作業を遅滞させることとなった。当初一年以内に憲法草案を完成させるという予定期限は守られず、多くの国民が不満や失望を募らせるなか、トロイカ体制は政権運営を続けていった。

〈聞き取り〉ナフダ党を批判する市民の語り

ナフダ党の奴らは、礼拝はするかもしれないが、働かない。預言者ムハンマドは何と言っていたか、知っていますか。ある男が、朝から晩まで祈りばかりをして働いていなかった。そこで預言者が「あなたの家族は、どのようにして生活しているのか」と尋ねると、その男が「弟が働いていて、みんなを養っています」と答えた。預言者はその男に対して、「あなたの弟の方が、あなたよりも神の道に叶っている」とおっしゃったのです。判りますか。つまり礼拝ばかりをして、生活のために働かない者はダメなムスリムということですよ。ナフダ党員は礼拝はしても、国の経済や政治のために働いていない。彼らが政権をとって、もう一年以上、それでも国民の生活はさっぱり良くなっていない。金曜日は祈りをしても、他の日は一所懸命働かなくてはならないんですよ（チュニスのタクシー運転手　タクシーの中での会話から、二〇一三年三月九日）。

民主化に向けた作業の遅れは、当然ながら第一党のナフダ党に主たる責任が帰せられるが、シュウィーハとゴブは、加えて次のような政党勢力や制憲議会議員たちの責任についても指摘している。

制憲議会の開始後、議員のあいだでは所属政党の離党や他党へ移籍の動き、また政党の再編や新党結成という動きが頻繁にみられ、政党として十分な活動を行えない状況が続いていたとされる。例えば、制憲議会選挙で第三番目の得票数を得て二六議席を獲得した「民衆嘆願党（PP: Le Pétition Populaire）」は、連立政権には参加せず、その後一五人が離党して無所属となり、三人が他党に移籍し、結局、八議席のみとなっている［Chouikha et Gobe 2013: 402］。またマルズーキー大統領の政党「共和国のための議会党（ＣＲＰ）」は二九議席を獲得したが、その後、離党者や他党への移籍議員が相次ぎ、また党幹部のムハンマド・アブー（Muhammed Abou）など有力党員が新党「民主潮流党（Courant Démocrate）」を結成するなど、その議席を半分以下の一二にまで減らすことになった。トロイカ政権のもう一つの政党タカットル党についても事情はほぼ同様で、この政党選挙リストのトップで当選した弁護士で女性ＮＧＯのＡＴＦＤ（Association Tunisienne des Femmes Démocrates）会長でもあったブシュラ・ベルハッジ・ハミーダ（Bouchra Belhaj Hamida）は、ナフダ党との連立に反対し[15]、早々に離党しており、またその他にも離党者や他政党への移籍する議員が相次ぎ、議席数を二〇から一二にまで減らすこととなっていた。

また議員には多くの仕事が課せられていた一方で、物理的な環境整備は十分とは言えず、執務室やパソコンの支給もなく、秘書の任用経費もなかったとされている［Chouikha et Gobe 2013: 401-402］。

しかし、民主化監視を専門とするＮＧＯバウサラ（Al-Bawsala）[16]は、制憲議会の議員たちの議会への出席率が極めて低かったことを問題視している。バウサラのメンバーは、制憲議会の議員の出欠を毎回取って状況を把握しており、その報告によると、二〇一二年一月一七日～二〇一三年二月二五日までの議会会期中の議員の出席率は四一％に留まっており、最高の出席率でも四四％で、一〇％の議員については常に欠席であったことを明らかにしている［Chouikha et Gobe 2013: 401］[17]。

革命の理念や国民の期待を大きく裏切るようなこうした議員たちの働きぶりや、また緩慢な民主化と見通しの不透明さに、人々の不満や苛立ちも募っていくばかりであった。そして、チュニジア革命開始から二周年の記念日となる二〇一二年一二月一七日、それを祝うためにマルズーキー大統領とベンジャアファル制憲議会議長がシーディ・ブーズィードの町を訪れた際には、抗議と異議申し立てに集まった群衆から「デガージュ（出ていけ）」の罵声を浴びせられ、早々に退散している[18]。こうした民主化移行の遅れに加え、さらに社会の不安を掻き立てていたのが、各地での過激派イスラミストによる数々の暴力事件であった。ナフダ党連立政権下でのそうした暴力行為の取締りの手ぬるさも、特にリベラル派の人々を一層苛立たせることとなり、トロイカ政権批判をする人々からは、「民衆は革命のやり直しを望んでいる（Al-Sha'b yurīd al-thawra min jadīd）」という声すら、挙がるようになっていった。挙国一致での民主化移行とは反対に、社会はイスラミスト支持派／リベラル派に分断され、その二極化は二〇一二年から一三年にかけては実に深刻なものとなっていった。

第2節　「イスラミスト」と「リベラル派」の対立抗争

革命後、チュニジアの各地で、それ以前には見かけることのなかったイスラーム服と帽子を着用した髭面の男性たちやジルバーブ（jilbāb）という湾岸諸国起源の黒い全身を覆うロングドレスやニカーブ（niqāb）というマスクをした女性たちが急速に目につくようになっていった。革命の理念、「自由」ということを考えれば、誰もが自らの信条や好みに従った服装を着用できる社会は確かに好ましいことであるが、リベラル派が不安や恐怖を覚えるようになったのは、そうしたイスラミストの一部の過激派がますます暴力行為をエスカレートさせていったからである。

イスラミストという用語

当然ながら、「イスラミスト」と一言で述べても、実際にはさまざまな考え方をもつ人々がみられる。チュニジアにおける政治的イスラームについて、ナフダ党元幹部であったダルグーシーは、それを大きく三つに分類し、それぞれの特徴を以下のように説明している。一つは、穏健なイスラミストの思想、民主主義や自由や政教分離をも容認するナフダ党の指導者たちの思想、二つ目が「サラフィーヤ（al-Salafīya）」と呼ばれる思想で、預言者ムハンマドやその教友たち、すなわち先祖（salaf）が生きた時代を理想とし、イスラーム法またはシャリーア（sharīʻa）に基づく社会の実現を目指す思想で、この思想を持つ人々はサラフィスト（salafist）と呼ばれている。彼らは、シャリーアはイジュティハード（ijtihād: イスラーム法学者らによる解釈行為）によって、いずれの社会にも普遍的に適用可能とする思想をもつ。そして三つ目のファンダメンタリズム、または原理主義とは、サラフィーヤよりもさらに厳格にシャリーアを唯一の法として政治や日常生活全般に適用しようとする思想で、その理想的社会の実現のためには武力行使をも是とする思想で、そうした思想を信奉する人びとはジハーディスト（jihadist）とも呼ばれるとしている［Darghouthy 2011: 62-63］。

以上のようなイスラミストに反対する人びとについては、現地ではモダニスト（近代主義者）、セキュラリスト（世俗主義者）、リベラル（自由主義者）などの言葉が使われていることが多い。ただし、ナフダ党の幹部らは自らをモダニストであると自認しており、また政教分離をも容認するという立場をとるという点ではセキュラリスト（世俗主義者）とも重なり合うところがある。そのため、ここではイスラミストの対抗勢力の人々を、とりあえず「リベラル派」と分類しておくが、これらの人々はイスラーム教徒であっても、自らの信条のみを排他的に正しいとすることなく、多様な価値観や政教分離を支持し、政治・法分野へシャリーアの適用に反対し、自由や人権の価値を尊重する人びとで、左派勢力の共産党員やまた宗教に無関心である人々や無信仰者や棄教者などをも含むものとしておく。なお、これらはあくまで理念上の分類であり、実際には境界が曖昧であることや状況によって個人の思想が変化することも充分あり得る。[19]

なお､法学者のベンアシュールは､こうした政治的対立勢力を表す語彙としては､さらに世俗的（madanī）／宗教的（dīnī）、世俗主義的（'almānī）／神権政治的（tiuqrātī）、政教分離的（laïkī）／原理主義的（'uṣūlī）という対語があるとしている。また両者の関係は、常に対立や敵対ばかりでなく、交流や連携、相互に影響し合うこともあり、例えば、「左派のイスラーム化（salamatu al-yasār）」や「イスラームの左派化（aysaratu al-Islām）」という動きもみられるとしている［Ben Achour 2012: 6］。

ナフダ党党首ラーシド・ガンヌーシー（在日チュニジア大使館提供）

ただし、ナフダ党党員やその支持者たちに関しては、そのなかに上記のサラフィストやジハーディストと呼ばれる人々も多く含まれており、ナフダ党自体も支持者獲得のために、これらの過激派のイスラミストを取り締まるよりも、自らの陣営へと引き込み、それを勢力拡大に繋げようともしていたことも事実である。

そして、ナフダ党党首のラーシド・ガンヌーシーがサラフィストらに向かって「私の子供たち mes enfants」と呼んで話しかけるビデオ映像は、二〇一二年になって多くの論争を巻き起こすこととなった[20]。そのようなビデオの一つのなかで、ガンヌーシーはサラフィストたちに次のように訴えていたとされる。

われわれは、一年のあいだに地下から政権の座へと昇りつめることとなった。われわれはこの資産を完全なものとするため、NGOや学校を通じて国中を占拠していかなくてはならない。全ての場所を！である［…］。今や、われわれは、一つのモスクをもっているのではない。われわれは宗教省を持っている。われわれは一つの店をもっているのではなく、国家を持っているのである。したがって、あとは時間の問題である。今日、あなた方、サラフィストの兄弟たちよ、あなた方はすでにモスクを掌握している。ラジオ局、テレビ局、そして学校を作りたい者がいれば、それを作るがよい［Beau et Lagarde 2014: 80］。

革命後は、実際に、それまでみられなかった多くのイスラミストたちの姿が目立つようになり、モスクの周辺には、イスラーム関連の書籍や礼拝マットや数珠や香・香水などの宗教グッズを販売する露店が多く建ち並ぶようになるなど、町の景観までもが変わっていくことになった。

〈聞き取り〉イスラミストに恐怖を感じると話すムスリムの女性

私はムスリムですが、それでもイスラミストをみると、とても恐怖を感じます。今では 車を運転する時に、暑くても窓を開けて運転するようなことはしないように気を付けています。私のように半袖の服を着ている女性には、イスラミストが硫酸をかけたりし兼ねないからです。町の様子も、革命後、ナフダ党が政権を取ってからはすっかり変わりましたよ。以前のチュニジアは寛容なイスラームの国でしたから、ラマダーン月でもカフェやレストランのなかにはシャッターを半分降ろして、なかで営業をしているところもよく見られました。でも、今は、そうした飲食店は全くなくなりました（開発ＮＧＯの代表、女性、六一歳、ＮＧＯの事務所にて、二〇一二年八月二四日）。

〈聞き取り〉イスラミストから暴力を振るわれたパンタロン姿の女性

先日、私はパンタロンを履いて外出しました。そしてタクシーを降りたところで、後ろから来たイスラミストの男に背中を思いっきり棒で殴られました。もちろん、すぐに走って逃げました。背中には未だにその痛みが残っているほどです。でもだからと言って、私は絶対にヴェールを被ったり、イスラーム服のロングドレスなんか着たりしません。そんなことをしたら、彼らの思うつぼ、彼らの言いなりになって負けたことになりますから。脅されても、私は絶対に拒否します。ですから今日も普段どおり、半袖の服を着ています。

昨夜も、この町のあるホテルが、アルコールを販売しているという理由で三〇〜四〇人ほどのイスラミストに襲撃されたんですよ。そのレストラン・バーだけでなく、ロビーや室内や庭も荒らされて、放火されたんです。彼らは、その上、金品までいろいろ盗んで逃げたそうです。彼らは本当に汚い（musakhkh）人たちなのです（看護師養成学校の女子学生、二三歳、シーディ・ブーズィードの路上で、二〇一二年九月四日）。

〈聞き取り〉さまざまなイスラミストに困惑する市民

髭を生やし、イスラーム服を着ているイスラミストのなかには、本当に篤い信仰心をもっていて、正しい行いをしている人たちもいます。私の友だちのなかにもそういう人がいます。ところが、同じように髭を生やしてイスラーム服を着ている者のなかには、暴力をふるい、イスラームについての知識もないのに威張り散らしているだけの者もいます。われわれが困ってしまうのは、一見しただけでは、穏健なイスラミストか過激なイスラミストなのか、区別がつかないことです[21]。これは本当に大きな問題（mushkila kabīra）です（タクシーの運転手　男性六〇代、タクシーのなかでの会話から、二〇一二年三月三日）。

過激派イスラミストたちによる芸術家・ジャーナリストへの攻撃

自らのイスラーム解釈に基づく宗教信念のみを絶対とし、それ以外の人々を不信心者（kāfir）、背教者として攻撃し、排斥するような非寛容的言動や暴力行為が、革命後、その他にも次から次とさまざまなかたちで起こることになった。特に芸術家やメディア関係者、ジャーナリストなどはただちにその攻撃対象となっていった。

二〇一一年六月、ナディア・エルファーニー監督の映画『アッラーも主人もいらない（Ni Allah ni Maître）』が、革命後の自由を謳歌するなかで、チュニスの中心部アフリカ・ホテルに隣接したシネマ・アフリカールで上映されていた。この映画は同監督の二〇一〇年制作の『ライシテ、インシャアッラー（Laïcité, Inch'aallah）』の成功に続く、その続編となる作品で、タイトルのとおり、政教分離を題材にしたものである。そしてこの作品に対して、過激派イスラミストらが信仰の冒瀆を理由に、六月二六日にこの映画館を襲撃してこのフィルム上映を妨害しスクリーンを破壊し、また観客らに危害を加えようとする事件が発生したのである[Kraiem 2014: 343][22]。この映画制作を理由に、エルファーニーはその後、裁判で六件もの罪状で有罪判決を下されている[23]。

また既述のように、イラン人漫画家のマルジャン・サトラピ原作の『ペルセポリス』のアニメーション映画は、少女と姿を現した神様とが対話するシーンがあるが[24]、チュニジアの映画館ですでに二〇〇回以上も上映されたものであった。それにもかかわらず、それをニスマTVで二〇一一年一〇月七日に放映したことに対し、宗教を冒瀆したとの理由で、このテレビ局は約三〇〇人もの過激なイスラミストらの攻撃対象となった。さらにその翌週にはイスラミストらが二〇万枚もの「怒りの週」と記したチラシを配布し、一〇月一四日にはこのテレビ局の社長宅を襲撃して、放火するという事件を起こしている。そしてこうした暴力的行為に対して、反イスラミストの市民たちも立ち上がり、ニスマTV社長宅襲撃の翌々日には、数千人の市民たちによるこの蛮行への抗議デモをチュニスで開催している。

このニスマTV事件を一部記録しているドキュメンタリー映画『共通の敵』[25]のなかでは、この事件をめぐる裁判で加害者側を支援するために一〇〇人もの弁護士が付くことになったとされ、その資金拠出の裏にナフダ党やカタールの存在があることを示唆する内容となっている。さらにナフダ党連立政権下では、法務大臣にナフダ党強硬派のサミール・ディルーが就任し、法曹界までをナフダ党の権力下に取り込み、ニスマTVのナビール・カルウィ社長は、翌年二〇一二年四月には宗教冒瀆罪で二四〇〇ディナールの罰金という判決を受けることとなった。

こうしてナフダ党連立政権下では、イスラームの宗教的解釈、聖性の捉え方をめぐって、過激派イスラミストらがリベラル派を攻撃するような暴力事件が多発していくようになった。

二〇一二年の春には、チュニス郊外マルサのミルフォイユという書店の画廊で開催されていた新聞漫画展が、五月二五日に三〇名ほどのサラフィストによって襲撃されている。[26] この展覧会には、チュニジア革命を題材にした風刺漫画など、二〇人余りの漫画家の作品が出展されており、中にはフランスの賞を受賞した作品も含まれていた[Beau et Lagarde 2014: 88]。さらに同じくマルサのアブデリア宮殿（Palais Abdellia）で六月に開催されていたプラスティック芸術展も、六月一一日、サラフィスト集団によって襲撃されている。

この間、芸術家ばかりでなく、多くのジャーナリストも攻撃の対象になっていった。また国営テレビ局では、ナフダ党政権が任命した新局長が報道内容を検閲や情報統制することに職員たちが反発してストライキを実施したことに対し、イスラミストらがテレビ局を占拠し、二か月近くもそのまま局内で座り込みを続けるという事態まで発生することになっていた[Kraiem 2014: 384-385]。

過激派イスラミストによるアメリカ大使館襲撃事件

革命によって得たはずの表現の自由が、ナフダ党連立政権下では全く保障されず、さらにそれが外交問題にまで発展する事態となったのが、アメリカ大使館襲撃事件であった。この事件は、九・一一事件から一一年目の記念日に合わせて、アメリカで制作された『ムスリムの無知（Innocence of muslims）』

と題された映画をめぐって起こったものであった。その映画は一四分ほどのビデオで、カリフォルニア在住のエジプト系コプト教徒のアメリカ人が制作し、ユーチューブで出回ることになったものである。このビデオの流通を機に幾つかのイスラーム諸国でも反米デモや米国大使館への襲撃事件が起こることとなったが、[27]チュニジアでも二〇一二年九月一四日に、過激なイスラミストらがデモの後、米国大使館に押し寄せ、チュニジアの治安部隊によるイスラミストの乱入阻止や催涙弾での応酬にも関わらず、駐車されていた十数台の自動車に放火した後、窓ガラスを割って大使館内に乱入し放火した上、さらに隣接のアメリカンスクールを襲撃し放火した。イスラミストらはまた、大使館の米国国旗を降ろしてサラフィストの黒旗を掲揚し、さらに壁には「お前たちはビンラーディンを殺した。しかし、われわれはみなビンラーディンだ」と書き残していったとされている。この事件では、四人の死者と二八人の負傷者を出すこととなった［Kraiem 2014: 437-440］。

大学キャンパスでのイスラミストによる座り込み

イスラミストとリベラル派とが二極化し、激しく対立することとなったもう一つの空間が、大学のキャンパスであった。社会学者のザミティは、「民主化移行期における対立は、権利の有無をめぐる対立ではなく、本質的に世俗主義（政教分離）化か再イスラーム化かのその支持者同士の対立である」、とも指摘している［Zamiti 2012: 24］。

二〇一一年一〇月、カイラワーン大学とスース大学ではサラフィストの学生がキャンパスに無断で乱入して騒動を起こす事件があったため、スース大学では女子学生のニカーブ着用を禁止する措置を講じていた。[28]これに続いて、翌一一月にはチュニス大学の文学・芸術・人文学部のマヌーバ・キャンパスでも、サラフィスト学生らが、大学当局にキャンパス内の礼拝室開設と女子学生のニカーブ着用の許可という二つの要求を提出してきた。実際にはイスラミストの学生は全体のなかでもごく少数であったとされる。この要求に対して、学部長のハビーブ・カズダグリー（Habib Kazdaghli）と事務局長らは、会議で検討した結果、治安上の理由と教育上の配慮からいずれにも応じられないとした。それに対して、一一月二八日にはイスラミストの学生を加勢するために学外から顎鬚のサラフィストら三〇人余りが大学構内になだれ込み、学部長室前のホールを占拠する事態となった。さらにサラフィストらは、大学側がそれを認めるまでは立ち退かないとして座り込みを始め、一般学生たちへの授業妨害も発生し[29]、その占拠は半年余りにも及ぶこととなった［Kariem 2014: 342-3353］。

このサラフィスト集団を指揮していたムハンマド・バフティは、二〇〇七年に軍との衝突で逮捕され、一二年の禁固刑を言い渡されていた人物で、二〇一一年三月に出所したばかりの過激派の一人で、他のメンバーも似たような経歴をもつ者たちであったとされる［Beau et Lagarde 2014: 84］。共産党員でもあった学部長のカズダグリーは、この件では一歩も譲ろうとせず、またサラフィストの学生とリベラル派の一般学生たちとのあいだでも小競り合いも起こり、結局、一二月六日にはキャンパス一時閉鎖を決定し、八〇〇〇人の学生たちが自宅待機することとなっている。その間、話し合いでサラフィストらがキャンパス内で座り込みを継続する許可を与えている［Beau et Lagarde 2014: 84-85］。当時、このキャンパスに通っていた学生の一人は、「マヌーバ・キャンパスは、チュニジアのファルージャとも呼ばれるほど、両者の対立は激しかった」と述べている。[30]

二〇一二年一月に入り、全国の大学の学部長たちが教育科学諮問委員会とともにスースで会合を開催し、ナフダ党連立政権に対して抗議する声明文を発表している。最終的には二月に入り、裁判所の仲介があり、女子学生のニカーブは、大学キャンパス内の廊下での着用は許可されるが、教室内とまた試験期間中は禁止されることとなった［Mellakh 2013］。

イスラミストとハーレム・シェイク

チュニスのミッション系の高校でハーレム・シェイクを踊る生徒たち（2013年3月のインターネットサイトから、注33参照）

同じようなイスラミストとリベラル派との対立や衝突はその後も続き、二〇一三年の二月～三月にかけては、ハーレム・シェイクというダンスをめぐって大学生や高校生たちのあいだで再発することとなった。このダンスは、アメリカ・ニューヨークのブルックリン・ハーレムが発祥地とされる、自由で奇妙な体の動きをするもので、[31]革命後の自由な表現様式としてユーチューブを通じて男女を問わず高校生や大学生のあいだに広がり、ナフダ党政権下の重苦しい社会政治情勢下で、その反動としてもブームとなった。チュニスではメンザ六区にあるミッション系の高校の生徒たちのあいだでそのパフォーマンスが始まり、チュニス大学やスース大学、スースの高校、マフディーヤ、スリマーン、さらにシーディー・ブゥズィード近郊のルゲブやまたケフの高校でも生徒たちが奇抜な衣装や故意にイスラーム服を着て踊り、それを撮影してフェイスブックで発信するという動きが流行した。

この動きに対して、アブデルラティーフ・アビード教育相は、[32]

二〇一三年二月二四日にラジオ放送を通じて、ハーレム・シェイクを倫理的観点から行き過ぎた行為として批判し、またスースとマフディーヤの高校ではハーレム・シェイクを踊ろうとした高校生を警察官が催涙弾を使用して取り締まるということまでが起こった。また政府のこうした方針に乗じて、ケフのリセではサラフィストらが高校に侵入し生徒らに危害を加えようとする事件も起こり、ハーレム・シェイクというダンスをめぐって賛否両論、世論を二分する議論が巻き起こることになった[33]。チュニス大学マヌーバ・キャンパスでは、ハーレム・シェイクを踊ろうとした学生たちの前にサラフィストの学生集団が現れて乱闘になる騒ぎも起きている。

こうしたダンスを表現の自由として支持する者たちからは、サラフィストが大学や高校の校門前にテントを張って宣教活動をすることにはナフダ党政権が全く取締りをしない一方、ハーレム・シェイクだけを取り締まり、警察官が学生を拘束・連行するのは不当だと抗議する声も多く挙げられることとなった。男女がともに自由に踊るハーレム・シェイクのダンスは、こうして単に表現の自由に留まらず、ナフダ党の狭隘な宗教理念への批判、そして政権への抗議形態としても政治化していくことになったのである[34]。

このように革命後にはイスラーム的価値観や倫理観をめぐって、学生のなかでも二極化する傾向がみられ、二〇一四年に入ってからも、三月にはカイラワーン大学ラッカーダ・キャンパスで、リベラル派のチュニジア学生連盟のスタッフたちとイスラミストの学生集団が衝突し、多数の負傷者が病院に搬送された[35]。双方とも相手側がナイフと有毒ガスなどで襲撃してきたと主張したが、イスラミスト学生集団リーダーが当時のナフダ党のラライエド暫定政府主席の息子であったことから、この事件は再び波紋を呼ぶこととともなった。

過激派イスラミストによる聖者廟の破壊や放火

このような過激なイスラミストらによる暴力や破壊行為は、市民の日常生活のなかではアルコールを販売しているバーやホテルなどにも及んでいったほかに、[36] チュニジアの宗教文化遺産である数々のイスラーム聖者廟にまで及ぶことになった。イスラミストたちは、神の唯一性（tawḥīd）の信仰を理由に、聖者崇拝やその墓廟への参詣はその唯一神信仰からの逸脱（bid'a）であると見なす。しかしチュニジアの宗教文化伝統では古くからこうした聖者信仰などをも容認する寛容さを示してきており［鷹木 2000］、一九世紀にはすでにチュニジアの宗教指導者たちは、聖者廟などをビドアだと見なすワッハーブ派の教義を批判し拒絶していた。

モナスティールのブルギバ大統領の霊廟内のサラフィストに襲撃された資料館（写真は修復後、2015年5月）

こうした聖者廟の破壊や放火事件は、ナフダ党連立政権下、二〇一二年四、五月ごろから急速に増加していき、チュニジア南部のジェルバやガベス、メルレーシュやマトマタなどでも発生し、またモナスティールでは、ブルギバの墓廟も襲撃破壊の対象となった。国立遺産局の局長によれば、二〇一三年一月までに七〇ヵ所にも及ぶ宗教的歴史文化遺産が破壊や放火の被害にあったとされている［Kraiem 2014: 420-421］。こうした被害にあった一連の聖者廟のなかには、以下のようなチュニジアの歴史文化財として貴重な名所旧跡も含まれていた。

チュニス郊外に祀られている女性聖者のサイーダ・マヌービーヤ（Saīda Manūbīya H.665/A.D.1267年没）の廟は、女性たちが縁結びや子授けや病気治しなどの祈願に、また結婚や出産などの人生儀礼の折々にも訪れる、庶民に最も親しまれている参詣所の一つである。サイーダ・マヌービーヤは実在した女性イスラーム神秘家で、シャーズィリー教団の開祖アブー・ハサン・シャーズィリーの弟子でもあり、チュニジア宗教史を語る上でも重要な人物である［Brunschvig 1947 Tome II: 329-330］。この廟も、二〇一二年一〇月一八日にサラフィストらによって襲撃放火され、建物の歴史的な内部装飾や聖者の棺、さらに年代物の多くの『コーラン』までもが焼失することとなった。

〈聞き取り〉サイーダ・マヌービーヤの廟の管理人の話

サイーダ・マヌービーヤは一三世紀に生きた女性のスーフィーで未婚でしたので、子供はおりませんでした。私たちの家族は、彼女の子孫ではありませんが、代々、この廟の管理を行ってきました。一〇月一八日の午前三時頃でした。中庭の屋根の上からロープ伝いに十数人の若者たちが廟に入り込んできたのです。その時、廟のなかには参詣に来て、そのままここに宿泊していた女性たちもいたのですが、それらの女性たちに「逃げろ」と言った後、そこら中に油を撒いて火を放ったのです。

彼らは顎鬚をはやしておらず、身軽で一八〜一九歳くらいの若者のように見えました。おそらく、失業中の不良連中などが金で雇われて犯行に及んだのでしょう。もちろん、誰がそんな金を支払ったかはわかりません。焼失した聖典『コーラン』は、銀の箱（銀箔で覆われた木箱のこと）に保管されていたもので、約一三〇冊にも及びました。その中には今では高い金を支払っても、とても買い戻せないような古くてとても貴重なものもあったのです。とても大きな損失でした（サイーダ・マヌービーヤ廟の管理人、男性四〇代、廟内で、二〇一三年二月二二日）。

さらに続いて観光名所としてもよく知られるチュニジア郊外の高台にあるシーディ・ブーサイード（'Abū Saʿīd al-Bājī　H.628/A.D.1231没）の廟も、二〇一三年一月一二日に放火されている。この事件の数日前には、マルサにあるシーディ・アブデルアズィーズ（'Abdal-'azīz al-Madyān）廟もサラフィストらによる襲撃の被害にあっていた。[37] シーディ・ブーサイードは、シーディ・アブデルアズィーズとほぼ同時代の人物であり、またチュニスの高台に祀られているシャーズィリー教団の開祖シーディ・アブー・ハサン・アリー・シャーズィリー（Abū Ḥasan ʿAlī Shādhilī H.656/ A.D. 1258没）とも生前親交があったとされ、これらの神秘家たちは一二～一三世紀のチュニジアのイスラーム思想史を彩った重要な人物で［Brunschvig 1947 Tome II: 322-323］、そうした人物に関わる歴史文化財が焼失することとなったのである。

シーディ・ブーサイードの廟は、一月一二日土曜日の日没の礼拝後、人々が立ち去った後のことだったとされ、廟内のほとんどが焼失し、その中には歴史的手書き文書など宗教的に貴重な文献資料も含まれていたとされる。これに対しては、ユネスコ関係者からも非難声明が出された［Kraiem 2014: 422-423］。

それまで、相次ぐ宗教的な歴史旧跡の破壊や放火に対して、ほとんど沈黙を守ってきたナフダ党ガンヌーシー党首も、シーディ・ブーサイード廟の放火事件については、さすがに非難声明を出し、遺憾の意を表したが、サラフィストたちの犯罪ではないとして彼らを擁護もしたのである。[38] そして現地を視察と慰問に訪れた際には、この町の人々からの抗議と「デガージュ」の罵声で迎えられることとなった。[39]

ただし、こうした聖者廟の破壊放火事件について、リベラル派らがサラフィストやナフダ党を非難する一方で、ナフダ党支持者のなかには、次のような全く異なる見解を主張する者もいる。

過激派イスラミストらに放火されたシーディ・ブーサイードの廟内（2013年2月）

〈聞き取り〉イスラミストの犯行を否定するナフダ党支持者

聖者廟の破壊や放火を、メディアではすぐにイスラミストのせいだとか、サラフィストの仕業だとか言って報道していますが、イスラミストが、聖典の『コーラン』があることを知っていて、聖者廟などに火を放つことができると思いますか。みんな、ナフダ党を貶めるために行われている犯罪なのです。イスラミストが、聖典を燃やすことなど、到底できないことを考えてみれば、これがナフダに反対する人々の仕業であることは、明々白々です（NGOの元職員の主婦。女性四〇代後半、チュニスのカフェで、二〇一三年二月二七日）。

〈聞き取り〉ナフダ党のサラフィスト・ジハーディストへの慎重な対応について

ナフダ党の思想では、イスラームとモダニティ、イスラームとヒューマニズムとは、違和感なく、共存し合えるもの、両立し得るものです。ナフダ党についての誤ったイメージを是正していかなくてはならない。テロリズムや暴力的イスラームは、誤ったイスラームなのであり、それはイスラームではない。テロリズムとイスラームとを結びつけてはならない。

革命の後、トロイカ政権の前はとても不安定な時期で、テロリストらがその時期にこの国に入ってきた。われわれは、サラフィストやジハーディストがカイラワーンで集会を開催しようとした時、その許可を出しませんでした。

何故なら、彼らは非合法組織だからです。
われわれは、暴力事件や破壊行為などについて調査を始めていました。ただ、テロリスト集団として摘発する以前に、それを証明する十分な証拠を集めなくてはなりませんでした。それには時間が必要でした。そうした調査をすでにトロイカ政権下でわれわれは行っていたのです。ただ、十分な証拠もなく、テロリスト集団だと決めつけ、摘発や拘束することは、われわれもベンアリー政権に理由もなく拘束・投獄された経験があったので、慎重に合法的に対処しようとしたのです。証拠がなければ、拘束は合法とは言えないからです。われわれは、対テロ法（loi contre le terrorisme）を作りました。しかし同時に人権も尊重しなければなりません。そのバランスは非常に難しいのです。テロ容疑で拘束して、人権を侵害してはいけません。人権侵害はその家族にまで影響が及ぶからです。本当に犯罪を犯した場合は、法の下で裁きを受けなくてはなりません。ただし、犯罪者であっても、拷問をしてはいけない。拷問とは、国家によるテロリズムということができるからです。テロリズムの対処に、もう一つのテロリズムを行使してはいけない。それでは問題の解決には至らないのです（アブデルカリーム・ハルーニ元大臣、ナフダ党本部の執務室で、二〇一五年三月一三日）。

こうしたナフダ党幹部らが語る真っ当とも言える理念とイスラミストらによる実際の暴力行為とには大きな乖離があり、ナフダ党連立政権はその発足から一年が過ぎる頃には、その民主化の緩慢さに加えて、こうした暴力事件の増加もあり、ナフダ党に投票した市民らからも失望や批判の声が多く聞かれるようになっていった。そしてイスラミストとリベラル派の対立は、憲法草案をめぐる議論のなかでも同時並行的に多所的に繰り返されていったのである。

第3節　憲法草案におけるシャリーア・ジェンダー・人権をめぐる論争

ナフダ党は、制憲議会選挙を最初に行うことを主張していたが、実際には選挙の以前から自ら憲法草案に向けての作業などを準備していたわけではなかった。またナフダ党連立政権の発足後には、チュニジアを代表する憲法学者イヤッド・ベンアシュールを長とする高等機構での作業蓄積やその人材を活用することもしなかった。

シャリーア採用賛否をめぐる対立と論争

ナフダ党は、選挙活動中は、世俗派の人びとを刺激しないようにシャリーアに言及することは控えていたが、制憲議会が開始されるや、二月にはナフダ党の強硬派議員サハビー・アティーグや元党首のサーディク・シュールーなどがシャリーアを憲法の基本的法源とするという一文を入れることを強く主張し始めていた［Chouikha et Gobe 2013:393］。さらにこの教条主義者は、『コーラン』の食卓の章にある一節をそのまま採用し[40]、死刑や磔刑、手足の切断を刑法に採用することも示唆していたとされている［Ben Achour 2012: 7］[41]。

これは、リベラル派にとっては、チュニジアのイラン化やアフガニスタン化を招くことになるのではないかという大きな不安を感じさせるものであった。

そのため、ナフダ党が二〇一二年三月に提案した憲法へのシャリーア採用を含む憲法草案については、賛否両論が巻き起こることとなった。三月一六日、バルドーの議事堂前では、シャリーア導入に向けてサハビー・アティーグなどの強硬派ナフダ党員らがイスラミスト系諸団体を動員してそれを支持する集会を開催し、「シャリーアにはウィ！（Oui à la Charia/ Na'am lil-Sharī'a）」と書かれたパネルや横断幕を掲げて、シャリーアに基づく憲法を要求することとなった［Ben Hamadi 2012, 若桑 2013: 37-38］[42]。そして、これに対して、リベラル派の集団も、それから数日後の独立記念日の三月二〇日に合わせ、それに対抗する「シャリーアにはノン！（Non à la Charia /Lā li-Sharī'a）」と命名したデモを開催し、イスラミストとリベラル派が国を二分して張り合うことにもなったのである。リベラル派らのデモは、チュニスに留まらず、スースやスファックスなどの都市でも開催され、イスラミストの黒旗とは対照的に、チュニジアの赤い国旗が振りかざされ、国歌が歌われた。そして、スプレヒコールのなかには、「民衆はもう一つの革命を望んでいる（Sha'ab yurīd thawra min jadīd）」といった文言も叫ばれ、この日のシャリーア反対デモには、二万人とも五万人とも言われる市民が参加したとされている［Ben Hamadi 2012］[43]。

ナフダ党による憲法草案では、第一〇条において、「シャリーアは立法の本質的な源であり、ファトワ高等委員会（Majlis 'Ālī li-Iftā'）が、さまざまな法のシャリーアとの一貫性についての点検監督を担当する」ともされていた。これについては、憲法学者で高等機構長でもあったベンアシュールらが、シャリーアがその時々の政権の自由な解釈に委ねられることに大きな懸念を表明し、少なくともチュニジアが世俗国家、政教分離の国家である一文を加筆すべきだと提案したが、強硬派はこれを拒絶していた［Chouikha et Gobe 2013: 392-393］。

しかし、リベラル派たちの猛反対の動きもあり、最終的にはナフダ党の協議会（Majlis al-Shūrā）において、憲法にシャリーアの文言を盛り込むか否かの協議の結果、三月二五日には、シャリーアの文言は憲法には盛り込まず、一九五九年憲法の第一条をそのまま残すことで妥協するということになった。ガンヌーシー党首は、憲法の第一条には「チュニジアは自由独立の主権国家である。国の宗教はイスラームであり、またその言語はアラビア語、その政体は共和制である」と明記されていることから、「チュニジアの宗教はイスラーム」という文言に全てが網羅されていると述べて、シャリーアの文言は憲法には明記しないとし、リベラル派らの意見に譲歩することとなった。これによって、政教分離（laïcité / ʻalmānīya）という点に関しても、合意事項とみなされることになった。この政教分離という問題はイスラミストにとっては最大の関心事であり、ナフダ党政権側にとっても扱いの難しい問題であったが、ガンヌーシー党首は、この点については、エジプトのアブデルワッハーブ・ミスリー（ʻAbd al-Wahhāb Miṣrī）の解釈を援用して、憲法の第一条に基づけば、それは「完全なる政教分離（ʻalmānīya kāmila）」ではなく、「部分的な政教分離（ʻalmānīya juzʼīya）」、あるいは「手続きとしての政教分離（ʻalmānīya ijrāʼīya）」であると考えられるもので、容認可能なものであるとする見解を示したとされている［Ben Achour 2012: 7］。こうして実際には二〇一二年の三月の時点で、政教分離とシャリーアの問題はほぼ解決されたものとなっていた。

このシャリーアに関する議論をめぐっては、ナフダ党内でもハト派とタカ派とのあいだで対立があったとされる。ハビーブ・エルーズ、サーディク・シュールー、ハビーブ・ハドルらはシャリーアの採用が民主主義や自由や男女平等と矛盾することはないと強硬に主張したが、最終的にハト派の主張が優勢となり、一九五九年憲法の第一条が、そのまま維持されることとなった。しかし、ガンヌーシー党首は、その後、タカ派の党員にも配慮するかたちで、「シャリーアがチュニジアから去ることはない。今日、われわれはその復興を主張するのである」とも述べたとされている。またガンヌーシー党首は、「チュニジアの法は、九〇％以上がイスラーム法に着想を得ているものである。ただ、ベンアリー体制に対する革命はシャリーアの採用を目的としたものではなかった。われわれは上からの社会のイスラーム化には反対の立場をとる。

もし人々がシャリーアの採用を望む日がきたならば、その時に憲法を改正すればよいのだ」と述べたとされている［Kheffi 2012］[44]。

このように、ガンヌーシー党首の発言は時に両義的で、どちらとも受け取れることや玉虫色に変化することも多く、そのため「今日述べたことを、明日には翻す」とか、また反対陣営からは「二枚舌」だと批判されることも多くなっていった。

こうして憲法にはシャリーアの文言は盛り込まないことが一旦決定されたが、その後もさまざまな事項をめぐって、独自の宗教的解釈を施すイスラミストたちと、またそれに反対するリベラル派の人たちとのあいだで、攻防と対立が続いていった。

憲法をめぐるジェンダー論争

次に争点となったのは、男女平等と男女の補完性に関する、言わばジェンダー論争であった。二〇一二年八月に公表された新憲法草稿（musawwada）の第二版の第八条では、「国家は、女性の権利を保護し、その既得権利を保障する。女性は、家族においては男性を補完し、国家建設においては男性の本来的パートナーである」とされていた。このなかの特に男性との補完性という点に対しては、フェミニストばかりでなく、女性の権利を支持擁護する人々からも直ちに異議が出されることとなった。チュニジアの代表的な女性市民団体「チュニジア民主女性協会（ＡＴＦＤ）」や「チュニジア人権擁護連盟（ＬＴＤＨ）」、また民主化や憲法に関する監視活動をしているＮＧＯ「クッルナー・トゥーネス（Koullna Tounes：われわれはみなチュニジア人）」や「ドゥストールナー（Doustourna：われわれの憲法）」といった市民団体も反対を表明することとなった。そして二〇一二年八月一三日の「女性の日」、すなわちチュニジア独立後に女性の権利と地位を大きく改善した家族法（Le Code du Statut Personnel）の制定記念日には、ブルギバ通りで九〇〇〇人ともされる人々が参加して大規模デモが開催され、その後、制憲議会議事堂前でも集会が開かれ、完全な男女平等の権利を制憲議会に要求することとなった［Chouikha et Gobe 2013: 393-394］。

ナフダ党ラーシド・ガンヌーシー党首は、デモ参加者に向けて、「男女の補完性は本来的概念であり、すなわち女性なくして男性はあり得ず、男性なくして女性はあり得ずという関係のことであり、これは平等の意味に対する追加の意味でもある」と主張し、「こうした政治論争はナフダ党を貶めようとする意図によるもので、決して譲歩しない」と表明した。これに対して、ナフダ党のジバリー首相は、党首とはやや距離をおき、「男女平等に関しては、すでに解決済みの事項であり、これを政治目的で利用することがあってはならない」と述べた。しかし、この声明もデモ参加者の女性やその支持者たちを納得させるものとはならず、デモから反対の署名活動へと発展していき、それはさらにグローバル・オンラインコミュニティのAvaazを通じて、三万人の署名を集めることとなったとされている［Charrad and Zarrough 2013］。そしてこうしたリベラル派の市民による猛反発や反対運動もあり、この男女の補完性という文言についても、最終的には削除されることとなった。

〈聞き取り〉

女性の問題については、われわれナフダ党も、ベンアリー政権期から男女平等ということについては賛成していました。ただ、実際の家庭をみれば、男女が相互に助け合っていることは明らかで、相互に補完し合っている。平等のうえで、男女は補完し合っているというのがわれわれの主張でした。しかし、その点を十分理解してもらえず、反対勢力はその「補完性（Complémentarité）」という言葉だけを取り上げて、われわれを批判したのです。選挙でのパリテ法についても、われわれはこれを歓迎し、制憲議会でも女性議員の割合が最も多かった政党はナフダ党ですよ。ナフダ党の女性議員の中には、ここ十数年間、教育や就職で不利な立場におかれてきた人もいます。そうした女性が、自ら議員になり、女性たちのために活躍していることは、素晴らしいことだと思います。

ただわれわれは、チュニジアの女性については、まだまだ多くのことを成し遂げなくてはなりません。男女平等という法はあっても、現実とは落差があり、また都会の女性と田舎の女性の境遇も大きく異なります。地位や給料も、実際には女性が男性よりも不利な状況にあることも理解しています。チュニジアの女性については沢山のことが言葉では表現されてきていますが、それに現実が伴っていない。今後はその双方を一致させていく必要があるのです（アブデルカリーム・ハルーニー元大臣、ナフダ党本部の執務室で、二〇一五年三月一三日の聞き取り）。

聖物冒瀆罪・人権をめぐる論争

二〇一二年八月提出の新憲法草案の第二八条においては、ナフダ党は宗教や聖物の冒瀆罪の法制化を目指し、「国家は、信教の自由と宗教儀礼実践を保証し、宗教の聖なる価値を冒瀆する全ての行為を処罰する」としていた。具体的にその宗教の聖なる価値とは、「神、預言者たち、聖典、預言者ムハンマドのスンナ、キリスト教教会、シナゴーグ、また神と預言者ムハンマドの具象化」と定義されていたとされている［Chouikha et Gobe 2013: 393-394,403］。

そして、これをめぐってもイスラミストとリベラル派のあいだで大論争が巻き起こり、そもそも聖物冒瀆罪については、「表現の自由」を保証していることや第四条の「国家は、信教の自由と宗教儀礼実践を保証し、全ての宣教とその場所に対しては中立性を保持する」という条文とも矛盾することになるため、憲法学者や人権団体また野党からの反対意見が相次いだ。そして最終的に同年の一二月の新憲法の草稿では、この聖物冒瀆罪に関する部分は削除されることとなった［Chouikha et Gobe 2013: 393-394］。

翌二〇一三年四月二二日、新憲法草案の第三稿が公開された。この草案に関しては、そのなかの「人権」や「自由」の概念をめぐって、チュニジア文化の特性を踏まえた概念かあるいは『世界人権宣言』における と同様の普遍的人権概念かという点での論争が再び繰り広げられた。この草案では「人権」や「自由」の概念については、「イスラームの真価（thawāb）という究極目標とチュニジア人民の文化的特性に基づく」ものとされていたことから、市民社会からも反対意見や修正の要請が相次いだ。特に「チュニジア憲法権利協会（ATDC: Association Tunisienne de Droit Constitutionnel）」「民主化移行調査協会（ARTD: Association de Recherché sur la Transition Démocratique）」といった市民団体は、この憲法草案についての円卓会議を開催して、さまざまな批判とまた法的欠陥や矛盾点、専門語彙に関する疑問点や修正案などを指摘・提案することとなった。ナフダ党議員からは、人権や自由に関してチュニジアの文化的特性を踏まえた概念とした点については、「チュニジア人の多くが拒否する同性婚に反対するためのものだ」という、苦し紛れの釈明もあったとされるが、しかし最終的にはこのチュニジアの文化的特性とする箇所についても削除されることとなった［Gobe et Chouikha 2014: 307-308］。

こうしてナフダ党連立政権下での憲法起草過程においては、イスラミストとリベラル派との対立や攻防が続き、そのなかで妥協点を見出し、合意形成をしていくことは容易ではなく、市民社会も巻き込みながら、完成予定日を大幅に過ぎることとなった。

第4節 野党党員の暗殺とカルテット仲介による「国民対話」

制憲議会の開催後、多くの政党で離党者や他の党へ移籍する議員などが相次ぐなかで、ナフダ党からは離党者が出ず、その点ではナフダ党が結束の強さをみせ、それをまた勢力拡大路線にも繫げていた。ナフダ党勢力下で二〇一二年の春頃までにあたかもその武力集団組織のようになっていた「革命保護連盟（LPR）」は、芸術家やメディア関係者やジャーナリストばかりでなく、政治的反対勢力や野党に対しても襲撃などの暴力事件を起こすようになっていた。

革命保護連盟による暴力事件の多発化

既述のようにこの「革命保護連盟」は、もともとは市民のあいだで自発的に形成されていた「革命保護委員会」と呼ばれていたものであったが、ナフダ党政権下でその組織名を改称しただけでなく、サウジアラビアやクウェートなどの湾岸諸国からの大量の援助資金を得て、活動するようになっていった［Kraiem 2014: 355,364］。そしてこの革命保護連盟が起こす暴力や実際の襲撃事件に対しては、ナフダ党もまたトロイカ体制も、当初、積極的に取締りをせず野放し状態にしていた。

二〇一二年四月二一日、NGOの「ドゥストゥールナー（私たちの憲法の意）」のジャウハル・ベンムバーラク代表は、ケビリ県の村スークルアハドで、大卒失業者の組織集団と共に開催していた会合で、サラフィスト集団に襲撃され、危うく殺害されそうになる被害にあっている。

また七月一二日には、ベンアリーの政敵であった大物政治家で、制憲議会議員となったアフマド・ナジーブ・シェービーも、地方遊説中にガディマウという町で一〇人ほどのサラフィスト集団に襲撃されている［Kraiem 2014: 362］。こうした襲撃事件や活動妨害事件は、大小さまざまであるが、反対勢力の活動家や政治家、それらの組織に頻繁に為されていた。

ナフダ党連立政権発足後、度重なる過激派イスラミストによるこうした暴力事件の広がりに、社会に不安や苛立ちが充満し始めるなか、一つの大きな対抗政治勢力となるモダニスト政党が、二〇一二年六月一六日に、第二臨時政権の元首相ベージー・カーイドエッセブシーによって結成された。「ニダー・トゥーネス（チュニジアの呼びかけ）党」と名付けられたその新政党は、UGTTがすでに提唱していた「国民対話（Dialogue nationale/Ḥiwār Waṭanī）」を支持するかたちで、過激主義と暴力を拒否し、あらゆる政治勢力や知識人を結集して立ち上げられた政党でもあった。

カーイドエッセブシーは、平和的政権を約束することなしに民主主義の実現はあり得ないと主張し、多様なイデオロギーの政治勢力にも配慮し、柔軟かつ寛容な姿勢をとることを表明した。またこの政党はチュニジアが過去五〇年間経験してきた蓄積を踏まえつつ、モダニスト的な見解を重視する民主主義を推進するとし、ニダー・トゥーネス党の五原則として、次のような点を明確に打ち出した。①民主的かつ社会主義的な国家づくり、②国内の多様な勢力間の合意形成を目指すこと、③若者の教育と雇用政策の重視、④低開発地域の開発促進、⑤地域経済の政策を世界経済のそれへと統合していくこと、という五点である。カーイドエッセブシーというカリスマ的政治家への期待もあり、またこうした明確な政治的方針を示したこともあり、世論調査でこの新党はただちに二五～二八％という支持を集めることとなった［Chouikha et Gobe 2013: 385-386］。

そのため、この新党結成は、ナフダ党をはじめトロイカ政権の他の二党にとっても、脅威を感じさせるものであった。そのことから、カーイドエッセブシーが旧政権政党RCDの党員であったという理由から、制憲議会議員のなかでこの新党ニダー・トゥーネス党へ移籍した議員は、制憲議会への出席を許可しないという措置まで講じられたのである。さらに同年一一月には、ナフダ党とマルズーキー大統領の政党CP

Rが、「RCDの幹部であった人物は、今後一〇年間にわたり、政治機構や行政機関の役職選挙には立候補できない」とする法案を提案し、カーイドエッセブシーの次期選挙への立候補を阻止しようと試みたとされている［Chouikha et Gobe 2013:386］。

そしてそれに先立つ二〇一二年一〇月一八日には、ニダー・トゥーネス党がタタウィーンでこの地域の農業漁業組合連合と共催していた集会に対抗して、「革命保護連盟」のサラフィスト集団がデモを組織し、双方が衝突することとなり、ニダー・トゥーネス党の地域責任者ロトフィ・ナグドが殺害されるという事件が起きている。カーイドエッセブシー党首は、「これは革命後に起きた最初の政治的暗殺事件だ」と非難し、「暗殺者はナフダ党に属する者だ」とナフダ党と連立政党のCPR党首マルズーキー大統領の責任を指弾することとなった［Benjamin 2012］[45]。この事件の後、一般市民からも、「革命保護連盟」がナフダ党政権の武力組織と化していることに抗議と憤りの声が上がり、「革命保護連盟」の解体要求のデモも起こっている。

ナフダ党連立政権は、チュニジア最大の市民組織である労働総同盟UGTTに対しても、反政権勢力と見なして、攻撃の対象としていった。UGTTは、チュニジアの歴史のなかでは単なる労働組合以上に、政治的な運動にも関与してきた、その意味では特異な組織である。

チュニジア革命後、さまざまの場所でストライキや座り込みなどの要求活動が起こっていたが、それら全てがUGTTの呼びかけによるものではなかった。ゴミの収集清掃作業員らもナフダ党連立政権のジバリー首相に対し、その劣悪な労働条件の改善を要求し、ストライキを行っていた。そのためゴミが回収されない事態が続いていたことに対して、二〇一二年二月二〇日には、UGTTの本部前にそれらのゴミが山積みにされるという事件が起きている。またその翌日二月二一日には、チュニジア中西部の町フェリアナで、イスラミストらによるＵＧＴＴ事務所の放火事件も起きている。ＵＧＴＴの組合長フセイン・アッバーシーは、ナフダ党政権の責任を追及し、また「チュニジアの将来を決定するという民主化過程からＵＧＴＴを排除しようとする現政権は異常である」と、反政府抗議デモを主催している。

ナフダ党連立政権と、ＵＧＴＴやまたその他の野党などとの対立緊張関係が続き、社会は二極化し、暴力行為はエスカレートし、社会不安を一層煽っていた。その後も、「革命保護連盟」の過激派イスラミストらによって、ＵＧＴＴへの暴力的攻撃は度々繰り返され、二〇一二年一二月四日、ＵＧＴＴの創始者フェルハート・ハーシェドの命日を記念する集会にも過激派イスラミストらが乱入してＵＧＴＴ幹部らを襲撃、約一〇人が負傷することとなっている[46]。

こうした状況下にあって、ＵＧＴＴは国家を二分するような危機的情勢の回避と、緊張緩和と国民の合意形成に向けた動きを継続していた。二〇一二年八月二八日、ＵＧＴＴを始めとする市民側の主導で、「国民対話 Dialogue National」を推進していくことを提案している。この提案にはニダー・トゥーネス党を始め多くの政党が賛同し、支持を表明したが、しかしトロイカ連立政権側からは、何らそれに応える動きがみられず、この時点ではＵＧＴＴは全国弁護士会とチュニジア人権擁護連盟（ＬＴＧＨ）との連名で、その提案書を提出するにとどまった。

そしてちょうど制憲選挙から一年目を迎える二〇一二年一〇月二三日、本来はこの日が新憲法草案の完成予定期限であったが、その作業も遅滞し、選挙日程の見通しも立たないなか、ＵＧＴＴと野党は、「国民対話」の会議を独自に開催した。しかし、こうしたなかでも「革命保護連盟」のサラフィストらによる暴力事件は後をたたず、ＵＧＴＴは一二月一三日には革命保護連盟の解散要求デモを呼びかけ、またそれにサラフィストらが対抗するデモを繰り広げるということになっている。

野党党首ショクリ・ベライードの銃撃暗殺事件

こうした社会情勢のなかで、ナフダ党政権を舌鋒鋭く批判していた弁護士で、野党「愛国民主統一党（Le Parti Unifié des Patriotes Démocrates）」党首ショクリ・ベライード（Chokri Belaid/Shukrī Bilʿīd 1964-2013）が、二〇一三年二月六日、チュニスのメンザ六区の自宅前でオートバイに乗った人物による銃撃で暗殺されるという事件が起こったのである。

ベライードは、二〇一二年には『ペルセポリス』をめぐる裁判でニスマTV社長側の弁護士を務めるなど、サラフィストらとは対抗姿勢を鮮明にしてきた。サラフィストからは暗殺事件の前から、ベライードにはフェイスブックなどを通じて脅迫や殺害予告もあったとされ、実際に暗殺の四日前には、ケフで開催されたベライード率いる「愛国民主統一党」の集会にサラフィストらが乱入して、党員ら一一人が負傷する事件が発生したばかりであった［Beau et Lagarde 2014: 95］。

弁護士でもある被害者の夫人バスマ・ハルファーウィは、直ちに事件の責任はナフダ党政権であると名指して厳しく批判することとなった。と同時に、バスマ夫人は「夫は、自由と正義と尊厳と民主主義を護ろうとした。彼の死が、これらの価値が勝利するという希望を否定することになってはならない。彼が成し遂げてきたことを少しでも壊すことがあってはならない」と訴えた。そして女性たちに、チュニジアの伝統に反することになるが、葬列へ参加するようにと呼びかけた。そしてUGTTも、葬儀の日には抗議の全国ストライキの実施を発表したことから［Beau et Lagarde 2014: 95］、事件の翌々日二月八日に行われた野党党首ベライードの葬儀は、全国的な行事ともなり、それはまた反ナフダ抗議集会のような様相を呈することとなった。この日、実際に一〇〇か所以上で、デモが行われ、またチュニス、ガフサ、スファッ

ショクリ・ベライードの政党のガフサ事務所（2015 年 6 月）

暗殺後にガフサ中心部に建てられたショクリ・ベライードの記念碑（2015 年 6 月）

ショクリ・ベライード暗殺 1 周年を記念する哀悼のポスター（2014 年 2 月）

ベライードとブラーフミー哀悼の壁の吹き付け（2015 年 6 月）

クス、モナスティールなどでは、ナフダ党事務所が襲撃の対象ともなった［Beau et Lagarde 2014: 105-106］。

第二トロイカ政権発足：ジバリーからラライエドへの政権交替

ナフダ党のジバリー政府主席は、ベライード党首暗殺の重大さを深刻に受け止め、翌日の夜に国営放送で追悼の意を表すとともに、政権運営を政党から独立したより中立的な専門技術官僚（テクノクラート）政権へ移行することを国民に表明した。しかし、このテクノクラート政権の発足についてはナフダ党内で議論はされていたものの、合意事項ではなく、党の協議会の承認もなく、政府主席が独断で声明発表をしたことから、ナフダ党内で批判が起こり、結局、ジバリー政府主席は二月一六日に辞表を提出、二月一九日に辞任することとなった。

ジバリー政府主席の辞任は、こうしてナフダ党内での対立をも明るみにすることとなった。ナフダ党内には、以前からすでに歴史的、イデオロギー的、また出身地域による消し難い対立がみられていたとされている。すなわち、海外亡命者たち／国内での投獄経験者たち、近代主義派の人々／保守強硬派の人々、そして南部出身者／チュニス郊外出身者やケフやカスリーン出身者のあいだでの対立である。そしてジバリー政府主席は、ブルギバと同じサーヘル出身者であったことから、さまざまな陣営と対話可能なより中立的人物であったとされている［Beau et Lagarde 2014: 99］。ジバリー政府主席は、民主化移行の遅れを深刻に受け止め、早くから新憲法草案作りの作業をより中立的な専門技術官僚、すなわちテクノクラートに任せることと考えていたが、保守強硬派はそれを拒否し、この対立が深刻化し、ジバリー主席の辞任へと繋がったとされている。

ショクリ・ベライード党首の暗殺以降、ナフダ党政権への国民の批判が一層高まるなかで、ラーシド・

ガンヌーシー・ナフダ党党首と同党の強硬派ハビーブ・エルーズは、こうした状況に対抗するためにイスラミストらに呼びかけ、二月一六日にブルギバ通りで「マルユニーヤ（Malyuniya：一〇〇万人の集会）」と題した大規模デモ行進を行った［Gobe et Chouikha 2014: 305］。

テクノクラート政権樹立については、多くの野党がそれを支持していた。しかし、トロイカ政権内ではまたも足並みがそろわず、タカットル党はジバリー案を支持したが、ナフダ党とCPR党はそれを受け入れず、結局、ナフダ党政権維持のかたちで、ガンヌーシー党首に近い人物、アリー・ラライエド内務大臣が政府主席に就任することとなった。ただし、政権構成人事については大きく刷新され、ナフダ党のみに偏らない、より中立的人事を図ることとなり、また評判が悪かったガンヌーシーの娘婿ラフィーク・アブデルサラーム外務大臣［Kraiem 2014: 426-428］と司法界に頻繁に介入して問題となっていた法務大臣ヌルディーン・バヒリは解任された。こうして二〇一三年三月八日にアリー・ラライエドを政府主席とする第二トロイカ政権が発足し、三月一一日にはその政権構成メンバーが発表された。またこの折には同政権下での政治的課題として、二〇一三年年末までの選挙の実施、世俗国家の保障、司法の独立性、信仰の場の中立性、女性の権利の保護と男女平等、治安維持、結社の自由などが発表・確認された［Gobe et Chouikha 2014: 306］。

しかし、この新政権も未熟さを露呈していき、第3節で述べたように、新憲法の起草作業はなおもイスラミストとリベラル派の対立と論争のなかで難航し、その政権運営は単なる政権への居座りだと、厳しく批判されるようになっている。そしてその間に過激イスラミスト集団アンサール・シャリーアの勢力は拡大、四月～五月初旬までにカスリーン県のシャンビ山岳地帯では治安部隊がイスラミストらの攻撃で一七人も負傷する事件があり、治安も一層悪化していった。そのため、五月には内務大臣がイスラミストらによる各地でのテントでの宣教活動を禁止、また五月一九日に予定されていたカイラワーンでの同集団の集会も開催禁止の措置を取っている。

ムハンマド・ブラーフミー議員の暗殺事件と「国民対話カルテット」

二〇一三年七月二五日、再び国民を震撼させる事件、野党の「人民潮流党（Courant Populaire）」のムハンマド・ブラーフミー（Muhamed Brahmi/Muḥammad al-Brāhmī 1955–2013）議員が、過激派イスラミストによって殺害されるという事件が発生した。この日は奇しくも、共和国宣言の五六周年を祝う記念日でもあった。同じく野党の人民戦線党（Front Populaire）は、直ちにトロイカ政権と制憲議会の解散を主張して、全国ストライキを呼びかけることとなった。またブラーフミー議員は、シーディ・ブーズィードの生まれで、この県の選挙区からの議員であったことから、この事件後、シーディ・ブーズィード市でも県庁が人々に襲撃される事件が発生した。

翌七月二六日には人民戦線党とニダー・トゥーネス党と他の野党や多くの市民団体も参加し、新憲法草案の完成、選挙日程の確定と準備を目標とする「救国戦線（FSN: Front du Salut National）」が結成されている。さらに七月二七日からは、制憲議会議事堂前のバルドー広場では、ラマダーン月中であったにも関わらず、[47]ナフダ党政権交代を要求する多くの市民らが集まり、そこには六〇人の議員も加わり、座り込みが開始され、それは数週間にわたって継続していくことになった。

同年二月の政治家暗殺事件に続いて起こったブラーフミー暗殺事件は、チュニジア革命後の最大の国家的危機でもあった。特にナフダ党政権にとっては、エジプトでちょうど同月の三日に起きたムスリム同胞団勢力を背景にしたムルシー政権に対する軍による「クーデター」事件は他人事ではなく、同様の政権崩壊がまさにチュニジアでも起き兼ねないという緊迫した情勢となり、それはまたチュニジア民主化革命をも頓挫させ兼ねない深刻な事態であった。

七月二九日には、UGTTがこの国家的危機を打開するために、「国民対話」を軌道に乗せることを目的とした共同宣言を発表し、さらにナフダ党政権のライエド政府主席の解任とテクノクラート政権樹立を要求した。そしてそのテクノクラート政権のメンバーは次期選挙に立候補する権利を持たないとする条件で中立的政権を樹立し、自由で透明性のある選挙を実施する環境整備をすることを提案した。

しかし、ナフダ党政権はそれをあくまでも拒否し、ガンヌーシー党首は選挙結果の自らの党の正当性を主張し、民主的体制をデモによって政権交代させることはあり得ないとし、八月三日はカスバ広場において、再びイスラミストや支持者に呼びかけ、「マルユニーヤ（一〇〇万人の集会）」の大集会を開催した。そしてこの折にはカスバ広場に集まったその大勢の支持者を前に、その集会を預言者ムハンマドのメッカ征服に譬えたともされている［Gobe et Chouika 2014: 311］。

ナフダ党政権交代を要求するリベラル派勢力も、それに対抗して、ベルライード暗殺から六か月目となる八月六日に大規模デモを組織し、そしてこの日には制憲議会のベンジャアファル議長が、UGTTの提案を尊重して、「国民対話」を開始するまでは制憲議会の審議事項を全て凍結することを発表した。こうしてナフダ党政権側とその反対勢力はそれぞれ双方とも陣営を構えて対抗したが、野党や何よりも市民団体側の粘り強い抗議活動と圧力もあり、もはや「国民対話」を全く拒否できない情勢となっていた。

加えて首都チュニスでのこうした動きの一方、七月二九日にはカスリーン県のシャンビ山中でテロリスト掃討作戦を展開中、国軍兵士がラマダーン月の一日の断食明けの食事中にテロリスト集団の攻撃を受けて、八人が殺害されるという事件も起こった[48]。これは、チュニジア革命後、最大の軍犠牲者を出した事件となり、マルズーキー大統領は、国民全員に三日間の服喪を発表した。またこの折に大統領は、政治家たちにチュニジアがテロリズムの時代に入ったとの認識を示し、一致団結して民主化移行作業を進めるように呼びかけたとされる[49]。他方、ナフダ党ガンヌーシー党首によって主催された既述のマルユニーヤ集会は、この喪中の三日間が明けた日に開催されたのであった。

二〇一三年八月二七日、ロトフィー・ベンジャッド内務大臣は、ショクリ・ベイード暗殺とムハンマド・ブラーフミー暗殺にサラフィスト集団が関与していた証拠を確認したと発表、またライエド政府主席はアンサール・シャリーアをテロリスト集団として公式認定することを発表し、ナフダ党内でもイスラーム過激派に対する姿勢はさまざまであったが、少なくともこの時点からは公的にそれらとの関係を断つこととなった。

「国民対話」を提唱するチュニジア労働総同盟（UGTT）には、以前からチュニジア人権擁護連盟（LTDH）と全国弁護士会が賛同していたが、さらに企業家の連合体である「チュニジア産業商業手工業連合（UTICA: l'Union Tunisienne de l'Industrie, du Commerce et de l'Artisanat）」がウィデート・ブーシャンマーウィ代表の下、この国民対話提唱の団体に参加することとなり、この四団体は「国民対話カルテット（Le Quartet du Dialogue National /al-Rubāī al-Rāī lil-Ḥiwār al-Waṭanī）」という市民連合組織となり、ともに政府に圧力をかけていくこととなった。UGTTは七五万人の労働者の会員を擁する全国組織であり、他方、企業家連合のUTICAは経団連にも相当するもので、企業家一五万人の会員を擁する経済的に絶大な影響力をもつ組織である[50]。従来、この二つの組織はその構成員からも敵対する関係にあったが、この国難を前にして一つの勢力として団結し、政権に圧力をかけていくこととなったのである。

チュニジア労働総同盟の本部（2015 年 10 月）
上の４名の肖像画は、右から
ムハンマド・アリー・ハンマーミー（1890-1928）
ファルハート・ハッシャード（1914-1952）
アフマド゛・ティリーリー（1916-1967）
ハビーブ・アシャール（1913-1999）

ノーベル平和賞受賞の朗報に喜ぶ組合員たち
（本部前で、2015 年 10 月）

この間、八月半ばには、ナフダ党ガンヌーシー党首とニダー・トゥーネス党のカーイドエッセブシー党首がパリで会談、八月二二日にはナフダ党が国民対話への参加を表明している。

こうして八月三〇日に、初めてトロイカ政権とカルテットの構成メンバーとで「国民対話」に向けての会合がもたれることとなった。九月一七日にはカルテットが民主化移行期と選挙までの日程のロードマップを提案し、以下の四点をトロイカ政権側に要求した。①無所属の首相から成るテクノクラート政権の樹立、政権構成員は全政党の者を可能とするが、この政権メンバーは、次期選挙には立候補する権利を持たない。②制憲議会を再開し、新憲法草案の完成期日を設定する。③次期首相の人選についての協議を開始する。④大統領選挙と国民議会選挙の日程を決定し、制憲議会臨時会議で全政党からの合意を得た上で国民に告示する。カルテット側は、憲法草案の完成を四週間以内と提示したことから、この日程についてはあまりに性急であるとして受け入れられなかった。

しかし、ナフダ党もトロイカ連立政党タカットル党からの圧力を受け、一〇月五日に「国民対話」への文書にナフダ党ガンヌーシー党首が署名し、「国民対話」が発足することとなった。その間、多くの異論も出るなかで協議の結果、政権側とカルテットの双方が妥協するかたちで、新憲法制定まではナフダ党の連立トロイカ政権下において、テクノクラート政権人事特別委員会と合意形成委員会（Lajina al-Tawāfuqāt）を開催し、作業を進めていくことになった。そして二六政党のうち、二一政党がこの「国民対話」に合流することとなり、[51]新憲法草案の作成、テクノクラート政権樹立準備、選挙日程のロードマップ決定に向けての作業が進められていくことになった。

チュニジアの「国民対話カルテット」のノーベル平和賞受賞発表のテレビ報道（2015年10月）

チュニジア人権擁護連盟のアブドサッタール・ベンムーサ会長（LTDH本部事務所にて、2015年6月）

そしてこの「国民対話カルテット」の四市民団体は、二〇一五年一〇月、チュニジアで初となるノーベル平和賞を受賞することともなった。実際にこの四市民団体が、二〇一四年一月の新憲法制定、ナフダ政権からテクノクラートのマフディ・ジュムア政権への交代、そして議会選挙と大統領選挙を経て新政権発足へと至る民主化移行の達成までの道筋を決定し、対話という平和的手段で多数の利害関係勢力の仲介役を果たした。そしてこのことは、チュニジアの民主化に多大な貢献をしたばかりでなく、中東諸国の民主化にも一つの希望をもたらしたという意味で、確かに高く評価できるものであろう。

第5章　女性たちの活発な政治社会活動

第1節　独立以降の「国家フェミニズム」と革命後の女性政策

二〇一五年度のノーベル平和賞を受賞した「国民対話カルテット」の四団体の代表の一人が、UTICAの女性会長ウィデート・ブーシャンマーウィであったように、チュニジア革命とその後の民主化移行期における女性たちの活躍ぶりには、とりわけ目覚ましいものがあった。

ベンアリー政権期に活動を禁止されていたイスラーム政党のナフダ党が政治活動を再開し、二〇一一年一〇月の制憲議会選挙で第一党となった後、既述のように新憲法の起草過程では、イスラームの解釈との関係から、「女性の権利」や「男女の関係性」をいかに憲法に明記するかが大きな争点となったため、女性たちは自らの問題として関心をもち、公共の場にも積極的に参加していったのである。

〈聞き取り〉革命の成功の要因はチュニジア女性と語る男性

チュニジア革命が、他のアラブ諸国と異なり、何とか上手くいったとすれば、それは何故か、わかりますか。それは女性たちがいたからですよ。チュニジアには、女性の弁護士や裁判官もいれば、医者や大学教授、ジャーナリストや技術者や警察官もいますよ。チュニジアの女性のなかには、タクシー・ドライバーやトラックの運転手だっていますよ。女性たちは、教育を受けてあらゆる分野で働き活躍しています。ですから、トロイカ政権の時には、女性たちは自らの既得権を奪われまいとして通りに出ていき、デモを行い、政府にも堂々と対抗しました。他のアラブ諸国ではまだまだそこまで女性たちは活発ではありません。チュニジアに女性たちがいなければ、革命が成功し得たかどうか、本当にわかりませんね（スファックス大学の生物学の教授、男性、六〇代、スファックスの友人のフォト・ジャーナリストの事務所にて、二〇一五年六月九日）。

〈聞き取り〉チュニジアの女性の教育水準の高さ

高等教育への進学率は、チュニジアでは女子生徒の方が、男子生徒よりも高いのよ。小学校でもリセでも、だいたい、クラスで一番できる子は、男子よりも女子が多いのよ。私たちの国の女性は、教育レベルが高いの！　湾岸諸国は確かに、チュニジアよりも経済的にははるかに裕福なことは知っているわ。でも、教育水準からいえば、私たち、チュニジアの方が上なのよ、特に女性の教育水準はとても高いのよ[1]（チュニジア南部の農村の主婦、三九歳、二〇一四年三月六日、女性の自宅にて）。

社会のさまざまな境遇にある人々が、以上のように語るように、女性たちは確かに、チュニジア革命の過程でも、またその後の民主化移行期においても、その折々に決定的ともいえるような重要な役割を果たしてきた。そして「革命の成否は、女性の地位が発展的方向へと改善されていくかどうか、その程度によって評価することができる」［Thabet 2014: 2］とさえ、論評されるようにもなっていた。

本章では、チュニジア革命と民主化移行プロセスにおける、特に女性たちの政治社会的活動に焦点をあて、具体的事例を挙げながら、その意義について検討してみたい。

独立以降の「国家フェミニズム」とその特徴

チュニジアにおける女性政策は、独立以降、アラブ諸国の中ではとりわけ先進的なものとして知られてきた。まず、独立と同年一九五六年八月一三日に制定された家族法（Majalla al-aḥwāl al-shakhṣīya／Le Code du Statut Personnel）[2]では、アラブ諸国で初めて、中東イスラーム諸国においてはトルコ共和国（一九二六年）に次いで、複婚（第一八条）とまた夫側からの一方的離婚（タラーク離婚）（第三〇条）が禁止された[3]。そして、これを主導したのが、当時、首相の地位にあり、一九五九年にチュニジア共和国初代大統領となった、弁護士で独立運動の指導者ハビーブ・ブルギバであった。ブルギバは、一九五八年には教育に関する男女平等の権利を法制化している。さらに一九五九年制定の憲法では、二〇歳以上の男女に等しく選挙権・被選挙権が付与されることとなっている。一九六六年にはまた、労働法のなかに公共部門における男女の雇用機会と賃金の平等が明記された。こうしてブルギバは、チュニジアの女性の権利と地位向上に多大な功績を遺すこととなった。さらに国際的なレベルでも、チュニジアは一九八五年に女性差別撤廃条約（CEDAW：Convention on the Elimination of All Forms of Discrimination Against Women）を、留保付きではあったが批准している。これは日本が同条約を批准した年と同年である。ＣＥＤＡＷは、二〇〇八年に追加条項が加えられたが、それもベンアリー政権下で批准されている。

このように独立以降のチュニジアでの女性政策や改革には、女性の権利拡大や地位向上に向けての先進的なものが数々みられたのである。しかし、その一方でこれらは国家主導のものであり、実際には女性自身の権利や福利厚生自体を尊重したものというよりも、国家の近代化や国力増強という「国家の論理」に基づくもので、それは「国家フェミニズム féminisme d'État」と呼ぶべきものであるという指摘も従来なされてきた［Ferchiou 1996, Murphy 2003, 鷹木 2007］。そしてフェミニスト活動家の一部には、女性は単に近代国家のショーウィンドーとして利用されてきただけ、とさえ述べる人々もみられる。

ハビーブ・ブルギバ初代大統領とそれに続いたベンアリー政権下で、このように、いわば国家主導の政策下にあったといえるチュニジアの女性政策やフェミニズムは、それでは革命による体制崩壊によって、その後ろ楯を失うようななかで、それはその後、いかなる変容を遂げることになったのか。革命以前と以降のチュニジアの女性政策やフェミニズムに関するこの問いは、確かに極めて興味深いものであると思われる。

実際にはすでに複数の研究者が、その変化や民主化移行期の特徴についても論じてきている。例えば、ムファレジュは、革命後の早い段階で、その移行を「国家により維持されてきたフェミニズム（féminisme entretenu par l'État）」から「社会による女性問題の再所有化（une réappropriation par la société de la question des femmes）」への変容であるとして捉えている［Mefarej 2012］。またハリールは、革命以前と以後のチュニジアのジェンダー・ポリティックスの変化を、『国家フェミニスト』イデオロギー（'state-feminist' ideology）」から「脱中心化されたジェンダー行動主義（decentralized gender activism）」への移行であると指摘している［Khalil 2014］。さらにシャッラードとザッルーグは、アラブの春はチュニジアのジェンダー・ポリティックスに「上からの政治（politics from above）」から「下からの政治（politics from below）」への変化をもたらしたとし、とりわけ新しい公共空間と活発な市民社会がそれを後押ししていると論じている［Charrad and Zarrugh 2013, 2014］。これらの先行研究からほぼ共通して読み取り得る市民社会の役割の重要性については、二〇一四年一一月の大統領選挙後に、マフディ・ジュマア暫定政府主席が、

「チュニジアの民主化への比較的安定した歩みや政治的対立の克服には市民社会の力があった」［朝日新聞二〇一四年一一月二五日］と述べていたこととも相通じるものがあるだろう。

独立以降、革命前までのフェミニズムが「国家フェミニズム」と呼ばれる特徴をもつものであったとすれば、革命以降のそれは国家という後ろ楯を失いながらも、それによって、むしろ女性たちはより自由闊達に自発的に活動するようになってきている。リベラル派もイスラミストも市民社会のなかで自らの主義や権利を主張し、政界にも進出し、既得権が侵害される事態ともなれば、積極的に公的空間に出てデモを実施して抵抗し、また新憲法の制定に向けて男女同権を目指す闘いなどを主体的に展開してきている。そのような点では、「国家フェミニズム」と呼ばれてきたものが、革命後、今や「市民フェミニズム」と呼び得るものへと大きく脱皮し、変貌を遂げてきているようにも捉えられる［鷹木 2014］。

以下では、チュニジア革命以降のジェンダー政策とそのような女性たちの具体的な活動について、まず政府レベルでの動き、続いて第2節以降では市民レベルでの動きをみていくことにしたい。

革命以降のジェンダー政策と女性たちの政治活動

革命後の臨時政権下、制憲議会選挙に向けた選挙法の準備過程において、まず注目すべきジェンダー・イシューとなったのが、アラブ諸国初となるパリテ法、すなわち選挙立候補者の男女交互拘束名簿制の提案と、実際に選挙法へのその採用であった。既述のように、パリテ法はフランスの男女平等政治参画法に倣ったもので、比例代表制の選挙における各党の立候補者名簿を男女交互の拘束名簿制にすることで、議会にほぼ男女同数の代表を選出することを目的とするものである。革命後、女性市民団体「平等とパリテ（Egalité et Parité）」などによるこの法の採用への強い働きかけがあり、二〇一一年四月一一日に高等機関によって採択され、五月一〇日に選挙法二三条として施行されることとなった[4]。チュニジア革命後の女性の政界進出を後押しするという点から考えるならば、この法整備は非常に重要な動きであったと捉えられる。

このパリテ法を採用した二〇一一年一〇月二三日に実施された制憲議会選挙では、しかしながら、実際にはこの選挙に参加した一〇七政党のうち[5]、女性を党首とした政党はわずか三党に留まり[6]、また女性を党首とした他の四政党については政党としての認可が得られなかったとされている［Mefarej 2012: 161］。また「チュニジア男女平等推進プログラム」の二〇一四年報告書『チュニジアのジェンダー・プロフィール（Profile Genre de la Tunisie）』によると、選挙への立候補者総数は一万一六八六人で、そのうちの五五〇七人、すなわち四七％が女性であった［Gribaa et Depaoli 2014: 10］[7]。しかし、パリテ法が採用され、女性立候補者が半数近くを占めていたにもかかわらず、実際の選挙立候補者の男女交互の名簿ではそのトップはほとんど男性立候補者によって占められ、女性がトップに挙げられていた名簿は僅か七％に留まっていたとされている［Touati and Zlitni 2013:173］[8]。

そしてこのパリテ法に基づいて実施された二〇一一年の制憲議会選挙の結果は、二一七人の議員中、女性議員数は六五人で、すなわちその割合は二九・九五％に留まった。女性議員数が全議員数の三割弱であった要因は、上述のように選挙区の比例代表制名簿のトップに女性を登録した政党が七％であったことと、また当選した制憲議会議員の七〇％は立候補者名簿の最初に挙げられていた人物であったということが関連していた[9]。

また同じくパリテ法に基づいて実施された二〇一四年の国民議会選挙においては、女性議員数は六八人で、その割合は三一・三三％で、若干の増加に留まった。ただし、この女性議員数の割合は、革命以前の国民議会における女性議員の割合が二五％であったことを考えるならば［Belhaj Youssef 2015: 91］、それぞれ若干ではあるが、増加の傾向を示していることになる。

　また制憲議会選挙で第一党となったナフダ党は、リベラル派の女性たちの予想とは反対に、八九議員中、女性議員が三九人で、女性議員比率四三・八％と、全政党のなかで最も女性議員比率が高い政党となった［Touati and Zlitni 2013: 173］。また制憲議会においても、第一党のナフダ党の女性議員たちは、マヘルズィーヤ・ラビーディ・マイーザ（Mahrzīya Labīdī Maïza）が制憲議会の副議長を務めるなど、その活躍が目立った。二〇〇六年にチュニジアで初めての政党女性党首となった「民主発展党（PDP: Parti Démocrate Progressiste）」のマーヤ・ジュリービー（Māya Jrībī）も、落選はしたが制憲議会議長に立候補していた。またフランスのジュスィー大学言語学教授で、その職を辞してフランスの選挙区から立候補・当選した「近代民主主義の柱 le Pôle Démocratique Moderniste」党のナーディア・シャアバーンも、新憲法草案準備過程では、男女平等と男女同権に向けて尽力した女性議員の一人であった。

ナフダ党員のマヘルズィーヤ・ラビーディ制憲議会副議長（Chatham House）

PDP の女性党首マーヤ・ジュリービー（L'ECONOMISTE maghrébin）

　革命後のパリテ法採用が画期的なものであった一方で、政府閣僚メンバー、特に大臣のなかに占める女性の数については、革命後も実際には大きな変化がみられていない。表５－１は革命後の六つの

表5-1　革命後の政府における男女別の大臣の数

政権（首相・政府主席氏名）	大臣総数	男性大臣	女性大臣
ムハンマド・ガンヌーシー	37	35	2
ベージー・カーイドエッセブシー	30	28	2
ハマディ・ジバリー	41	39	2
アリー・ラライエド	38	37	1
マフディ・ジュマア	22	20	2
ハビーブ・エッシード	27	24	3

（出典：政府資料などから筆者作成）

政権下での大臣ポストの数とその男女別の数を示したものであるが、女性大臣の数はいずれの政権下でも一～三人と僅かな数に留まっている。また制憲議会内に設けられた委員会に関しては、二一の委員会が設置され、一〇一名がそれらの委員に任命されたが、そのうち委員となった女性議員は二八人で、さらに女性が委員長となった委員会は一つもなかったとされている［Belhaj Youssef 2015: 90］。

また、地方議会に占める女性議員の割合については、二〇一〇年時点では三二・八％であったとされ、革命以前は五人の女性知事がみられたが、革命後は今までのところ、女性知事は皆無とされている［Belhaji Youssef 2015: 91］。こうしたことから、二〇一六年度に予定されている地方議会選挙においては、女性議員の進出やその割合も注目を集めることになると思われる。

さらに前掲の「チュニジア男女平等推進プログラム」の二〇一四年報告書によると、革命後、全公務員に占める女性の割合は三七・四％で、しかし役職者の地位にある女性は、そのうちの僅か四・四％（二〇一三年）に留まるとされ、さらにそれは全女性公務員の僅か二・〇三％であり、全公務員における割合でみると、それはさらに〇・七六％を占めるに過ぎないとされている［Gribaa et Depaoli 2014: 10-11］。

こうした現実の一方、チュニジアの一般の人々の女性の政治参加についての考え方には、最近大きな変化がみられるとされている。ＣＡＷＴＡＲの研究者ベルハッジ・ユーセフによれば、三分の二のチュニジア人は「女性の政治参加を良いこと」と考えており、また七〇％のチュニジア人が、「女性の政治参加は、国の状況を改善していくうえでプラスの効果をもたらす」と考えているという調査結果を報告している［Belhaj Youssef 2015: 91］。

チュニジアでは、一九九三年に初めて女性家族問題省（Ministère des affaires de la femme et de la famille）が設置された。また二〇一四年一月には青年・スポーツ・女性家族省の下に、女性家族問題国家秘書課（SEFF: Secrétariat d'État aux Affaires de la Femme et de la Famile）が特設されることとなり、トロイカ政権後には、再び女性政策を重視する方向性もうかがわれるようになっている。

国際条約との関連では、チュニジア政府は革命後、二〇一一年八月には、CEDAWにそれまで付してきた留保条件を全て撤廃して、この国際条約を全面的に批准する決定をしており、これは国際的基準に照らして大きな前進と評価できるだろう［Belhaj Youssef 2015: 90］。

ただし、この留保撤廃と全面批准が国連事務総長へと公式に通知されたのは、二〇一四年四月のことで、すなわちナフダ党政権期にはその手続きは進められず、その後のテクノクラート政権のMジュムア政権下のことであったことは明記しておいてもよいだろう。そしてCEDAWの留保条件の撤廃の背景にも、パリテ法の採用と同様に、実際には女性市民団体や女性研究機関など市民社会側からの大きな働きかけがみられた。すなわち、革命後の女性やジェンダーに関する注目すべき政府の二つの政策、選挙法へのパリテの導入とCEDAWの留保条件撤廃という二つの政策は、ともに市民社会側からの提唱や働きかけがあって、初めて実現したものであったということになる。

憲法においても、女性の権利や男女の関係に関する記述については、多くの市民を巻き込んでの議論や論争の末に、最終的に二〇一四年新憲法には、その第二一条で「男性国民と女性国民は、その権利と義務において平等である。彼ら（彼女ら）は法の前では一切の差別なく平等である」と明記され、さらに第四六条にも、「全ての分野における女性と男性の機会の平等を保障する」と記され、また選挙におけるパリテ法や女性への暴力の根絶についても明記されたことは、大きな改善であったと評価できるだろう［République Tunisienne 2014: 12, 16］[10]。

このように革命以降の政府レベルでのジェンダー政策は、実際にはすでに第4章でもみたように、市民社会側からの大きな働きかけや、女性たちの既得権利をも守ろうとする運動の成果と言えるものでもあった。その意味では、先に述べたように、「国家フェミニズム」とも呼ばれてきたものは、革命以降、まさに市民社会の後押しによって、多くの変革がもたらされてきており、その意味では「市民フェミニズム」とも呼び得るものへと変化してきているように捉えられる。それでは続いて、そのような革命期と民主化移行期の特に市民レベルでの女性たちの活動を、さらに具体例とともに見ていくことにしたい。

第2節　革命期と民主化過程で活躍した女性たち

チュニジア革命期とその後の民主化移行期には、実に多くのさまざまな女性たちがそれぞれの立場で関与し貢献をしてきた。革命後の臨時政府で女性問題大臣を務めたリーリア・ラビーディィは、チュニジア革命の三つの特徴として、①平和的な革命であったこと、②若者たちのソーシャルネットワークの活用、そして③多くの女性たちの参加、という三点を挙げている[11]。ここではそれらの女性たちについて網羅的に描くことはできないが、特に市民レベルで革命期や民主化移行期の節目や危機的状況で重要な役割を果たし、国内外から高く評価されている幾人かを取り上げ、その活躍と意義について考えてみたい。

サイバー・アクティヴィストと女性映画監督

チュニジア革命やその後の中東諸国での民主化革命は、上記の指摘にもあったように、インターネットやフェイスブック、ツイッターなどのメディアがその過程で重要な役割を果たしたことから、当初、「インターネット革命」あるいは「フェイスブック革命」などとも呼ばれた。実際にチュニジアではベンアリー体制末期には反体制派サイバー・アクティヴィストらがすでに活動を活発化させていたとされている。しかし、政府によるネットの検閲も厳しく、多くのサイトが削除され、それらが404 not found, 404 erreurさらには人名を付してAmmar 404などと表示されていたことはよく知られている。そうした体制崩壊に向けて活躍したサイバー・アクティヴィストは少なからずみられたが、特に一月一四日の政権崩壊後にその象徴的存在となったのが、リーナ・ベンムヘンニー（Līna Ben Muhennī）であった。

ベンムヘンニーは、チュニス大学の英語学の助手として教鞭をとる傍ら、革命以前すでに二〇〇七年からフェイスブックを通じて、“Tunisian Girl”という反体制派ブロガー、ジャーナリストとして活動していた。ベンアリー体制崩壊に至る過程でも、野菜売り青年の焼身自殺事件がおきたシーディ・ブーズィードやデモの現場にも外国人ジャーナリストのガイド役として赴き、写真やビディオを撮影し、それらをブログとともにフェイスブッ

サイバー・アクティヴィストで、ノーベル平和賞受賞者候補にもなったリーナ・ベンムヘンニーの著書（2011年）

クを通して情報発信し続けた。彼女のブログとツイッターにはそれぞれ二万人と四千人ものフォロアーがいたとされ、二〇一一年四月にはドイツ国際ブログ・コンクールで最優秀賞を受賞することになったほか、この年のノーベル平和賞受賞者候補にもノミネートされていた［Galofaro 2011］[12]。

革命後出版されたベンムヘンニーの著書『チュニジアン・ガール―アラブの春のブロガー（*Tunisian Girl: Bloguese pour un printemps arabe*）』によれば[13]、こうした情報発信自体がベンアリー体制下では厳しい検閲を受けていたとされ、自らのサイトがブロックされたり、また白昼に彼女の実家に強盗が押し入り、二台のパソコンとカメラなどが盗難にあうなど、秘密警察によると思われる事件を自らも経験している［Ben Mhenni 2011: 8］。同書によると、チュニジアでのファイスブック利用者は、二〇〇九年一〇月には八六万人であったが、二〇一〇年二月には一一二万人、革命前後の二〇一一年一月には二四〇万人にまで急増していたとされ［Ben Mhenni 2011: 28］、総人口が一一〇〇万人ほどの国でのその割合の高さとその情報発信力が革命への一つの大きな原動力となったことを示唆している。また革命に至る過程では、「それぞれの人がインターネット上で貢献し、全てのチュニジア人が革命活動家であり、そこにはリーダーは存在せず、全ての人が各々のやり方でリーダーであった」とも記している［Ben Mhenni 2011: 4］。デモにはあらゆる人々が参加しており、親友の女性弁護士ライラの隣には売春婦の女性がともに並んで行進していたということを印象深く書き留めている［Ben Mhenni 2011: 13-14］。

社会学の教授で「チュニジア民主女性協会（ATFD: Association Tunisienne des Femmes Démocrats）[14]」の会長を二期にわたり務めたハディージャ・シェリーフ（Khadija Cherif）[15]も、ベンムヘンニーについては、新技術のソーシャルネットワークを活用し、検閲や拘束の危険を冒しつつ、勇気をもって平和的手段で反政府運動を展開していったその活動を高く評価している［Gdalia 2013: 77-78］。またハディージャ・シェリーフ自身、フェミニストとして、また人権活動家としてチュニジア人権擁護連盟のメンバー、さらには国際人権連盟の事務局長も務めていたことから、ベンアリー時代には秘密警察による脅迫や嫌がらせなどに頻繁に会いながらも、前政権の不正に対峙してきた反骨の闘士である。女性の権利については言うに及ばず、そうした人権活動でも高く評価され、二〇一四年一一月にはローマで、イタリアの女性クラブ（Club delle donne）から、ミネルヴァ賞を受賞している［Koursi Labidi 2014］[16]。シェリーフは、ムラード編の『チュニジア女性と革命―女性たちの闘い』と題された書物に、「女性たちがいなければ、チュニジアの空は長い夜のままであっただろう。平等なくして、モダニティもそして自由もない」という文章を寄せている［Cherif 2015: 40］。

革命期と相前後して、政教分離を扱った映画を制作・公開し、チュニジア革命後、その映画をめぐってイスラミストらによる脅迫や殺害予告まで受けることとなった映画監督のナーディア・エルファーニーも、危険を恐れず、自らの政治宗教的主張を表現し、社会に少なからぬ影響をもたらした女性の一人であった。二〇一〇年の夏、チュニジアで「アッラーも主人もいらない（Ni Allah, ni maître）」と題した映画を制作し、そのタイトルはその後挑発的過ぎるということから「インシャー・アッラー 政教分離（Laïcité Inch'allah）」と変更されたが、この映画は特にフランスでは大評判となり、二〇一一年のライシテ映画部門で国際グランプリを受賞することとなっている［Gdalia 2013: 50-54］。

革命後、二〇一一年四月にチュニスでその映画を公開した折も、六〇〇人収容の会場が満席となる反響を呼んだが、その後のテレビ・インタビューで自分は無神論者であると明言したことから、それを機にイスラミストによるネットを介した猛攻撃が始まり、中傷や脅迫、殺害予告までを受けることとなった。同年の六月にはチュニスの映画館でこの映画を公開上映中に、イスラミストがその映画館を襲撃し、観客も殺害の脅迫を受けるという事件が発生し、さらにエルファーニー自身、聖物冒瀆罪、神冒瀆罪、風紀紊乱罪などの六つの罪状で告訴されることとなっている。エルファーニーは、二〇一〇年秋に発病した自らの癌との闘病生活と、その直後のチュニジア革命後のプロセスとを重ね合わせ、さらにドキュメンタリー映画『悪意なき闘い（Même pas mal）』を制作し、この映画もその後、二〇一三年三月にルフェスパコ祭（Festival Le Fespaco）でドキュメンタリー映画グランプリを受賞、続いて「アフリカの女性のためのスペイン財団」からも大賞を授与されることとなり、国際的にも高い評価を得るに至っている［Gdalia 2013: 53-55］。エルファーニーは、革命後チュニジアで勢力を振るうようになった過激なイスラーム主義に対して、ライシテ（政教分離）とは、決して宗教と対立したり、それを否定するものではないとし、政治と宗教とを分離することによって、むしろあらゆる宗教や信条をもつ人々を、無神論者をも含め、尊重し保護するものであることを強調している［Gdalia 2013: 61］。『悪意なき闘い』は、二〇一四年の山形国際ドキュメンタリー映画祭でも上映されたが、その折のパンフレットには、「生きていることとは闘い続けることである」というビクトル・ユーゴーの言葉を引用して、自己紹介を締めくくっている。17

パリテ法導入と民主化監視活動

革命後の民主化過程においてまた、選挙法にパリテ法が採用されたことは、既述のように女性の政治参加を後押しする意味で、実に重要な動きであった。そしてこのパリテ法導入に向けて多くの女性たちやNGOとも連携してそれを主導したのが、大学教員でフェミニストのファイーザ・スカンドラーニー（Faïza Skandrânî）であった。彼女は革命後、すぐに「平等とパリテ協会（Association Égalité et Parité）」というＮＧＯを創設し、自らその代表となって、この法の導入に向けての活動を開始した。このパリテ法の政府への提案に当たっては、選挙関連専門のＮＧＯ「選挙の公正と民主主義のためのチュニジア協会（ATIDE：Association Tunisienne pour l'Intégrité et la Démocratie des Elections）」や「ムラーキブーン（Mouraqiboun：「監視員」の意味）」などもこの案を支持して精力的に活動したほか、これに賛同するフェミニストや研究者や若者らも個人的に多数支援したことも知られている。

　スカンドラーニーは、選挙法へのこの制度導入提案に関して、二〇一一年四月にフランスのテレビ・インタビューに応えて、政治の場における女性の可視化、すなわち物事の決定過程に女性を参加させること、そのためにまず議会により多くの女性議員を送り出すことを目標にしたと語っている［Sarret 2011］[18]。またこの活動過程では、スペインのＮＧＯやモロッコのフェミニストからの協力があったことにも言及しており、すなわちそれは国際的連携もあって推進されたものであった。スカンドラーニーは男女交互拘束名簿制の採択後も、女性の議員立候補者数の不足という事態にならないよう、一〇〇〇人の女性立候補者のリスト化を目指して僻地の選挙区へも足を運び、女性を対象とした公共討論研修などにも精力的に取り組んでいた。スカンドラーニーはまた、フランスのパリテ法による議会の現状を踏まえて、男女交互拘束名簿制が実際には必ずしも議会での男女の議員同数や男女同権を約束するものにはならない点にも理解を示しつつ、今回女性議員が三〇％選ばれたとすれば、いずれ五〇％にと期待できるだろうこと、そして目下、重要なことはチュニジア人女性の政界進出を推進すること

NGO「平等とパリテ協会」設立者ファイーザ・スカンドラーニー（同協会提供）

であると述べていた［Sarret op. cit.］。

革命後にはまた、その民主化過程の監視を活動目的とするＮＧＯや女性活動家が現れるようになっていたが、女性弁護士のハディージャ・マダニーもそうした一人である。マダニーは長年、弱者の立場に立って、女性の権利保護や家族問題を専門とする弁護士として長年活動してきたフェミニストである。彼女もまた、革命後、二〇一一年四月に「監視と機会の平等協会（AVEC: Association Vigilance et Égalité des Chances）」というＮＧＯを立ち上げて、世界人権憲章第一条の「すべての人間は、生まれながらにして自由であり、かつ、尊厳と権利において平等である。人間は、理性と良心とを授けられており、互いに同胞の精神をもって行動しなければならない」という理念をＮＧＯ設立の基本理念とし、民主化の監視や機会平等の推進活動を行っている。

〈聞き取り〉市民団体「監視と機会の平等協会」の代表マダニー弁護士

ベンアリー政権の崩壊は、それを強く願っていた人々にとっても全く予測のできないものでした。私は、革命後、法律の専門家としてどのような活動をしていくべきか、どんな活動がこの国を真に民主主義国家にしていくうえで重要かを考えました。そしてまず、民主化過程では、誰が政権の座についても、再び独裁政治が繰り返されないよう、間違った方向へと向かわないよう、法的な側面から監視していくことが重要だと思いました。それからまた、私はこれまで女性の権利保護や差別反対に関わる仕事をしてきたので、民主化過程には性別や出身地域や社会階層の違いに関わらず、みなが平等にその過程に参加できるようにすることも必要だと考えたのです。そのためには機会の平等が民主化過程で法的にも保障されていかなくてはなりません。そこで「監視と機会の平等」と名付けたＮＧＯを立ち上げることにしたのです（女性弁護士、六〇代、チュニスの弁護士オフィスで、二〇一二年二月二五日）。

実際には、マダニーは過去に女性法律家同盟（Alliance des Femmes Juristes）の創設にも関わり、また革命後にはＮＧＯの活動の一環として、積極的にテレビやラジオで法律的知識について解説や法律相談なども行い、また革命後急増するようになった女性への暴力に対しても弁護士として活動してきた。そしてそうした長年にわたる女性の権利保護活動や革命後の市民運動家としての活躍が評価され、二〇一五年一〇月にはフランスのドヴィルで開催された経済社会女性フォーラムにおいて、「変革にむけた女性国際賞（International Prize《Women for Change》）」を受賞することとなっている。[19]

NGO「監視と機会の平等協会」の代表ハディージャ・マダニー弁護士（中央）とそのメンバー（2012年2月25日）

サラフィストと闘う女性たち

このような革命後の民主化過程やまた危機的状況において顕著な活躍をした女性たちは実に数多く、またそれまでは無名であった人物が急に注目されてその活躍が評価されることになった例もみられた。イスラミストたちが、革命後大学当局に対して宗教的な要求を突き付けて、大学構内の一部を占拠する事件がみられたことについては、すでに第4章でも述べたとおりである。二〇一一年一一月末、チュニス大学文学・芸術・人文学部マヌーバ・キャンパスでは、サラフィストらが大学当局に学内礼拝室の設置と女子学生のニカーブ着用の許可を要請して大学構内を占領（ghazwa）し、大学当局と対立し、授業妨害や教員や一般学生ら

校舎の屋上でサラフィストの男子学生に抗議するラシーディー（ロイター／アフロ）

と対立・衝突する事件を起こしていた。そしてこの対立の背景にあったサラフィスト側からの二つの要求のうちの一つが、女子学生のニカーブ着用という、その点ではまさに女性やジェンダーに関わる問題でもあったのである。

　これについては、既述のように当初大学側がいずれも許可しないとしていたが、交渉の末に翌二〇一二年二月には女子学生のニカーブ着用については、大学キャンパス内の廊下では許可するとし、しかし教室内と特に試験実施期間中は本人確認の必要性から禁止としていた。こうした流れのなかで、二〇一二年三月六日に、ニカーブを着用した女子学生二人が学期末試験の受験を認められなかったことに抗議し、学部長室に無断で乱入して、机上や室内にあった書類を床に投げつけ破り捨てるといった暴力行為に及んだ。そのため、学部長は女子学生らを追い出し、その被害を警察に通報した。それに対して、その女子学生らは逆に学部長から暴行を受けたとして訴え、その後すぐにSNSを通じて近隣にいるサラフィストらに救援を求めるメッセージを流したことから、その日の夕刻には武装したサラフィスト集団がキャンパスに押し掛け、一触即発、人的被害すら出し兼ねないような緊迫した情勢となった［Mellakh 2013: 185-189］。

　そしてその数日後の三月一二日には、サラフィストがマヌーバ・キャンパスの校舎の屋上に掲げられていたチュニジアの赤い国旗を降ろして、それに代えてサラフィストのシンボルである黒旗を掲揚しようとする事件が再び起こったのである［Verdier 2013］[20]。すなわち、それはキャンパスの空間の占領を宣言するような行為であったが、その様子を地上から眺めていた大勢の学生のなかから、一人の女子学生が突如、危険も顧みずに自ら屋上によじ登っていき、サラフィストの男子学生に抗議してチュニジア国旗を降ろすことを阻止したのである。その女子学生ハウラ・ラシーディー（Khawla Rashīdī）は、その後、その勇気と行動を讃えられることとなり、「チュニジア国旗を守った英雄」「アンチ・サラフィストの英雄」として一躍全国的にもその名を知られることとなった［Ben Omrane 2012］[21]。

ラシーディーは、その数日後にはカルタゴ大統領宮殿に招かれて、マルズーキー大統領から、その愛国心を讃えられ、直々に表彰されるという栄誉にも与かっている。大統領は、この折に「チュニジアの国旗は、他のどんな旗にも置き換えられるものではない。それは、チュニジア人が共有する記憶を思い起こさせるものであり、その色は、独立時の殉教者たち、労働組合の殉教者たち、そして革命の殉教者たちの血を象徴する色である。この国旗は、出自や民族あるいはイデオロギー的帰属に関わらず、全てのチュニジア人を一つに統合するものである」と演説したとされている［D.M. 2012］[22]。

このように革命後の社会的混乱や民主化過程での国家的危機を象徴するような出来事の折に、女性たちはその抵抗のシンボルやまた救世主のような重要な役割をも果たしていった。

国際的にも、チュニジア革命後の民主化を「国民対話」という平和な手段で推進する道筋をつけた四つの市民団体カルテットは、二〇一五年度のノーベル平和賞に輝くこととなったが、その背景には二人の野党政治家の暗殺事件があった。その最初の事件は、二〇一三年二月六日に起きた、弁護士で「民主愛国統一党（Parti Unifié des Patriotes Démocrates）」党首のショクリ・ベライード（Chokri Belaïd/ Shukrī Belaīd）の暗殺事件である。チュニジア独立以降の歴史のなかで、それまで政治家の暗殺事件が日中に自宅前など

夫ショクリ・ベライード氏の暗殺後、通りに出て抗議するバスマ夫人（出典：LA REVUE DU CREDIF No.45, Avril 2013, p.50）

で起きたことなどはなかっただけに、この事件が国民に与えた衝撃は甚大であった。そしてこの突然降りかかった大きな悲劇の後、ベライードの妻で同じく弁護士でもあるバスマ・ハルファーウィ・ベライードがとった行動にも、国民の多くが強く心動かされることとなったのである。バスマ夫人は、深い悲しみのなかでそれでもこの暗殺事件には屈しないという強い意志を示すために、大通りに出ていき、暴力行為を非難すると同時に、夫の意志を継いで民主化に向けて国民が一致団結していくことを人々に呼びかけたのである。そして夫の葬儀には、チュニジアの伝統的慣習には反することになるが、女性たちにも葬列に参加するようにと呼びかけたことから、二日後に執り行われたショクリ・ベライードの葬儀はまさに全国規模の老若男女が参加しての大行事となり、チュニスだけでも少なくとも五万人が通りを埋め尽くすこととなったとされている。こうして彼女もまた反革命勢力への抵抗のシンボルとなったのであった。彼女の写真に、ズビースは、以下のような文章を添えている。

「彼女の夫の死は、一つの聖画像を生むこととなった。確かにチュニジアはショクリ・ベライードという指導者を失った。しかしまた新しいリーダーの誕生をみることとなった。バスマ・ハルファーウィである。悲劇のただなかにあって、強靭堅固な意志をもって、夫の闘いを自ら継承していくことを示した女性、その聖画像の誕生である」[Zbiss 2013: 50]。

そしてこの暗殺事件に続いて、その五か月後の七月二五日、再び「人民潮流党 Courant Populaire」の党首、ムハンマド・ブラーフミー（Muḥammed Brāhmī）[23]の暗殺事件が起こったのである。この二つの事件は、ナフダ党を支持するイスラミスト勢力と反対勢力のリベラル派陣営とで国民が二極化するなか、ナフダ党政権のイスラミスト過激派への取締りの甘さを露呈しただけでなく、その相互関係に対する疑念すらさらに深めることとなった。そしてこの事件が、同月七月三日のエジプト軍によるムルシー政権の「クーデター」後であっただけに、ナフダ党にとっては自らの政権もまたエジプトと同様の事態に陥りかねない、さらにはチュニジアの民主化そのものが頓挫しかねないという革命後の最大の危機、また国家的危機とも捉えられるものとなった。

その危機の克服に向けてトロイカ政権に対して、市民の側から議会や各政党に働きかけ、「国民対話」を推進したカルテットのその一翼を担ったのが、チュニジア産業商業手工業連合（UTICA: l'Union Tunisienne de l'Industrie, du Commerce et de l'Artisanat）の女性会長のウィデード・ブーシャンマーウィ（Wided Bouchamaoui/Widād Bū Shammāwī）であった。「国民対話」の提案自体は、すでに二〇一二年の秋に、UGTTを中心にチュニジア人権擁護連盟と全国弁護士会の三団体の連名で、トロイカ政権に提出されていた。しかし、政権側からはその後も一向にそれに応じる動きがなく、「国民対話」の提案は棚上げにされた状態となっていた。そうしたなかで、ブーシャンマーウィ会長が、その三団体に加わり、四団体でのカルテットを結成し、「国民対話」を推進していく上で、それを主導するような極めて重要な役割を果たすこととなったのである。

ブーシャンマーウィは、ブラヒーム暗殺事件の翌日、革命後の国家的重大な危機を深く憂慮し、「国民対話 Dialogue National」の提案者であるチュニジア労働総同盟（UGTT）の総書記フセイン・アッバーシー（Houcine Abbassi /Ḥusain Abbāsī）に早々に連絡を取ったとされている。従来、企業家連盟であるＵＴＩＣＡと労働総同盟ＵＧＴＴとは、敵対する関係にあり、こうした連携の提案がなされたこと自体がチュニジア史上初めてのことであったとされている［Vendrier 2013］[24]。そして制憲議会のトロイカ体制に加えて、市民側の勢力として、チュニジアの四大市民組織が結束し、すなわちチュニジア労働総同盟総書記のフセイン・アッバーシー、チュニジア産業商業手工業連合会長ウィデード・ブーシャンマーウィ、全国弁護士会（Ordre National des Avocats de Tunisie）会長のムハンマド・ファーデル・マフフーズ（Muḥammad Fāḍhil Maḥfūḍh）、チュニジア人権擁護連盟副会長（Ligue Tunisienne pour la Défense des Droits de l'Homme）のムハンマド・アティーア（Muḥammad ʻAṭṭīa）が「カルテット」と命名した市民組織を発足させ、かつ「国民対話」の推進に向けて尽力することになったのである。ＵＧＴＴは労働者約七五万人から成る組織であり、ＵＴＩＣＡは企業家約一五万人の会員を擁する組織である。その二つの組織だけでも人口約一〇〇〇万人の国でそれのもつ影響力の大きさは想像に難くないものがあるだろう。

カルテットは制憲議会のトロイカ体制やその他の多数の政党に働きかけ、紆余曲折を経つつも、二〇一三年一〇月六日にはナフダ党トロイカ体制と連携し、「国民対話」の推進とまた遅滞していた憲法草案完成期限や新憲法に基づく議会選挙と大統領選挙の実施時期に至るロードマップを提案するなど、画期的な活動を牽引することとなっていったのである。

ブーシャンマーウィ会長は、革命後二〇一一年五月に選出されたアラブ諸国初の企業家連盟の女性会長であるが、さらにこうした政治的手腕と功績から、二〇一三年には雑誌*Jeune Afrique*で「新しいチュニジアを創る五〇人の一人」と評価され、またチュニジアで最も影響力のある女性にも選ばれている。国家の危機を平和裏に解決しようとした彼女の手腕は国際的にも高く評価され、二〇一四年四月にはオスロー・

ビジネス平和賞をノーベル賞授与式と同じ会場において受賞した他[25]、翌五月にはG8ドヴィル・アラブ諸国パートナーシップからも、最優秀女性企業家賞を受賞している[26]。さらに同年一二月にはフランスの新聞社トリビューンからも「トリビューン女性賞」を受賞し、世界各地でその功績が讃えられた。こうした国家の危機的状況下にあって、ビジネス界の女性が政治社会的にも多大な影響力を発揮したことは確かに特筆に値することと考えられる[27]。そして二〇一五年一〇月には、この国民対話カルテットの功績が世界的に評価され、彼女もともにノーベル平和賞を受賞することになったことは周知のとおりである。

第3節　女性の身体の戦術手段化

このようにチュニジア革命とその後の民主化移行過程で、さまざまな女性たちや市民団体がその時々に政治社会的に重要な役割を果たし、また実際に多大な影響を及ぼした事例がみられた一方で、政権崩壊に至る抗議デモや革命後の混乱のなかで、犠牲となった女性たちも少なからず存在した。ATFDは、二〇一一年一月一四日の革命から同年二月までの僅かな間に一〇名の女性が死亡し、数十名の女性が暴行被害を受けたことを報告している［Mefraj 2012: 155］。またその後の民主化移行期にも、政情の不安定や経済状況の悪化も相まって、社会的弱者の女性たちへの暴力が横行し、それに対してはまた多数の女性NGOや市民がその都度、抗議や被害者救済活動を展開していった[28]。

そして革命後のこうした不安定な民主化移行期には、また全く新しく女性自身が自ら身体を戦術手段化して自らの主義主張を表明したり、またその逆に女性の身体そのものが政治宗教的な実践闘争手段として利用搾取されるという現象もみられるようになった。革命後、それまでチュニジアでは見かけることのなかった全身を覆う黒いジルバーブというイスラーム服やニカーブというマスクを着用する女性が急増する一方、リベラル派の女性が主義主張や異議申し立てのためにあえて自らの身体を可視化する現象、あるいはそれとは反対に女性の身体が政治的な戦術手段として利用される現象もみられるようになり、いずれにしても女性の身体自体が主義主張や信条を映し出す闘争の場、アリーナと化していったのである。

FEMEN活動家のイスラーム政権批判

革命直後に見られたそうした最初の動きとしては、ナフダ党の宗教指導者ラーシド・ガンヌーシーが、ベンアリー政権下での亡命先の英国から帰国の折の出来事が挙げられるだろう。ガンヌーシー帰国という情報を得たフェミニストたちは、イスラーム主義勢力の台頭を懸念して、それに対抗する一つの表明としてネットを通じて、「チュニジアの女性はみんなビキニ姿でガンヌーシーを出迎えよう」という呼びかけを繰り広げたのである［Touati and Zlitni 2014: 171］。実際には、一月三〇日という真冬の彼の帰国に際して女性たちがビキニ姿で出迎えることはなかったが、イスラームの聖典『コーラン』に「（女性は）美しい部分は見せぬように」（二四章三一節）とあることを想起すれば、それは言葉上のキャンペーンではあったとしても、イスラーム主義指導者への対抗心や抵抗の表明であったことは十分明らかである。

またナフダ党政権下、イスラミストとリベラル派の対立やその二極化が鮮明になっていた時期、二〇一三年の三月に、ウクライナのフェミニスト団体FEMEN[29]の活動に共感した当時一八歳の女子高校生が、同じく自由の主張や既存の倫理観への対抗手段として、自らの身体をボディポスター化し、「私の身体は私のもの、誰の名誉のものでもない（Jisdī milkī, Laisa sharfʿahad）」というメッセージを書き込んだ上半身裸体の写真をインターネットに投稿して、センセーションを巻き起こすという出来事があった[30]。その高校生アミーナ・サブウィ（Amina Sboui/ Amīna Sabuwī）の両親は、過激なサラフィストによる娘への報復や殺害を恐れて、直ちに娘には以前から鬱病など精神的疾患があったと釈明し、精神病院に入院させ、退院後も自宅監禁を強いていた。

しかし四月末に家出をしたアミーナは、五月にはチュニジアの宗教都市カイラワーンに現れ、過激派集団アンサール・シャリーア（Anṣār al-Sharī'a）が年次集会の開催を予定していた場所近くの墓地の壁に、挑発的にも「ＦＥＭＥＮ」と大きく落書きをしたのである。またその折の警察官の取り調べに抵抗をしたことや、催涙弾などの危険物を所持していたことを理由に当局に逮捕され、三か月間収監されることとなった[31]。

そして若い女子高校生のネット上での行為から発展したこのアミーナの逮捕と収監に対しては、その後、チュニジア国内でも特に女子学生たちのあいだでアミーナ支持や彼女の釈放を要求する活動が巻き起こった。ＡＴＦＤの会長アハレーム・ベルハージ（Aḥrām Belḥājī）も、協会を代表して、法に反対はしないが、アミーナの市民としての権利を支持すると表明することとなった[32]。ただし、このアミーナの行為については、国民のなかでもさまざまな意見があったことも事実である。

〈聞き取り〉ＡＴＦＤのメンバーのアミーナの行為への反応

私たちは、女性の権利を訴え抗議する手段として、アミーナと同じような手段をとることはしません。しかし、彼女がとったやり方を否定する積りもありません。それぞれのやり方で、権利を主張すること、その主張を表現することは、男女の市民に認められている権利であると思っています。私たちの組織は、アミーナを支援し、彼女が学業を途中で放棄することがないよう、寄付金を募り、フランスで勉強を続けられるようにしたのです（ＡＴＦＤ

保釈後、再び自らネットに投稿したFEMENのアクティビスト、アミーナによるイスラミストを挑発するような写真

のメンバー、三〇代の女性、ＡＴＦＤの事務所にて、二〇一四年二月二六日）。

〈聞き取り〉アミーナの行為に対する男性の反応

アミーナの自由ですよ。あんな行為をするのもね。特に革命の後はね。今は自由になりましたからね。ただ、私たちの国にはアラブ・ムスリムの伝統がありますから、一般的にはあのような行為は恥と見なされます。受け入れられません。でも、他人に危害を加えるような行為より、私はずっとマシだと思いますよ（チュニスのタクシーの運転手、六〇代の男性、タクシーのなかでの会話、二〇一四年二月二八日）。

〈聞き取り〉アミーナの行為を批判する人

あのような破廉恥な行為をするのは、チュニジア人として恥です。ムスリムの女性としては、とても考えられないようなこと。自由とか権利とかいっても、いくらなんでもあのような行為は、私は絶対許せません。あなたは許せますか？（トズールのホテルの女性従業員、三五歳、ホテルにて、二〇一四年三月七日）。

実際にはチュニジア人のあいだでも、こうした半裸での抗議活動は物議を醸すものであったことは確かであり、以上のように、それに対する受け止め方もさまざまであった。ただし、ＦＥＭＥＮは国際的ネットワークをもつ組織であることから、アミーナ支持や彼女の釈放を訴えるデモや抗議活動は、チュニジア国内にとどまらず、フランスのパリやベルギーのブリュッセルやアメリカ・ニューヨークなどでも、トランスナショナルなかたちで展開されることになっていったのである[33]。またアミーナは二〇一三年八月に刑期を終えて釈放されたが、その時点ではＦＥＭＥＮがイスラエルからの支援を受けていたことを理由にその組織からの脱退を表明していた。しかしその直後に、再び自らの裸体の上半身をボディポスター化して"We don't need your dimocracy"という、敢えて誤った綴りによって現ナフダ党政権の政治は民主主義（democracy）と呼ぶに値しないとする痛烈なメッセージを込めた写真をフェイスブックに投稿したのである［Hartman 2013］[34]。サブウィはその後八月末には渡仏し、フランスで学業を継続することになったが、二〇一四年に入り、『私の身体は私のもの（Mon corps m'appartient）』と題した著書を刊行し、フランスでも一時話題を呼ぶことになった［Sboui 2014］[35]。

　このアミーナ・サブウィの事例は、革命後のナフダ党政権下でサラフィスト勢力の台頭のさなか、それに反発・対抗しようとする個人が自らの身体を主義主張や異議申し立ての表現手段とした例として、また従来のチュニジア社会では見られなかった新たなフェミニズムの動きとしても注目し得るものだろう。それはまたイスラーム主義への反発ばかりでなく、伝統的家父長制への反抗、既存の価値観への挑戦とも捉えられるもので、イスラームという宗教的信条と関連して、全く新たな価値の主張、自由の定義、その表現伝達手法が現れたことを意味している。

女子割礼をめぐる論争

こうした自分の身体を自らの意志で主義主張の伝達や闘争の手段としていった女性が存在した一方で、

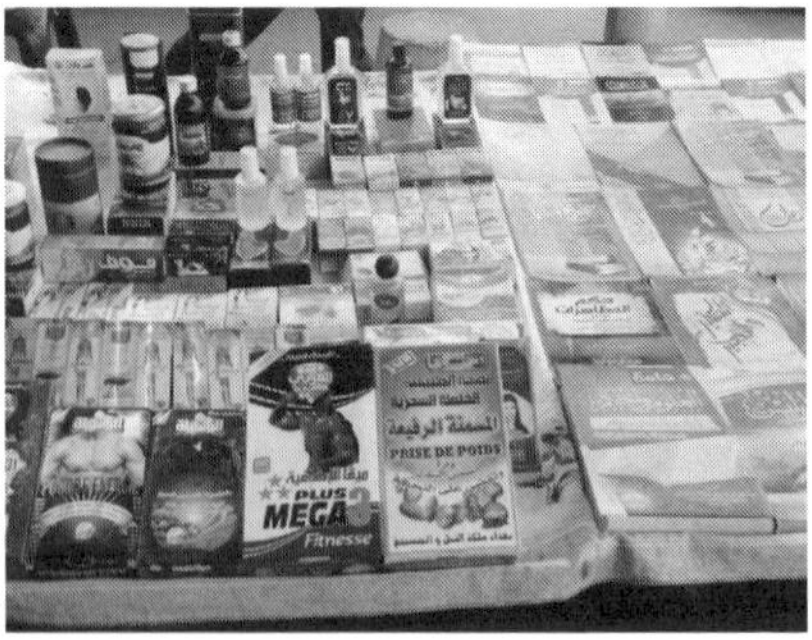

モスク前の露店で一緒に並べて売られている宗教本と強壮剤や香水（2012 年 8 月）

女性の身体がまたイスラミストたちによって信仰実践の手段に利用搾取されるという動きもみられた。男女の身体の差異の強調やその可視化は、女性の身体を覆う黒いヴェールや長衣、またニカーブというマスクばかりではなく、イスラミストらが専有するようになったモスク周辺で宗教グッズとともに販売されている男性向けの多種多様な強壮剤や男性性を象徴する髭の手入れ道具などからも明らかに見て取ることができる。それらは性別的差異を強調し明確化し、またそれを可視化するものでもある（写真参照）。

そして革命後にチュニジア人が初めて経験することになった女性の身体が政治宗教化され、またその実践手段とされる現象として社会問題化したのが、「女性割礼」と「ジハード・アルニカーフ」と「名誉殺人」であった。いずれも革命以前のチュニジア社会においては全く知られていなかったことばかりであり、それらはリベラル派のみならず、一般市民をも驚愕・震撼させ、多くの物議を醸すこととなった。

その最初の出来事が、複数のイスラミスト団体の招きで二〇一二年二月にチュニジアを訪問したエジプト人説教師ワジュディ・ガーニム（Wajdī Ghānim）の説教で説かれた女子割礼の推奨であった［Blaise 2012: 16-18］。エジプトやスーダンなどでは女子割礼は伝統的慣行として知られてきたが、チュニジアではそうした慣習が全くなく、ガーニムによる女子割礼の推奨は、チュニジアの医学者や政治家たちをも巻き込む大論争となった。ガーニムがチュニス郊外のメンザの大モスクで行った説教に一万人もの顎鬚の男性や黒いヴェールを纏った女性たちが集まったということも、リベラル派の人々を不安と恐怖に陥れることとなった[36]。

政府もこうした過激な説教師の言動を静観ばかりしておれず、女性問題担当大臣ナイラ・シャアバーンは、「女子割礼はイスラームの信仰や慣行と全く関係のないものであり、全ての国際条約はこれを禁止している」という声明を発表した［Driss 2012］[37]。また性医学者のマフムード・ジラード医師も、「女子割礼には科学的にそれを是とする論理的根拠は全くない」と言明した。さらにチュニジア国立家族人口研究所のカマール・アブデルハック医師も、「女子割礼は、男子の割礼とは何ら関係のないもので、むしろ男性にとっての去勢に相当するものである。アフリカ諸国での多くの事例からも、女子割礼を経験した少女や女性たちがその後の人生でその苦痛に苛まれ心理的にも悪影響を被っていることは明らかである。それは男性が女性に隷属を強いるための慣習で、女性の身体を抑圧し、女性の快楽を否定するものである。われわれはその撲滅に向けて闘わなくてはならない」と強く批判することともなった［Sbouai 2012］[38]。

ジハード・アルニカーフと名誉殺人をめぐる論争

イスラミストたちの言動で、特にシリアでの内戦の激化やその後のイラク・シリアにおける「イスラーム国」の台頭に伴って、チュニジア国内で深刻な社会問題となったのが、シリア反政府勢力への支援を「聖戦（jihād）」とみなしてシリアへ渡航する若者が多数出てきたことであった。さらにそれが男性ばかりでなく、そうした戦士との結婚を宗教的に合法である（halāl）「結婚の聖戦」すなわち「ジハード・アルニカーフ（jihād al-nikāh）」とみなして、そのためにシリアに赴くという若い女性たちも、二〇一三年初め頃から少なからず現れ始めたことであった。

そしてこうした行動を推奨する過激なイスラーム指導者を十分に取り締まることができないナフダ党政

権やトロイカ体制も、その共犯者として強く批判されることとなっていった［Liman 2013: 39］。政府もこうした社会問題を深刻に受け止め、検察がシリア渡航者のリクルート組織の取調べを開始し[39]、内務省はリビア・トルコ経由でのシリアへの若者たちの渡航を一切禁止する措置をとった。しかし、そうした取締りをも潜り抜けてシリアへ渡る若者たちは後を絶たず、シリアで戦う外国人義勇兵のなかでチュニジア出身者は最多となり、二〇一四年九月時点では三〇〇〇人を占めるとされている[40]。さらにジハード・アルニカーフに参加している外国人女性についても、シリアのアメリカン・センターの調査報告では、チュニジア出身者が最も多く、二〇一四年三月時点で九六人のチュニジア女性がシリアに入国しており、そのうち一八人がすでに戦闘に巻き込まれて死亡したと報告されている[41]。

こうした問題に対して、市民団体や弁護士なども調査や救済活動を開始し、その現状を明らかにしている。女性弁護士ダリーラ・ムサーダク（Dalīla Muṣādaq）はそうした女性たちとスカイプで連絡をとり合い、シリアに渡ったチュニジア人女性たちの多くがイスラミストの指導者や偽慈善団体などに、「ジハード・アルニカーフ」を信仰の実践として説得・洗脳されて組織的にリクルートされている実態が明るみとなった［Arbani 2013］[42]。それらの女性の多くは低所得地区の出身で、インターネットなどでシリアの現状を知り、宗教的に合法行為としてジハード・アルニカーフの実践を勧められ、シリアへ渡った後、現状を知って帰国の意思を伝えると刑罰や処刑の脅しを受け、日々恐怖のなかで暮らしていることと、妊娠し帰国しても社会復帰できずにいることなどが報告されている。「在外チュニジア人救済協会 L'Association de Secours aux Tuisiniens à l'Étranger」の会長で弁護士のバーディス・クーバクジー（Bādis Kūbakjī）は、シリアに渡航したがる息子・娘がいた場合はまず家族がそれに気づき、そうさせないようにと注意を喚起している。シリアにジハードの目的で渡航したチュニジア人にはフランス、ドイツ、ベルギーから参加した者もおり、その一部は既に戦闘で殺害され、また生存者の現地での生活もひどいもので、特に夫を失った未亡人らは性的搾取の対象となり、その生活は地獄さながらだとも記している。

ジハード・アルニカーフを経験し帰国した犠牲者の一人でモナスティール大学の学生Aさんは、精神的に深く悩み落ち込んでいた時に、四〇代の女性とその夫に「天国への切符」と説得されてシリアへの渡航に誘われて現地に赴いた、と告白している。彼女はシリアで一八歳前後の若い女性集団のなかで暮らしていたが、なかには一〇歳の女の子も含まれていたことや姉妹を同伴して来たチュニジア人男性もいたと証言している［Arbani ibid.］。

このジハード・アルニカーフのためにシリアへ送り込まれている若い女性たちの事実を前に、元チュニジア共和国ムフティのオスマーン・バッティーフも、二〇一三年四月に記者会見をし、それはジハードなどではなく、一つの売春行為であり、不安定な生活環境にある女性たちを洗脳しモノとして利用しているにすぎないと、この組織犯罪を厳しく指弾することとなった。そしてチュニジアにおける結婚は、家族法に則った市民契約以外のものはないことを強調した。

この社会問題に対しては、市民団体、特に女性団体も反対キャンペーンを張って抗議活動を展開している。ATFDは、二〇一三年一〇月七日には「ジハード・アルニカーフは国連の一三二五決議や一八二〇決議、さらにはチュニジアが批准している全ての国際条約に照らして国際的な組織犯罪であり、一種の人身売買である」と強く非難する共同声明を発表している[43]。またそのなかで、宗教の名を借りて性的搾取のために若い女性をシリアに送ったサラフィスト集団やそれに協力した者たちは全て法の裁きを受けるべきであること、またその犠牲となった女性たちには倫理的支援とまた社会復帰するための物理的支援も必要であることを訴えている。

このように女性の身体自体を宗教的に歪曲された解釈に基づき、政治的さらに軍事的に利用し搾取する対象としようとする事実は、チュニジア社会に大きな衝撃をもたらすものとなった。

こうした社会問題が次々と起きていくなかで、さらに二〇一四年の六月には、革命以前のチュニジア社会では到底考えられなかったような前代未聞の事件、すなわち「名誉殺人」という女性の身体を家族の名誉のために身内の者が抹殺するという事件が、首都のチュニスで発生した[44]。犠牲となったのはアーヤ(Āya)という一三歳の女子中学生で、下校途中、同級生の男子生徒と一緒に歩いていたところを父親が目撃して激昂し、自ら自分の娘に火を放ち殺害したという事件である［Ben Said 2014］[45]。独立以降、チュニジア社会は名誉殺人といった行為などとは全く無縁であったことから、この事件は女性のみならず、男性も含む一般市民を驚愕・震撼させることとなった。父親は即座に逮捕され、重度の火傷を負ったアーヤは病院に搬送され治療を受けていたが、九日後に死亡した。この事件後、チュニスでは市民らがこの事件で犠牲となった女子生徒を追悼すると同時に、名誉殺人など現代にあってはならない事件を非難するデモを開催し、多数の老若男女がそれに参加することとなった［Petré 2014］[46]。

このように、民主化移行期には、従来、強権独裁体制下である意味、庇護されていた女性たちが、政情不安や経済的不況やそして治安悪化のなかで、社会的弱者として暴力の犠牲になることが横行するようになり、また女性の身体が宗教やイデオロギーの名を借りてその実践や闘争の手段として利用搾取されることまでも起こるようになったのである。しかしまたそうした動きに対して、既述のように特に過激なイスラミストらに対抗して、女性自身が自らの身体を戦術手段化して主義主張や異議申し立てを表現したり、女性団体なども暴力加害者への抗議活動やまた犠牲者に対する救済活動や社会復帰支援などを粘り強く継続してきていることも事実である。その過程では同じくチュニジアの女性たちのあいだでも主義主張の相違や多様な価値観がみられながらも、一人一人の市民が自らの意志で行動を起こし、あるいはNGOや政党支持者として活動しており、それが社会を突き動かす大きな原動力ともなっていることが見て取れる。そしてこうした個々人の主体的な活動や主義主張の表明が、革命以前の「国家フェミニズム」とは異なる、革命後の女性たちの活動にみられる「市民フェミニズム」とも呼び得るような、新しい特徴であると考えられる。

第4節　「国家フェミニズム」から「市民フェミニズム」への変容──女性市民団体の活動

革命後の市民社会の領域でみられたもう一つの変化として、多数のNGOの創設を挙げることができる。これに関しては、第7章で詳述するが、その動向の概略を述べておくと、チュニジア・アソシエーション情報養成研究資料センター（IFEDA）によれば、二〇一〇年に開設されたNGOの数は一七三団体で、この年のNGO総数は九三四三団体であったが、それが革命後の二〇一一年には新設NGOの数は一九三九団体となり、すなわち前年の一〇倍以上のNGOが開設されたとされている。さらに翌二〇一二年には三二二八団体が開設され、二〇一二年年末時点ではNGO総数が一万四五一〇団体となっている[CREDIF 2014: 14-15]。すなわち、NGOの総数が革命後の二年間でそれ以前の一・五倍以上に増えたことになる。また、革命後に設立された女性NGOは、二〇一一年、二〇一二年ともに、それぞれ三五団体ずつであったとされている。革命後のNGOの活動については第7章において述べることから、ここではそのうちの特に女性NGOの活動に注目して、民主化過程との関連のなかでその特徴や役割について検討していく。

ＮＧＯ「LET（女性投票者連盟）」のメンバーたち（2015年5月）

チュニジアの独立以降、長くその唯一の女性団体としてあったのが、独立と相前後して一九五六年一月一日に新立憲党（Parti Neo Destour）の主導で設立された「チュニジア女性全国同盟（UNFT: Union National des Femmes Tunisiennes）」であった。この団体の設立目的は、新立憲党の方針を反映して、国家建設のための女性解放という、言わば社会プロジェクトの一環であり、女性解放は自己防衛できる活力ある社会を築くため、また自国を先進社会のモデルへ近づけるための手段でもあったとされている［Marzouki 1993: 159］。すなわち、先述したように、女性解放という運動が女性自身の福利や厚生自体を目的としたものというよりも、国家建設やその近代化の手段でもあったという意味で、それはまさに「国家フェミニズム」と呼び得る特徴を有していたことになる。

ブルギバ政権下では、ＵＮＦＴ以外の女性団体は存在せず、その後のベンアリー政権下に入り、国家権力の傘下にあるＵＮＦＴから離れて、一九八九年に女性の権利保護と平等を目的とした二つの女性団体、「チュニジア民主女性協会（ATFD：Association Tunisiennes des Femmes Démocrates）」と「チュニジア女性開発調査協会（AFTURD: Association des Femmes Tunisiennes pour la Recherche sur le Développement）」が設立されている［CREDIF 2014: 16］。この二つの団体は活動面でも協力連携することが多く、メンバーも一部重複しているが、後者はより調査研究活動を中心にしているものである。この二つのＮＧＯは、革命後、多くのＮＧＯが設立されてきているなかでも、最も活発な活動を継続してきている。

CREDIFの研究によれば、数字の上での女性団体設立のピークは一九九二年で、この年には一五の女性団体が開設されているが、実際にはこれは一九九五年の北京開催の世界女性会議に先立ち、政府の方針もあり、「チュニジア母親協会（ATM: Association Tunisienne des Mères）」の本部と一四支部が同年に開設されたことによっていた。その後は、二〇一〇年まで新設NGOの数は、毎年一～五団体に留まっていたとされることから、革命後の二〇一一年と二〇一二年にそれぞれ三五の女性NGOの開設という数字は、それまでの動向と比較すると、急増したことになる［CREDIF 2014: 16］。

またCREDIFよる七〇〇のNGOを対象とした二〇一三年の調査結果によれば、NGO所属メンバーに占める女性の割合は、チュニス、アリアナ、ジャンドゥーバ、ベージャ、ケフ、スファックス、ガベスの各県では七〇％を超えており、カスリーン、メドニーン、ガフサ、タタウィーン、カイラワーン、スース、マヌーバの各県においても、六〇％弱のメンバーが女性であるとされ［Gribaa et Depaoli 2014: 10］、数の上では市民社会活動への女性の参加が男性を上回っていることを確認することができる。またこうした活動を支えている女性たちのなかには、革命という歴史的事件を機に、自らの人生観や生活自体を大きく変化させたという人々もみられる。

〈聞き取り〉革命で社会や世界を見る目が変わったと話す女性

私は生物学を専攻し大学院まで進学して一所懸命勉強をしてきました。しかし、革命が起きるまでの私の生活と言えば、自分の勉強と家族との生活、そしてたまに休日に友人たちと出かけることなどで、全く政治とは無縁の生活でした。仮に政治に関心をもったとしても、何も変わらないといった感じでした。しかし、革命が起さて、自分の国のこと、自分たちの将来のことを真剣に考えるようになり、それまでとは全く世界や社会を見る目か変わったのです。そして、私は勤務していた会社を辞め、女性や民主化に関わる活動をするNGOに転職することにしたのです（LETのスタッフ、女性二九歳、LETの事務所にて、二〇一五年五月一〇日）。

〈聞き取り〉革命後、生活が一変したと語る女性精神科医

病院で精神科医として働き、夫がロシアに単身赴任中なので、二人の幼い子供を育てながら、さらにNGOの活動をするというのは、それは確かにとても大変なことです。しかし、革命が起きて、私の生活は一変しました。それまでの私の生活は精神科医としての病院勤務と家庭での母親としての仕事、そして時間がある時には仲間たちとコンサートや映画を楽しむというような、言わば、普通のチュニジア人と同じような生活でした。しかし、革命後、私は仲間たちとこうした状況下で何か自分たちもしなくてはいけないと強く思い、そしてATIDEというNGOの立ち上げに参加したのです。NGO設立に関わったのは、昔からの友人たちで大学教授や会社の社長や公務員など、さまざまな分野で仕事をしている仲間ですが、革命後、何をすべきか皆で話し合い、まず民主化の過程で重要となる選挙に照準を当てようということになったのです。

独立以降、チュニジアの国民は一度も自由で公正な選挙というものを経験してきたことがなかったからです。そのNGOを立ち上げてからの日々は本当に多忙な日々でした。というのも、公正な選挙を実施するために、まずは選挙法をどのようにするのか、一般市民に選挙や投票行為の重要性を認識してもらうための活動は全国的に展開しなくてはならず、そのためのスタッフの養成や支部の開設など、二〇一一年一〇月二三日に向けてやることは山ほどあったからです。もちろん、その間、われわれは民主化移行過程についても、日々、その監視活動を忘れませんでした。ですから、自分の病院での仕事を終えて、それからATIDEの事務所に行って、毎晩真夜中まで仕事をし、時にはそれでも足りずに朝早起きをして、病院に行く前に午前六時頃から八時半くらいまでNGOの作業をすることもしばしばでした。子供をベビーシッターに預け、子供が起きている間に家に戻れないことや早朝に出かけてしまうこともあり、久しぶりに子供に会うと、子供が私に抱き付いてきて、「ママはなぜ、私たちをおいて出かけてばかりいるの」と泣くこともありました。でもその時は、「ママが忙しくしているのは、あなたたちのためなのよ。この国がこれから良い国になるように働いているのよ。ママはあなたたちが将来、この国に住んでいてよかった、この国は素晴らしい国だと誇りに思えるような未来にしたいから、今、頑張っているのよ。それはみんなあなたたちのためなのよ。分かってね」と言って、説得していました。子供たちには寂しい思いをさせ、私もつらかったですが、しかし、私たちの活動はこの国を正しい方向へと導いていくために是非とも必要なことと思っています（精神科医、ATIDEのメンバー、女性三〇代後半、NGOの事務所にて、二〇一三年三月一一日）。

革命を機に、チュニジア人がみなこうした意識をもつようになったとは言えないまでも、この聞き取りの事例に限らず、実に多くの市民たち、女性たちが民主化過程にそれぞれできる範囲で参加し関与していったことは、既述の革命後に設立された多数のNGOの活動事例などからも明らかである。

革命後の民主化過程で、二〇一一年四月に選挙法に導入されたパリテ法も、ファイーザ・スカンドラーニー創設のNGO「平等とパリテ協会」を中心とした市民社会からの強い働きかけによるものであったことや、また二〇一一年八月にCEDAWに関する留保条件の撤廃についても、その背景には二大女性団体のATFDやAFTURD、また「女性調査研究資料情報センター（CREDIF：Le Centre des Recherches, d'Études, de Documentation et d'Information sur la Femme）」や「アラブ女性研修調査センター（CAWTAR：Center of Arab Women for Training and Research）」などが、新設の女性NGOなども巻き込みつつ、政府

全員一緒協会 MAAN	2011年6月	・不安定さと不平等の是正 ・女性の効果的社会参加と経済的社会的権利の支援 ・女性のニーズ調査実施と女性リーダーの養成	大チュニス圏特に低開発地区
チュニジア女性投票者連盟 LET: Ligue des Électrices Tunisiennes	2011年9月	・民主的社会とジェンダー平等の実現 ・選挙への参加と投票でのジェンダー平等の実現 ・市民社会での女性リーダーの能力養成	チュニジア全地域
地方の若者の進歩協会 NACHER: Association for the Promotion of Rural Youth	2011年11月	・女性と若者の市民権と連帯感と寛容精神の醸成 ・若者（特に女性）の政治分野や共同体生活への参加推進 ・訓練活動、唱道活動、ネットワークづくり	ナブール県の農村部
ジュメルの女性の声協会 Association of Women Voice in Jemmel	2011年11月	・ジュメルの女性の社会経済生活での役割拡大 ・選挙における女性の投票行動の促進 ・民主化移行過程への女性の政治参加の促進	ジュメル

（出典：CAWTAR 2013 *Project promoting gender and supporting emerging NGOs to play an effective role during the democratic transition* に基づき、著者作成）

表5-2　CAWTARによる民主化移行期における新設NGOへのジェンダーと効果的役割支援プロジェクト

NGOの名称	設立年月	活動の目的とその内容	活動地域
文化と市民の技能開発協会 ADO Plus: Association for the Development of Cultural and Civic Skills	2011年3月	・子供たちの文化的および市民としての技能開発 ・5つの小学校に市民権クラブを開設する ・人権、ジェンダー平等、市民権について学習	大チュニス圏
《チャレンジ》市民権と民主主義のためのアート協会 Association «Challenge» Arts for Citizenship and Democracy	2011年3月	・若者と女性を対象とした芸術や文化的活動を通じて、市民性の育成を図る ・人権や女性の権利の価値を学習 ・周辺化に対抗するコミュニケーション能力の開発	大チュニス圏特に低開発地区
監視と機会の平等協会 AVEC : Association de Vigilance et Égalité des Chances	2011年4月	・民主化移行期過程での監視 ・男女間および異なる環境に暮らす市民間の機会平等の推進 ・SNSを通じた民主化過程に関わる情報の発信	チュニジア全地域
北西地域の市民権と開発協会 ACDNO : Association of Citizenship and Development of the North West	2011年4月	・北西地域の発展に向けた地域住民（特に女性）の能力開発 ・地域の特定トピックについての公開討論の開催 ・地域からの要請を議会に届けること	チュニジア北西部 ジャンドゥーバ、ケフ、ベージャ、スリアナ県
女性と進歩協会 AFP: Association des Femmes et Progress	2011年5月	・女性の社会的職業的進出の支援 ・市民権学習支援と女性の社会での活躍支援 ・女性のリーダー養成とその集団を通じた住民の意識改革	チュニジア北西部 タバルカ、テブルスク、ボルジュ・マスウーディ
モクニーンの市民権協会 ACM: Association for Citizenship in Moknine	2011年6月	・市民と決定権保持者との調整仲介 ・全ての利害関係者のあいだの相互信頼の醸成と協力構築 ・市民権、移住、ジェンダー問題等についての討論会合開催	モクニーン

に働きかけをした成果であったことは、再度指摘しておいてもよいだろう。[47]

ＣＡＷＴＡＲはまた、革命後に新設された女性・ジェンダー関連のＮＧＯのキャパシティ・ビルディングに関わる支援プロジェクトも実施している。新設のＮＧＯが民主化移行期に十分効果的な役割を果たし、ジェンダー平等を推進していけるように、一〇の団体を対象に二〇一一年六月から二年間にわたり支援プロジェクトを開始している〈表5‐2参照〉[48]。こうしたＣＡＷＴＡＲのような国際女性研究機関が新設ＮＧＯを支援することは、長期にわたった独裁体制下で市民社会が未だ十分成熟していないことを考えると、それは実に重要なプロジェクトであったと思われる。ただし、支援対象となった一〇団体を見てみると、その全てが地理的には北部・中部・沿岸部に位置するもので、南部の団体が全く含まれていない点では残念ながら偏りがみられることも指摘できる。

ただし、これら一〇団体の一つに挙げられている「チュニジア女性有権者連盟（LET: Ligue des Electrices Tunisiennes）」は、全国的にその活動を展開するようになっている。ＬＥＴは、女性たちの政治に対する意識変革に向けての活動をしており、革命後の民主化過程への市民参加という点からするならば、この活動は非常に重要なものと評価できる。ＬＥＴは、二〇一一年四月、国連女性基金（ONU Femmes）からの財政支援を受けて、チュニジアの民主主義実現に向けての男女の若者の政治参加促進を目的に設立された団体である［LET 2015: 15］。そうしたアドボカシー活動のための人材育成やまた実際に地方に赴いて、女性グループを対象に政治問題や法律に関するワークショップを開催するなどの活動を精力的に行ってきている。実際にＬＥＴは、国際条約ＣＥＤＡＷについての討論会なども、地方の町村で開催している。

憲法草案準備過程においても、女性活動家や女性団体の活躍には目を見張るようなものがあった。特に憲法に女性の権利や男女間の関係性をいかに記述するかについてはリベラル派とイスラミストとの間で激しい論争がおき、ジェンダー問題はまさに政治の核心ともなっていた。

チュニジアの家族法での女性の既得権や女性の地位に関しては、先に挙げたATFDやAFTURDが精力的に集会開催やアドボカシー活動を行い、またCREDIFやCAWTAR、さらに国連人口基金（UNFPA）などもシンポジウムや会議を主催し［CREDIF et UNFPA 2013］、機関誌などでは特集も組んで議論を喚起し［CREDIF 2012a, 2012b, 2012c］、多くの男女の市民もそれに参加していった。こうした市民社会の活発な活動がチュニジアの民主化推進の大きな原動力になっていったことは間違いないと思われる。

実際に女性NGOや研究機関などのそうした活発な活動もあって、二〇一二年の段階では憲法草案の第二八条で「国家は、女性の権利を保護し、またその既得権を保証する。女性は、国家建設においてまた家族のなかで、男性を補完する本来的なパートナーである」とされていた、特に男女の補完性という点については、二〇一四年制定の新憲法では削除され、男女の完全なる平等が明文化されたことは、先にも述べたとおりである。

また革命期やその後の治安の悪化や政治社会的な不安定期には、社会的弱者の女性たちが経済的困窮から路上生活者となり、そのために女性が暴力の被害者となることもそれまで以上に増加することとなった。そしてこうした事態に対しても、女性NGOや研究機関がまたさまざまなかたちで活動を展開してきている。

ベイティ（Beity、「私の家」という意味）というNGOは、革命後の二〇一二年にATFDの元会長で社会学の教授でもあるサナ・ベンアシュールによって立ち上げられたNGOである。革命後の混乱や政治経済の不安定化のなかで、女性の路上生活者が急増し、それらの女性が同時に暴力の被害者になることも多くなったこと、それが子供のいる女性の場合、その被害が子供へも及ぶこともあり、こうした女性たちの

図5-1　「見ます、聞きます、話します」と書かれた女性への暴力反対キャンペーンのイラスト

救済が緊急課題となったことを受け、住まいは最低限の基本的人権であるという認識から、このＮＧＯが設立されたという。そして、実際の活動開始に向けて資金調達にも奔走し、国連機関や複数の国際基金からの援助資金を獲得し[49]、ベイティでは組織立ち上げから二年ほどの間に、三五〇人の路上生活者の女性を保護し、一五〇回の職業訓練セミナーを開催し、さらに一五〇の家族の関係修復を仲介支援してきたとされている[50]。活動は、路上生活の女性たちに単に住居を提供するだけではなく、その子供も含め、路上生活の経験からの肉体的精神的病気の治療やまた社会復帰に向けての支援までを行っている。

　また女性やジェンダーに基づく暴力に関しては、革命後に画期的な調査研究も為されている。ＡＴＦＤでは、すでに一九九三年から「女性暴力被害者からの聞き取りとオリエンテーション・センター（CEOFVV: Centre d'Écoute et d'Orientation des Femmes Victims de Violence）」という窓口を設けて、暴力被害にあった女性たちからの聞き取りやまたそれについての相談や助言をするというケア活動を行ってきた［ATFD 2014: 7］。チュニジア社会においては、特に性暴力被害にあった女性の場合、女性自身やその家族がそれを「アウラ（'awra）」、つまり「恥」と見なして語らないことが多く、そのことが加害者の男性自身がこうした暴力の悪質さやそれに対する罪悪感や責任を認識することへと結びつかず、また刑罰化にも繋がってこなかったという背景があった。

二〇〇七年には、ＡＴＦＤなどの女性団体からの働きかけもあり、チュニジア政府は「家族及び社会におけるジェンダーに基づく暴力行為の予防の国家戦略」という政策を打ち出していた。それは、こうした暴力行為の防止を目指したものであったが、その戦略の効果や成果についてはそれを評価するような調査研究がこれまで特に為されてこなかった。

そして革命後、二〇一一年に同国で初めて「ジェンダー暴力の広がりに関するアンケート（ENVEFT: Enquête sur la Prévalence de la Violence de Genre）」と題した調査が官民の連携で、全国レベルで実施されることとなったのである［ATFD 2014: 8］。この調査は一八歳から六四歳までの三八七三人の女性を対象として実施された。そしてその調査によって、四七・六％の女性が夫など、親密な関係にある男性、あるいはそうした関係にあった男性からの暴力を受けた経験があるとする衝撃的な結果が明らかとなった。また公共空間での性的暴力の経験があるとした女性も一八％にのぼり、暴力が蔓延している実態が認識されることとなったのである。さらにヨーロッパ地中海人権ネットワークとＡＴＦＤのＣＥＯＦＶＶによる二〇一三〜二〇一四年にかけての調査統計によると、夫婦間暴力と性的暴力がこの時期にさらに急増していることも明確となったとされている。

NGO「チュニジアの女性たち（Nisā Tūnisīya）」のスタッフ（2015年10月）

その結果を受けて、現在、これらの人権団体や女性ＮＧＯはその他の組織団体、研究機関や関連省庁とも連携して、女性への暴力に反対する運動やキャンペーンを展開している。ＡＴＦＤはＣＲＥＤＩＦなども相互に連携して、一般市民にこうした問題への関心や注意を喚起すると同時に、これまでこうした問題を「見ない、聞かない、話さない」こととしてタブー視してきた態度を改め、被害にあったり、犯罪を目撃した場合には通報することや、またそうした行為を刑罰化する法の整備に向けても政府への提言を取りまとめている。加害者を無罪放免にしておくことのないよう、こうした暴力反対運動はさまざまなポスターやチラシや栞などとともに広がりを見せてきている〈図5-1〉。

こうした女性への暴力撲滅をめざすATFDやCREDIFの活動と並んで、もう一つの女性団体「チュニジアの女性たち（Nisā Tūnisiya）」では、特に女性受刑者たちのなかで拷問を経験した人たちのケアを中心とした活動を行っている。

〈聞き取り〉拷問を経験した女性受刑者へのケア活動をしているNGOのスタッフ

これまで男性の受刑者たちへの拷問に関しては、さまざまな聞き取りや調査に基づき、その後カウンセリングなども行われるようになっています。しかし女性の受刑者への拷問については、ほとんど聞き取りも調査も為されてきませんでした。もちろん、女性への暴力に関しては、ATFDなどがその聞き取り調査やそのケア活動を行っています。しかし、女性受刑者の拷問経験者に対しては、これまで全く何の聞き取りも、そしてカウンセリングもケア活動も為されてきませんでした。女性受刑者への拷問は、身体的精神的な暴力に加えて、性的なものもあり、刑務所のなかで行われることから、その暴力の経験は二重にも三重にも重いもので、被害者が負っている傷は、聞き取りをしてみると想像を絶するようなものがあります。しかも、自分が受刑者であったという後ろめたさから、それが政治犯の女性の場合でも、特に性的暴力の被害者の場合には恥とする気持ちもあって、その苦しい経験を話すことすらできずに内に秘めたまま生きているのです。私たちのNGOでは、革命後、こうした経験に今も苦しんでいる元女性受刑者たちを救うために、まず話を聞くこと、それに基づいたカウンセリングやケア活動をして、少しでも普段の生活へと戻っていけるように支援をしています（「チュニジアの女性たち」のスタッフ、女性二九歳、チュニスのレストランにて、二〇一五年一〇月八日）。

革命以前であれば、体制批判にも繋がり兼ねないこうした活動はほぼ不可能であったが、革命後には、以上のように実にさまざまな活動を、女性たちがそれぞれ主体的に自律的に展開してきている。

以上のような、さまざまな事例を通してみてきた革命以降の女性たちの活動や女性NGOの運動は、従来の「上から政策」とは全く異なる、まさに市民参加による議論や活動という点では「下からの運動」と呼び得る新しい特徴をもつものであると捉えられる。

私は社会福祉士	私は市長	私は秘書
私は社会福祉士	私は市長	私は秘書
私は知事	私は社会福祉士	私は市長

図5-2　ジェンダー意識改革のためのポスター
（CREDIF）

革命後の政情不安定な移行期には、確かにイスラミストとリベラル派との二極化やその対立・衝突、さらには犠牲者を出した事件や深刻な社会問題もみられた。しかし、その都度、さまざまな市民や市民団体がそれぞれ主体的に公的な場で、主張し、異議を唱え、また議論をし、さらには犠牲者や弱者を保護や支援し、平和的デモや集会などを繰り返して、問題や困難に真摯に辛抱強く対峙してきた。また女性への暴力という問題に対しては、そうしたイデオロギー的違いをも乗り越えて、その撲滅に向けて協働する動きもうかがえる。

このように民主化移行期の女性の活動や女性団体の動向については、市民や市民団体が主体的にそれぞれの立場で主義主張をし、公の場に参加し、諸問題に関与し活動しており、その意味ではそれは、従来の「国家フェミニズム」から大きく脱皮して、「市民フェミニズム」と呼び得る新しい特徴をもつものへと変容してきているように捉えられる。

イスラミストとリベラル派との対立のなかで、イスラミストが、近代主義的フェミニストらに対して、そうした考えは「外からの」または「西欧からの」思想だと決めつけ批判することに対して、メフレジュが自らの主張はムスリムとしての解釈を踏まえたうえでの「内側からの」ものであると反論し、そうした批判に対してはムスリムとして論駁していく必要性を説いているが［Mefarej 2012: 168］、こうした主張にこそ、「国家フェミニズム」から一市民としての確固たる自覚と主体的なイスラームの解釈に基づく「市民フェミニズム」の一つの在り様を明確に見て取ることができるように思われる。

国家主義から市民主義への移行、革命以前の「国家フェミニズム」から革命後の「市民フェミニズム」への移行という把握は、すでに本章の冒頭で紹介した先行研究における、「国家により維持されてきたフェミニズム」から「社会による女性問題の再所有化」への変容、あるいは「『国家フェミニスト』イデオロギー」から「脱中心化されたジェンダー行動主義」への移行、さらには「上からの政治」から「下からの政治」への変化という指摘とも、相互に重なり合うものがあると考えている。

第6章　新憲法制定と自由選挙に基づく新政権の発足

第1節　新憲法の制定とテクノクラート政権の発足

二〇一三年七月のブラーフミー議員の暗殺後、バルドー議事堂前では数千人の市民によるナフダ党連立政権の退陣を要求する座り込みが続いていた。一方、「国民対話」を提案していたチュニジア労働総同盟（UGTT）は、チュニジア人権擁護連盟（LTDH）、全国弁護士会（ONA）と、新たに加わったチュニジア産業商業手工業連合（UTICA）とともに、「カルテット」（Quartet / al-Rubāʻī）」という市民連帯組織として、ナフダ党政権および全政党に向けて、「国民対話（Dialogue National / al-Ḥiwār al-Waṭanī）」を呼びかけていくこととなった[1]。

すでに第4章でも述べたように、この「国民対話カルテット（Quartet du Dialogue National / al-rubāʻī al-Rāʻī lil-Ḥiwār al-Waṭanī）」は、①新憲法草案の完成、②現政権の退任によるテクノクラート（専門技術行政官）政権への移行と次期政府主席の人選、③大統領および議会選挙に向けた選挙機関の設立と日程ロードマップの作成、の三つの課題をナフダ党連立政権と野党諸政党に提示していた。

その「国民対話」は、では、具体的にどのようなかたちで進められていったのだろうか。一〇月五日に

「国民対話」に関する文書にナフダ党を含む二一政党が署名をしたが、「国民対話」の会合には、それに基づき、各政党から二人ずつ、カルテットの四団体からも二人ずつ、合計五〇名が参加することとなった。会合はほぼ毎週一回のペースで定期的に開催され、議長はUGTTのフセイン・アッバーシー書記長が務めることになった。この会合で投票権を有するのは政党の代表者のみとされ、四団体の代表者はあくまでも仲介役として中立的立場で参加していた。この「国民対話」の会合には、ガンヌーシー・ナフダ党党首やニダー・トゥーネス党党首のカーイドエッセブシーをはじめ、ほとんどの政党党首が毎回出席していたとされている［Beau et Lagarde 2014: 120-125］。

最初の課題、①の新憲法の草案に関しては、それまでとりわけリベラル派とイスラミストとのあいだでは、次の三点をめぐり、論争や攻防が繰り広げられてきていた。既に第4章、第5章でも述べたように、一点目がシャリーアの憲法への適用の賛否に関してであり、二点目が女性の権利や男女平等について、そして三点目が信教や表現の自由と聖物冒瀆との関わりについての問題であった。一点目のシャリーアの憲法への適用の問題、二点目の女性の権利や男女平等をめぐる論争については、第4章と第5章で述べたことから、ここでは三点目の信教や表現の自由と聖物冒瀆について、その後の議論の過程について多少補足をしておきたい。

憲法草案の審議過程は、上記の三点目の信教と表現の自由と聖物冒瀆に関わることで、とりわけイスラミストにとっての懸念は、聖物の尊重（ḥurma al-muqaddasa）が、表現の自由を理由に侵犯される事態であり、彼らは聖物冒瀆罪の法制化を強く要請していた。これについては革命後、実際にこの法制化が議論される以前から、既述のようにエルファーニーの『ライシテ・インシャーアッラー』の映画に対する過激派イスラミストによる攻撃や、『ペルセポリス』のアニメのテレビ放映をめぐるニスマTV局社長宅襲撃事件、マルサでの絵画展襲撃、そしてアメリカ大使館襲撃事件が起きており、これらの事件の背景にはいずれも聖物や信仰の冒瀆という問題が関連していた。[2]

ただし、多くの政党や議員たちは、聖物に対する侮辱や冒瀆を犯罪化することは、すでに憲法第2章の「権利と自由」で、思想や表現の自由を保障していることと矛盾することになるため、聖物冒瀆罪の法制化には反対していた。しかし、ナフダ党政権は二〇一二年八月一日には聖物への冒瀆は犯罪化・処罰化すべきとして、刑法の一六五条を改正して、聖物冒瀆罪を法制化する提案を制憲議会に提出した。それによれば、聖物冒瀆罪は、二年以下の懲役、再犯の場合には四年以下の懲役とし、加えて二〇〇〇ディナールの罰金を科すとするものであった [Ben Achour 2012: 9]。

聖物冒瀆罪の法制化をめぐっては、再び、市民社会を巻き込んでの論争が巻き起こり、二〇一二年八月二二日には、NGOチュニジア憲法協会（Association Tunisienne de Loi Constitutionnel）主催の会合で、現代チュニジアを代表する法学者Y・ベンアシュールも、「聖物冒瀆罪の法制化は、われわれの神権政治への寄与を意味するものである。それは、われわれが革命によって得た自由を手放すことであり、反革命を表明することでもある」と述べて、強く反対したとされている [Ben Achour 2012: 10]。

制憲議会の発足から二年以上が過ぎた「国民対話」の開催の時期にも、こうした議論は何度も繰り返され、そうした論争を踏まえて憲法草案の修正が積み重ねられていった。そして二〇一四年一月三日からの制憲議会においては、憲法の最終草案について、その一文一文の読み合わせとその確認と承認の作業が行われていった。その過程では、上記の問題が蒸し返され、審議過程で中断と再開が何度も繰り返された。

すでに憲法第一条に関しては、新憲法草案でも一九五九年憲法の第一条をそのまま採用するという案となっていた。それについては、ナフダ党のガンヌーシー党首も承認していたが、数名のナフダ党議員から再び「国の宗教はイスラームであり、それが立法の法源となる」、あるいは「コーランとスンナを法源とする」という一文を加えることなど、四つの提案事項が提出された。しかし、これについては反対多数で否決された。

さらに聖物冒瀆に関しては、それを犯罪化や刑罰化しないことを基本とし、一月二一日の制憲議会では、憲法草案での第六条、すなわち当初の案の「国家は、穏健さの価値や寛容性の普及、また聖なるものの保護やこれを侵害することの禁止に責任をもつ。国家はまた、タクフィール（ある人や集団を不信仰者と宣告すること）をすることや暴力や憎悪の扇動の禁止についても責任を負う」という条文についても審議された。しかし、この聖物冒瀆罪が法制化されないことや、またタクフィール禁止という条文をめぐっては、ナフダ党議員のイブラヒーム・カッサースがそれに猛反対して審議中に「アッラーフ・アクバル（アッラーは至大なり）」と何度も大声で叫び出し、涙を流して興奮のあまりに失神するなど、議場は大荒れとなり、審議が中断されることとなったとされる[3]。

最終的には、大多数の議員の投票で、聖物冒瀆罪については犯罪化しないことが決議されたが、折衷案として、第六条には、上記の条文に次の一文が加筆されることとなった。すなわち、「国家は、宗教の守護者である。国家は、良心と信教の自由、礼拝の自由な実践、そしてモスクや全ての信仰の儀礼実践の場の中立性を保障する」という文章が、その前に追加されることとなったのである［République Tunisienne 2014: 9］[4]。

このように実に多くの紆余曲折を経た議論と時間をかけた審議の末に、この新憲法草案は、可決の条件では議員数の三分の二以上の賛成とされていたが、二〇一四年一月二六日の制憲議会においては、投票数二一六票中、賛成二〇〇票、反対一二票、白票四票という満場一致にも近いかたちで可決されることになったのである。この結果には、多くの国民も大いに満足することとなり、そして、その新憲法は、翌二七日、トロイカ政権のマルズーキー暫定大統領、制憲議会のM・ジャーファル議長、そしてナフダ党のA・ラライエド首相が立ち並ぶなか、マルズーキー暫定大統領による署名をもって、翌月二月七日に公布されることとなった。

テクノクラートのジュムア政権の発足

国民対話カルテットによる②現政権の退任によるテクノクラート（専門技術行政官）政権への移行と次期政府主席の人選については、新政府主席候補が、(a)無所属であること、(b)次期選挙への被選挙権を有さないという条件で、人選が進められることとなった。ナフダ党はこれを了承したものの、ガンヌーシー党首がその交代時期をあくまで新憲法制定後とする点は譲らず、結局、新憲法の制定後にテクノクラート政権に交代することとなった。すなわち、カルテット側もナフダ党に新憲法制定という政治的功績を残させるかたちで、同時に退任を了承させたのである。これは、時期的にはエジプトでのムルシー政権の軍のクーデターによる崩壊後のことであり、カルテットならではの巧みな交渉と駆け引きの結果でもあった。

次の新政府主席の人選については、当初、「国民対話」の会合に出席している各政党から最大五人まで現閣僚以外から候補者を推薦してもらい、そのなかから選出する方法を採用した。しかし、推薦された候補者の多くが八〇歳代の人物であるなど、このやり方は機能しないことが判明し、新たに当時のラライエド政権メンバーも候補の対象に加えることで再度人選がなされた。マフディ・ジュムア（Mahdī Jum'a）の名前が挙げられたのは一小政党からであったが、そこにはUTICAの会長ウィデード・ブーシャンマーウィの後押しがあったとされている［Beau et Lagarde 2014：128-129］。マフディ・ジュムアは、ラライエド政権で産業大臣を務めていた無所属の閣僚で、一九六二年、マフディーヤの生まれの当時五一歳、大臣に就任する以前は、フランスの大手企業トータル・グループの系列会社ハッチンソン航空宇宙産業部門の最高責任者として勤務していた。この案は、UGTTのアッバーシー議長も支持することとなり、また各国の大使館からも彼を高く評価する声がすでに上がっていたとされている。こうして新政府主席への推薦候補者の承認をめぐる投票においては、その会合に出席していた一一政党のうち、ナフダ党を含む九政党がこの案を支持することとなり、その後一二月一四日には正式に次期選挙までの暫定政府主席にマフディ・ジュムアが指名され、M・ジュムア政権は憲法制定後の二月六日に発足することとなった。

大統領および議会選挙に向けた選挙機関の設立と日程ロードマップの設定に関しては、選挙高等独立機関（ISIE: L'Instance Supérieure Indépendante pour les Élections）が再度設置され、その構成員については二〇一四年一月八日に制憲議会において投票が為され、一月九日、法学者のムハンマド・シャフィーク・サルサール（Chafiq Sarsar/ Shafīq Ṣarṣār）が代表を務めることが、他八人のメンバーとともに公表された。次期選挙については、当初、大統領選挙と国民代表者議会選挙のどちらを先に行うか、あるいは同日実施とするか否かなどで、さまざまな議論があったが、国民代表者議会選挙を一〇月二六日に、その約一か月後の一一月二三日に国内での大統領選挙、海外での大統領選挙については一一月二一日〜二三日に実施するということが議会で決定された。

第2節　治安対策と過激派イスラミストの掃討作戦

過激派イスラミストらによるモスクや地区の支配

マフディ・ジュムア政権下での主要課題は、まずは自由かつ公正な選挙の実施と新政府樹立までの政権運営であった。加えて、経済状況の改善や失業対策なども引き続き、重要課題となっていたが、それはまた治安問題とも絡むもので、ナフダ党政権下で台頭していた過激派イスラミスト勢力、サラフィストらの取締りは、治安面からも緊急課題となっていた。表6-1からも明らかなように、革命後、特に二〇一三年に入ってからは、二月六日に野党政治家ショクリ・ベライードの暗殺事件を始めとし、アルジェリアとの国境付近のカスリーン県シャンビ山中においては、軍や国家警備隊がイスラーム過激派集団に対する掃討作戦中、武力衝突や地雷爆破で少なからぬ犠牲者を出す事件が相次ぐようになっていた。さらに七月二六日にはもう一人の野党議員（人民潮流党）のムハンマド・ブラーフミーの暗殺事件が起きていた。

ジュムア首相は、就任後、ただちにナフダ政権下でその武装集団と化していた革命保護連盟（LPR）を解体することを発表している。またこうした過激派イスラミスト勢力台頭の背景には、ベンアリー政権崩壊以降、国家のあらゆる分野、行政・経済金融・教育・文化・報道などの公的分野の人事で脱ベンアリー化（デベナリザシヨン）や脱RCD現象が起きるなかで、宗教施設のモスクにおいても、それまでのイマームに取って代わり、サラフィスト系のイマームがモスクを支配するという状況がみられ、そうしたことも少なからず関係していた。それは、まず地域や地区のモスクから始まり、二〇一二年の春にはチュニジア・イスラームの象徴、イスラーム学の最高峰のザイトゥーナ・モスクにまで及ぶこととなったのである。

〈聞き取り〉サラフィストのイマームに占拠されたモスク

ここインティラーカ地区（チュニス郊外の低所得地域）のゴフラーン・モスクでは、革命から一～二か月が経った頃から、サラフィストたちの姿が急に目立ち始めました。そしてそれまでのイマームを追い出して、金曜日には

2014年7月17日	カスリーン県カスリーン	ラマダーンの夕食時の銃撃戦で、 軍人14人死亡、20人負傷
2014年7月26日	ケフ県 サーキット・シーディ・ユーセフ	テロ集団の攻撃で、軍人2人死亡、1人負傷
2014年8月3日	カスリーン県スベイトラ	テロ集団の攻撃で、軍人1人死亡
2014年11月5日	ケフとジャンドゥーバ間道路	軍人と家族のバスへのテロ攻撃で、5人死亡、12人負傷
2014年11月19日	カスリーン県の 自動車道	カーイドエッセブシー訪問団を攻撃、警備員1人負傷
2014年11月28日	ビゼルト県ザアルール軍事基地	基地攻撃で、伍長1人死亡
2014年12月1日	カスリーン県山中	地雷爆破で、1名死亡、1名負傷
2015年2月18日	カスリーン県 ブーラーバア	テロ集団の攻撃で、警備隊員4人死亡
2015年3月18日	チュニス・バルドー美術館	テロ集団の銃撃で、24人 （うち観光客21人）死亡、45人負傷
2015年3月28日	シーディ・ブーズィード県	軍人1人死亡、テロ集団指導者1人と8人殺害
2015年6月15日	シーディ・ブーズィード県	2か所の奇襲で、警備隊員4人死亡、15人重傷
2015年6月26日	スースの観光地のホテル	テロリストの襲撃で39人死亡、39人負傷
2015年11月13日	シーディ・ブーズィード県ジェルマ	テロリストに羊飼いの若者1人断首、死亡
2015年11月24日	チュニス	自爆テロで大統領警備隊12人死亡、20人負傷

（出典：インターネット情報に基づき、著者作成）

表 6-1　革命後の過激派イスラミスト勢力のテロ攻撃による犠牲者（2011 年 1 月〜 2015 年 11 月まで）

年月日	場　所	犠牲者数など
2011 年 5 月 18 日	スリアナ県ルヒーヤ地区	AQMI の攻撃で中佐と伍長、軍人と市民、合計 4 人死亡、軍人・市民 2 人負傷
2012 年 2 月 1 日	スファックス県ビイル・アリー・ベンハリーファ地区	テロ集団と軍事衝突で、軍人 2 人負傷
2012 年 12 月 10 日	カスリーン県フェリアナ地区	銃撃戦で、警備隊員 1 人死亡
2012 年 12 月 18 日	チュニス・マヌーバ地区	テロリストの家で女性 1 人死亡
2013 年 2 月 6 日	チュニス	ショクリ・ベライード暗殺 暴力による治安部隊員 1 人死亡
2013 年 4 月 29 〜 30 日	カスリーン県シャンビ山	3 個の地雷爆破で、軍人と警備隊員の数人重傷
2013 年 5 月 2 日	ベン・アルース県	警察署で警察官 1 人が喉を切られ殺害
2013 年 5 月 6 日	カスリーン県シャンビ山	地雷爆破で、軍人 2 人負傷
2013 年 6 月 1 日	カスリーン県シャンビ山	地雷爆破で、軍人 3 人負傷
2013 年 6 月 6 日	カスリーン県シャンビ山	地雷爆破で、軍人 2 人死亡、2 人負傷
2013 年 6 月 14 日	カスリーン県シャンビ山	地雷爆破で、軍人 3 人負傷
2013 年 7 月 25 日	チュニス	ムハンマド・ブラーフミー議員暗殺
2013 年 7 月 29 日	カスリーン県シャンビ山	テロ集団の奇襲で、軍人 8 人死亡、 地雷爆破で、3 人負傷
2013 年 10 月 17 日	ベージャ県グベラ地域	テロ集団との衝突で警備隊員 2 人死亡、1 人負傷
2013 年 10 月 23 日	シーディ・ブーズィード県 シーディ・アリー・ベン・アウーン	銃撃戦で、警備隊員 6 名死亡、2 人負傷。テロリスト 2 人死亡
2013 年 12 月 2 日	カスリーン県シャンビ山	地雷爆破で、軍人 1 人死亡、1 人負傷
2014 年 2 月 16 日	ジャンドゥーバ県 シーディ・ハマッド	テロ集団の攻撃で、治安部隊 3 人、市民 1 人死亡
2014 年 4 月 18 日	カスリーン県シャンビ山	地雷爆破で、軍人 1 人死亡、1 人負傷
2014 年 5 月 23 日	カスリーン県シャンビ山	地雷爆破で、軍人 1 人死亡、5 人負傷
2014 年 5 月 28 日	カスリーン県カスリーン	内務大臣の自宅襲撃で、警察官 4 人死亡
2014 年 7 月 1 日	ケフ県ケフ	地雷爆破で、軍人 4 人、警備隊員 2 人負傷
2014 年 7 月 2 日	ケフ県ウェルガ山	地雷爆破で、軍人 4 人死亡

イスラミストのイマームが説教をするようになったのです。私は、いつもそのモスクに通っていたのですが、イスラミストのイマームの説教は、あれをするな、これをするなと厳しいことばかりで、またああしろ、こうしろと命令口調で、そんな説教にうんざりし、また同じようなことを思った住民が文句を言うと、他のイスラミストの連中が脅したり、乱暴をしたりするので、私はもうそのモスクに通うのをやめて、家で礼拝をするようになりました。しかし、そのイマームの影響もあって、ナフダ党政権になった頃からは、モスク周辺の市場でも、多くの商人たちが急に髭を生やし始め、スークの一帯もサラフィストに乗っ取られたような感じになりました。それはとても異様な光景でした。そんな状況がナフダ政権の終わり頃まで続きました。ジュムア政権となり、さらに新しくカーイドエッセブシー大統領が就任してからは、一部の商人を除き、長い髭を生やしていたサラフィスト商人らは髭を剃り落としてすっかり身を潜め、普通の人々に紛れてしまっています。何の信念もなく、サラフィストになったり、それをやめたりする人も多くて、私には彼らが何を考えているのか、全く理解できません（**退職後の男性、七〇歳代、チュニス郊外インティラーカ地区の自宅にて、二〇一五年一〇月六日**）。

〈聞き取り〉日和見主義者のサラフィストが多いと語る研究者

サラフィストと言って、髭を生やしている人々の多くはオポチュニスト（日和見主義者）ですよ。ＲＣＤ党員やその支持者だったような人たちが、革命後、ＲＣＤへの批判が強まり都合が悪くなったので、急にその反対勢力のイスラミスト側に付いて、その思想をよく知りもせずに、髭を生やし、時流に乗って生きようとする人たちです。イスラミストの半分くらいはそうではないでしょうか。もちろん、信念をもったイスラミストもいますよ。その両者を見分けるのは、容易ではありません。見た目だけではとても判断できませんから。今また、ナフダ党やトロイカ政権の人気がなくなり、ブルギビストの新大統領が就任したので、髭をすっかり剃って、また元通りにしている人もたくさんいます。時代の動きをみて、生き方をころころ変えるそんなオポチュニストが、この国には沢山いるのです（チュニス大学法学部教授・弁護士、女性、四〇代半ば　教授宅にて、二〇一五年三月六日）。

こうした地区のモスクがイスラミスト勢力に占拠されるようになったばかりでなく、特定地区全体が彼らに支配され、その地区を自らの「イマーラ（'imāra）」[6]と呼んで統治するようなこともみられた。

〈聞き取り〉サラフィストたちに支配されるようになった地区の住民の恐怖

私は、チュニスの町の中心から二キロほどのところ、ジェラーズ墓地の南側のデュボス・ヴィル（Dubous Ville）という地区に住んでいます。[7]革命の時には、イスラミストなど、全くその姿はありませんでした。それからしばらくして二〇一一年四月～五月頃から、私たちの地区（hūma）にサラフィストたちが現れ始めました。急に髭を生やし始め、イスラーム服を着て、「アッラー、アッラー」と言って、地区を支配し始めたのです。私は、そうしたサラフィストと自称している連中を子供の頃から知っていました。その多くは不良や学校を中退したような者たちで、昼間は麻薬を売ったり、夜はアルコールを飲んだりして、とても真面目にイスラームを信仰して実践している者とは思えませんでした。

私は、書店での勤務の傍ら、ボーイスカウトの指導員をしているのですが、ある時、地区の子供たちを集めて活動の打ち合わせをしていたところ、急にサラフィストたちが数人入り込んできて、私と弟を襲撃しました。私は頭部や体を棒で殴られ、額から流血し、ひどい目にあいました。弟はもっとひどい傷を負って、そのせいで片目の視力が今ではすっかり低下してしまいました。もちろん、警察署には被害届を出しました。しかし、地区の警察も彼らには手を出せず、未だに何もしてくれていません。

彼らは、自分たちに従わないような住民を、こうして次々と黙らせるために襲撃して地区を自らの支配地（イマーラ）のようにしていたのです。私の母は、自分の息子に起こった事件や住んでいた地区の様子がひどく変わり恐怖を感じるようになって、心配からか病気がちになりました。ナフダ政権が退陣して、新政権になって、われわれはやっと少しほっとして暮らせるようになりました（チュニス旧市街の書店の店員、男性四八歳、書店にて、二〇一五年一〇月五日）。

二〇一一年四月～五月の時期とは、チュニジアで過激なサラフィスト集団のアンサール・シャリーア（Auṣār al-sharīʿa）が四月に設立されたことから、そのメンバーが活動を始めた頃である。アンサール・シャリーアは、二〇一一年五月には、その最初の大会をカイラワーンで開催し、その折にはすでに五〇〇〇人が参加していたとされている。そして翌二〇一二年五月に同じくカイラワーンで開催された第二回の大会には、その三倍の一万五〇〇〇人もが参加していたとされている。そしてこうしたサラフィストたちが、特定の地区を支配下におくようなことは、以上のチュニスのデュボス・ヴィル地区のみならず、二〇一一年の末にはチュニジア北西部の町セジュナーンでも同じようなことがみられ、住民たちが恐怖の生活を強いられ、それは「セジュナニスタン」とも呼ばれていたとされている［Labat 2013: 139］。二〇一一年の末は、チュニス大学マヌーバ・キャンパスでも、サラフィストたちによる占拠が起こっていたことは、既に述べたとおりである。

ナフダ党政権とザイトゥーナ・モスクの過激派イマームとの「教育復興協定書」

ナフダ党政権下で、そうした過激なイスラミストへの特に取締りもないなかで、二〇一二年春にはそうした動向がチュニジアのイスラーム機関の最高峰ザイトゥーナ・モスクにまで及ぶこととなっていった。

教条主義的サラフィストで自称イマームのフセイン・ラビーディが、革命後、ザイトゥーナ・モスクに居座り始め、それまでのイマームたちをベンアリー政権の残党勢力であるとして追い出し始め、モスク内で双方の対立が強まっていた。ラビーディは、サラフィストとは言っても、周りからはイブン・タイミーヤ[8]の伝統を汲むような学者とはみなされておらず、仲間のサラフィストたちを単に取り巻き勢力としているような人物で、マルサのアブデリア宮殿の絵画展の襲撃やそこに出展した芸術家たちの殺害を呼びかけたのもこの人物であったとされている［Schneider 2012］[9]。

そうした人物であるにもかかわらず、ナフダ党政権下、二〇一二年五月一二日には、政府側から教育大臣、高等教育・科学研究大臣、宗教問題大臣、そしてナフダ党のR・ガンヌーシー党首が出席するなかで、この人物をザイトゥーナ側の代表者として、「ザイトゥーナ本来の教育復興協定書」と題した文書に双方が署名し、それを取り交わすという事件が起こったのである。

この二〇一二年五月一二日の出来事について、チュニス大学文学部教授のハビーブ・メッラーフは、チュニジアの歴史において、チュニジアがフランス保護領となった一八八一年五月一二日にも匹敵するほどの歴史的な日であるとして、最大級の憤慨と痛烈な皮肉を込めて書き記している［Mellakh 2013: 249-250］。

ザイトゥーナの教育は、数世紀にわたり、開明さと寛容さを特徴としてきたもので、湾岸諸国のワッハービズムとは対極を成してきたものであった。この過激派のイマームやサラフィストらは、この協定書に署名する二週間前には、イスラーム建築学が専門の教授に対して、彼は建築を研究しており、石を崇めることしかしていないとして、多くの学生らを前にして侮辱と嘲笑の対象とした後、ザイトゥーナの教育

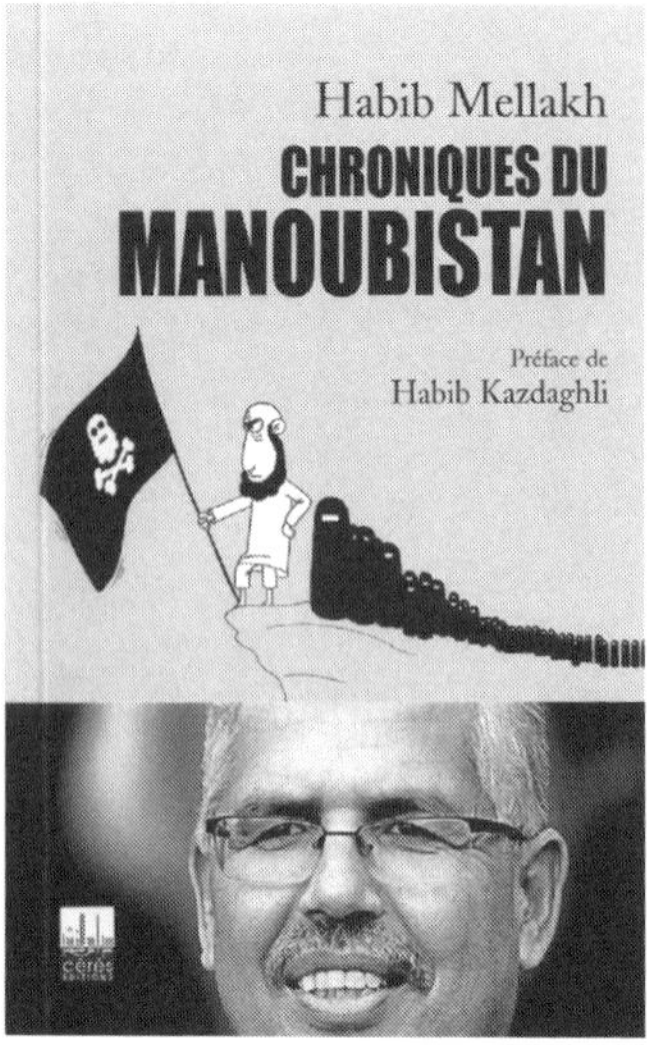

ハビーブ・メッラーフ著『マヌービスタン年代記』と題した本の表紙。下はカズダグリー学部長

から除名処分にするとし、またザイトゥーナへの立ち入りを禁止したとされている。この協定書について、ザイトゥーナ・モスクのウラマーの一人は、「ザイトゥーナは、ワッハービストらに売り渡された」とする弔辞すら述べたとされている［Mellakh 2013: 250］。

教員や学生の親たち、また知識人や市民活動家らも、ザイトゥーナの教育がサラフィストらの手に委ねられるということに対して、チュニジア社会のターリバン化を招くとして強く反発することとなった。そしてこの事態に最も強く抗議し、その反対運動を起こしたのが、「大学の価値と制度的自立と学問の自由の保護およびチュニス大学マヌーバ文学・芸術・人文学部を支援する委員会（Comité de défense des valeurs universitaires, de l'autonomie institutionnelle, des libertés académiques et de soutien à la Faculté des Lettres, des Arts et des Humanités de la Manouba）」であった。この委員会は、マヌーバ・キャンパスが二〇一一年末からサラフィストらによって占拠される事件が起こった時期に結成され、大学学長や学部長、著名な学者や教員に加え、医者や弁護士、市民活動家、人権活動家やフェミニストなど一五〇〇人から成る組織であった。この委員会は、さらに世界五大陸から、一〇〇を超す大学機関や研究者たちからも支持を得て、この協定書の違法性を訴え、少なくともザイトゥーナも含め、教育改革を実施するのであれば、制憲議会における審議を経るべきであり、それなしでの改革は非民主的であることを強調し、抗議声明文を発表することとなった［Mellakh

2013: 253-255]。

このような大モスクのイマームの地位をサラフィストが簒奪するという事件は、チュニジア第二の都市スファックスなど、各地でも起こっていた。

革命後の混乱期に、スファックスのシーディ・ラホーミー・モスクでは、自称イマームのリダー・ジャワディがイマームの地位を強奪して、モスクを占拠するようになっていた。その後、特に問題となったのが、二〇一二年一二月七日の金曜説教の内容で、その説教ではＵＧＴＴと元ＲＣＤ党員とさらにナフダ党の反対勢力の全ての者に対して、聖戦を行うようにと呼びかけ、それらの者の殺害とまた殉教とを奨励したとされている。これに対して、市民からの苦情が出るなか、二〇〇人の弁護士集団が、二〇一二年一二月一九日にスファックスの地方裁判所にこのイマームに対して提訴する事態にまで発展している。[10]

ジュムア政権の発足後には、まずこうしたモスクの取締りが強化されていった。二〇一四年三月初旬、宗教問題省のムニール・ティリーリ大臣は、革命後、当局の統制外にあるモスクが一五〇ほどあることを明らかにしていた。[11]その二か月後の五月には、統制外にあったモスクのうち、六二のモスクを当局の統制下においたと述べ、ただし、現在もなお統制外にあるモスクが八五から九〇ほどあるとし、その他に無許可で建設されたモスクもあることを報告している。[12]さらに同年六月には、一〇〇のモスクを宗教問題省の統制下におくことができたが、しかし未だ四九のモスクが過激派イマームの支配下にあるとし、対話での解決を目指すが、それが難しい場合には法的処置に訴えるとしていた。[13]

こうした政府の動きに対して、スファックスの前述のイマーム、リダー・ジャワディは、同年七月には、「テロとの闘いの名のもとに、イスラームに対して戦争を始めようとするならば、それを私は断固、拒否する」とし、「なぜ、モスクを閉鎖しようとするのか。…中略…なぜ、ＲＣＤ支持者のイマームをまた元に戻そうとするのか」と、フェイスブックで挑戦的に訴えていた。[14] さらに七月八日には、チュニスのバルドー議事堂前でイマームたちや宗教的ＮＧＯのメンバーとともに抗議集会を開催し、「われわれはテロリズムを非難する。しかし、イマームや髭を生やしている者がみなテロリスト扱いされることは容認できない。もしこうした状況が続くのであれば、コーランを読む者は全てテロリストということになり、状況はさらに悪化するだろう」と挑発している。[15]

二〇一五年のエッシード新政権下でも、こうした取締りはテロとの闘いの一環として継続されているが、その後もこのイマームは、宗教問題省の解任命令に従わず、スファックスのモスクでイマームを務めていた。しかし、二〇一五年一〇月下旬、金曜礼拝での過激な説教と彼も会員である同モスク保護協会の公金横領の二件の罪状で逮捕されることとなっている。[16]

宗教問題省は二〇一五年七月にもムサーケンの大モスクのイマーム、バシール・ベンハッサンと、スース県のシーディ・アブデルハミードにあるタウバ・モスクの非公認イマーム、リダー・ベルハッジなどに、イマーム職からの解任命令を出している。[17]

過激派イマームらによるチュニジア社会への影響

こうした過激なイマームたちによるモスクでの説教や活動が、チュニジア社会、特に若者たちに与えてきた影響は実に深刻なものであったことは言うまでもない。こうした説教の影響を受け、また洗脳された若者たちが、少なからずシリアやイラクへ聖戦のために赴くことにも繋がった。その裏には湾岸諸国などからの巨額の資金援助もあったとされ、それを元手に暗躍していた仲介斡旋業者などもいたとされている。

ナフダ党政権の下ではそうした若者たちの出国を防ぐことができなかったばかりでなく、二〇一二年二月にはシリアのアサド政権との関係を公式に断ち、在チュニジア・シリア大使を本国に送還した後、ジバリー首相はシリアでの聖戦に向かう若者らをむしろ激励して、「シリアに赴くわれわれの若者たちに全能の神のご加護があるように」とまで述べていたことは[18]、この政権の責任の重大さを十分に物語っていよう。

一方、元共和国ムフティのウスマーン・バッティーフは[19]、二〇一三年四月の報道記者会見で、「シリアに向かうチュニジアの若者たちは、ジハード・アルニカーフ（結婚の聖戦）に向かう女性たちを含め、過激なイスラーム思想に洗脳された犠牲者であり、戦争手段に利用されているだけだ」として、「シリアでの戦争はジハードではない」とそれを強く否定し、経済的に恵まれない若者たちが搾取の対象となっている、と厳しく糾弾している[20]。

シリアでの戦闘に参加している外国人のなかで、最も多いのがチュニジア人で、二〇一四年には三〇〇〇人余りとされていた。しかしその後、ナフダ党政権末期からその取締りが開始されたものの、その人数は減らないどころか、統制を逃れてリビアやトルコ経由でシリアやイラクのイスラーム国の戦闘に参加する若者は後をたたず、二〇一五年七月時点の国連の専門家らによる報告によると、その数は五五〇〇人を超すともされている。シリアに約四〇〇〇人、リビアに一〇〇〇〜一五〇〇人、イラクに二〇〇人、マリに六〇人、イエメンに五〇人とされ、さらにイラクから帰国した六二五人については、目下、チュニジア国内で訴追中であるとされている[21]。

エッシード首相は、同年七月一〇日には、一〇〇〇人のテロリストを拘束したこと、またジハード参加のために渡航を企てていた一万五〇〇〇人の若者を逮捕したことを明らかにしている[22]。

〈聞き取り〉イスラーム過激派と独立以降の宗教教育

私は、この国から多くの若者がイスラーム過激派に洗脳されてシリアやイラクに行くようになったのは、教育にも大きな問題があったからと考えています。私の両親の世代の教育と、私の世代の教育を比べると、昔の教育の方が、よほど内容が充実していたと思います。私の世代の教育は、学校での学習時間は増えましたが、単なる詰め込み式の勉強で、自分で考え、判断する力を養うというよりも、馬鹿々々しい丸暗記の教育です。さらに宗教教育がほとんど意味をもたなくなっていたことも深刻でした。ザイトゥーナの宗教教育が、近代教育の一部として制度改革され、宗教教育によって人格形成をするという発想がほとんどなくなったのです。一方で、正しい良い宗教教育を受けたいという欲求や願望が、国民のなかにあったことも確かです。そうしたところに、衛星放送やインターネットが入ってきて、湾岸諸国の宗教専門の放送局の番組などを簡単に見ることができるようになり、一部の人々は判断能力も心の準備もないままに、そうしたイスラーム主義に染まっていったのです。もしザイトゥーナの伝統的な穏健イスラーム教育がもっと普通教育の中にも取り込まれていたなら、こんなにたくさんの若者たちが、洗脳されることはなかったのではと思っています（NGOの幹部、女性二九歳、チュニスのレストランにて、二〇一五年一〇月五日）。

チュニジア・イスラーム高等諮問委員会（Conseil Supérieur Islamique de Tunisie）の委員を務めるシャイフ・ムハンマド・メスターウィも、これとほぼ似た感想を述べている。彼は父親がザイトゥーナ・モスクのイマームで、また自身もザイトゥーナ大学を卒業し、その後フランスのエクサン・プロヴァンス大学でイスラーム法学の博士号の学位を取得し、長くイマーム職にあった人物である。チュニジア革命後、サラフィストらによってそのイマーム職から追放されるという経験をしており、それも含めて、チュニジアのイスラームの伝統や現状について、次のように語っている。

〈聞き取り〉イマームでかつスーフィ教団員のシャイフが語るイスラーム

私の父は、ザイトゥーナ・モスクのイマームでしたが、同時にシャーディリー教団のメンバーでもあったので、私も子供の頃からシャーディリー教団とは深い関わりを持ってきました。[23]

チュニジアのイスラームの伝統は、イスラーム法学とスーフィズムの伝統を融合させたものです。この二つを分けて考えるという伝統はありません。つまり、ザイトゥーナ・モスクでの教育とスーフィー教団での宗教実践とを対立するものとは考えないのです。例えば、チュニジアを代表するイスラーム法学者のムハンマド・ターヘル・ベンアシュール（Muḥammad al-Ṭāhir Ben ʻĀshūr）は、[24]『解放と啓蒙のコーラン解釈（Tafsīr al-taḥrīr wa al-tanwīr）』の著者としてアラブ世界でもよく知られている大学者ですが、彼のもう一つの著書、『シャリーアの意図（Maqāṣid al-Sharīʻa al-Islāmiya）』では、イスラーム法の目的やニーヤ（意図）を、スーフィズム、つまりガザーリーやイブン・アラビーなどの著作やスピリチュアルなイスラーム思想から多くの示唆を得て、それに基づいて解釈し直しています。ですから、チュニジアのイスラームの伝統は、決してイスラーム法学とスーフィズムを別々に切り離すようなものではないのです。

革命後は、とても大変な時期が続きました。私は、父が建立したチュニスのメグリーン地区にある大モスクで、イマームとして勤務してきました。私が、そのモスクのイマームになったのは二一歳の時で、当時、チュニジアでは最年少のイマームでした。それから四〇年以上、私はそこのイマームを務めてきたのですが、革命後少し経った頃に、モスクにサラフィスト集団がやって来て、私をイマームの職から強制的に引きずり降ろし、サラフィストのイマームが代わってその職に就任するようになりました。革命後は、国中が混乱状態でした。

ザイトゥーナ・モスクでもほぼ同様のことが起こりました。ザイトゥーナ・モスクは、七三二年に建立されたモスクで、モロッコのカラウィーン・モスクよりも、エジプトのアズハルよりも古いモスクです。ザイトゥーナのモスクのイマームは、代々、シェリーフ家が務めてきたのですが、ナフダ党政権となってから、サラフィストの人物がそれまでのイマームたちを追い出し、イマームを自称して居座るようになり、ザイトゥーナの中でも喧嘩や対立が起こりました。しかし、結局、湾岸諸国から多額の資金を得ているナフダ系のイマームに支配されることとなりました。それは、トロイカ体制の終わり頃まで続きました。カーイドエッセブシーが大統領になって、やっと元通りになりつつあるところです。

ザイトゥーナの宗教教育は、独立以前にはチュニジアの全国にその支部があり、それはアルジェリアのコンスタンティーヌやアンナバにもありました。コンスタンティーヌからは、ご存じのようにイブン・バーディースが出ています。彼はザイトゥーナのイスラーム教育を受けた学者の一人です。

チュニジアでは、その支部を通じて、寛容で穏健なイスラームの精神が全土に広められていました。しかし、独立後、ブルギバは宗教を国家の統制下におき、ザイトゥーナ・モスクも改革され、宗教関係者は大変な時期を経験しました。ザイトゥーナの教育は、チュニス大学の神学部、シャリーア法学、イスラーム文明学の三つに分けられ、特に全国各地にあった支部が全て閉鎖されてからは、イスラーム教育は大変粗末なものとなったのです。

ブルギバ政権の最後の時期には、イスラミストの台頭もあって、教団組織はむしろその対抗勢力として利用され、政府の保護下におかれるようになりました。ベンアリー時代に関しては、彼自身、家族がスーフィー教団と無縁ではなかったこともあり、ブルギバ時代よりは、教団の活動は政府に保護され、私たち宗教関係者にとっては決して悪い時代ではありませんでした。もちろん、民主主義、自由の欠如など、問題は沢山ありましたが、治安は今よりはるかによく、経済成長率も年五%という、良い面があったことも確かです。

ただ、宗教教育がほとんど為されなくなっていたところにテレビの普及、そして衛星放送やインターネットが普及し、湾岸諸国などの宗教放送に人々が簡単にアクセスできるようになり、特に家庭にいる母親たちがそうした教条主義的イスラームに染まると、子供たちにも大きな影響を与えるようになりました。ベンアリー時代には、イスラミストは厳しく取締りを受けていましたが、革命後、そのタガが外され、汚職や不公正に不満を抱いていた人々が、寛容なイスラームを求めるのではなく、ワッハーブ派の影響が強い過激なイスラーム思想を受け入れるようになってしまったのです。

革命後、こうしてチュニジアではサラフィストの台頭で、厳しい時期が続きました。ただ、チュニジア革命にしろ、現代中東のシリアやイラクの問題にしても、その国だけの問題というよりも、欧米などの大国や産油国などの外国勢力の介入によって、問題が複雑にこじれているのです。チュニジアでの政治家の暗殺事件に関しても、外国の力や介入が関わっています。革命後、急増したサラフィストたちは、本当にイスラームについて理解している者ではなく、多くは単に金で買われた、ならず者です。イスラームのことを本当に勉強して理解していれば、暴力を使うことや、ザーウィヤや聖者廟を焼き払うことなどしないはずです。

カーイドエッセブシー大統領は、シーディ・ブーサイードの生まれで、スーフィー教団には大いに愛着を持っています。彼の妻は、シャーディリーヤという名前のとおり、シャーディリー教団と深い繋がりのある家の出身です。[25]彼の政権下では、過激なサラフィスト勢力を抑えて、国を良い方向へと導いてくれるものと思っています。

革命については、その良いことも悪いことも受け入れるというのが私の姿勢です。ムスリムであるということは、ムスリムとして良い生き方を常に実践し、そして希望を持ち続けて生きるということです。時には努力しても報われないこともあります。それでも努力を惜しんではいけません。仮にこの世で報われなくても、神は必ずあの世では報いて下さるからです。ですから、希望を捨てずに、絶望することなく、生きていかなくてはいけません。

イスラーム学者のメスターウィ氏（右側）**とその友人**（シーディ・ベルハサンのザーウィヤにて　2015年10月）

私は、今もまだメグリーンの大モスクのイマームに戻ることができていません。でも、私は特に急いではいません。私にはやるべきことがたくさんあるからです。もし、他に立派なイマームがいて、その職をきちんと務めてくれるのであれば、それはそれでいいとも考えています。

私が、今、やろうとしていることは、イスラーム思想の改革です。「イスラームの改革」というと、みんな「イスラーム」の現状を否定することかと考え、拒否反応を示しますが、そうではなくて、「イスラームの思想」の改革です。現代という時代に相応しいイスラームの考え方とは何か。

現代という時代に他者を排除し、あるいは他者との共存を否定して生きていくことはできません。イスラームを狭隘なものではなく、現代や人類の未来に相応しいものとするために、私たちはイスラームの思想を改革していかなくてはならないと考えています。預言者が人生の最期に近づいた頃に授かった啓示、雌牛の章二五六節の「宗教には強制があってはならない」というこの章句は、コーランの精神の最も基本的なものです。チュニジアの伝統的イスラームは、寛容で開放的で開明的なもので、まさに人類がともに尊重し合い、共生していくことを目指すものです。そうした伝統を私たちは今一度思い起こし、イスラームの思想を改革し、そしてそのメッセージをもっと世界に届けていかなくてはならないと考えているところです（**シャイフ・ムハンマド・メスターウィ、六三歳、ザイトゥーナ大学卒、イスラーム諮問委員会委員、シャーディリーヤ教団員、彼の友人宅にて、二〇一五年一〇月九日**）。

第3節　国民代表者議会選挙と共和国大統領選挙

国民代表者議会選挙（二〇一四年一〇月二六日実施）

ジュムア政権下、ＩＳＩＥを中心に一〇月二六日の国民代表者議会選挙と一一月二三日の大統領選挙の実施に向けての準備が進められていった。いずれの選挙も、新憲法制定後における最初の選挙となるものであった。

まず一〇月の議会選挙については、独立以降の議会選挙としては一三回目のものであるが、議会の名称は、一九五九年憲法での「国民議会（Assemblée Nationale / Al-Majlis al-Waṭanī）」から、ベンアリー時代の「代議員議会（Chambre des Députés / Majlis al-Nuwwāb）」[26]を経て、革命後の「国民制憲議会（Assemblée Nationale Constituante / Al-Majlis al-Waṭanī al-Taʾsīsī）」から、さらに新憲法第三章「立法権」の第五〇条に基づいて、国民代表者議会（Assemblée des Représentants du Peuple / Majlis Nuwwāb al-Shaʻb）」と改称されることとなり、その二一七の議席をめぐって争われることとなった。憲法第五〇条では、「国民は国民代表者議会の代表者たちを通じて、または国民投票の方法を通じて、立法の権限を行使する」とあり、この議会の名称もまさに革命の理念である国民の権限を明らかにするようにと改称された［Boubakri 2015: 69］。また被選挙資格を有する者については、憲法の第五三条で[27]、現在に至る過去最低一〇年間、チュニジア国籍を有する有権者の全てとし、立候補の時点で満二三歳以上であることが条件とされ、第五六条でその任期は五年と定められた[28]。したがって、制憲議会選挙の時の選挙法とは異なり[29]、元ＲＣＤ党員などにも同等に立候補の権利があるとした点は注目に値するだろう。また選挙の有権者については、第五四条で、

表 6-2　2014 年チュニジア共和国憲法に明記された国民代表者議会選挙に関連する条文内容

議会の名称	・国民代表者議会 (Majlis Nuwwāb al-Sha'b / Assemblée des Représentants du Peuple)	憲法 第 3 章第 50 条
議員の任期	・国民代表者議会の任期は 5 年 ・議会任期の最後の 60 日間に改選	憲法 第 3 章第 56 条
被選挙権	・立候補表明の時点で満 23 歳以上であること ・チュニジア国籍を最低過去 10 年間、有する有権者の全員	憲法 第 3 章第 53 条
有権者	・満 18 歳以上のチュニジア国籍を有する全市民	憲法 第 3 章第 54 条
パリテ法	・議会における男女平等の実現	憲法 第 2 章第 46 条

(出典：2014 年チュニジア共和国憲法に基づき筆者作成)

チュニジア国籍を持つ満一八歳以上の全ての者とされた。この年齢は一九五九年憲法では満二〇歳以上とされていたが、二〇〇九年の法改正で満一八歳に引き下げられていたものをそのまま継承するかたちとなっている〈表6-2参照〉[30]。

またこの議会選挙は、革命後の民主化過程での二〇一一年一〇月の制憲議会選挙の結果を受けて発足したトロイカ体制、すなわちナフダ党政権のジバリー政府主席とライエド政府主席、CPR党のマルズーキー大統領そしてタカットル党のジャアファル制憲議会議長の連立政権の運営に対する、言わば国民の審判とも言える重要な意味合いをもつものであった。

この二〇一四年の選挙は、二〇一一年の制憲議会選挙と同じく、国内二七選挙区(二四県に各一選挙区とチュニスとスファックスとナーブルの三県のみ二選挙区)と海外六選挙区の[31]、合計三三選挙区で争われることとなり、比例代表制で、また憲法の第四六条にも明記されたように議会での男女平等を実現するべく、各政党の立候補者名簿は男女交互の拘束名簿制(パリテ)で行われた。

そしてその選挙結果では、トロイカ連立政権を担った三党は国民から厳しい評価を受けることとなった。すなわち、表6-

3にも見られるように、二〇一一年の選挙で、一位ナフダ党八九議席、二位CPR党二九議席、四位タカットル党二六議席、合計一四四議席を有していたこれら三党は、二〇一四年の議会選挙では、第一党であったナフダ党は得票率で三割に届かない二七・七九％で、全体では辛くも二位となったが、二〇議席を減らし六九議席に留まった。CPR党は順位では得票率二・〇五％の六位で前回の二九議席から二五議席も減らして僅か四議席となり、さらにタカットル党は得票率〇・七％で、二〇議席の全てを失い議席確保にも至らないという結果となり、三党合わせて六六議席を失う結果となった。[32]

これに対して、第一党に躍進したのが、ベージー・カーイドエッセブシー党首の「ニダー・トゥーネス党（チュニジアの呼びかけ党）」であった。得票率三七・五六％で、初参加した選挙であったが、八六議席を獲得することとなった。結党がトロイカ体制下の二〇一二年四月であったが、制憲議会議員のうち、すでにこの政党へと移籍した議員が八人いたことから、選挙前からは七八議席も増やしたことになる。党首のカーイドエッセブシーは、一九二六年生まれで、ブルギバ時代からの主要閣僚や外交官を歴任し、ベンアリー政権下で政界を引退していたが、既述のように革命後にはその混乱のさなか、M・ガンヌーシー暫定政権の後を受けて暫定首相を務めており、二〇一一年一〇月の制憲議会選挙後のトロイカ連立政権発足まで、難しい政治運営の舵取りを無難に乗り切ったことから、その政治手腕が十分高く評価されたものとみられる。

二〇一四年の選挙結果については、以下のような三つの点を指摘できると思われる。一点目は、国民のトロイカ政権への厳しい評価が如実に表れた結果となったことである。特にナフダ党と連立を組みトロイカ体制を支えてきた二政党の「共和国のための議会党（CPR）」と「タカットル党」も大きく後退することとなった。ただし、そのなかでナフダ党は、辛くも選挙結果で第二位の順位を保った。その理由には、

民主同盟	—	—	—	43,371	1.27	1	+1	
愛の潮流	—	—	—	40,924	1.20	2	+2	「民衆嘆願」から結党
チュンニジアのための連合	—	—	—	27,802	0.82	0	+ −	
ワーファ運動	—	—	—	23,768	0.70	0	+ −	
アーメン	—	—	—	7,926	0.23	0	+ −	
チュニジア国民の声	—	—	—	7,849	0.23	0	+ −	
救済国民戦線	—	—	—	5,977	0.18	1	+1	
復興	—	—	—	5,236	0.15	1	+1	
ジェリードの栄光	—	—	—	5,111	0.15	1	+1	
農民の声	—	—	—	3,515	0.10	1	+1	
在外チュニジア人の訴え	—	—	—	1,814	0.05	1	+1	
登録者	8,289,924	100,00		5,236,244	100,00			
全議席数			217			217		
棄権者	3,981,036	48.03		1,656,988	31.64			
投票者	4,308,888	51,97		5,379,256	68.36			
有効投票	4,053,148	94,06		5,408,170	95.22			
無効投票	255,740	5.94		171,079	4.77			

（出典：選挙高等独立機関（ISIE）の HP の統計および諸政党の HP からの情報に基づき、筆者作成）

表 6-3　2011 年制憲議会選挙と 2014 年国民代表者議会選挙の結果の比較

2011 年 制憲議会選挙				2014 年 国民代表者議会選挙				
政党名	得票数	%	議席	得票数	%	議席	+ −	備　考
ナフダ	1,501,320	37.04	89	947,034	27.79	69	−20	トロイカ政権
CPR	353,041	8.71	29	72,942	2.14	4	−25	トロイカ政権
民衆嘆願	273,362	6.74	26	—	—	—	−26	「愛の潮流」へ合流
タカットル	284,989	7.03	20	24,592	0.72	0	−20	トロイカ政権
民主進歩主義	159,826	3.94	16	—	—	—	−16	「共和」へ合流
イニシアティブ	129,120	3.19	5	45,086	1.32	3	−2	党名、一部変更
民主近代主義の柱	113,005	2.79	5	—	—	—	−5	
Afek（チュニジアの地平）	76,488	1.89	4	102,916	3.02	8	+4	
チュニジア共産労働	63,652	1.57	3	—	—	—	—	「人民戦線」へ合流
民衆運動	30,500	0.75	2	45,799	1.34	3	+1	
民主社会主義運動	22,830	0.56	2	5,792	0.17	1	−1	
愛国自由連合	51,665	1.26	1	137,110	4.02	16	15	
愛国民主運動	33,419	0.83	1	—	—	—	—	「愛国民主統一」へ合流
自由マグレブ	19,201	0.47	1	—	—	—	—	
国家民主社会	15,534	0.38	1	—	—	—	—	
新立憲	15,448	0.38	1	—	—	—	—	
進歩主義闘争	9,978	0.25	1	—	—	—	—	
公正と平等	7,621	0.19	1	—	—	—	—	
文化国家と統一主義	5,581	0.14	1	—	—	—	—	
無所属	62,293	1.54	8	—	—	—	—	
その他（落選者）	1,290,293	31.83	0	103,408	3.05	0	+ −	
ニダー・トゥーネス	—	—	—	1,279,941	37.57	86	+86	2012 年 6 月結党
人民戦線	—	—	—	124,654	3.66	15	+15	2012 年 10 月結党
民主潮流	—	—	—	65,792	1.93	3	+3	2013 年 5 月結党
共和	—	—	—	49,965	1.47	1	+1	2012 年 4 月結党

まずナフダ党の組織票の強みを指摘し得るが、その組織票の具体的背景としては、第四章でも述べたように、ナフダ政権下で「ナフダ党の津波」とまで称された行政・教育・宗教機関などの重要ポストにナフダ党員やその支持者らを任命していたこと、ナフダ党の武装組織化していた「革命保護連盟（LPR）」や多数の宗教NGOも得票の基盤組織になっていたことが考えられる。加えて、そうした活動や組織を支える湾岸諸国などからの巨額の資金がナフダ党にはあったことは見逃せない事実と思われる。

マクトゥーフは、ナフダ党が他の政党と異なる点として、その党員の忠誠心の強さとネットワークの緊密さを指摘している。国内にある五〇〇〇近いモスクには必ずナフダ党員がおり、またそれらの施設の建設や維持にはナフダ党が政権を掌握して以降、国費でそれらが賄われ、ナフダ党は政権政党としてそれを利用する特権を有していたこと、またナフダ党は二六〇ほどの事務所を国内に有するだけでなく、ナフダ党系の宗教NGOも多数存在し、また悪名高い「革命保護連盟」の事務所も十数か所あると指摘している［Maktouf 2013: 120-121］。

加えて、ナフダ党が、革命後、他の政党を圧倒して存在感を示し得る要因には、その突出した資金力にあると指摘している。その巨額資金の多くは湾岸諸国からであるが、一部はチュニジア人からのもので、ナフダ党の宗教的メッセージに共感・呼応した職人や農民たちと、また特に南部からのフランスへの移民たちからの寄付金としている。ナフダ党は政党資金の公開を拒否しており、政治資金は各党員からの収入五％の寄付金のみと説明しているが、その不透明さがむしろ疑惑や不信を招いていると述べている。ナフダ党は、すでに一九九〇年代からサウジアラビアやイラン、カタールなどから得た支援金で、本国での投獄者の家族に経済援助をしていたが、革命後は選挙に至る過程で、割礼や結婚式のための資金提供やさらにはナフダ党支持のデモ参加者にまで現金が支払われていたとされており［Maktouf 2013: 123-125］、その財力を基にした政治活動がこうした選挙結果にも表れたことが見て取れる。

二点目には、二〇一四年の選挙結果では一位のリベラル派のニダー・トゥーネス党と二位のイスラーム政党のナフダ党とで、全投票数の約三分の二（六五・三五％）を獲得し、三位以下の政党と大差をつけたことである。すなわち、この点は、民主化移行期に憲法をめぐる議論などにおいても、リベラル派集団とイスラミスト集団とに国民が大きく二極化する状況がみられていたが、この選挙においてもそれがそのまま反映される結果となった。そして、これらの二つの集団の支持者層の地理的分布が、チュニスやスースなど地中海沿岸部ではニダー・トゥーネス党の得票率が高く、また南部ガベス県、メドニーン県、タタウィーン県などではナフダ党が得票率の五割を超え、対照的な結果として表れたことはすでに指摘されているとおりである［岩崎 二〇一五］。これはまた第一章で述べた「二つのチュニジア」とも言われる地域格差が、革命後四年以上経った時点でも、解消されることなく、厳然と存在し続けていることを示すものでもあったといえる。

三点目としては、一位と二位の上記の政党と大差をつけられた第三位以下の政党についてである。第三位には若い実業家スリム・リヤーヒーが党首の二〇一一年五月結党のリベラル派政党「愛国自由連合党（UPL: Union Patriotique Libre）」が、得票率四・一三％で一六議席を獲得した。この政党は前回二〇一一年の選挙では得票率一・二六％で議席は僅か一議席であったことから、大躍進したことになる。また第四位には、ハンマ・ハンマーミー党首が左派系の政党などを集めて二〇一二年一〇月に結党した「人民戦線党」が三・六六％で一五議席、[33]また第五位に実業家ヤシーン・ブラーヒム党首により二〇一一年三月に結成されたリベラル進歩主義の「アフェーク・トゥーニス党（チュニジアの地平：Afek Tounes／Afāq Tūnis）」が三・〇二％で八議席を獲得し、それまでの四議席を二倍にした。しかし、それ以外の二〇一四年選挙で議席を獲得した小政党のほとんどは、今回が初の議席獲得となった政党であり、二〇一一年の制憲議会選挙の時に議席を獲得した政党とは異なるという点は注目される。

すなわち、二〇一一年に少なからぬ議席を獲得した政党「民衆嘆願党（Pétition Populaire）」（二六議席）や女性党首マーヤ・ジュリービーの「民主進歩主義党（Parti Démocratique Progressiste）」（一六議席）、「民主近代主義の柱（Pôle Démocratique Moderniste）」（五議席）などが、その後離合集散し、解党された党がある一方、新政党の結党がみられたことは第四章でも述べたが、制憲議会での一から二議席獲得の小政党はそのほとんどが、二〇一四年選挙では入れ替えとなる様相を呈することとなった。革命後には一〇〇以上もの政党が結成され、二〇一一年の後もそれらが離散集合を繰り返すなかで、この選挙結果は多数の政党間での熾烈な争いを物語っていると同時に、その多数の小政党のなかから三位や五位につけた政党のように成長しつつある政党が出てきたことも読み取れる。

また二〇一四年の選挙では、イスラーム政党のナフダ党を除き、一位のニダー・トゥーネス党と四位の人民戦線党は二〇一一年の選挙時には存在していなかった新政党であり、また三位と五位につけた政党も革命後に結党された若い政党であることから、リベラルか左派系かというイデオロギーにかかわらず、国民が古い政治や既存政党よりも、新しい政治や政党、そして変化を期待していることがそこにうかがえるように考えられる。[34]

共和国大統領選挙（二〇一四年一一月二三日実施）と決選投票（二〇一四年一二月二一日実施）

革命後の民主化過程における最後の山場となったのが、二〇一四年一一月二三日（海外では一一月二一日と二三日）に実施された共和国大統領選挙であった。大統領選挙については、新憲法の第七四条に則り、[35]

共和国大統領職に立候補できる者は、チュニジア生まれでイスラームをその宗教とする全ての有権者で、立候補の表明時点で満三〇歳以上であることとされた。また第七五条で共和国大統領の任期は五年と規定され、二期以上は、継続または断続にかかわらず、禁止すると明記された。これによって、大統領職は最長でも一〇年がその任期の期限となった。また第七五条では最初の投票結果で過半数に達した立候補者がいなかった場合には、その最終投票結果の発表から二週間以内に最初の選挙の上位二名を候補者として、第二回目の選挙が実施されることとされた［République Tunisienne 2014: 26-27］[36]。

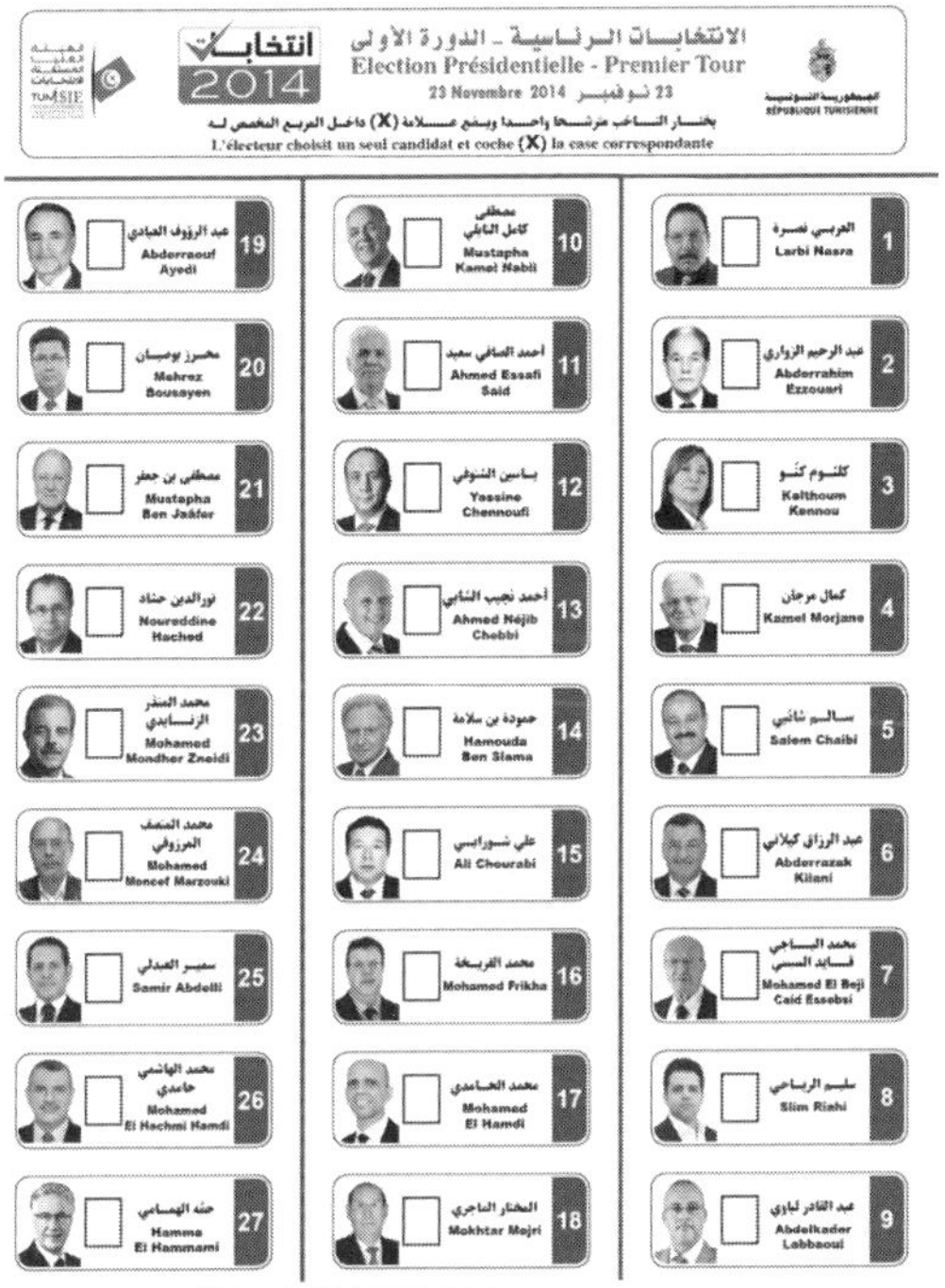

2014年大統領選挙投票用紙

九月二二日に締め切られた立候補者の受け付け最終時点では、女性一名を含む二七名が立候補していたが、特にナフダ党が立候補者を立てなかったことが注目された。また立候補者のうち六人が途中で辞退を表明したことから、実際には二一名での選挙戦となった。

第一回目の投票結果では、議会選挙でも第一党となったニダー・トゥーネス党党首のベージー・カーイドエッセブシーが三九・四六％の得票率を得て一位となり、次に現職の暫定大統領のムンセフ・マルズーキーが得票率三三・四三％で二位、続いて三位は得票率七・八二％の人民戦線党のハンマ・ハンマーミーとなった。そのため、過半数の得票を確保した候補者がいなかったため、憲法第七五条の規定どおり、上位二名での決選投票が、その後、一二月二一日に実施されることとなった。その短い選挙キャンペーン期間中、両陣営の選挙戦は極めて熱気を帯びたものとなった。

この経過で、一つの重要な鍵を握ることになると思われたのが、立候補者を立てなかったイスラーム政党のナフダ党の動向であった。しかし、ナフダ党は一二月一三日に党内で開催した協議会（シューラー）[37]の結果、大統領決選投票に関しては、ナフダ党は中立を保つという声明を発表し、どちらか一方の候補者への支持の言明を控え、また各党員は個々の判断によって投票することとした。さらに社会経済的な立て直しのためには、国家の統合維持が重要とし、イデオロギー的分断を避け、選挙を成功させることが肝要であるとした。この発表は、選挙後の社会的対立や分断を予め抑えるという意味で効果的であったと思われるが、それはまたナフダ党にしてみれば、どちらの候補者が勝利する結果になっても、それによってまた新たな連立への可能性を残しておく戦略であったとも考えられる。

決選投票の結果は、議会選に続いて、ニダー・トゥーネス党党首のベージー・カーイドエッセブシーが五五・六八％、現職大統領のムンセフ・マルズーキーが四四・三二％で、前者が勝利することとなった。[38]マフディ・ジュムア暫定政府主席は、白熱した、また終盤では接戦ともなった大統領決選投票の最終結果報告を受けた後、その二人の立候補者をねぎらったうえで、しかし「この選挙での最高の勝利者は、チュニジア国民である」とも述べている。[39]

こうして民主化移行期の最後の三か月間には、三回もの選挙を無事に実施し終えた。そして、ベージー・カーイドエッセブシーは、二〇一四年の大晦日、一二月三一日、新憲法の下、第二次共和制の新大統領として就任することを、国民代表者議会において宣誓した。その折の演説では、国家元首として全てのチュンジア人の大統領となること、また国家統一を保障することを宣誓し、さらに国民同士の和解なくして、チュニジアの未来はないことを強調した。その後、カルタゴ宮殿に赴き、チュニジア国歌が流れるなかで、モンセフ・マルズーキー暫定大統領から、第五代目となるベージー・カーイドエッセブシー新大統領への大統領職の権限移譲式が執り行われた[40]。こうしてチュニジアは、革命という大きな出来事を経て、もうひとつの新しい歴史的時代の幕開けを迎えることとなった。

イギリスの週刊誌『エコノミスト』は、大統領選挙の後、チュニジアが平和裏に民主化移行を達成したことと、「アラブの春」を経験した国々のそのシンボルとなったことを祝し、「二〇一四年の国（Country of the Year 2014）はチュニジア」に決定したと発表している[41]。

民主化と政治資金に関わる課題

選挙管理を専門とするＮＧＯ、ムラーキブーンの事務局長は、これまでの選挙に関して、以下のような感想とまた今後の民主化や政治に関しては、次のような課題も指摘している。

〈聞き取り〉政治資金問題の監視が重要と語るＮＧＯのスタッフ

独立以降、二〇一一年の革命まで自由で公正な選挙を一度も経験したことのなかったチュニジア国民が、革命後に自由選挙を実施することになり、特にこの三か月間に三度もの選挙を整然と無事に終えることができたということは、本当に素晴らしいことだったと思います。われわれも、各投票所にメンバーを派遣して、ボランティアの監視を続けました。その結果、幾つかの投票所で開始時間が遅れたところやスタッフの人数が不足していたところがみられたという報告などがありましたが[42]、ほとんどのところでは大きな問題や混乱もなく、選挙が実施されたことがわかりました。ただ、これからもっと民主化を進めていくとすれば、私は政治資金の問題がとても重要になると考えています。それが政治の流れをも変えることがあるからです。つまり、汚職問題もそうですが、資金管理の透明性を確保していくことは、これからの民主化の最大の課題になると考えています（NGOムラーキブーン事務局長、男性二九歳、NGO本部事務所にて、二〇一五年三月一〇日）。

事実、この政治資金の問題については[43]、CPRの元党書記長で、またジバリー首相の下では行政改革大臣を務め、また二〇一三年五月からは「民主潮流党 Le Courant Démocrate」の政党党首を務めるムハンマド・アブー（Muhammad Abbou/Muhammad 'Abbū）も、聞き取りのなかでこれと同じ考えを明らかにしている。

政治資金に関しては、革命後、高等機構において二〇一一年七月二〇日に承認された政党法のなかで、その第一七条三項で「全ての政党は、国民に対して金銭や物を与えることを禁止されている」と規定され、また第一八条三項では「政党は、国家による資金以外に、公的または私的人格に関わらず、そこからの援助や寄付や贈与を受け取ることを禁止されている」と記されている[44]。ただし、実際にはこの政党法の審議過程ではこの一八条に関しては賛否両論の論争があったとされており、また二〇一五年の時点ではまだ政党には政治資金の収支報告書の提出は義務づけられていない。

〈聞き取り〉政治資金の透明化を要求している政党党首

私は、今回の大統領選挙の結果にはあまり満足していません。カーイドエッセブシーが、革命後の大変難しい時期にM・ガンヌーシー政権の後に首相となり、その後、制憲議会選挙までその政権運営の舵取りを首尾よく行ったことには賞賛を惜しみません。ただ、彼の八八歳という高齢を思うと、あと五年も大統領の職務を無事に全うできるのか、もっと若い者がその職に就くべきではなかったかと思うからです。ただ、マルズーキー元大統領についても、私は彼の下でCPR党の書記長をしていましたが、次第に政治方針に関して、彼との考え方の違いが明確になり、離党して自分の政党「民主潮流」を結党しました。

これからのこの国の政治で重要と考えていることは、まず政治資金の透明化を図ることだと思っています。われわれの党は、全ての党に対して、政治活動資金の情報公開を要求しているのですが、今のところ、政党資金について公表しているのは、われわれの政党「民主潮流党」のみなのです。他の政党はそうしたことをしていません。しかし、その透明性を確保することは、民主主義の基本だと考えています。ナフダ党については、みんなが噂しているように、カタールなどの湾岸諸国から多額の資金援助を受けているとされますが、一体、それがどれくらいなのか、その実際の額や使途についての情報が全く明らかにされていません。こうした政治資金は汚職の問題も含めて、国の政治を左右する重要な問題です。この透明性が確保されなければ、真の民主主義とは言えません（民主潮流党党首、四九歳、男性、政党本部の事務所にて、二〇一五年三月五日）。

ナフダ党は、チュニスのモンプレジール地区の高層ビル全階をそのまま政党本部としていることからも、その政治資金の潤沢さは一目瞭然である。筆者がそこを訪問した折にも、スタッフたちは礼儀正しく迎え入れてくれた後、複数言語で作成された政党パンフレットや冊子などを無料で紙袋に入れて手渡してくれるなど、明らかに他の小政党などがアパートの一室を党本部の事務所にしている状況などとは大きな違いが見て取れた。マクトゥーフは、大学教授が党首である左派系の某政党では、政治資金不足のために選挙活動のバス一台の借り上げにも苦労しているなかで、ナフダ党はデモの参加者らにそれぞれ五〇ディナールを支払っているとし、しかもそれらが全て新札であるということを、ある左派活動家が、ビデオで撮影して示していると記している［Maktouf 2013: 126］。

日本では政治資金規正法がすでに一九四八年に制定され、政治資金収支報告書の提出が義務づけられており、また外国人からの寄付は禁止されている。しかしチュニジアの民主化は未だ始まりの段階であり、そうした政治資金に関する法は未整備で、今後の民主化過程でその法制化や透明性の確保が重要課題になっていくものと思われる。

第4節　新政権の発足とテロ対策と経済的課題

カーイドエッセブシー新大統領とエッシード政権の発足

カーイドエッセブシー新大統領は、年明け二〇一五年一月五日、国民代表者議会において第一党となったニダー・トゥーニス党からの提案を受け、ハビーブ・エッシードを正式に一五代目の政府主席として任命した。エッシード政府主席は、スース出身の六五歳で、大学では経済学・法学を専攻後、農業経済学の専門家として農業省に勤務し、ベンアリー時代には短期間ながら漁業部門と環境部門の国家秘書官を務め、革命後はカーイドエッセブシー暫定政権下では内務大臣の職にあった。無所属の政治家で、その点では第二党となったナフダ党からの政府主席には無党派の人材登用を要望するという声にも応じるかたちとなった。エッシード首相は、新内閣の発足に向けて、早速、大臣や国家秘書官の人事の検討に入った。しかし、連立政権に向けての調整などに手間取り、また一回ではその人事案が議会で承認されず、最終的には二ダー・トゥーネス党とナフダ党、さらに愛国自由連合党、アフェック（チュニジアの地平）党の四党で連立を組み、二月五日にその新人事構成案が国民代表者議会において、大多数の賛成（一六六票賛成、三〇票反対、八票棄権）をもって承認されることとなった。

そして翌二月六日、奇しくもショクリ・ベライードの二度目の命日となったその日に、カルダゴ宮殿においてカーイドエッセブシー大統領によって新閣僚の任命式が執り行われた。大臣には四名の女性を含む二七名が、また国務長官には四名の女性を含む一四名、合計四一名が任命された[45]。その後、暫定政権のマフディ・ジュムア政府主席からハビーブ・エッシード新政府主席への引き継ぎが行われ、新政権が発足することとなった[46]。

「チュニジアはアラブ諸国で最初の民主主義の国」と書かれた壁書きの前で記念写真を撮る若いカップル（上）とフランス語で書かれた同じメッセージの壁書き（下）（2015年2月）

こうして二〇一一年一月一四日革命から、四年以上の紆余曲折の歳月を経て、しかしながら何とか平和裏に民主化移行期を終えて、二〇一四年新憲法に基づく第二共和制の第一次政府を樹立することとなった。

シグマ・グループの世論調査によると、二〇一五年一月の時点では、マフディ・ジュムア前政権については国民の八二％が「満足」としているとされ、またカーイドエッセブシー新大統領についても、国民の七四%が「満足」と評価している。[47] ほぼ二年前の二〇一三年二月の時点ではナフダ党連立政府に対する満足度が国民の三四%に留まり、かなり低い数値であったことと比較すると、[48] テクノクラート政権への高い評価とまた新政府への大きな期待とを読み取ることができる。

カーイドエッセブシー大統領は、就任後、早くも二〇一五年一月末にはエチオピア・アディスアベバで三〇~三一日に開催されたアフリカ連合の第二四回サミットに出席し、三月には二八~二九日とエジプトを訪れ、シャルム・シャイフで開催された第二六回アラブ諸国サミットに出席した。さらに四月七~八日にはまた新たな外交関係の始まりとしてフランスを訪問、そして五月一八日には米国ワシントンを訪問し、オバマ大統領とも会見を行っており、八八歳という年齢を感じさせない精力的な外交活動を展開していった。

特に一月末のエチオピアの訪問の際には、大統領は「チュニジアはアフリカに属していることを誇りにしている」とし、そして「リビアの治安問題は、チュニジアの治安に関わるばかりでなく、全ての国に関わる問題である」こと、そして「過去の戦争は、われわれを植民主義に対する闘いとして結束させてきたが、今日のそれはテロとの闘いである」と演説し、テロ対策の重要性を強調していた。[49]

またアメリカでは、オバマ大統領との会談でアラブ諸国としては初めて、その他の諸国を含めるならば、インド、フランス、イギリスに続いて第四番目の国として、政治、軍事、経済分野に関する二国間協定に署名をしている。

バルドー博物館テロ事件

新政権にとっての主要課題は、まず革命以降、疲弊している経済の立て直しと失業対策であったが、それは治安対策とも両輪で取り組まなくてはならない問題であった。そして新政権発足から間もない三月一八日、チュニスの観光名所、バルドー博物館で最も懸念していたテロ事件が発生することとなった。この事件には日本人観光客も巻き込まれることとなり、三人の犠牲者と三人の負傷者を出し、日本でも大きな衝撃をもって報道された。チュニジアにとっては、民主化移行期をやっと無事に終えて、希望の光が射し込んできたその矢先の事件であり、それはさらにチュニジアの基幹産業である観光産業に大打撃を与えるものとなった。

三月一八日の正午過ぎ、カラシニコフ銃と手榴弾を所持した二人の男が、テロ対策法案について審議中であった議会に隣接するバルドー博物館に向かい、その前に停車したバスから降りてきた観光客に向かって発砲した後、博物館のなかに入って観光客たちを銃撃し、また観光客らを人質にして立てこもった。二時間後にはチュニジアの治安部隊が博物館に突入して犯人らを射殺、館内にいた観光客たちを避難させたが、しかし二一人の外国人観光客とテロ特殊部隊員一人と犯人二人の合わせて三人のチュニジア人を含む、合計二四人の死者とまた四五人の負傷者を出すという痛ましい事件となった。

事件後、カーイドエッセブシー大統領は、「チュニジアの歴史でかつて経験したことのないような惨事だ」とテロを強く非難し、アンサール・シャリーア（Anṣār al-Sharī'a）のサラフィスト・ジハーディストによる犯行だと述べ、犯罪者は法の前での裁きを受けるとし、テロ掃討作戦の一層の強化を宣言した。また今、最も重要なことは国民の和解であること、そしてこのテロリストによる経済的打撃を、国民が共に働くことで国家経済を改善していくよう呼びかけた[50]。またこの過激イスラミストによるテロ事件を受けて、女性・家族・児童省のサミーラ・ムライ大臣は、ここ二か月間、すでに四〇のコーラン学校幼稚園を閉鎖し、過激思想の普及を阻止していることも明らかにした[51]。

翌日、エッシード首相は二人の犯人像について、どちらもチュニジア人であること、一人はチュニスの庶民地区出身、もう一人はカスリーン県の出身であること、また共犯者の疑いのある九人を拘束したことを明らかにした[52]。さらにその数日後の三月二五日には、治安担当国務長官が、テロ・グループの拠点の捜索から全部で一六人が関与し、うち二人はシリアからの帰還者で、また死亡した二人の犯人以外もう一人の犯人が逃走中であることを明らかにした。また事件から一〇日後の三月二八日には、ガフサ県シーディ・アイーシュにおいて、マグレブ・アルカーイダ（AQMI：Al-Qaïda au Maghreb Islamique）の分派ウクバ・イブン・ナーフィゥ軍団（Katiba Ukba Ibn Nafi）のリーダー、ルクマン・アブーサクルを軍事作戦によって殺害したことも発表している[53]。

反テロ抗議デモと国際的連帯

事件後、市民たちによって直ちに各地でこのテロ行為を非難する抗議デモが行われた。特にバルドー博物館でのテロは、三月二〇日の五九回目のチュニジア独立記念日の二日前に起きた事件であっただけに、この年の独立記念日は全国各地で反テロの平和的デモ行進で彩られることとなった。この折には、パリのアンヌ・ヒダルゴ市長も連帯表明のために早々にチュニジアを訪問している。テロ事件が三月の春期休暇中の事件であったため、すでにチュニジアには沢山の外国人観光客が滞在していたが、ジェルバ島ではテロを非難する市民たちのデモに観光客の多くもともに参加して、「われわれはテロに屈しない、そのためにもここに留まり、観光を続ける」と言って、連帯を表明したとされている[54]。

そして三月二九日の日曜日には、「世界はバルドー（Le Monde est Bardo）」をスローガンとした大々的な反テロ抗議デモが国家を挙げて、また国際的連帯の下に行われることとなった[55]。この行事はテロ行為とテロ集団に対する抗議と犠牲者への追悼として、カーイドエッセブシー大統領を中心に、フランスのオランド大統領、パレスチナのアッバス議長、アルジェリアからはセラール首相、ガボンのボンゴ大統領、バハレーンからはハリーファ副首相、イタリアからはセンジ政府高官など、世界各国の首脳や政治家、著名人らが多数参加して、数千人規模の市民たちとともにチュニスの中心を行進するかたちで執り行われた〈図6-1、図6-2参照〉。

このテロ事件に対しては、近隣諸国に加え、マグリブ・アラブ連合や湾岸諸国会議やイスラーム諸国連盟などの国際機関からもテロへの抗議や、チュニジアと連帯する声明がたくさん寄せられた。また著名なダンサーで「芸術家協会（Association Nas El-Fenne）」の創設者でもあるシヘーム・ベルホージャは、フランス24のテレビ番組で「パリでシャルリ・エブドのテロ事件後、フランスの人々がこの雑誌を七〇〇万部も購入してテロに対抗したことに感銘を受けました。今度は、フランスの友人たちに七〇〇万枚のチュ

図6-1　2015年3月29日に開催される反テロデモへの呼び掛けのポスター

図6-2　反テロデモのポスター、「世界はバルドー」

ニジア行きのチケットを買って頂いて、そして私たちの家々が皆さんをおもてなしする受け入れ先となるでしょう」と呼びかけ、チュンジア人のあいだで話題を呼んだ[56]。

このテロ事件は、発足まもない新政府にとって、大きな試練となった。世論調査の結果でも、そうした動向がはっきりと見て取れる。四月に発表されたシグマ・グループによる都市部農村部の一八歳以上の男女一〇〇五人を対象とした世論調査によると[Sigma Group 2015][57]、新大統領就任後の二〇一五年一月には、四八・七%のチュニジア国民が、「国は正しい方向に向かっている(al-thaniya al-ṣaḥīḥa)」と回答していたが、四月にはそれが三三・九%にまで下がっている。国の一般的状況に対しては、一月には国民の五一・九%が「満足」、四八・一%が「不満」と回答していたが、四月には三五・六%が「満足」、六四・四%が「不満」と変化し、とりわけ三月以降に低くなっている。ただし、政府関係者については、四月時点で、エッシード首相に対しては七二%、大統領に対しては六七%、議会議長に対しては六〇%の国民が「大変満足」か「満足」と回答していており、政治運営については評価をしていることがうかがえる。社会状況については同じく四月時点で、七三・四%の国民が「悪い」とし、さらに経済状況に関しては、八七・三%もの国民が「悪い」と回答している。また治安状況に関しては、バルドーでのテロ事件後でもあるにも関わらず、七三・三%が「良い」として評価している。これについては後でより詳しくコメントする。また国民が最も信頼していると回答した対象は、「軍」で九七・八%と突出しており、次が「警察」の八一・三%とされ、「大統領」が六八・三%、「政府」が六六・三%の順となっており[Sigma Group 2015 :20]、軍や治安部隊に対する信頼・評価が極めて高いことは、テロ事件後の心理的な期待を反映しているようにも思われる。

エッシード政権の開発政策とスース観光地でのテロ事件

エッシード首相は五月には、地方の開発を、各地の資源を活用して持続可能となるよう社会連帯経済の開発政策を推進していくことを発表している。[58] そして八月には二〇一六～二〇二〇年の五か年の開発計画を発表しており、その基本方針としては社会の全ての構成員の参加と包摂を促すアプローチをとるとし、地域格差と産業部門別格差の是正を目指すために地方分権化を推進していくとしている。特に地方分権化は、革命の根源的価値である、地域的均等性、社会的公正、さらに雇用創出に応えるものであるとしている[Gharbi 2015][59]。実際にこの一環として、一〇月にはエッシード首相はシーディ・ブーズィード県にこの地方の環境局、司法局、工業地所局、水利局、製油局を設置するとし、シーディ・ブーズィード市には地域の高等諮問委員会を開設するとしている。この他、この県内の各市町村での具体的な複数の雇用創出プロジェクトも発表している。[60]

革命の起点となった町シーディ・ブーズィードの中心部でみられた、革命の失敗を表現したグラフィック（2015年3月）

こうした開発政策ヴィジョンと並行して治安対策も強化しており、四月には、スースで一人の女性を含む二〇人のテロリスト集団のメンバーを摘発・拘束したと発表しており、[61] その後も実際にほぼ毎週のようにテロリスト拠点の摘発や武器押収などの報道が続いていた。

一方、チュニジア観光省やまたチュニジア旅行業者連盟も、夏のバカンス・シーズンを前に少しでも観光客を呼び戻そうと、さまざまなイベントを企画してアピールも開始していた。スポーツと観光、特に南部の観光促進のために従来は秋に行われてきた「オアシスのマラソン」を、「春のオアシスのマラソン Marathon du

Printemps des Oasis」と改称し、バルドー博物館テロでの犠牲者への哀悼とチュニジアの寛大さをアピールするイベントとして、四月第三週目の一九日〜二六日の一週間にわたり、ジェルバ島からメドニーン、ケビリ、タタウィーンなどを、マラソンをしながら巡るという行事が執り行われた。このイベントには、マグリブ諸国からの参加者に加え、オランダ・ポーランド・フランスなどの西欧諸国や日本などのアジア諸国から、合わせて一五〇〇人のアスリートが参加することとなった[62]。

　また五月にはチュニス郊外のシーディ・ブーサイードで「詩の祝祭—地中海から地中海へ」と題したイベントも開催された〈図6-3参照〉。また六月一八日から始まった一か月間の断食月ラマダーン中には、その折り返し点となる七月二日には「国際ラマダーン・イフタール」と題して、観光客五〇〇人をカスバ広場での日没後の食事イフタールに無料で招待し、また伝統音楽や子供たちのコーラスのコンサートなどをともに楽しむという企画が、観光省とチュニジア観光レストラン連盟の共催で準備されていた〈図6-

図6-3「詩の祝祭—地中海から地中海へ」のポスター

図6-4「ラマダーンの国際イフタール」のポスター

4参照〉。そして、こうしたイベントを通じて、「チュニジアが平和で寛容な共生の地」であることをアピールするというものであった。

しかし、その夏のバカンス・シーズンを控えた六月二六日、スースの観光地区ポルト・カンターウィのインペリアル・マルハバ・ホテルで観光客ばかりを狙ったイスラミストによるテロ事件が再び発生することとなった。このテロ事件は三九名の死者と三九名の負傷者という、バルドー博物館のテロ事件を上回る犠牲者を出す、さらなる惨劇となった。イスラーム国が直ちに犯行声明を出し、また犯人はスリアナ県出身の二三歳の男サイフッディーン・レズギーで、現場で射殺された。犯人は同年一月にイスラーム過激派集団アンサール・シャリーアの勢力下にあるリビアのサブラータに不法渡航していたことが判明し、またその遺体の医学的検診からイスラーム国が常用する麻薬を服用した状態で犯行に及んでいだ可能性があることも明らかとなった[63]。

この二度目のテロ事件の後、七月三日、カーイドエッセブシー大統領は「国家非常事態宣言」を発表、ラマダーン明けに予定されていた合同礼拝も中止するとした。さらに七月八日にはエッシード首相がテロ対策として、リビアとの自由な往来を取り締まるため、両国の四九五キロに及ぶ国境のうち、一六八キロメートルにわたり防護壁を築くことを発表した[Bouzouita 2015][64]。これは、過激派集団アンサール・シャリーアがリビアにも拠点をもち、メンバーが往復していることや、リビアからの武器の密輸入やリビア経由での若者たちのシリア渡航などを阻止するためである。

アンサール・シャリーアは、二〇一一年一月一四日革命後、ベンアリー体制下で投獄されていた政治犯などが大量に釈放されたなかのその一人、アブー・イヤッド、本名サイフアッラー・ベンハシーンによって、二〇一一年三月に結成された集団である。アブー・イヤッドは、一九六五年、メンゼル・ブルギバの生まれで、ナフダ党の前身、イスラーム潮流運動のメンバーとして活動した後、アフガニスタンに渡りビンラーディンの集団に参加し行動をともにしていたとされている［Allani 2014: 76］。その後二〇〇三年に、ベンアリー政権下で拘束・投獄されたが、その刑務所内で過激イスラーム思想を広め仲間たちを増やしていったとされている［Ben Tarjem 2013: 44］。

アンサール・シャリーアは結成後まもなく、二〇一一年五月に第一回集会をカイラワーンで開催し、その折にはすでに五〇〇〇人が参加していたとされるが、一年後の二〇一二年五月の第二回目のカイラワーンでの集会にはその三倍の約一万五〇〇〇人が参加するようになっていた［Labat 2013: 139］。この集団はすでに革命後からリベラル派の映画監督や芸術家を攻撃したり、ニスマTV社長宅襲撃事件や、二〇一一年秋にはチュニス大学マヌーバ・キャンパス占拠事件、さらに二〇一二年九月一四日にはアメリカ大使館襲撃事件を起こし、それは外交問題へも発展したことから、この事件を機にナフダ党政権もこの集団との関係を断つようになっていた。そして二〇一三年五月にはナフダ党政権も、アンサール・シャリーアの第三回年次集会の開催を、法的に未認可集団であることを理由に禁止している。さらに二〇一三年二月と七月に起きた二人の政治家ベライードとブラフミーの暗殺事件の捜査が進むなか、同年八月二七日には、ライエド暫定首相がこれらの事件がアンサール・シャリーアによるものであると断言し、この集団をテロ組織に指定すると発表した[65]。その後、このテロ集団は、同年一〇月三〇日にスースのリヤド・パルム・ホテルで爆弾テロ事件を実行しようとしたが、それは未遂に終わり、その折にも容疑者五人が逮捕されていた[66]。

しかしこうした過激派集団をそれまで野放しにしてきたナフダ党政権の失政に対しては、強い非難が集まることとなっていった。ナフダ党が政権掌握して以降、サラフィストの政党が三党とイスラーム過激派の政党一党が政党として認可され、[67] さらにイスラミストの宗教NGOが二〇〇団体も創設されたとされている［Allani 2014: 76］。さらにナフダ党のラーシド・ガンヌーシー党首は、「サラフィストは私たちの子供である。彼らは火星から来たわけではない。ただ新しい文化を告げているのだ。彼らは私に自分の若い頃を思い起こさせる」と述べていたともされている［Labat 2013: 121］。そうしたことなどからも、テロ事件後の七月には、アルジェリアの雑誌『アル・ファジュル』に、「アンサール・シャリーアの創設者はガンヌーシーか」と題した記事なども掲載されることとなった。[68]

一方、ガンヌーシーは、バルドーでのテロ事件の後、テロ行為を非難し、それはイスラームとは全く関わりのない行為であり、またナフダ党のジバリー政権やライエド政権の実績を台無しにするものであり、テロリズムの最大の犠牲者はナフダ党だとも述べている。[69] なお、アンサール・シャリーアの指導者アブー・イヤッドは、テロ組織と認定されてからは逃走を続けていたが、リビアで二〇一五年六月、スースでのテロ事件の前に死亡している。[70]

「武力のジハード」と「宣教のジハード」

こうしたテロ事件が起こった後でも、一般のチュニジア人の治安に対する状況認識ではそれほどの危機感が伴っていないことが、先のシグマ・グループの世論調査から明らかになった。バルドー博物館テロ事件後の四月の時点でも、七三・三％の人々が、治安状況について、「良い」と回答していた［Sigma Group 2015: 15］。このことに関しては、ベン・タルジェムがチュニジア革命後のサラフィー主義を三分類して説明していることとの関連で、興味深いものがあるように思われる。

ベン・タルジェムは、サラフィー主義を、①学術的サラフィー主義、②ジハディスト・サラフィー主義、

③制度化されたサラフィー主義に分類している［Ben Tarjem 2013: 41］。①学術的サラフィー主義はベンアリー時代にも存在した思想潮流で、担い手は学問を重視する集団で、体制とは協調しつつ、政治的には静観する立場をとり、慈善団体などで活動していた集団とする。また③制度化されたサラフィー主義は、革命後のチュニジアの脈略では、政党として認可され活動している四政党がそれに相当するとし、シャリーアの採用などを主張し、また反帝国主義や反資本主義を主張するが、左派勢力とは対立関係にあるとしている。そして②ジハディスト・サラフィー主義に相当するのが、チュニジアで近年その勢力を増してきているアンサール・シャリーアであるとしている。ただし、アンサール・シャリーアの「聖戦（jihād）」の考え方には、「武力によるジハード（jihād al-ʻunf）」と「宣教のジハード（jihād al-daʻwa または jihād al-lisān）」とを区別する考え方があり、前者の対象となっているのが、シリア、リビア、マリなどであるとすれば、現在のところ、チュニジアは「宣教のジハード」の対象と見なされているとする［Ben Tarjem 2013: 41,45］。こうしたことから、革命後、確かにサラフィストによる暴力行為や事件がナフダ党政権下で一時増加したが、新政権の発足後は、テロ事件の発生があったが、人々は日常生活ではそれほどその脅威を感じてはいないものと思われる。

またチュニジアの若者たちのなかには、ネットを通じてイスラーム国のプロパガンダに共鳴しまた感化される者たちがいる一方で、その反対にその余りの残虐さや凶暴さから、イスラームの信仰自体に疑問をもち始め、ここ数年間、毎年数十名の若者たちがカトリックまたはプロテスタントのキリスト教へと改宗する動きがみられるようになっているとも報じられている［Chellali 2015］[71]。

2012	2013	2014
3,172.90	3,299.40	3,575.60
29,955,916	30,001,358	29,107,239
5,950,464	6,268,582	6,068,593

	2006	2007	2008	2009	2010	2011
観光収入総額(MDT)	2,825.20	3,077.30	3,390.20	3,471.90	3,522.50	2,433.60
滞在延べ日数(日)	36,840,125	37,360,681	38,112,352	34,623,504	35,565,104	21,236,067
入国観光客人数(人)	6,549,549	6,761,906	7,048,999	6,901,406	6,902,749	4,781,896

表6-4　チュニジアの観光産業に関する統計数字の推移

（出典：Ministère du Tourisme *Tunisie : Statistiques 2006 – 2014* に基づき筆者作成）

テロ事件による観光産業への大打撃

バルドー博物館のテロ事件とスースの観光ホテルでの二度のテロ事件は、夏を前にして観光省や旅行業者連盟が準備していた多くの企画を台無しにし、チュニジアの観光産業に壊滅的な打撃を与えることとなった[72]。

そしてこの二〇一五年には、三度目のテロ事件が、再び一一月二四日、チュニス市のほぼ中央、ムハンマド五世通りで、大統領警護隊の隊員を乗せたバスを標的にして起こることとなった。それによって、一二人が死亡、二〇人が負傷することとなった。カーイドエッセブシー大統領は、ただちに一か月の非常事態宣言と、また午後九時から午前五時までの夜間外出禁止令を発令した［Zaibi 2015］[73]。この僅か三日前には、SNSでチュニスでの爆弾事件を予告していたザゴワーン県ファハス出身の若者がテロ対策特殊部隊により拘束されたと、報じられたばかりであった[74]。

チュニジアの観光産業は、二〇一〇年の時点で国内総生産の約七％を占め、四〇万人の雇用創出に寄与しているとされている［Fatanassi 2010］[75]。観光産業は単にホテル・レストラン業、レジャー産業に留まらず、実際には土産物となる手工芸品産業、交通産業、印刷・メディア関連業など、多くの分野とも関わり、そのすそ野は非常に広いものである。

表6-4に示したように、二〇〇六年からの観光関連の統計数字から見て取れるように、二〇一〇年までは観光収入を毎年、増加させてきていたが、革命

表6-5　2015年度の観光関連数値の2010年と2014年との比較
（1月1日～10月末日までの数値）

	2010	2014	2015	2010年比	2014年比
観光収入総額（MDT）	2,990.60	3,136.20	2,087.40	-30.2	-33.4
滞在延べ日数（日）	32,505,657	26,823,724	14,920,202	-54.1	-44.4
入国観光客数（人）	6,887,946	6,341,554	4,653,127	-32.4	-26.6

（出典：Ministère du Tourisme *Tunisie : Statistique 2006 – 2014* に基づき筆者作成）

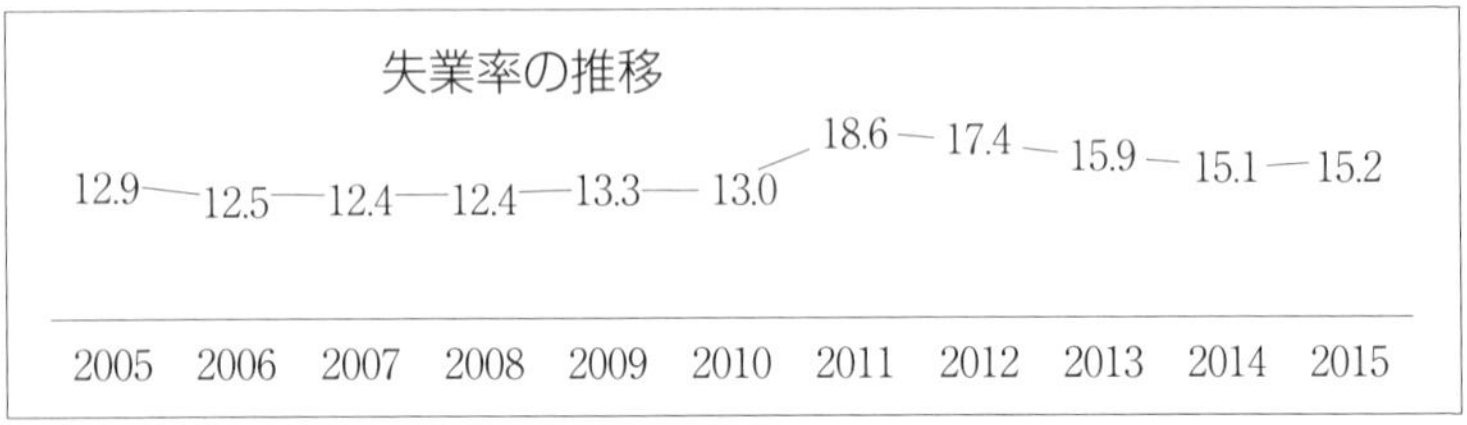

図6-5　チュニジアの失業率の推移
（出典：チュニジア国立統計局の数値に基づき筆者作成）

が起こった二〇一一年には前年比で、その総額を約三割（三〇・九％）減少させた。その後、少しずつ回復して、二〇一四年度には少なくとも観光収入総額では二〇一〇年度を上回るまでとなっていた〈表6‐4参照〉。二〇一四年には、すでに観光産業は国内総生産の七％を占めるまでに回復し、また雇用の一二％、経常収入の九％（二一億ドル）を占めていた。しかし、スースのテロ事件の後の観光省大臣の発表では、この事件による損害総額は五億一五〇〇万ドル強で、国内総生産の一・一％に相当するものとしている。また二〇〇五年から二〇一〇年までの観光産業の平均経済成長率は四・四％であったが、二〇一四年の二・三％に対し、二〇一五年は一・九％に留まる見通しとしている。[76]

　チュニジア旅行業者連盟（ＦＴＡＶ）は、スースでのテロ直後、六月三〇日には観光大臣も出席しての会議を開催し、この危機打開について話し合い、ヨーロッパからの観光客の落ち込みを予想し、アルジェリア人向けの観光促進へと方針転換し、そのためにアルジェリア・ディナールでの料金振込みを可能とすること、また国内観光客の増加促進のために銀行に「レジャー・クレジット（crédit loisir）」という新たな商品を提案することなどを打ち出している。[77]また政府もアルジェリア人観光客を呼び込むために、税関の建物には待合室や遊技施設も備えて歓迎する意向を示し、また従来アルジェリア人への出国税の廃止に続き、自動車での出入国の際の課税廃止も発表した。これらの条件緩和の政策もあり、アルジェリア人観光客は、九月一〇日までに一〇〇万人を突破して、前年度比では一七％の増加となった。[78]

しかし、夏のシーズンを終えた九月半ば、観光大臣が前年比で一〇〇万人ほどの観光客の減少がみられること、また国内の約六〇〇のホテルのうち、四一三軒しか営業していないこと、つまり三分の一ほどのホテルが閉鎖を余儀なくされていること、そしてスースの事件によって、二〇万人の観光客と二〇〇万泊の予約のキャンセルがあったことを明らかにしている。[79]

実際に二〇一五年については、二〇一〇年と二〇一四年との一月一日から一〇月三一日までの数値比較では、表6-5に示したように、二〇一〇年度比で収入総額では三〇・二％、滞在延べ日数では五四・一％、入国観光客数で三二・四％のマイナスで、前年度比でそれぞれ三三・四％、四四・四％、二六・六％のマイナスとなっている〈表6-5参照〉。

また失業率に関しても、二〇〇五年～二〇一五年までの推移をみてみるならば、図6-5にあるように、革命のあった二〇一一年は前年に比べて五・六％も上昇することとなったが、その後は、徐々に下がる傾向にあった。しかし、二〇一五年にはその失業率の傾向がまたやや上向き、再び失業状態の悪化が懸念される結果となっている〈図6-5参照〉。

こうした観光産業の落ち込み回復や失業率改善に向けた経済立て直しのためには、まずは治安回復と治

経済政策が功を奏さないなか、もう一つの革命を示唆して「石油革命」と書かれた落書き（2015年5月）

安維持が大前提となることから、エッシード首相は国内と同時に隣国リビア・アルジェリアとの国境管理を強化し、既述のように内戦の続くリビアの国境では防護壁の建設やまたアルジェリアとの国境付近ではシャンビ山に潜伏するテロリスト集団に対して、軍による掃討作戦を続行中である。しかし、そうした政策もその地域の住民との連携なくしては難しいことも明らかである。

〈聞き取り〉

私は、カスリーンの出身です。アルジェリアの国境付近に住むあの地域の人々にとっては、アルジェリアもチュニジアも同じようなもので、昔から双方に親戚や知り合いがいて、かつてはよく普段から行き来をしていたものです。九〇年代、アルジェリアでの内戦状態がひどくなった頃にはそれが一時途絶えましたが、今でも双方にそれぞれ親戚などがいるので行き来は普通のことです。ですから、テロリストたちはそうした人間関係をうまく利用して、両国を行き来しているのです。

シャンビ山にテロリストが潜んでいられるのは、住民たちが食糧や生活に必要なものなどの調達に協力しているからですよ。もちろん、住民が喜んで協力しているというよりも、脅されて、また金で買われて協力しているのです。いくらなんでも、テロリストたちも食糧なしに山にいつまでも留まってはいられませんよ。時々、テロリストが民家を襲って、食糧や生活必需品などを略奪する事件も起きています。しかし、住民たちが警察にその被害届を出したところで、警察がそれに対して何かしてくれる訳ではありません。テロリストにしても、一〜二軒の民家を襲って得られるものは限られていますから、多くの場合は貧しい家族などに金を支払い、食糧を調達させて山のなかの約束の場所に届けさせるのです。もちろん、住民も武器で脅されてそうせざるを得ない場合がほとんどです。軍が山中で掃討作戦をしている時に、テロリストに宛てたと思われる山積みのパンとか時には大鍋に入った料理などを山のなかで見つけることがあるそうです。パンと言っても、市販のフランス風のバゲット・パンじゃなく、家庭で作った日持ちのするアラブのパンです。そうしたことから、協力した住民が洗い出されて、逮捕されています。男も女もです。気の毒な話ですが、テロリストに協力したのですから、しょうがありませんよ。

石油資源に関する情報公開を政府に求める民衆デモ「石油はどこへ？（ウィーノー・ペトロール？）」(2015年6月)

　テロリストは多くの金を持っています。たいていは密輸の仕事で稼いでいますが、湾岸諸国からも多くの資金を得て活動しています。貧しい地域の人々にしてみれば、テロリストが与えてくれる仕事や金は、確かに有難いものなんですよ（トズールのホテルの従業員、男性五〇代後半、ホテルのラウンジにて、二〇一四年三月六日）。

リビアとアルジェリアを往来し、またその国境をまたいで密輸入に携わるイスラーム過激派集団の活動は「トラベンド・サラフィー主義（trabendo salafisme）」とまで名付けられており、その対象はガソリンからあらゆる中国製品などに及ぶもので、多くの場合、自称アミールの集団同士がカルテルを形成して組織的に行われているとされている［Bellakhal: 2015］[80]。

クライシス・グループなどの中東レポートなどでも、チュニジアの治安対策としては、隣国リビア・アルジェリアとの国境管理やまた密輸入の交易の取締り、そして地域住民との連携の必要性などについて触れられている［Crisis Group 2013, 2015］[81]。しかし、上述のような聞き取り内容を踏まえるならば、低所得地域の住民に対する貧困対策なども合わせて行われない限り、テロリストとなってこうした地域から「イスラーム国」などに向かう若者が出てくるばかりでなく、山岳地帯に潜伏するテロ集団の掃討作戦においても、そこの住民との協力連携が難しくなることは十分予測されるだろう。

経済政策が功を奏さないなか、二〇一五年六月には、前年に新たに発見された石油資源に関して、その採掘権などをめぐり、政府にその情報公開を求める民衆デモ「石油はどこへ？（Winou el-pétole?）」が各地で開催されることともなっていた。

第7章　市民社会の力とトランスナショナルな連携

第1節　革命後の市民社会の活発化とNGOの増加

チュニジア革命と市民社会

独立後、初めての自由選挙に基づく議会選挙と大統領選挙を無事に終えた民主化移行期の終盤、二〇一四年一一月、マフディ・ジュムア政府主席は、日本の新聞社のインタビューに応えて、「チュニジアの民主化への比較的安定した歩みや政治的対立の克服には市民社会の力があった」と語っていた[1]。

チュニジアの市民社会については、革命の直後から、すでにその活発な動向が注目されてきた。シュナイダーは、革命から四日後、「チュニジア―市民社会の組織化」と題した記事で、市民社会が明日のチュニジア社会を築いていくだろうと記し、ベンアリー政権の二三年間、市民や野党勢力は検閲や弾圧に苦しんできたが、インターネットが市民社会のその活動状況を大きく変えたこと、サイバー空間ではブロガーたちが急速に活動の組織化を図ってきていたことを指摘している［Scheneider 2011］[2]。

チュニジアの市民団体研究の第一人者マフフーズ・ドラーウィも、「二〇一一年一月の革命は、市民団体の概念を、国家と社会の関係においても、その考え方や社会組織のあり方においても、大きく変質さ

ライラ・ベンアリー元大統領夫人が代表であったカルタゴにある障害者職業訓練NGO「バスマ」（2011年9月）

せることになった」と指摘している[CREDIF 2014: 6]。

カーイドエッセブシーは、二〇一四年六月、当時、ニダー・トゥーニス党の党首として、テレビ局のインタビューに応え、「ナフダ党政権がシャリーア導入を試み、この国の生活様式や女性の地位を変化させようとした時、それに対抗したのが市民社会とモダニスト政党で、彼らがナフダ党政権の政策に反対して、世俗主義国家と女性の既得権とを守ったのだ」とも語っていた。[3]

こうしてチュニジア革命へ至るその前段階でも、その後の民主化移行過程においても、市民社会が重要な役割を果たしてきたことについては、多くの人々がそれを認めているところであり、そしてそれが世界的レベルにおいても高く評価されることとなったのが、四市民団体「国民対話カルテット」の二〇一五年度のノーベル平和賞の受賞であっただろう。

ベンアリー政権下では、確かに政治色の強い団体や人権擁護団体、そしてイスラミストの団体や政党へは陰湿で厳しい統制や嫌がらせ、また弾圧が繰り返されてきた。ただし、その一方で、エバ・ベリンが、チュニジアでは国家自らが公的に市民社会の発展に関与してきたとも指摘しているように[Bellin 1995: 124]、開発ＮＧＯや慈善団体、障害者支援団体、学校関連のＮＧＯなど、政府の政策を支援・補完するようなＮＧＯの活動についてはむしろ奨励されてきた面もあった。

実際にベンアリー元大統領の妻ライラ・トラベルシーが、ポピュリスト的パフォーマンスではあっただろうが、チュニス郊外カルタゴにある障害者職業自立支援のＮＧＯ「バスマ（Basma）」[4]や、癌患者支援のＮＧＯ「サイーダ（Saʿīda）」の総裁を務めていたことはよく知られている。またライラの弟で、あれほど多くの醜聞で悪名高かったイメッド・トラベルシーでさえ、視覚障害者支援ＮＧＯ「ヌール（Nūr）」の会長を務めていたのである［Bettaïeb 2011:199］。すなわち、そうした慈善活動や開発分野では、革命以前からＮＧＯの活動はむしろ奨励されていたものであり、また革命後は、結社の自由や人間の尊厳を謳歌するなかで、チュニジアの市民社会が息を吹き返したように活発になり、厳しく統制されていた分野の活動も再開され、多数のＮＧＯや組合や政党の結成へと繋がり、それらは民主化過程を後押しすることともなっていった。それでは続いて、その市民団体の増加状況などをまず統計資料などから、把握してみることにしたい。

統計資料からみる市民団体の増加状況

チュニジア政府刊行物『アソシエーション・組合・政党の名簿 二〇一一年一月一日～二〇一一年一二月三一日（*Dalīl al-jamaʿīyāt wa al-naqābāt wa al-iḥzāb: al-fatra min 1 jānfī 2011 ilā 31 dīsambur 2012*）』は、タイトルのとおり、革命後の二年間に新たに登録されたアソシエーション（jamaʿīya）と組合（niqāba）と政党（ḥizb）団体組織の名簿である。これによると、これら三種の団体を合わせて、二〇一一年には二二一八団体、二〇一二年には三七六〇団体、合計五九七八の団体が新設登録されたとされている［al-Jumhūrīya

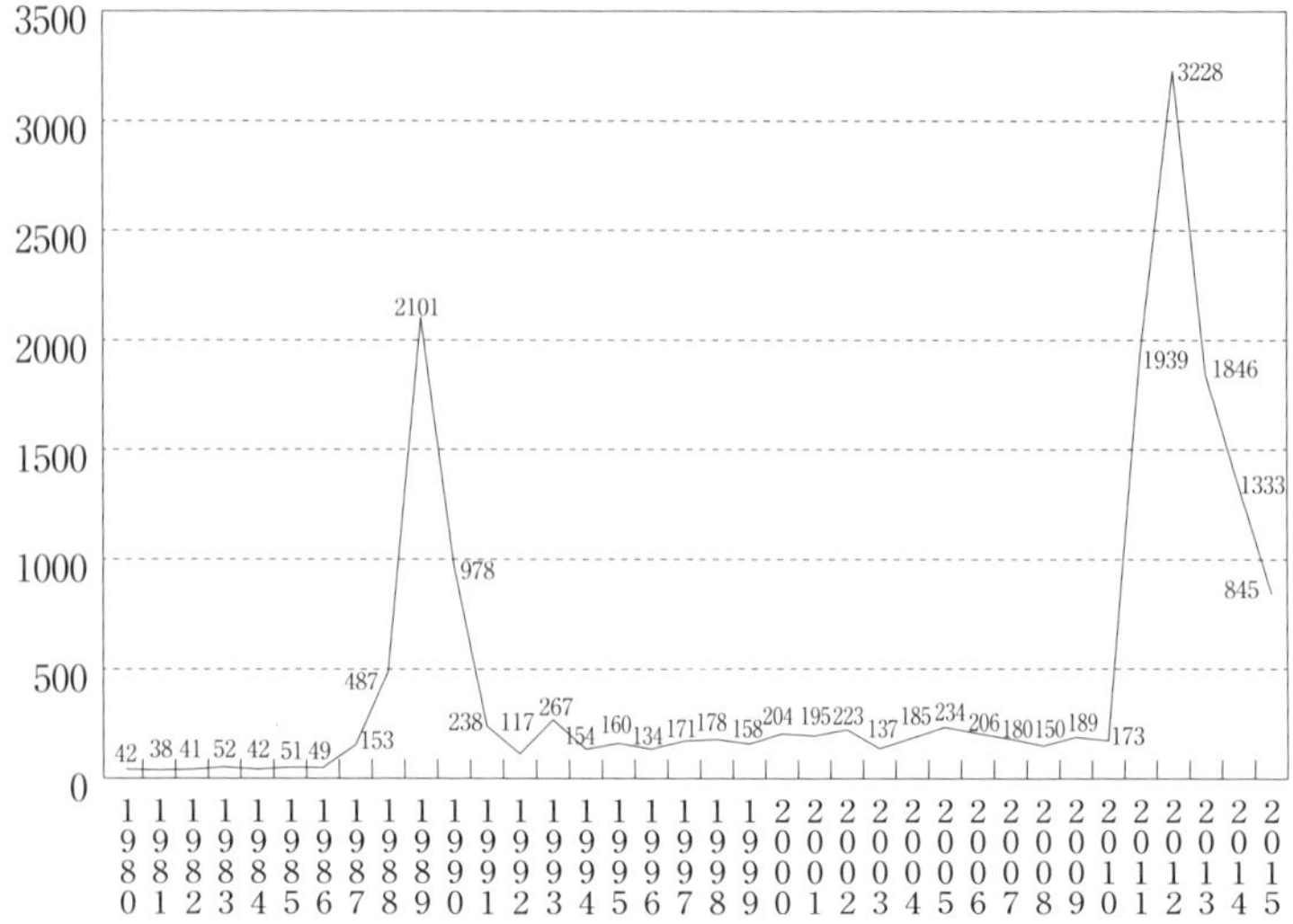

図 7-1　1980 年～ 2015 年までの年ごとの新設 NGO の数

（出典：CREDIF 2014,p.16 と IFEDA から得た 2015 年 12 月の情報をもとに筆者作成）

al-Tūnisīya 2013]。

またチュニジア・アソシエーション情報養成研究資料センター（IFEDA: Centre d' Information, de Formation, d'Études et de Documentation sur l' Association en Tunisie）によれば、二〇一〇年までのアソシエーション（以下、NGOと記す）の総数は九七二三団体であったが、二〇一一年には一九三九団体が、また二〇一二年には三二二八の団体が新たに設立され、一二年末にはNGOの総数が、合計一万四八九〇団体に増加したとしている。すなわち、二〇一〇年度の団体数との比では、二〇一一年には約二〇%増、二〇一二年には約三五%増となり、二〇一二年度末には、NGOの総数が革命前の一・五倍ほどになったことになる。さらに同センターによれば、[5] 二〇一五年三月七日の時点でのNGOの総数は一万七九〇六団体とされ、この時点の統計数字に基づけば、革命後四年ほどの

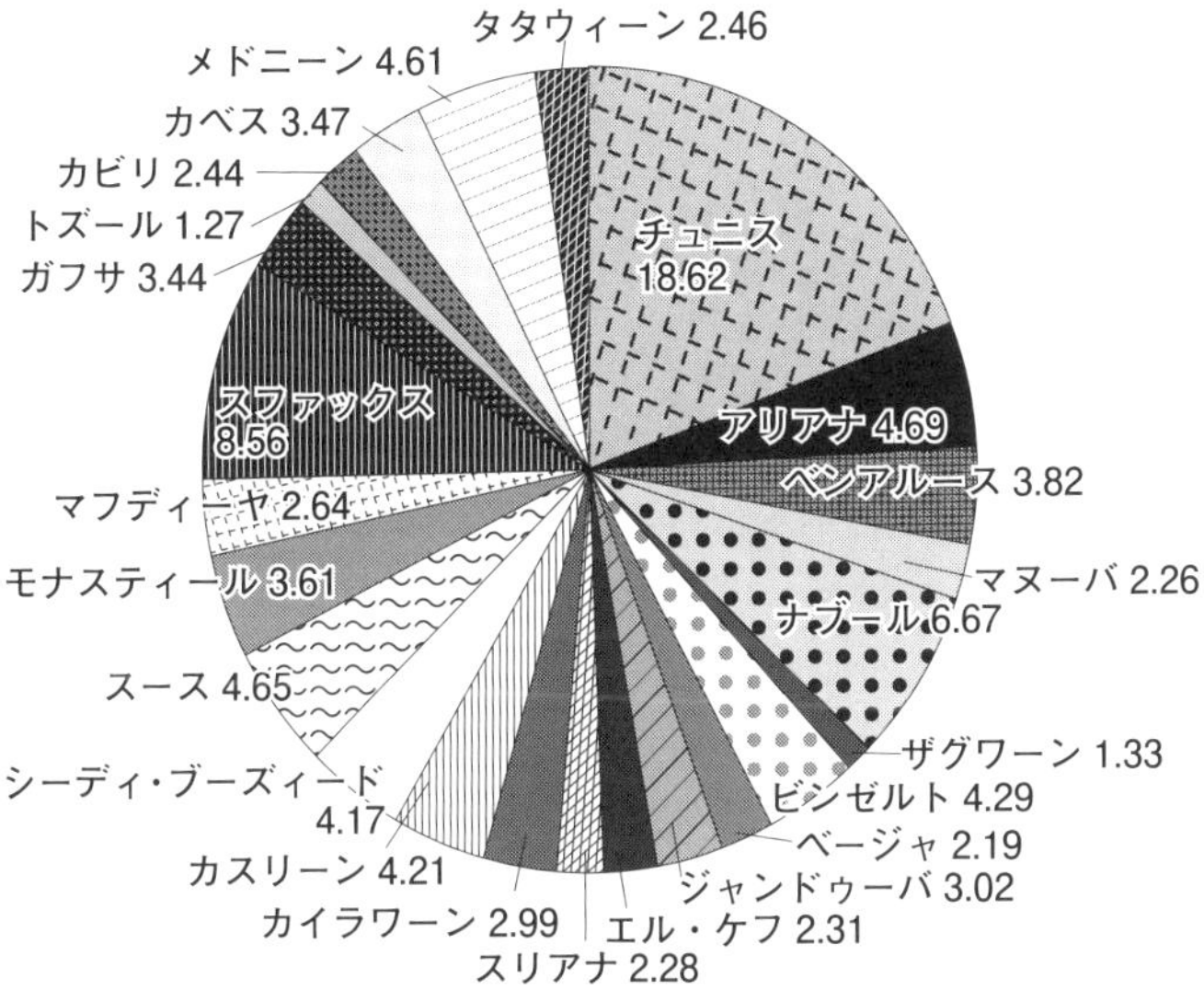

図 7-2　チュニジアの県別の NGO 数の分布割合（2015 年 3 月時点）
（出典：IFEDA の統計資料をもとに筆者作成）

あいだにＮＧＯの総数が、革命前の九七二三団体の二倍近くになったことになる。[6]

図７‐１は、既存の研究〔CREDIF 2014〕とＩＦＥＤＡで新たに入手した統計数値に基づいて、一九八〇年から革命後の二〇一五年までの年ごとに新設されたＮＧＯ（アソシエーション）の数を示したものである。このグラフを見ても、革命後の四年間にはそれまでになく数多くのＮＧＯが開設されたことと、特に二年目がそのピークであったことが読み取れる。[7]

図７‐２は、ＩＦＥＤＡの二〇一五年三月七日時点のＮＧＯに関する統計資料に基づき、チュニジアのＮＧＯ総数の県別分布割合を示したものである。このグラフからは、確かに首都のチュニス（一八・六二％）やスファックス県（八・五六％）、ナブール県（六・六七％）など、首都や沿岸部でのその割合が高いことが見て取れるが、しかし同時に

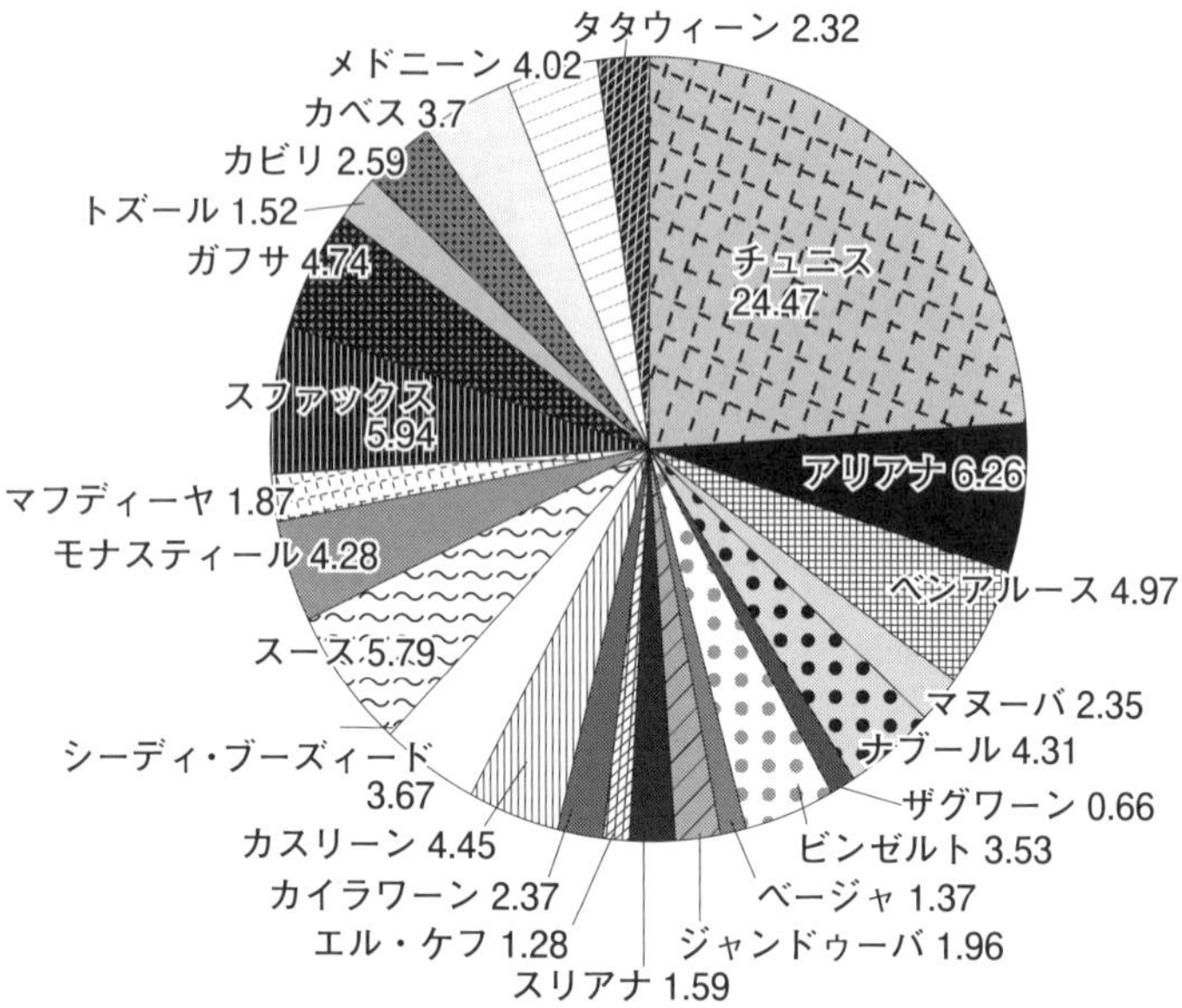

図 7-3　革命後に創設された NGO 数の県別の分布割合（2015 年 3 月）
（出典：IFEDA の統計資料をもとに筆者作成）

低開発地域とされている南部メドニーン県(四・六一%)や内陸部のカスリーン県(四・二一%)やシーディ・ブーズィード県(四・一七%)なども小さくない数値を示していることが見て取れる。したがって、この図からは、NGOがある程度全国的に分布していることが確認できるだろう。

次の図7-3は、同じIFEDAの統計資料に基づき、革命後に創設されたNGO数を県別に示したものである。このグラフからは、首都チュニスとそれに隣接する県、アリアナ、ベンアルース県でNGOが多く新設されていることがわかる。首都とこの二県のみで、二九二一団体が創設されており、革命後創設されたNGO団体総数八一八三団体の約三分の一強(三五・七%)を占めている。

ただし、いずれのNGO数の割合も、正確には人口分布の割合と重ねて精査する

県名	人口 (13年7月)	人口 割合 (%)	NOG総数 (15年3月)	NGO 割合 (%)	NGO 割合／ 人口割合	革命後新設 NGO数	新設NGOの 割合（%）	新設NGO 割合／ 人口割合
チュニス	1,004,534	9.23	3334	18.62	2.06	2002	24.47	2.65
アリアナ	540,377	4.96	839	4.69	0.94	512	6.26	1.26
ベンアルース	615,987	5.66	684	3.82	0.67	407	4.97	0.88
マヌーバ	379,905	3.49	404	2.26	0.64	192	2.35	0.67
ナーブル	784,516	7.21	1195	6.67	0.92	353	4.31	0.60
ザグワーン	176,028	1.62	239	1.33	0.82	54	0.66	0.41
ビンゼルト	561,661	5.16	768	4.29	0.87	289	3.53	0.68
ベージャ	306,338	2.81	393	2.19	0.76	112	1.37	0.49
ジャンドゥーバ	425,656	3.91	540	3.02	0.77	160	1.96	0.50
エル・ケフ	255,568	2.35	414	2.31	0.98	130	1.59	0.68
スリアナ	234,070	2.15	408	2.28	1.05	105	1.28	0.60
カイラワーン	571,279	5.25	536	2.99	0.57	194	2.37	0.45
カスリーン	442,336	4.06	753	4.21	1.03	364	4.45	1.10
シーディ・ブーズィード	419,186	3.85	746	4.17	1.08	300	3.67	0.94
スース	655,872	6.02	833	4.65	0.77	474	5.79	0.96
モナスティール	542,068	4.98	647	3.61	0.72	350	4.28	0.85
マフディーヤ	392,792	3.61	473	2.64	0.73	153	1.87	0.52
スファックス	969,824	8.91	1532	8.56	0.96	486	5.94	0.66
ガフサ	349,723	3.21	616	3.44	1.07	388	4.74	1.47
トーズル	108,676	1.00	227	1.27	1.27	124	1.52	1.52
カビリ	156,894	1.44	437	2.44	1.68	212	2.59	1.78
カベス	370,803	3.41	622	3.47	1.07	303	3.7	1.08
メドニーン	474,231	4.36	826	4.61	1.06	329	4.02	0.92
タタウィーン	148,203	1.36	440	2.46	1.80	190	2.32	1.70
合計	10,886,527	100.00	17906	100.00	1.00	8183	100.00	1.00

表7-1　チュニジアの県別人口、NGO数、革命後新設NGO数、その割合および人口比等（出典：チュニジア国立統計局とIFEDAの統計資料をもとに筆者作成）

必要があると考えられることから、人口分布の割合とご調整をしてその数値を示したものが、表7-1である。この表7-1は、全人口に占める県の人口割合と、NGO総数に占めるその県のNGO数の割合と、さらに革命後の新設NGO数の割合を示しているが、加えて、各県のNGO数割合や新設NGO数の割合を人口割合で割り算し、NGO数の割合と人口割合が同じであれば、一・〇となるように計算し示したものである。この人口比の数字を含む表7-1からうかがえるように、その数値ではNGO総数の割合でも革命後の新設NGOの割合でも、首都チュニスが人口の割合よりも

県名	革命前のNGO 数	革命後新設のNGO 数	NOG 総数	革命後 4 年間の増加率
チュニス	1332	2002	3334	2.50
アリアナ	327	512	839	2.56
ベンアルース	277	407	684	2.47
マヌーバ	212	192	404	1.91
ナーブル	842	353	1195	1.42
ザグワーン	185	54	239	1.29
ビンゼルト	479	289	768	1.60
ベージャ	281	112	393	1.40
ジャンドゥーバ	380	160	540	1.42
エル・ケフ	284	130	414	1.46
スリアナ	303	105	408	1.35
カイラワーン	342	194	536	1.57
カスリーン	389	364	753	1.94
シーディ・ブーズィード	446	300	746	1.67
スース	359	474	833	2.32
モナスティール	297	350	647	2.18
マフディーヤ	320	153	473	1.48
スファックス	1046	486	1532	1.46
ガフサ	228	388	616	2.70
トーズル	103	124	227	2.20
カビリ	225	212	437	1.94
カベス	319	303	622	1.95
メドニーン	497	329	826	1.67
タタウィーン	250	190	440	1.76
合計	9723	8183	17906	1.84

表 7-2　チュニジアの県別の NGO 数と革命後の増加率
（出典：チュニジア国立統計局と IFEDA の統計資料をもとに筆者作成）

二倍以上高い数値（二・〇六、二・六五）を示していることがわかる。しかし同時に内陸部や南部の県、特に革命後の新設NGOの割合の人口割合での比でみると、ガフサ（一・四七）、トズール（一・五二）、カビリ（一・七八）、タタウィーン（一・七〇）で、それぞれ他県よりも非常に高い数値を示していることは注目に値すると思われる。ただし、この人口割合に対する新設NGO数の割合に関しては、ザグワーン（〇・四一）とまたカイラワーン（〇・四五）が最も低い数値となっており、内陸部と言っても、一様には捉えられないことを示している。

また表7-2は、県別での革命前のＮＧＯ数と革命後設立のＮＧＯ数とその増加率を示したものである。この数字からは、最も高い増加率を示している県は内陸部のガフサ県（二・七倍）であることがわかる。その次は、首都のチュニス（二・五倍）と隣接県のアリアナ（二・五六倍）、ベンアルース（二・四七倍）で、それぞれ二倍半ほどに増えており、さらにスース（二・三二倍）、モナスティール（二・一八倍）となっている。加えて、内陸部のカスリーン（一・九四倍）やまた南部のトズール（二・二倍）、ガベス（一・九五倍）、カビリ（一・九四倍）、タタウィーン（一・八四倍）でも、その増加率が二倍ほどになっていることがうかがえる。これをみても、市民社会の活発さには内陸部や南部でも遜色のないことが確認され、市民が主体となった開発や発展の可能性を十分示していると判断される。

なお、チュニス周辺での多くのＮＧＯの設立は、その本部がチュニスにあることを意味しているが、実際の活動はチュニスばかりでなく、その外でも行われていることが多い。以上のような事実に基づけば、ＮＧＯの分布や増加の割合に濃淡は見られるとしても、チュニジア全国にこうしたＮＧＯが分布し、また市民社会の活動が全国的に展開されていることは十分に確認できると思われる。

次に、ＮＧＯの数を活動の分野別にみてみたい。図7-4は、同じくＩＦＥＤＡの統計資料をもとにして、二〇一五年三月七日時点での全ＮＧＯの活動分野別の数を示したグラフである。このグラフからまず気づかされることは、学校関連のＮＧＯ数（四六四四）が突出していることで、次に文化芸術関連の団体（三〇三二）、慈善団体（二二六二）、開発（一七五五）、スポーツ（一七二二）と続いている。

ただし、この図7-4を、革命前と革命後の約四年間（二〇一一年-二〇一五年三月七日）に設立されたＮＧＯの数を並列的に示した図7-5、またその革命以前以後の割合を示した図7-6とを比較してみると、

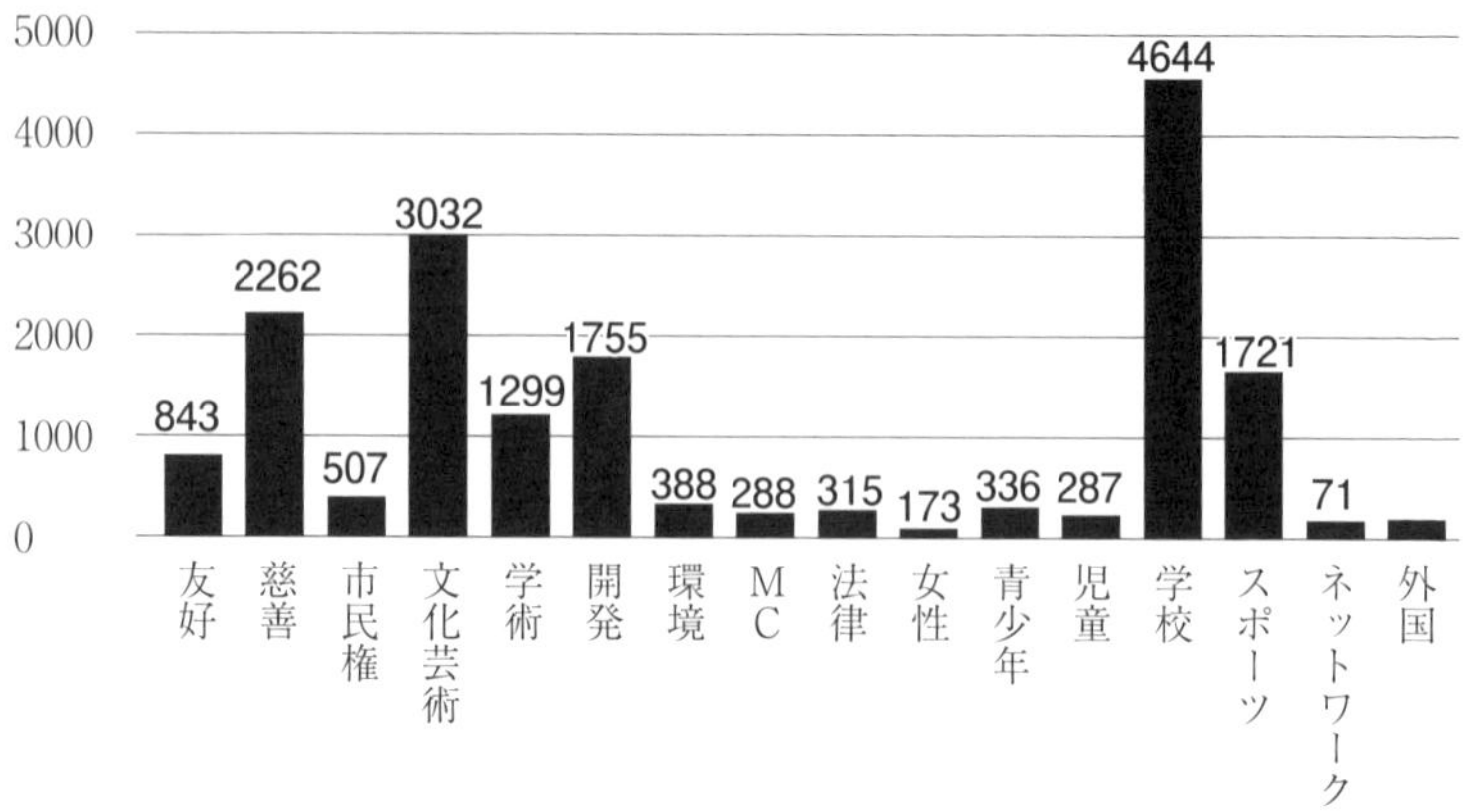

図 7-4　チュニジアの活動分野別の NGO の数（2015 年 3 月 7 日時点）
（出典：IFEDA の統計資料に基づき筆者作成）

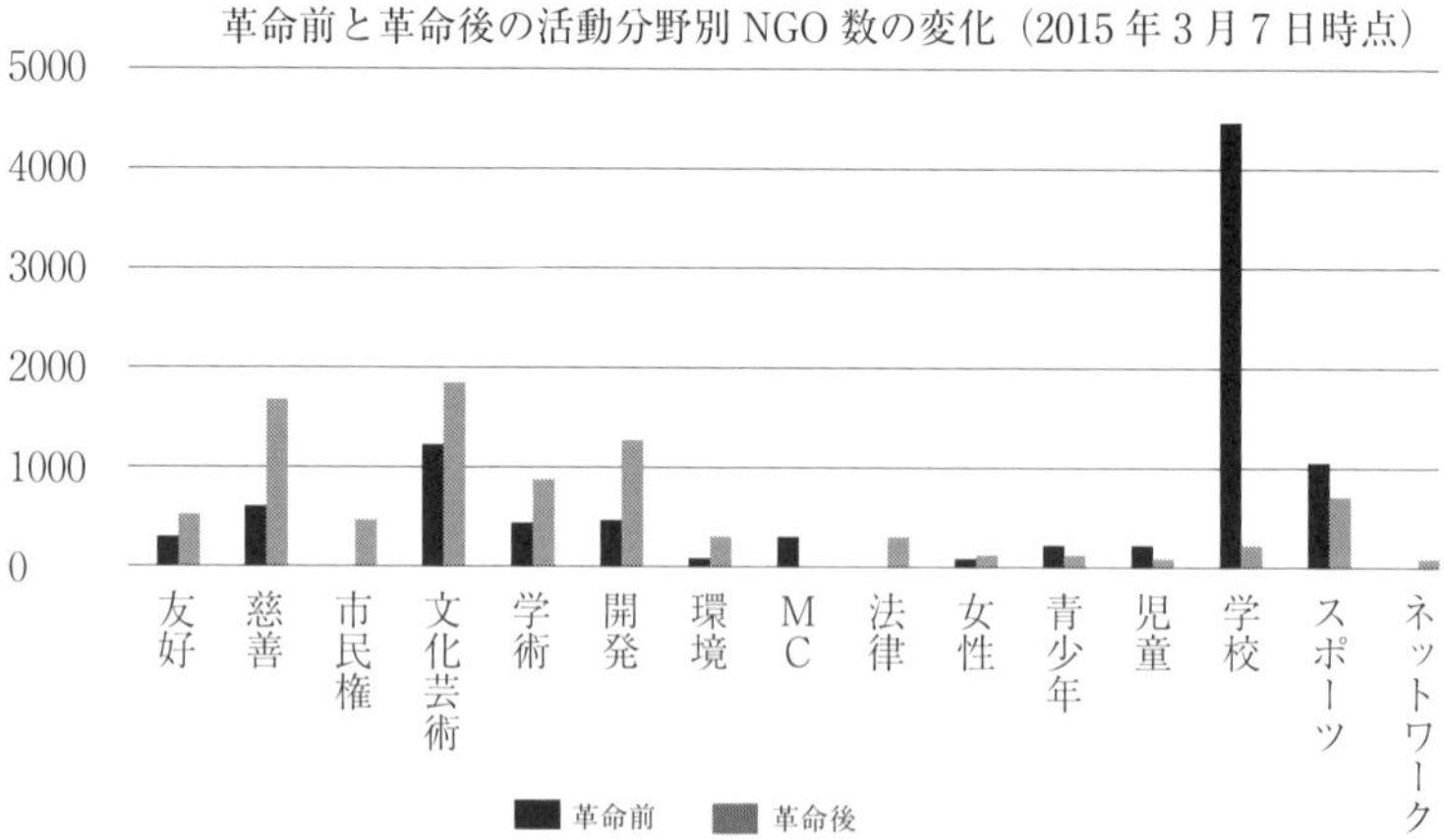

図 7-5　革命前と革命後設立の NGO の活動分野別の数（2015 年 3 月 7 日時点）
（出典：IFEDA の統計資料に基づき筆者作成）

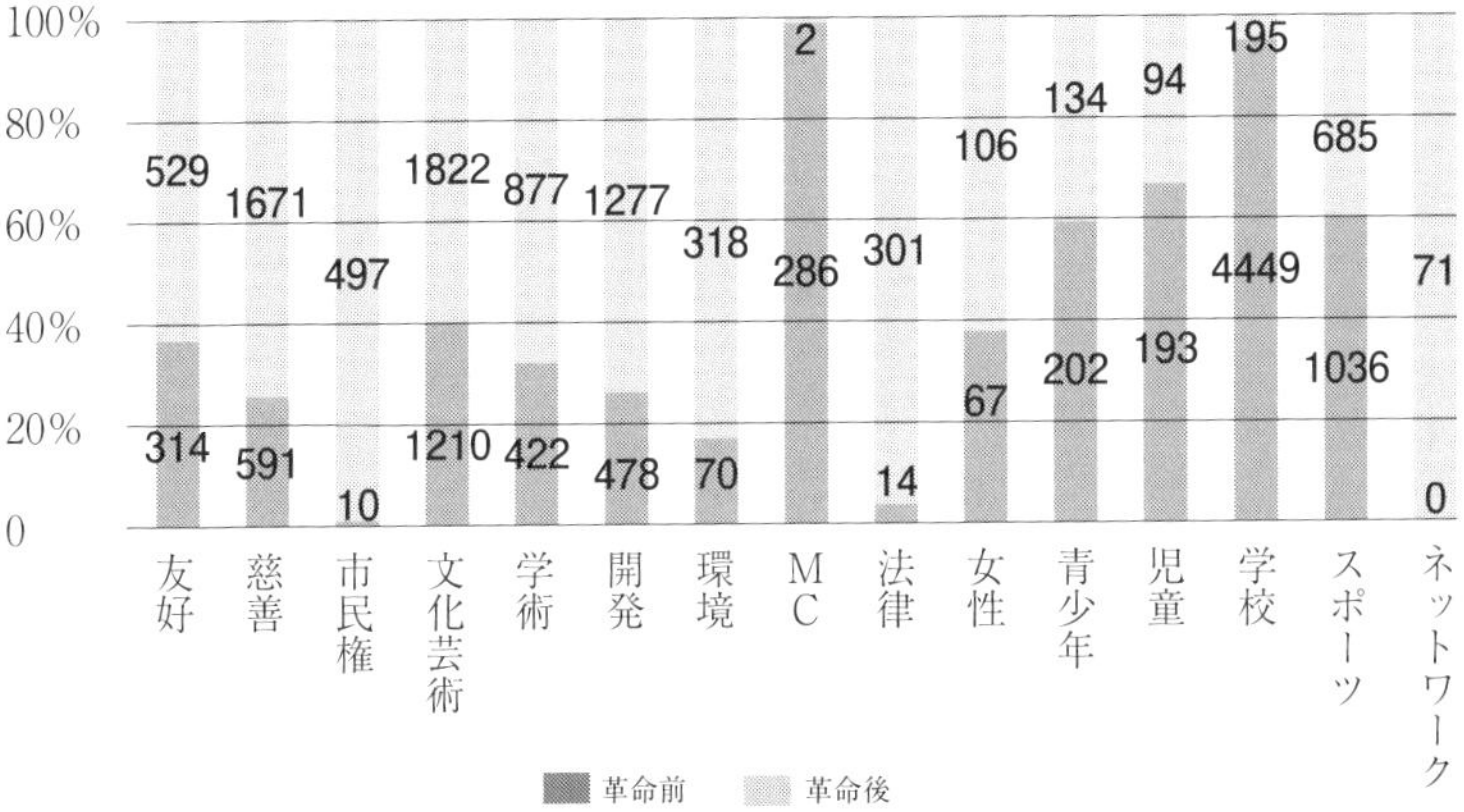

図 7-6　革命前と革命後設立の NGO の活動分野別の割合（2015 年 3 月 7 日時点）
（出典：IFEDA の統計資料に基づき筆者作成）

次のようなことが明らかになる。[8]

すなわち、図7-4で突出していた学校関連分野のNGO（四六四四）は、図7-5の革命後の新設NGOの方では一九五団体と少数に留まり、他の分野と比較してみても、その増加率は四%で極めて低いことがうかがえる。これは、逆に革命前はNGOと言えば、その多くが政治色の少ない、こうした学校関連の保護者会のような団体であったことが考えられる。この分野のNGOの数は、革命前の全NGO数九七二三団体のうち、四四四九団体で四五・八%も占めていた。

これに対して、革命以降に設立されたNGOで数として最も多いのは芸術文化（一八二二）と慈善団体（一六七一）となっている。革命後の自由を享受するなかで、芸術文化の分野の活動が活発化していることが読み取れるほか、慈善団体の増加についても、革命後の経済的疲弊やまた隣国リビアからの難民流入、さらにイスラミストの台頭との関連で、慈善活動を主目的とした団体が増加していったことが見て取れる。

また革命以前の数との比較で、革命以降の増加率が最も高いのが、それまでほとんど存在していなかったNGO同士を繋ぐネットワーク系団体である。これはSNSによって市民社会の動きがまた新しい次元へと移行していく動きと同様に、こうしたネットワークを専門とする団体（七一）が出てきたこととはある程度、連動しているものとも考えられ、チュニジア市民社会の新しい動きとして見ることができるだろう。

またそれに続いて増加の割合が高いのが、市民権と法律に関係するNGOである。この二つの活動分野は、まさに革命以降の民主化過程と大きく関係しており、独裁体制から解放されて自由に政治活動ができるようになったことやそれと関連し、民主化の意義のアドボカシー活動、民主化の監視活動を行うNGOが設立されてきていることを意味している。後述するように、選挙の監視や議会の監視、また市民の政治意識の啓発活動を行っているNGOの活躍には目を見張るようなものがあり、こうした民主化過程に市民自ら参加し、極めて重要な役割を果たしている。

また革命以前には二八六団体もみられたマイクロクレジット融資団体（MC）が、革命後にはほとんど新設されていない点も注目される。これに関しては、革命以前のマイクロクレジットNGOは、そのほとんどがチュニジア連帯銀行（BTS: La Banque Tunisienne de la Solidarité）の下でその業務連携していた団体であり、その政策下で多数開設されたが、革命後この国立銀行自体がしばらく機能不全となっていたことに加え、新たなマイクロクレジット融資機関は後述するようにNGOとしてではなく、社会的企業や社会連帯経済的な金融会社として業務を行っていることと関連している。こうした新たなマイクロクレジット金融活動については、後述することにする。

ただし、実際のNGOの活動を現地で観察してみると、慈善団体が子供や女性に関わる活動を同時に行っていたり、開発系NGOが環境関連の活動や市民意識向上に関する活動を行っていることも多く、一つの団体が複数分野で活動していることがよくあることも付記しておきたい。

以上のように二〇一一年以降、多数のＮＧＯが全国各地で開設されていったこと自体、革命以降の民主化過程に、多くの市民が自らの意志で参加していったことを示している。さらに政治的動向の節目などに、ネットワーク型のＮＧＯの主催やまた複数のＮＧＯが相互に連携して、集会や会議、イベントを企画共催するという動きも頻繁にみられる。

また二〇一五年にノーベル平和賞を受賞した国民対話カルテットの四市民団体、ＵＧＴＴ（チュニジア労働者総同盟：一九四六年設立）、ＬＴＤＨ（チュニジア人権擁護連盟：一九七六年設立）、チュニジア全国弁護士会（一九五八年設立）、ＵＴＩＣＡ（チュニジア工業商業手工業連合：一九四七年設立）は、いずれも古参の大きな市民組織であるが、そうした組織団体が国家的危機を前にして、活動の理念や立場の違いを乗り越えて連携団結し、危機打開のために尽力したことも、チュニジアの市民社会の特徴を示しており、またこの国の市民社会の歴史に残るような偉業ともなった。

チュニジア市民社会に対する国際的な支援

チュニジアの市民社会における新旧の市民団体の活発な活動には、このように目を見張るものがあるが、ただしそうした動きについては、それに対する国際機関や諸外国からの財政・技術的支援があったことも指摘しておくべきだろう。例えば、国連開発計画（ＵＮＤＰ）のチュニジア事務所は、革命後、二〇一一年‐二〇一四年の活動計画として、市民社会を対象とした「民主的なガバナンス」というプロジェクトを立ち上げている。それは、市民社会組織ＮＧＯに対して、活動資金の提供に留まらず、民主化活動に向けてのキャパシティ・ビルディングやガバナンスに関するトレーニングやワークショップの開催、また

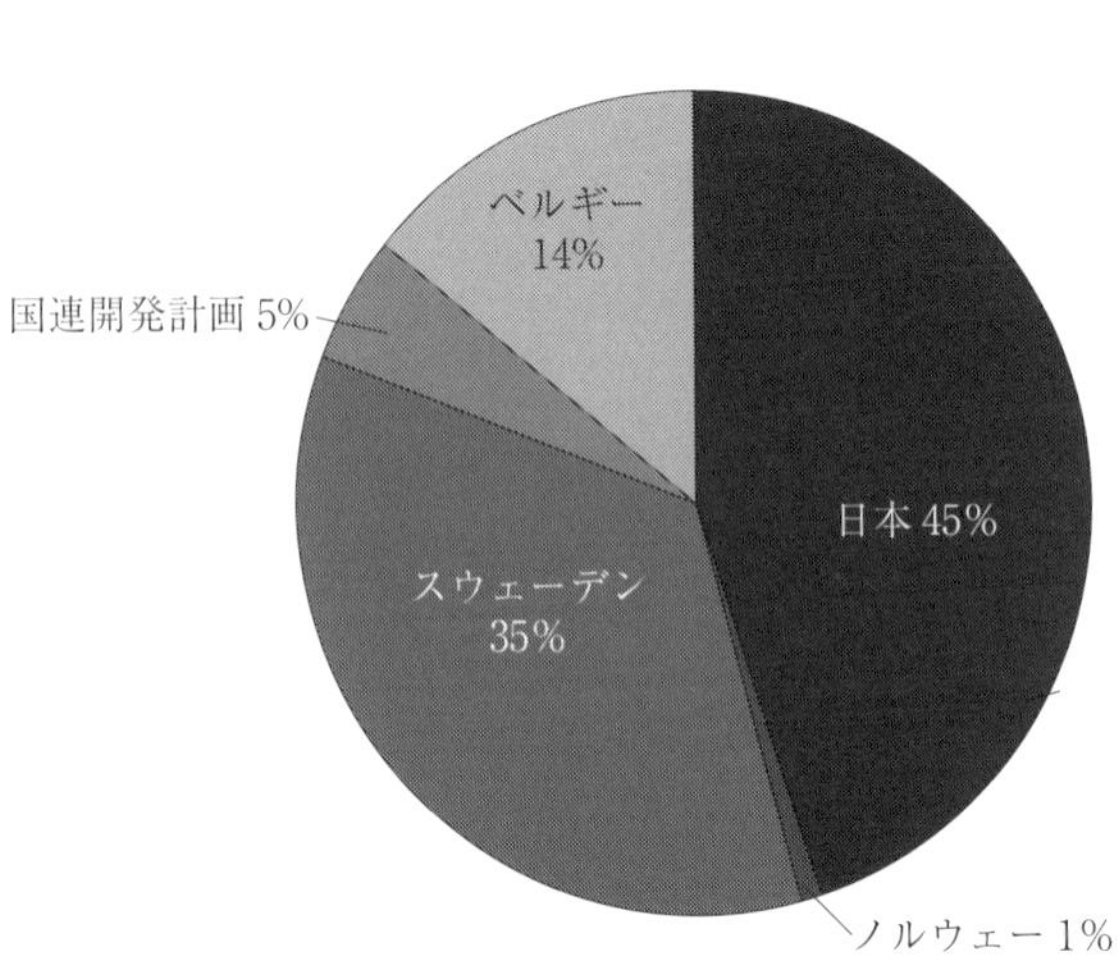

図 7-7　UNDP チュニジア市民社会支援へ各国の財政協力
（出典：UNDP-Tunisia のパンフレット資料をもとに筆者作成）

既存の経験豊富なＮＧＯと新設ＮＧＯの交流によるシナジー効果を生み出す支援を目的としたものであった。そうした集会で、これまで取り上げられてきたテーマは、「憲法についての議論」「汚職撲滅に向けての闘い」「市民性の促進」「治安体制の改革」「経済社会的権利の向上」「対話文化の促進と暴力阻止」「憲法理解の促進」「選挙への参加・関心の意欲向上」「民主化移行期における裁判」「地域のガバナンス」などで、その活動の内容や報告は、『行動する市民社会（La Société Civile en Action）』と題した季刊雑誌にまとめられており、情報の共有化も図られている［UNDP 2013,2014］。

国連開発計画のチュニジア事務所によれば、二〇一二年～一三年の二年間だけで、市民団体六五〇団体を対象に実施し、それらのプロジェクトの受益者は一二万人、またそれと関連して生み出された雇用は一六二二人（五九人の男性、一〇三三人の女性）、さらに四三三人の専門家（一四三人のコンサルタントと二九〇人のトレーナー）の採用があったとされ、大きな成果を挙げてきたことが報告されている［UNDP-Tunisia 2015］。またそうした活動の財源については、図７-７にある国々による支援で賄われており、二〇一二年

〜二〇一五年の四年間の支援総額は七五六万三五一九米ドルとされている。またこのうち四五％に相当する額三三七万一七六五米ドルが、日本からものであることもここに明記しておいてよいだろう。このプロジェクトは、さらに二〇一五年〜二〇一九年まで継続されることが、二〇一四年一二月にチュニジア政府と国連開発計画チュニジア事務所との間で合意されたことから、今後も市民社会の動向は注目に値するものがあろう。

チュニジア政府も、二〇一四年から国連と連携し、「ミレニアム開発目標」以降の「持続可能な開発目標（SDGs 2015-2030）」に向けた、「私たちが望む世界（The World We Want）」のプロジェクトに参加し、「私たちが望むチュニジア（Tunisia We Want/ Tūnis allatī nurīd）」プロジェクトを、市民社会と連携して開始している。[9] このような支援や協力は、国連諸機関のみならず、各国大使館や国際的財団、活動組織連盟などからも実に多くなされてきている。

こうした国際支援もあるなかで、チュニジアの市民団体は、特に汚職や腐敗の問題に関しても、「みんな団結、汚職に反対（Kullnā dhidd al-fasād/Tous unis contre la corruption）」という運動を展開しており、またさまざまな機会に「汚職に反対（Lā li al-rashwa）」をスローガンにしたデモも行ってきている。[10]

市民社会問題担当のK・ジャンドゥービー大臣は、二〇一五年九月に一万八〇〇〇のNGO団体を対象として会計監査を行った結果を発表しているが、それによると、二％の団体に関してのみ、汚職の疑いや不透明な点がみられたとしている。この数値は、反汚職についての意識がかなり市民社会には浸透していることを物語っているだろう。同大臣は、NGOに対する公的資金に関しては見直す予定としており、また個人寄付や外国からの援助金に関しても、今まで法規がなかったことから、近くそれを整備すると発表している。[11] こうした法の整備によって、むしろ国際社会からはより信頼を得て、市民社会の活動が透明性を確保しつつ、さらに活発化していくことが期待される。

チュニスでの社会フォーラムの開催

世界の市民社会が、さらにチュニジアの民主化推進を後押しするかのように、二〇一三年度（三月二六〜三〇日）と二〇一五年度（三月二三〜二八日）には二度にわたって、世界社会フォーラム（World Social Forum）がチュニスで開催された。このことは、国際的市民社会と同国の市民社会との連帯を示す意味でも、相互の情報交換や協働のうえでも重要な意義をもつものとなった。特に二〇一三年の社会フォーラムは、二月六日の左派系野党議員ショクリ・ベライードの暗殺事件が起きた後に開催（三月二六日〜三〇日）され、治安面での不安が残る状況であったにもかかわらず、チュニス大学マナール・キャンパスを会場としたこのフォーラムには、世界一二八か国から四五〇〇の団体と六万人を超す人々が参加したとされている。[12]講演者には、サミール・アミンやまた「アラブの春」についての著書のあるインドの著名な歴史家のヴィジャイ・パラシャドなども登壇したとされている。そして、このチュニスでのフォーラムの大成功を踏まえて、二〇一五年の春にも再び同じくチュニス大学のマナール・キャンパスにおいて、世界社会フォーラムが開催されている。すなわち、こうしたグローバル、あるいはトランスナショナルな繋がりと連携が、この国の市民社会の活性化に少なからず良い影響を与えており、力強い後押しになっていることは間違いないと思われる。

それでは、続く以下の節においては、チュニジアの市民社会の現状を具体的に捉えるために、多数のNGOのなかから、特に革命の理念や民主化と関わる活動を活発に行っている団体を幾つか事例として取り上げ、それらがどのような活動を、いかに展開しているのかについて、筆者の現地調査に基づいて述べてみたい。まず、第2節では、民主化に関わる選挙監視と憲法起草に関わる活動をしてきたNGOについて取り上げる。続いて、第3節では革命の背景にあった失業や経済格差の問題と関連する雇用創出や経済的支援活動をしているNGOについて、そして最後に第4節で、革命の理念であった自由や人権と関わる活動をしているNGOを取り上げて、その活動について紹介する。そしてそれらの具体的なNGOの活動事例を通して、チュニジアの市民社会が、いかにこの国の民主化推進に貢献してきたのか、その一端を明らかにしてみたい。

第2節　市民による選挙監視と憲法の起草 ―ATIDEとDoustournaの事例―

公正な選挙とその監視活動：ATIDE

市民団体の活動のなかでも、特に革命後の新しい動向として注目されるのが、民主化過程に積極的に参加し、またそれを監視するという活動である。そうした活動を行っているNGOは多数みられるが、まず選挙に関する監視を行っている代表的団体に、「選挙の公正と民主主義のためのチュニジア協会（ATIDE：Association Tunisienne pour l'Intégrité et la Démocratie des Elections）」や、「ムラーキブーン（監視員：Mourakiboun）」が挙げられる。この二団体は、選挙の公正な実施を目的とし、選挙の監視のみならず、それまでの手続きや選挙法に関しても提言を行う団体である。また「チュニジア女性有権者連盟（LET：Ligue des Elections Tunisiennes）」は、特に女性たちを対象に選挙や政治への関心を高めるアドボカシー活動を行っている団体である。また民主化過程の監視に関しては、すでに第5章で紹介した「監視と機会の平等協会（AVEC）」や、また「バウサラ協会（Al Bawsala）[13]」などがみられる。このバウサラ協会については、後述するが、議会の審議状況や議員出席率の監視などを行い、その情報をネットで公開しているNGOとしてよく知られているものである［Chouikha et Gobe 2013: 400-401］。

ここでは、多数みられるNGOのなかから、選挙に関わる活動をしているNGOで、チュニジアのラジオ局Express FMから二〇一一年度最優秀アソシエーションとして選ばれたATIDEの事例を、その本部での聞き取り調査やパンフレットなどに基づき、紹介してみたい。

「選挙の公正と民主主義のためのチュニジア協会ATIDE」は、革命後、二〇一一年三月二四日にNGOとしての公認を得た団体である。この団体創設の中核メンバーとなった数名は、もともと幼馴染みのグループで、革命以前から共にカフェで議論をしたり、コンサートや映画や観劇を楽しむという仲間だったとされている。それらは大学教員や医者、建築家や企業家などで、革命後、みなでチュニジアの民主化や民主主義のために何ができるか、何が必要かについて真剣に話し合い、民主化過程で最も重要なことの一つが自由で公正な選挙ということになり、選挙に焦点を当てた啓発活動や監視活動を行うことを目的に、「選挙の公正と民主主義のためのチュニジア協会」と命名したNGOを設立したとされている。

代表の大学教授のモイッズ・ブーラーウィ氏は、革命後の最初の選挙は、チュニジア人にとって、独立後はもとより、カルタゴ時代からの同国の長い歴史において初めて経験する自由選挙であることから、是非とも公正で透明性のある選挙にして、民主化の基盤固めとしたかった、と語っている。

ATIDEの活動目的は、主に次の三つである。[14] すなわち、①民主主義の価値、特に選挙への関心を促進するアドボカシー活動とそのための情報提供、②民主化や選挙運動過程の監視と違反行為の摘発、③選挙の投票日の監視とその分析に基づく改善点や改正に向けての提案、とされている。選挙に関する活動を、投票時のみならず、普段から行うことで、民主化を市民の側から支援するというもので、集会や講習会などを高校や大学でも頻繁に行っている。

団体の創設には一一人（女性六人と男性五人）が関わったが、設立後二ｋａ月ほどで、二〇一　年五月にはＡＴＩＤＥの会員数は五〇名に増え、その後はネットなどを介して急増していき、聞き取り調査を行った二〇一五年三月時点では国内・海外の会員を含め、総勢四六〇〇人（男性四〇〇〇人、女性六〇〇人）にも達しているとのことであった。

ＡＴＩＤＥの組織的特徴の一つは、代表や役員メンバーも含めて、ほとんどの会員がボランティアで活動しているという点である。有償スタッフは本部にいる僅か四人で、①事務局長と、②事務局長補佐（会計を兼務）、③ウェッブ・マスターと呼ばれているインターネット広報担当スタッフ、そして④運転手のみとされている。

選挙監視 NGO の ATIDE の本部事務所にて（2015 年 3 月）

選挙監視 NGO「ムラーキブーン」の事務局長（2015 年 5 月）

NGO「我々はみなチュニジア人」の代表とメンバー（2015 年 6 月）

ＡＴＩＤＥは、活動開始後、まず公正な選挙の実施にはそれにふさわしい法の整備が欠かせないとし、選挙法についての研究や検討を重ね、選挙法についても幾つかの提案を行ったとされている。選挙は全国民の意思表明として重要であることから、非識字者や身障者も滞りなく投票ができるようにするために、補助者の規則を設けることを提案し、それは実際に二〇一一年五月一〇日公布の選挙法（décret-loi No.35）の第六一条に採用されることとなっている。[15]

また、良い選挙法が整備されても、実際に選挙の重要性を国民が理解し、それに参加しなければ意味がないことから、「選挙の文化」「民主主義の文化」の普及に努めており、ＡＴＩＤＥはそうした啓発活動のために、全国二四県全てに支部を設立している。そしてまず啓発活動を行うスタッフや中立的立場で選挙監視活動を行う専門家スタッフ一〇〇人を養成し、さらにそれら専門的トレーニングを受けたスタッフらがまた各地で選挙監視員二〇〇〇人を養成したとされている。

二〇一一年一〇月二三日の制憲議会選挙では、選挙高等独立機関（ＩＳＩＥ）がその実施管理機関としての役割を果たし、投票日当日にはこの機関の選挙監視員一万二〇〇〇人が各投票所に動員配置された。[16] ＡＴＩＤＥは、この制憲議会選挙にはＮＧＯとして参加し、全国二七選挙区中の二四選挙区で二〇五〇人のメンバーが監視活動を行い、またメディアに対して、その経過状況報告などを行ったという。

さらにＡＴＩＤＥの選挙監視活動は、国内に留まらずに、二〇一一年の時点ですでにトランスナショナルな広がりをみせており、海外では、フランス、ドイツ、スイス、カナダ、ＵＡＥのアブダビ、ドバイ、米国のニューヨーク、ワシントンの投票所でも行われた。さらに二〇一四年には、以上の国々に加え、イタリア、ベルギー、オーストラリア、カタール、モロッコにもその活動の輪が広がったとされている。ラウーフ・ブータ一ラ副代表は、二〇一四年の議会選挙と大統領選挙の折には、海外でも六〇〇人のＡＴＩ

DEのメンバー、アティディアン（Atidian）が選挙監視活動を行ったと話していた。

ATIDEの活動費の大部分はメンバーの年会費（有職者五〇ディナール、学生一〇ディナール）によって賄われており、その他に寄付金を募り、財源確保に充てているとされる。会員には、ロゴマーク入りのTシャツと帽子（一人分約三〇ディナール）を配布しており、活動の際にはそれを着用して、対外的なアピールをすると同時に、会員同士のアティディアンや連帯のシンボルとしている。また学生には選挙監視活動の折に交通費が発生する場合には、一日一律一〇ディナールを支払うこととしており、投票日当日には全員に昼食と飲み物を支給しているという。こうして豊富な財源を持つわけではないが、それでも十分に持続可能な活動を展開している。

二〇一一年の制憲議会選挙後には、その総括として『チュニジアの選挙監視の経験—ATIDE監視員の市民としての提案』と題する報告書も作成している［ATIDE 2011］[17]。そのなかで、選挙に至る過程でも監視活動を行ってきた結果、幾つかの政党で汚職や不正取引が認められたこと、またそうした違反に対する制裁の法規がないことが大きな問題であると指摘している。またメディアの中立性についても監視を行っており、チュニジア国内のテレビ・ラジオ局の報道に関しては、ほぼ政府の方針に沿って中立性が保たれていたが、海外の放送局でチュニジアにもかなりの視聴者のいるアルジャジーラ、フランス24、アルムスタキッラなどのテレビ局では偏りのある選挙報道が為されていたとし、それらの選挙への影響が懸念されることも指摘している。[18] こうした事実を踏まえて、次期選挙に向けての改善点を提案する内容となっている。

またATIDEのメンバーは、海外での選挙にも積極的にボランティア監視員として参加しており、二〇一一年の九月にはザンビアでの統一選挙に、同年の一一月と翌年二月にはエジプトでの議会選挙にも、ボランティア監視員として参加している。また国内では、二〇一二年のUTICAでの役員選挙、二〇一二年三月の学生組合組織の役員選挙にも立ち会っている。

こうして民主主義の基本的制度である選挙に焦点を当てつつ、その透明性、公正性、民主性を確保できるようにさまざまな側面から監視活動を行い、また国際基準に照らして、チュニジアの選挙制度の改善に向けての提案や唱道活動も行っているのである。

こうした民主化を後押しするようなNGOがATIDEに限らず多数みられたことや、ATIDEの活動の一端を見ても、それがチュニジアの民主化に非常に効果的な影響をもたらしていることが確認できるだろう。

また民主化過程の監視を行っているNGOのバウサラ協会も、すでに第4章で若干紹介したように、制憲議会、その後は国民代表者議会での審議内容と同時に議員の出席率や遅刻の時間などを、統計をとって監視しており、貴重なデータを公表している。例えば、二〇一三年三月には、議会開催にあたり遅刻する議員の平均時間は一時間とされ、中には三時間という議員もいたことや、議員の欠席率が六〇%にも達していた会議もあったとしている。そのことから、こうした欠席や遅刻の多い議員に対しては給料やボーナスの支払いを停止すべきとする提案も行っている。[19]

選挙監視と共に、その後の議会に対しても、こうした市民による監視があることは、議員たちへの圧力ともなるもので、民主化推進に向けて効果的な影響をもたらしているものと評価できるだろう。

市民参加型の憲法の起草―ドゥストゥールナーの活動

次に紹介する「ネットワーク・ドゥストゥールナー（ネットワーク・われわれの憲法：Réseau

Doustourna/Shabaka Dustūrnā)」は、その名称のとおり、新憲法の起草作業に市民が共に参加していくことを目的として設立されたNGOである。このNGOの冊子によれば、チュニジア革命後、この歴史的出来事の傍観者に留まるのではなく、そこに参加するという意志をもった者たちから生まれた団体で、公的に認可を受けたのは二〇一二年一月二六日であるが、その活動は革命直後から始まっていたとされている[Réseau Doustourna 2015: 3]。すでに革命後の二〇一一年三月二〇日の独立記念日には、それに合わせて将来の国家の在り方、共和制や憲法についてのこのグループの考えを明らかにした『三月二〇日マニフェスト』を公表している。

このNGOの活動の経過を追ってみると、まさにチュニジア革命と民主化過程でのさまざまな折の出来事と重なり合って展開し、拡大してきていることがうかがえる。活動グループの中心メンバーによれば、特に二〇一一年の制憲議会選挙に向けた選挙キャンペーンの過程では、多数の政党が結成され、立候補者も数多く出たが、それらの立候補者のなかには制憲議会の選挙であるにも関わらず、有権者の支持を集めるために、「パンの価格を一〇〇ミリームに値下げ」[20]、さらに「チュニスからラペンドゥーサ島までの橋の建設」など、新憲法とは全く関係のない、ただの人気取りの選挙公約を掲げた者もいた[Ibid: 4]。そのため、市民社会側から新憲法についての提案が是非とも必要であること、憲法の起草過程に市民の参加が是非とも必要と考えた、とされている。そして専門家なども交えて会合を繰り返し、実際にその下書きとなるような新

市民団体が作成した新憲法仮草案

憲法の仮草案を策定している。彼らは、実際に『二〇一四年憲法』は、バルドーの制憲議会の議場でよりも、その外において起草されたとも述べている [Ibid: 4]。

以下では、その創設者の一人であるチュニス大学法学部のジャウハル・ベンムバーラク教授からの聞き取り内容を紹介してみたい。

〈聞き取り〉ドゥストゥールナーの立ち上げとその活動

私は、スファックスの政治家の家庭に生まれ育ったので、子供の頃から政治に対してはとても関心が高かったのです。父は左派系政党の活動家だったため、反体制ということで七年間投獄され、母は普通の母親でしたが、父の仲間の国外逃走を幇助したということで、裁判もなく拘束されて一年間ですが、投獄と拷問を経験しました。出所後、父は作家と編集者としての仕事をしていました[21]。私は子供の頃にそんな体験をしたので、独裁体制はいつか崩壊すると願っていました。ただし、それが二〇一一年にあのようなかたちで起こるとは、全く予想できませんでした。それは誰にも予測できなかったことと思います。

私ももちろん、デモに参加し、二〇一一年一月一四日には内務省前に集まった群集の最前列にいた一人でした。革命後も二週間くらいは、革命前よりも多くの死者を出すほどの混乱ぶりが続いていましたが、それが少し収まった二月初め頃、われわれは仲間と活動を開始し、まず新しい共和制をどのようなものにしていくのか、そのための憲法はどうあるべきかなどについて話し合いました。最初の会合は三〇~四〇人の集まりで、その折にアイディアを出し合い、それを『三月二〇日マニフェスト』というかたちにして発表しました。この時の活動の成果が、その後、「ドゥストゥールナー」という組織団体を立ち上げることにつながりました。

われわれは、その後、この『三月二〇日マニフェスト』を持って、全国各地に出かけていき、各地で共和制や憲法について話し合う集会を開きました。その頃、私は大学の授業は全て一日にまとめ、その他の日はすべてこの活動に費やし、土日も全国各地に赴き、ネットワークの形成のために集会を開催し、また講演を行っていました。三～四か月のあいだに六三回もの集会を各地で開催したのです。反響は大きく、それで七月にはマフディーヤで三日間にわたる大集会を開催することにしたのです。そこには法学者や弁護士、大学教員や医者、市民活動家など、三五〇人もの人々が参加し、憲法について具体的な話し合いをし、また一六から一七の分科会に分かれて共和制、三権分立、自由と人権、地方分権、女性の権利などなど、それぞれの専門や関心に合わせたテーマで議論し、かつ各グループが憲法の文案を提案し、最終的にそれらを取りまとめるという作業を行ったのです。それを『われわれの憲法（Doustouma/Dustūrnā）』という冊子にして、実際に政治家たちや議会選挙の後には、二一七人の議員たち全員に配布したのです。

そして制憲議会が開催されているあいだも、憲法はこの国の将来を決めること、国民の全員に関わることですから、そうした意識をみなが持つようにと、広くネットワークを作り、また国民の要望を届けるために頻繁に各地で集会を行うことを続け、各地に支部を開設していきました。もちろん、議会の活動を監視することも怠りませんでした。

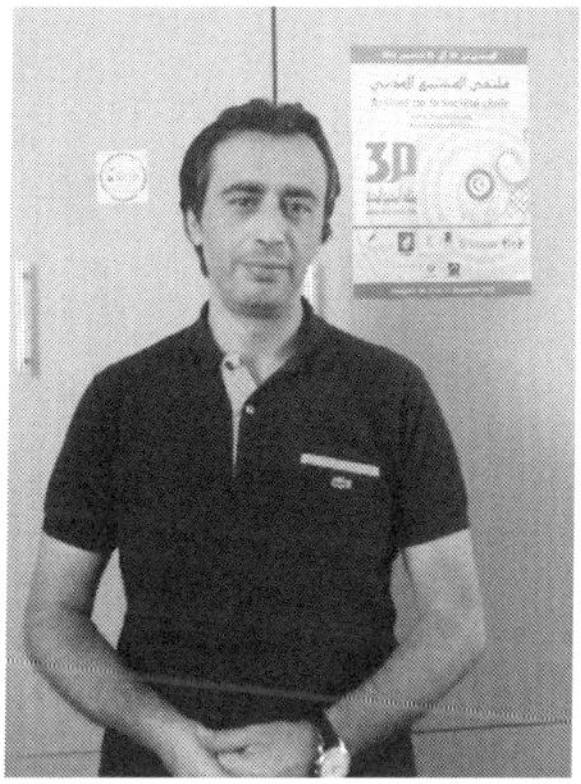
NGO「我々の憲法」の代表ジャウハル・ベンムバーラク教授

そしてこれらの活動は、全てボランティアで行いました。OXFAMやEUからの活動支援金を得ましたが、それらは事務所の家賃や事務経費、ポスターやチラシ、冊子の印刷費などに支出し、人件費にはほとんど充てず、活動そのものはみんなボランティアでやっています。そのやり方がとても良かったと思っています。革命直後、多くのNGOが、諸外国や国際機関から助成金を得て活発に活動しましたが、それが無くなると活動中止となる団体も多いからです。われわれの団体ドゥストゥールナーは、会員の会費だけでボランティアで活動しているので、持続可能な組織となっています（チュニス大学法学部J・ベンムバーラク教授、男性四七歳〈一九六八年生〉、ドゥストゥールナーの創設者のひとり、NGO本部事務所にて、二〇一五年一〇月五日）。

こうした地道な活動を踏まえて、二〇一二年一月二六日に正式に「ドゥストゥールナー（われわれの憲法）」という名称での市民団体として登録し、公認されている。その後、このNGOは以下のように本部も支部も、平等を原則として水平的構造化を進めていったとされている。まず活動の基本方針である「民主主義の価値の普及」「平等」「正義公平」など、世界人権宣言にある理念を全組織で共有しつつ、各支部の活動は自律的に行うこととし、一支部を三〇人までとした。そして各支部では、支部長がコーディネーターとなり、秘書、会計、渉外、広報の担当者を決め、三〜五人の委員会を設置する。そして複数の支部がある地域では、支部長から成る地域連携支部をさらに開設し、さらにそれらが全国連携組織の本部とつながり、その代表者らが定期的に会合を開催し、情報交換や地域特有の問題などについて議論する。その場合、毎回の会合は、県ごとの持ち回りでの開催とし、メンバーの移動や参加の負担もできるだけ平等化するようにしている。また決定事項も、トップダウン方式ではなく、全て平等に全国集会で行うこととなっており、二〇一二年度には九回、二〇一三年度には五回、二〇一四年度には四回開催されている。すなわち、このNGOの組織の在り方、また運営の仕方自体が、このように民主主義的理念に貫かれたものとなっており、このNGOの活動に参加すること自体が、民主主義について実際に学ぶ得難い機会ともなっているのである。

またドゥストゥールナーの活動方針と一致するような主張のデモや集会には、他の市民団体とも連携してともに参加や共催をしている。さらにチュニス大学マヌーバ・キャンパスを過激派サラフィストが占拠した折にも、文学部長を支持する運動に参加している。

さらに二〇一二年からは毎年三日間にわたる「市民社会集会（Assises de la Société Civile）」を主催しており、同年一二月二一～二三日にモナスティールで開催した集会には、一七〇のNGO団体、六五〇人ほどが参加したとされ、憲法の議論に加えて、革命後の経済、環境、教育、地方分権、参加型民主主義、地域開発など、多様なテーマでの議論がなされたという。

そしてこの折の最終的提案を、それぞれの参加者が地域の行政機関の責任者などに持ち帰り、政治へ反映させていくことを目指しているという。同様の会議は、その後も開催され、二〇一三年には三〇〇団体七五〇人が参加したとされ、その規模がさらに拡大傾向にあることがうかがわれる。また二〇一四年一月の新憲法制定の後も、新たな課題を掲げて、活発な活動を継続している。

〈聞き取り〉ドゥストゥールナーの活動の課題

新憲法には、実際に私たちの提案がかなり採用されました。ですから私たちは、二〇一四年憲法は制憲議会において作られたものというより、その半分はその外で市民社会の力によって作られたものだと考えています。ただ、新憲法制定ということで、それで私たちの活動が終わりということにはなりません。どんなに素晴らしい憲法であっても、それが実際に適用されなければ、何の意味もありません。ですから、市民社会は常にそれを監視していく役割を果たさなくてはなりません。また憲法だけで法的整備が十分だとは言えない問題がまだまだ沢山あります。

現状に関して言えば、テロ対策法が今とても重要な問題となっています。これをどうしていくのか。また今後、次期の地方議会選挙に向けて、地方分権化をどのように進めていくのか、政治における説明責任は、また選挙の時の公約マニフェストに対して、それに対する当選者の責任をどのように評価判断していくのか、さらには教育の改革やまた再生エネルギーについてはどんな政策を採るのかなど、やることはまだまだたくさんあるのです。

私たちは、すでにこれらの問題についての提案をまとめたものを、国民代表者議会の四大政党、ニダー・トゥーネス党、ナフダ党、人民戦線党、そしてアフェック（地平）党に渡しました。そのうちの三党からはその提案を受け入れ、その解決に向けて取り組むという同意の署名をもらいました。ただナフダ党だけは、ガンヌーシー党首にも面会して働きかけましたが、彼はその提案をとても重要でいいものだと言いながら、署名をしませんでした。何故かはよく分かりません。署名をしてくれた政党にはそうした前向きな姿勢を評価して、その情報を市民に提供します。それは少なからず次期選挙に影響をもたらすと考えます。またそれらの政党は提案に同意をしたのですから、そうした公約を果たすかどうか、それについてわれわれも監視し評価をします。

二〇一六年の地方議会選挙についても、われわれは各地域での集会を続けています。それぞれ地域にはその土地固有の問題がありますから、その地域の人々がそれを政治にどのように反映させ解決へと結び付けていくのか、そうした意識を一人一人の市民が持つことはとても大切です。そこで私たちは、地方支部と連携を取りながら、地方議会選挙の折には各立候補者に地域で解決してもらいたい問題を公約マニフェストに明らかにしてもらうよう働きかけることや、当選後はその後の任期五年間でそれらの公約をどこまで達成したのかと評価する仕組みを作りたいと考えています。そうすることで、市民参加型の政治の仕組みを作っていきたいと考えているのです（J・ベンムバーラク教授、NGO本部事務所、二〇一五年一〇月五日）。

ドゥストゥールナーは、自ら国内にネットワークを広げるのみならず、多くの国内外のNGOとも連携

して活動をしている。「国際人権連盟（FIDH: Fédération Internationale des Droits de l'Homme）」、「死刑反対連合（Coalition contre la Peine de Mort）」、「チュニジア女性のための連合（Coalition pour les Femmes de Tunisie）」、「暴力反対連合（Coalition contre la Violence）」の組織には自らも加入して、そのメンバーとなっている［Reseau Doustourna 2015: 51］。さらに国際的な人権団体、「人権同盟（Ligue des Droits de l'Homme 一八九五年設立）」と「ヨーロッパ地中海人権ネットワーク（REMDH：Réseau Euro-Méditerranéen des Droits de l'Homme 1997年設立）」と、マグリブ諸国のフェミニスト団体「マグリブ平等団体九五（Collectif 95 Maghreb Égalité 一九九二年設立）」と、さらにチュニジア国内の市民団体としてはUGTT、LTDH、ATFDの他、「自由と人権尊重委員会（CRLDH: Comité pour le Respect des Libertés et des Droits de l'Homme）」、「経済社会的権利のためのチュニジア・フォーラム（FTDES: Forum Tunisien pour les Droits Économiques et Sociaux）」などとは、パートナリア（連携同盟関係）を提携している。こうした点では、先にふれたATIDEと同様、このNGOもそれのみのミクロ・レベルに留まらない、国内の他のNGOとのメゾ・レベルの連携活動や、さらにトランスナショナルあるいはグローバルなネットワークというマクロ・レベルで活動を展開していることが重要な特徴となっていると言えるだろう。

第3節　貧困削減と雇用創出支援NGO

チュニジア革命の背景要因の一つに、若者層の高い失業率や国内における地域的経済格差の問題があったことはすでに多くの文献でも指摘されている［Ben Mansour 2011, Bousinina 2012, 2013, Zemni 2013, Jouini 2013, Aleya-Sghaier 2014, Clancy-Smith 2014］。そうした貧困削減や雇用創出に向けた対策の一つとして、マイクロクレジットの融資は、チュニジアでも官民を挙げて取り組まれてきた重要な開発プログラムである［鷹木 2007］。国策として、このプログラムを推進してきた専門機関がチュニジア連帯銀行（BTS: Banque Tunisienne de la Solidarité）であったとすれば、NGOとしてそれ以前からこのプログラムに取り組み、同国で最大の融資活動を展開してきたのが、エンダ・アンテル・アラブ（Enda inter-arabe、以下、エンダと記す）である。

革命後のエンダによる新たな融資プログラム

革命後、国家機関のチュニジア連帯銀行が機能不全となるなかで、NGOのエンダは、それとは反対に、失業率の増加や革命による被害者が多数出る状況に敏感に反応し、新しい融資プログラムを提供するなど、活動をより活発化させてきている団体である。

エンダは、もともとセネガルのダカールに本部をもつ国際的開発NGOで、チュニジアのそれはその支部として一九九〇年に開設された。マイクロクレジットの融資は一九九五年から開始している。一九九五年の融資開始当時には、僅か一八人の顧客に二九回の融資、総額で一万三九〇〇チュニジア・ディナール（一DT＝約六〇円、約八三万四千円）であったとされるが、それから融資プログラムを大きく成長させていき、二〇一〇年には一五万七〇〇〇人の顧客に対し、延べ二〇万回の融資、その融資総額も七九〇〇万ディナールに達している。

さらにエンダのマイクロクレジット融資プログラムで特に注目される点は、表7-3、また図7-8と図7-9と図7-10からも見て取れるように、革命後の経済状況の悪化や失業率の上昇のなかで、さらにその顧客数や融資件数を増加させていったことである。特に革命後の困難な状況下にあって、それに対応

表 7-3　エンダのマイクロクレジットの融資活動の顧客数、回数、融資総額の統計数値の推移

項　目	1995 年	2010 年	2011 年	2012 年	2013 年	2014 年	13 ／ 14 増加率
融資顧客数（人）	18	157,000	200,000	210,000	232,000	247,000	6%
融資の回数（回）	29	200,000	220,000	230,000	252,000	264,000	5%
融資総額（DT）	13,900	79,000,000	109,000,000	135,000,000	169,000,000	226,500,000	34%

（出典：Enda inter-arabe, *Rapport annuel 2014* に基づき筆者作成）

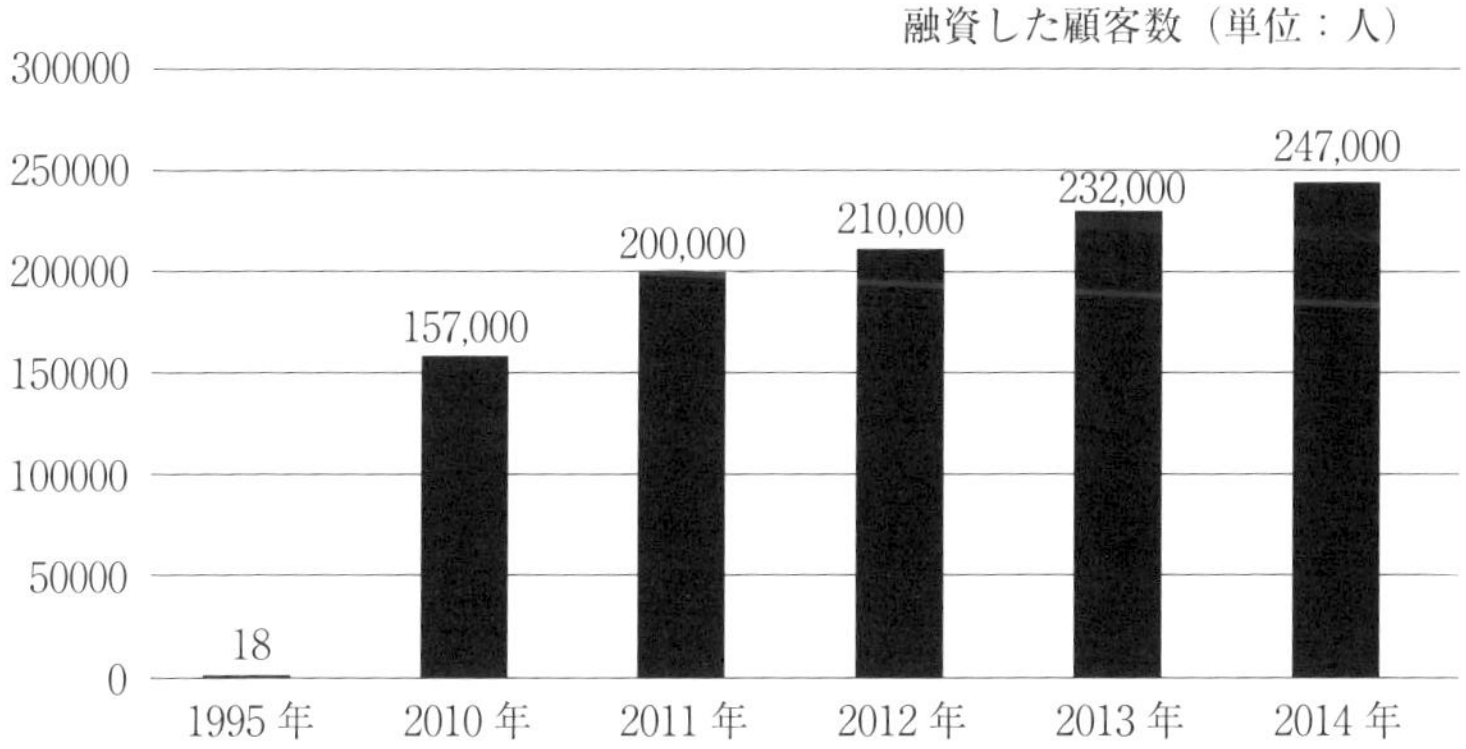

図 7-8　エンダのマイクロクレジットの革命後の融資顧客数の増加
（出典：Enda inter-arabe, *Rapport annuel 2014* に基づき筆者作成）

するような新たな二種の融資プログラム、すなわち、①若者向けの起業のための融資「ビダーヤ・クレジット（Crédit Bidāya 起業クレジット）」と、②革命前後に被害にあった人々を支援するための「災害クレジット（Crédit Sinistre）」という融資を開始し、融資プログラムの種類を増やして、より柔軟な運営をしていった。

さらにこれらのプログラムが高く評価できるのは、単に融資をするだけではなく、融資前と融資後も、スタッフが適正に事業が行われるように助言やモラルサポートをしているという点である。

〈聞き取り〉エンダの革命後の新たな融資活動

革命の後、失業問題がさらに深刻とな

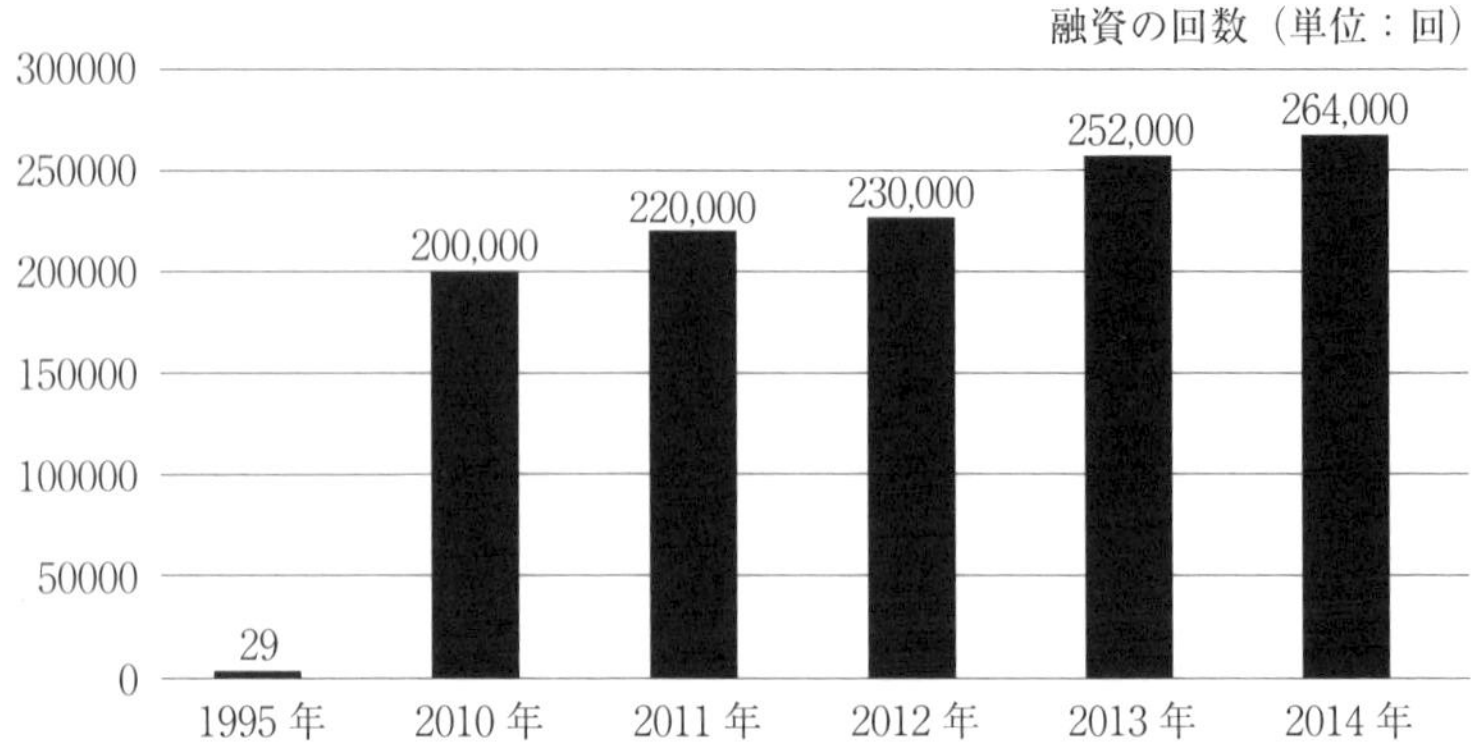

図 7-9　エンダのマイクロクレジットの革命後の融資回数の増加

（出典：Enda inter-arabe, *Rapport annuel 2014* に基づき筆者作成）

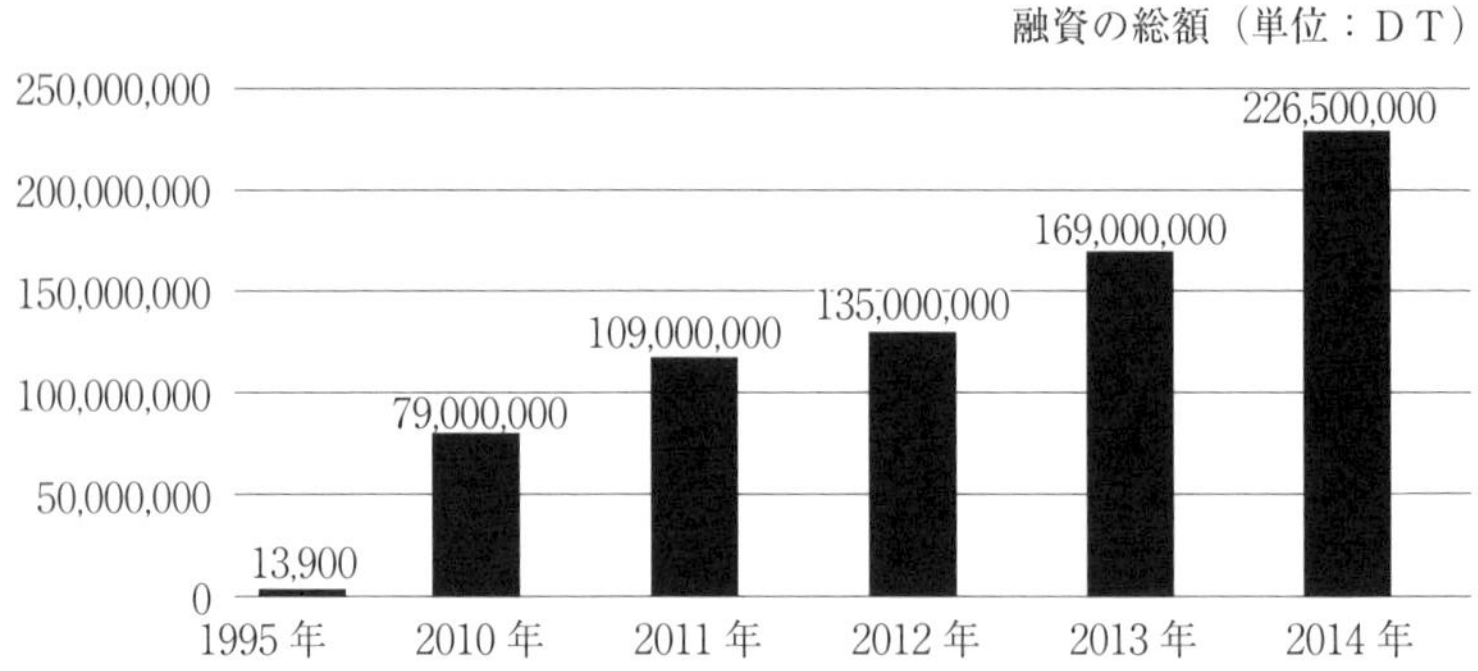

図 7-10　エンダのマイクロクレジットの革命後の融資総額の増加

（出典：Enda inter-arabe *Rapport annuel 2014* に基づき筆者作成）

るなかで、私たちはそれに対応する新しいプログラムを二つ作りました。ひとつは新規事業を起こすという主に若者を対象としたもので、そのプログラムは、スイスからの支援を受けたものでしたが、「ビダーヤ・クレジット」と名付けられました。これは、資金融資だけのプログラムではなく、融資の前に、起業計画を十分吟味し、それが失敗することのないよう、起業前にアドバイスや調査の支援もするものです。さらに起業後も、そうしたアドバイスの支援を行うプログラムで、それによってほとんどの起業が大変上手くいき、革命から四年間に五六〇〇人もの起業家を生み出すことになりました。

もう一つのプログラムは、災害にあった人々向けのクレジットです。革命の前後には、自宅や商店が破壊や放火の被害にあった人もいましたし、また実際にわれわれの顧客のなかにも負傷した人たちなどが、特に内陸部のカスリーンやテーラでは沢山みられました。そこで、私たちはそうした被害者を救済するために、災害クレジットという新しい種類の融資プログラムを作り、支援することにしたのです。返済率は、革命のあった二〇一一年は少し落ちましたが、それは返済の遅滞が多かったからですが、現在ではほとんど革命以前の状況に戻り、返済を全くしない融資受益者は全体の僅か一%となっています（エンダの広報担当スタッフ、女性五〇代　ＮＧＯの本部事務所にて、二〇一五年三月五日）。

「ビダーヤ・クレジット」での女性による起業については、カスリーンで、以下のような興味深い聞き取り事例がみられた。

〈聞き取り〉エンダのスタッフによるアイディアと女性による起業の成功例

私は、カスリーンのエンダの支部長をして二年になります。スース大学を出て、自分の故郷のカスリーンに戻り、働くようになりました。エンダの仕事は、とても大変な仕事ですが、やりがいを感じています。革命の過程で、この町からは沢山の死傷者が出ました。自分の目の前で死者が出たり、私が負傷し流血している人を抱きかかえて助けたこともありました。そんなことで、私は気分が落ち込み、心理的に半年ほど喪服のような黒い服ばかりを着ていたほどです。

エンダでは、革命後、新たにビダーヤや災害のクレジットも始まったので、それまで以上に働きました。「ビダーヤ」での起業については、Mさんというチュニス大学を卒業した若い女性（二五歳）が始めた「男女混合カフェ」がとても面白い事業だと評価しています。実は、そのアイディアを出したのは私でした。

彼女は、小さなレストランを開業したいというアイディアをもって、ビダーヤの融資を申請しに来ました。私はスース大学で学び、そこを卒業して再び故郷のカスリーンに戻ってきた時は、ここの生活に馴染むのに大変苦労しました。というのは、ここには大都市のように、女性が気晴らしできるような場所が全くないからです。職場と家の往復、少し疲れたら、スースなら女性でも入ることのできるカフェやレストランなど、いくらでもありますが、ここにはそうしたものが全くないのです。カフェはありますが、この地域の習慣でそこには男性しか入りません。

そこで、レストランというだけでなく、男女がともに入ることができるカフェにしてはと、そんなアイディアを、彼女に助言し提案してみたのです。そうしたところ、彼女もそのアイディアがとても気に入り、自分もチュニスの生活を経験した後にカスリーンに戻り、外出しても女性が休憩したり、気晴らしをする場所がないことをつまらないと思っていたので、「男女混合カフェ（Café mixte）」に挑戦したいということになったのです。そして町の中心から少し外れたところに、内装も明るい感じのカフェを昨年オープンしました。男女混合のカフェは、この辺りでは初めてのものです。彼女は、開店前、男女混合カフェに本当に客が入るか、少し心配だったようですが、先日、私もそこを訪れましたが、男女のカップルや家族連れも入っていて、今のところ、事業はうまくいっているようでした。返済も滞っていません。ビダーヤでは、私はこうしたやはり新しいアイディアの事業が重要だと考えています（カスリーンのエンダの支部長、女性二二歳、エンダの支部の事務所にて、二〇一五年六月二日）。

また災害クレジットについては、実際に革命後の混乱のなかでさまざまな被害にあった人々を救済する手法として、大きな効果を発揮していることがうかがえる。

〈聞き取り〉災害クレジットの融資での事業再開

私は弟と従兄弟の三人で、カスリーンの町の市場で古着売りをしています。革命の後、混乱が続くなか、市場で放火による火災が発生し、私たちのナスバ（naṣba：屋台風の店）もその火事に巻き込まれて、全商品が燃えてしまい、それで仕事を失ってしまいました。損失額は二万ディナールくらいでした。私たちの店は通りに沿って、一五メートルくらい続く大きな店でしたから。三人とも、家族持ちですから、困り果てていたところ、エンダで「災害クレジット」というのがあると聞いて、三人でそれを借りることにしたのです。一人八〇〇ディナールずつの融資を受けて、合計二四〇〇ディナール。十分とは言えませんでしたが、それでも何とかまた仕事を始めることができたので、本当に感謝しています。ただ、仕事を再開しても、治安が悪くなり、以前のように仕事ができず、返済に一度、遅れたことがありました。しかしその後は一度も遅れたことはありません。その返済を全て終えてから、また一〇〇〇ディナールずつの融資を受けて、仕事をまた少しずつ拡大しています。今は、弟と二人で仕事をやっていて、まあまあ上手く行っています（カスリーンの古着商人、四〇代、三人の子供の父親、エンダ支部で、二〇一五年六月二日）。

カスリーンのエンダ支部では、こうした災害クレジットの融資を受けた顧客一〇人（男性三人、女性七人）

ほどに話を聞くことができたが、その中には稼ぎ手の夫や息子が負傷し、代わりに自ら災害クレジットを借りて働き始めたという女性などもみられた。革命後の混乱のなかで、生活維持の収入源を確保するために、その元手となるマイクロクレジット、特に災害特有の融資が極めて効果的な役割を果たしていることがうかがえる。また以下の聞き取りからは、仮にその額が大きくなくても、モラルサポートの効果があることも注目される。

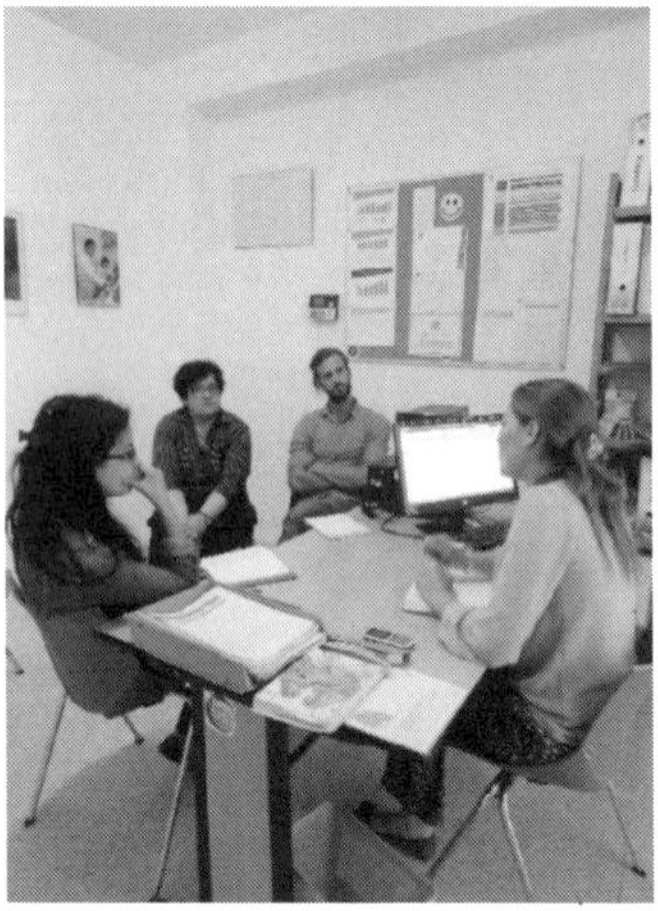

NGO エンダのカサリーン支部でのスタッフ・ミーティング（2015 年 6 月）

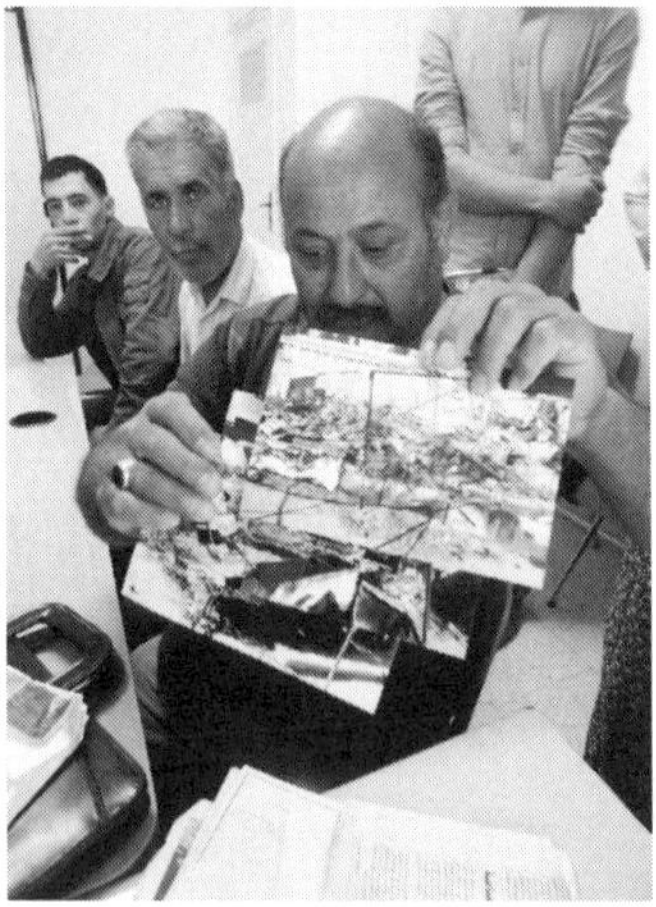

革命時に放火された商店の被害を訴える男性（2015 年 6 月）

〈聞き取り〉融資に伴うモラルサポートの重要性

私は書店を経営していますが、革命の時に火災に会いました。それで、エンダから「災害クレジット」の融資を受けました。その額は五〇〇ディナールです。自分の書店の建物を再建し、店を再開するのには最低でも四万ディナールは必要でしたから、エンダからの融資額はその意味では微々たるものでした。実際には自分の乗用車を売却し、また方々から資金を調達工面して、やっと仕事を再開しました。エンダからの金額は多くありませんが、ただ、エンダの融資を受けてとても良かったことは、スタッフが頻繁に私のことを心配して訪ねて来てくれて、いろいろと助言や激励をしてくれたことでした。これは本当に励みになりました。店が全焼したのを見た時には、本当にショックで、もう一度ゼロから自分で店を再開できるかどうか、全く分かりませんでしたから。立ち直れたのは、エンダのスタッフたちとの関係やその励ましに勇気づけられたことが支えとなったからです（チュニスのタザーメン地区の書籍文具店の店主、男性、五〇代後半、エンダの支部事務所で、二〇一五年五月二八日）。

以上のように融資サービスに加えて、スタッフによる助言や相談や激励など、エンダで「同伴（accompagnement）」と呼んでいるこうした非金融的サービスが、被災者にとっては、生活再建に向けて非常に重要な心理的効果をもたらしているということが理解できる。

〈聞き取り〉融資受益者たちが襲撃からNGOの支部を守る

革命の時には、多くの政府関係機関の建物が破壊や放火の対象になりました。警察署やRCDの事務所や役所ばかりでなく、金融機関なども襲撃されました。われわれエンダも、いわば金融機関のようなものですから、その時期には襲撃の対象になるのではないかと、大変心配しました。われわれの支部に関しては、一か所のみ建物の破壊がありましたが、その他は大丈夫でした。われわれにとって、特にとても嬉しいニュースだったのは、ある支部が暴徒に襲われそうになった時、エンダから融資を受けている顧客たちがその支部を守ってくれたということでした。顧客たちが、エンダの支部を自分たちのものだという意識を持って守ってくれたのだとすれば、これほど嬉しいことはありません（エンダのディレクター、男性、七〇代、エンダのオフィスにて、二〇一三年二月二一日）。

この話は、融資機関のエンダとそこから融資を受けて経済活動をしている顧客たちとのあいだの良好な関係、連帯感やまた顧客のこのＮＧＯに対するオーナーシップ（所有）意識を象徴しているように考えられる。実際に二〇一五年七月には、エンダは、プラネット・レイティングによって、そのソーシャル・パフォーマンスは、世界第二位のマイクロファイナンス機関であるとの評価も得ている。[22]

「国境なき心」プロジェクト

エンダは、チュニジアを代表するマイクロクレジットの融資団体であるが、革命後、特にリビアからの多くの難民がチュニジア国内に流入してきた時には、他の四つのＮＧＯや国際機関と連帯して、「国境なき心 Qalbunā bilā ḥudūd / Coeur sans frontières」という特別支援の慈善プロジェクトも実施している。二〇一一年にはチュニジア革命に続いて、リビアでも二月半ばから反体制の抗議運動が始まり、その後内戦へと発展していった。七月初めには、リビアに出稼ぎに出ていたチュニジア人五万人が帰国、さらにリビア人二五万人とリビアにいた多様な国籍の人々二〇万人、合計四五万人が紛争難民となって、リビアとの国境があるチュニジア南部へと押し寄せてくることとなった。チュニジア南部は七月とも言えば、すでに日中の気温が四〇度以上になる酷暑の時節で、裕福なリビア人はホテル住まいを始めていたが、多くは南部の一般家庭に受け入れてもらうか、また難民キャンプが開設されてからはそこに収容されていた。しかし、南部の受け入れ先となった家庭自体が、すでに貧しい場合も少なくなかった。

こうした事態に対して、政府の対応に加えて、多くのＮＧＯやチュニジア人がそうした難民救済のために収容キャンプにボランティアに出かけて活動していたが、エンダはこの折には他の三つのチュニジアＮＧＯ、「女性とリーダーシップ（Women and Leadership）」「エイズ撲滅チュニジア協会（L'Association Tunisienne de Lutte contre les MST SIDA）」「チュニジア赤新月社」と連携して、ポスターにあるような「国境なき心」キャンペーンを実施した。チュニジア市民や企業などに呼びかけて寄付金を募り、それで難民たちと同時に、南部の受け入れ家族となった、特に貧しい家庭をも支援するために、食糧や医薬品、毛布やタオルなどの生活必需品、また子供用の玩具など、物資を送り届ける活動を行ったのである。一般市民からの寄付金に加え、チュニス郊外ガマルタのリゾート・ホテルで、ギャラ・ディナーを開催し、その収益を寄付金に回すなどの工夫もし、七月一五日までに総額で五万九一六〇ディナールを集めることに成功している。エンダは全国各地に支部をもつことから、普段はマイクロクレジットの融資活動をしているスタッフたちが、この折には物資の配達・配布などの要員となって活躍したとされている。

　こうしてエンダは、マイクロクレジットの融資のみならず、臨機応変に組織のもてる力やまた連携協働作業によって、さまざまな危機的状況にも対応している。

リビア難民と受け入れ家族支援のための「国境なき心」プロジェクトのポスター

　また革命後には、起業支援を専門とするＮＧＯや社会的企業として少額融資や起業に向けての助言や指導をする会社も現れており、それらには表7-4に示したようなものがある。

チュニジア・一村一品プロジェクト

　革命後、チュニジアの経済が疲弊するなか、エンダではまたマイクロクレジット融資に加えて、そのプログラムを

表 7-4　起業支援や少額融資を専門とする NGO や社会的企業

団体組織の名称	団体の分類：活動目的と内容
CEED Tunisia www.ceed-global.org/tunisia	NGO: 環境に配慮した新世代の企業家の育成、起業支援、事業の改善・拡大の支援、地域開発支援
Direct Aid Tel: 31 401 772	NGO: 農村の女性と児童を対象とした開発支援、衛生教育、職業訓練と少額融資を合わせた活動
Injaz Tunisia www.injaz-tunisie.org	国際 NGO：チュニジア支部 2010 年設立、大学や企業と連携し、企業文化と起業精神を普及
MICROCRED www.microcredtunisie.tn	金融会社：2014 年 11 月融資開始、金融サービスから排除されてきた人々を対象とした融資と起業支援
Taysir www.taysirmicrofinance.com	マイクロファイナンス機関：主に大卒失業者や女性、地方の貧困層への少額融資と起業支援と拡大支援
Advance tel: 70 066 990	マイクロファイナンス機関：8 か国で業務を行っている組織の支部。起業と事業拡大を少額融資で支援
Jasmin Business Center www.jasmin-business-center.com	金融コンサルティング会社：特に若者の起業に向けた法、税務、物資、情報面での支援
Yunus Social Business www.ibda.tn	社会的企業：M. ユヌスのノーベル平和賞を機に設立された国際企業。BAD の融資で社会的起業を支援
Intilaq www.intilaq.tn	社会的企業：ITC 分野の技術的ハブとして、特に若年層の ITC 分野の起業支援、技術と金融面の支援
CONNECT www.connect.org.tn	社会的企業：カタール友好基金による起業のための指導・着想・機会の提供、起業支援と連携
Tunisie Croissance www.qff.tn/partners/crossance	金融機関：小企業の戦略的成長に向けた金融連携支援と国内外の販路拡大への支援、中小企業との連携
Reseauentreprendre Tunisie www.reseau-entreprendre-tunis.org	中小企業連合：1986 年設立、地域の企業家による起業希望者へ助言や支援、事業拡大に向けた連携

（出典：現地調査をもとに筆者作成）

地域開発へと繋げていく手法として、日本の一村一品のアイディアを援用した「チュニジア版の一村一品」にも取り組み始めている。

二〇一四年一〇月には、エンダのエスマ・ベンハミーダ女史とその夫で共同代表を務めるマイケル・クラックネル氏と元在日チュニジア大使のサーリフ・ハンナーシー氏が来日し、大分県の「NPO法人大分一村一品国際交流推進協会」を訪問し、そこでの講習会に参加し、また実際に幾つかの一村一品の事業をしている地元の生産者や工場などを視察した。東京では、JICAの本部を訪問して、一村一品のプロジェクトの海外での展開についても情報を得たほか、ハミーダ女史はその後、JICAによる一村一品運動が実施されているセネガルへも視察に訪れている。

マイクロクレジットは、個人の起業や事業の拡大などに貢献しているが、それをさらに地域開発へと繋げ、特にチュニジアの地域格差を少しでも是正していく手法として、チュニジア版の一村一品プロジェクトは十分な可能性をもつとして、その専門グループも立ち上げて、各地の特産物を発掘する調査研究も進めている。エンダの研究班では、特にその地域特有の生産物を商品化することを奨励し、政府が定めた法（la loi 99-57）に従い、一定の品質や基準を満たしたものにラベルを発行することも始めている［Ouesleti 2014］。図7-11は、そうした各地の良質原材料や特産品を示すラベルであるが、その担当責任者のウスラーティ氏は、こうした特産品をさらに増

図7-11　上は「良質原材料生産地の表示ラベル」、下は「特産品生産地の表示ラベル」

やしていきたいと意気込みを話していた。

また「一村一品」と言う名称とはすぐに関わらないが、すでにこうしたアイディアを持って、主に民芸品や工芸品の販売を促進している企業家もいる。ブルギバ大統領夫人、ワシーラ夫人の娘、大統領の義理の娘であるハージル・ブルギバさんは、シーディ・ブーサイードの町で、こうした民芸品を扱うブティークを経営しており、一村一品について、次のように話していた。


〈聞き取り〉チュニジア各地の伝統民芸品の紹介と販売

チュニジアには、まさにあなたが今お話しされたような日本の「一村一品」に相当するものが、各地にありますよ。私は、「一村一品」というふうには呼びませんが、そうした各地の固有の伝統に基づく民芸品などをこうして集めて、ここに展示し、販売しています。ただ、伝統的なものをそのまま生産・販売するだけでなく、そうした伝統を踏まえて、またどのように新しいものを作り出していくのか、そうしたことにも力を入れています。これを見て下さい。これは土器で有名なセジュナーンのものです。単に伝統的なものを作り続けるのではなく、それらをいかに現代に合ったものにしていくのか、そこにどんな新しい付加価値をつけていくのか、それが大切だと思っています。

革命については、私はチュニジア人のなかでも、きっとそれを最も喜んだ一人だったでしょうね。二〇一一年一月一四日のデモには私も参加して、そこでデガージュと叫んでいた一人です。ベンアリーは、経済のグローバル化のなかで、チュニジアが生き残るために一握りの一族だけが膨大な富を得て、他のほとんどの人々は貧しい生活を強いられるような政策を行いました。

私の父、ブルギバは本当にチュニジア国民のことを考えていました。ですから、まず国民に教育を授けたのです。資源の乏しいこの小さな国で生きていくためには、教育がとても重要だということを知っていたからです。それか

民芸品ブティークを経営するブルギバ大統領の義理の娘ハージル・ブルギバさん（2015年10月）

セジュナーンの伝統民芸品と現代風にアレンジされた作品

ら、この国をまとめていくために、みんながチュニジア国民と言う意識をもつことを重視していました。ですから、ブルギバは部族主義や地域主義には反対していました。しかし、各地に豊かな伝統があるということは尊重していましたよ。ですから、私は、そうした小さな国の各地の豊かな伝統文化、それをこうしたかたちで守りながら、さらに新しい付加価値をもったものなどを展示しながら、紹介していきたいと考えて働いています（ハージル・ブルギバ、女性五〇代、シーディ・ブーサイードの自営ブティークにて、二〇一五年一〇月五日）。

革命後も失業率は高止まり、特に高学歴者のそれは深刻さを増し、新政権になってからはテロの脅威が観光産業への壊滅的打撃となり、経済の立て直しは治安回復とともに、目下最優先の課題となっている。世界銀行も、チュニジアの経済状況について、二〇一四年には、『未完の革命：全てのチュニジア人に機会と良い仕事とより多くの富をもたらすこと』と題した報告書を刊行している［World Bank 2014］。そのなかでも指摘されていることが、経済的な地域間格差の問題であり、こうした格差是正の上でも、各地の特産品や地域固有の民芸品などの生産販売促進は、確かにその有効な手段の一つになるものと考えられる。

第4節　マイノリティの権利要求・差別反対運動

革命後におけるマイノリティ集団の再活性化

革命後、その理念である自由と公正と尊厳を求める動きのなかで、それまでマイノリティとして自らの権利を声高に主張することのできなかった人々やまた人権侵害の被害者たちも公に声を上げるようになってきている。

「チュニジア人権擁護連盟（ＬＴＤＨ）」は、アフリカ諸国とアラブ世界では最も古い人権団体で、一九七六年にリベラル派の活動家らによって結成された。ＬＴＤＨは翌一九七七年に正式な認可を受けて、一九八〇年代後半には四二〇〇人ほどの会員を擁して活動していたとされている。一九八九年にはモンセフ・マルズーキーがこの会長に選出されたが、当時、イスラミスト勢力に対する取締りが強化されるなか、一九九二年には結社法が改正されることとなり、全ての結社加盟者にはＲＣＤ党員であることが義務づけられた。そのため、一九九四年にはＬＴＤＨ会長も、マルズーキーから、政府の方針に従うより体制寄りの人物に交代することとなった。その後、ＬＴＤＨはベンアリー体制下で最も厳しい監視を受ける団体組織の一つとなり、会員数は二〇〇八年には三〇〇〇人に減少したとされている。[23]

一方、一九九八年には、マルズーキーやムスタファー・ベンジャアファル、シヘーム・ベンサドリーンなど三〇人ほどが、新たな組織「チュニジア自由全国委員会（CNLT: Conseil National pour les Libertés en Tunisie）」を結成した。ブーバクリーは、ベンアリー時代は一九九八年まではほとんどの反体制的動きは情け容赦なく弾圧され、夥しい数の人々が投獄や拷問の人権侵害を被ってきていたが、このＣＮＬ

Tの設立がその状況を変える一つの転機になったと指摘している［Boubakri 2015］。その理由は、この組織からチュニジアの人権状況についての報告書が刊行されるようになり、またこの組織が「国際人権連盟（FIDH: Fédération Internationale des Ligues des Droits de l'Homme, 1922年設立）」や「ヨーロッパ地中海人権ネットワーク（REMDH: Réseau Euro-Méditerranéen des Droits de l'Homme, 1997年設立）」に加盟して、それらと連携した活動を展開するようになったからであった。すなわち、人権活動においてもトランスナショナルな連携が大きな効果をもたらすこととなったのである。

そして反体制的政治家や野党に対しての脅迫や迫害などの人権侵害が続くなかで、二〇〇五年には多様なイデオロギーをもつ政治家、極左からイスラミストに至る活動家たちが合流し、「一〇月一八日運動」と呼ばれる民主化を要求するハンガーストライキを実施したことは、既述のとおりである。

世界拷問廃止協会チュニジア支部にて（2015年3月）

拷問経験者や自殺願望者へのカウンセリング・ボランティアをしている精神科医（2015年5月）

また革命後には、こうした人権団体が、第2章で述べた軍人の「バラックト・サーヘル事件」の犠牲者たちの名誉回復運動を連携して支援したり、また拷問廃止の活動、さらに拷問経験者たちの心身のケアやリハビリテーション・カウンセリング活動を行っている「チュニジア拷問反対協会（ALTT: Association de Lutte contre la

Torture en Tunisie)」「チュニジア自由人権尊重委員会（CRLDHT: Comité pour le Respect des Libertés et des Droits de l'Hommes en Tunisie)」などのＮＧＯとも協力した活動を行っている。このＡＬＴＴとＣＲＬＤＨＴは、革命以前から拷問経験者たちからの証言を集め、拷問廃止に向けての報告書とまた陳情を政府に対しても行ってきた団体である［ALTT et CRLDHT 2008］。

またトロイカ体制末期、二〇一三年一二月一四日に政府が、四年の任期で設置した「真実尊厳機構（IVD: L'Instance de la Vérité et de la Dignité)」の構成員にも、人権擁護団体と人権被害者支援団体からメンバーが二人ずつ参加することとなっている［Dermech 2014］[24]。この機関は一九五五年七月一日から二〇一三年一二月三一日までのあいだの人権侵害に対して、その被害者に賠償をするための委員会組織で、こうした機関が革命後に政府によって設置されたことは特筆に値することだろう。二〇一五年一二月一四日の時点で、二万二〇〇〇の書類の提出があったとされている。[25]

ただし、これらの活動や運動は、主に政治的活動や宗教的イデオロギーを理由に人権侵害の被害を受けた人々への支援や、また政治犯釈放を求めることが主であり、文化的なマイノリティの権利擁護やそうした人々への差別反対という動きにはこれまであまり結びついてこなかった。

そしてこうした民族的人種的マイノリティの状況に大きな変化がもたらされたのが、まさにチュニジア革命を機にしてであった。プゥセルは、チュニジアが「まとまりのある均質的な社会」というイデオロギーは、独裁体制を支える装置としてあったもので、社会科学の分野でさえ、それがまかり通っていたとする［Pouessel 2012］。「複数のチュニジア」とは、過去との関わりにおいてのみ語られるもので、「ユダヤ教徒や西欧人や奴隷起源の少数の黒人たちもいるモザイク社会」とか、「カルタゴ人に始まり、ローマ人、アラブ人、トルコ人の混合」「地中海的異種混交」などという非政治的な言説が、すなわち異種混交的歴史の名を借りて、均質な現在、分裂することのない統合的な国家を表すためのレトリックとして使われてきたと述べている［Pouessel 2012:145］。地域性の強いものがみられるとすれば、それは観光客向けのフォークロア化された先住民の「ベルベル人」[26]（自称はアマズィーグ）で、人種に関する研究などは国内ではほとんど為されることはなく、それが為されるのは、専ら国外においてであったと指摘している［Ibid］。

そうした状況を大きく変化させたのが、チュニジア革命であり、革命後には主に三つの動き、①チュニジアのユダヤ教徒、②黒人のチュニジア人、そして③アマズィーグの人々による権利要求運動がみられるようになったとしている。①のユダヤ教徒については、革命直後、二〇一一年二月には「チュニジア・ユダヤ協会（Association Judéo-Tunisienne）」が結成されたとしている。ユダヤ教徒のチュニジア人たちは、ベンアリー時代の「宗教間対話の地―チュニジア」の会議に協力していたこともあり、イスラミスト勢力に対抗するために、宗教間対話の路線継続、民主主義的価値に合った多様性への開放性や寛容性を示す運動を開始し、またチュニジアにおけるユダヤ教徒の文化が衰退してきていることに対して、同年二月二八日には、ラグレットに「記憶の館（Dār El Dhikra）」というNGOを開設し、自分たちの歴史や伝統を記録するという運動を開始しているとしている［Pouessel 2012: 151-52］。こうした新設NGOはまた、二〇一二年八月にイスラエルのテルアヴィヴで開催された「チュニジア・ユダヤ人世界連盟（Fédération Mondiale Judéo-Tunisienne）」の会合に参加し、それに加盟することで、イスラエル各地にあるチュニジア系ユダヤ教徒のNGOとも連携するという、トランスナショナルな動きを展開しているとされ、やはりこうした国際的なネットワークを構築している点が注目される。[27]

なお、上記のアマズィーグの人々と黒人のマイノリティの人々に関わるNGOの活動については、NGOの活動現場を訪れた折の聞き取り調査をもとに、以下ではアマズィーグの人々の言語文化復興運動と、黒人の人々の差別反対運動を紹介する。そして最後に、これは現地メディア資料に基づくものであるが、最近公認されたＬＧＢＴへの偏見差別・刑罰化反対運動を行っているＮＧＯの事例を取り上げ、革命後の新しい市民社会運動の動向をそれぞれ紹介してみたい。

アマズィーグの文化復興運動

二〇一二年の夏、チュニジア南部での調査中、筆者はたまたま立ち寄ったトズールの土産物屋で、先住民アマズィーグの人々の文化復興の動きについて、初めて知ることとなった。その店の主人の話に、筆者は非常に驚くことになった。彼は、アルジェリア国境に近いルダイフの町の出身で、革命後、自らアマズィーグであることを公言できるようになったといい、家庭では母語のアマズィーグ語の一方言であるシルハを話してきたこと、妻は自分よりもその言語を上手く話すこと、そして本来の自らの姓はルズグ・シュライティ（Ruzug al-Shuraiti）であるが、一九七二年、ブルギバの政策で、アマズィーグの姓を名乗ることを禁止され、一族全員が、その姓をアラブ人名のベン・アブダッラーに変えられることになったという話を聞くこととなったからである[28]。

〈聞き取り〉

私は、一九七〇年にルダイフ地区にあるアルガラという小さな村に生まれました。家族やその集落ではアマズィーグの一方言シルハを話していましたが、小学校ではアラビア語で教育を受けました。学校に通い始めた頃はアラビア語がよく分からなくて、しかし学校で母語のシルハを話すと、先生からひどく叱られたので、外ではそれを話さないようになりました。一族の姓も、アマズィーグの姓からアラビア語の姓ベン・アブダッラーに変えるように強いられました。それは、一九七二年のことです。私たちの部族は、ムムーシといい、カスリーンやアルジェリアのテベッサにも同族がいて、私の父や叔父たちは、毎年八月初めにテベッサで開かれる聖者祭にはよく行っていたものです。その時には一族がみな集まることになっていたからです。私も子供の頃、一緒に行ったことがありました。ただ、革命以前は、自分がベルベルだとか、アマズィーグだとか、そんなことを言うことは全く許されませんでした。それはほとんどタブーでした。ですから、チュニジア人は、たいていベルベルというと、マトマタとかジェニニにいるものと思っていますが、実際には、タマルザやルダイフ、カスリーン、ジェルバなど、チュニジア各地にいるのです。革命後、自分たちがムスリムではあっても、アラブではなく、アマズィーグであること、政治的独立ではなく、その文化伝統の復興、特に言語教育などを推進していこうとするNGOも生まれて、今、活動を始めていますよ。これも本当に革命のおかげなのです（トズールの土産物屋の主人、男性、四二歳、土産物屋にて、二〇一二年八月二七日）。

筆者は、チュニジアの先住民アマズィーグの人々と言えば、ガベス県マトマタ周辺などにまとまって分布しているものと考えていたことから、この話には非常に驚くこととなり、一般のチュニジア人や研究者にもこの話をしてみたところ、彼らのほとんどが「ベルベル人」とは南部の一地方にのみ残存する先住民だと認識し理解していた。

それから、二〇一三年三月にも南部タマルザの「ベルベル」の集落を訪れた。また二〇一五年二月に「チュニジア・アマズィーグ文化協会」の会長ガーキー・ジャルール（Ghaki Jaloul）氏や副会長のムハンマド・ハルファッラ（Muhamed Khalfallah）氏に出会う機会に恵まれ、また六月にもアマズィーグ語教室などを訪れ、聞き取り調査などをさせて頂いた。以下は、その折の聞き取りの一部であるが、これらは革命後初めて明らかにされるようになったチュニジアのアマズィーグの人々についての情報である。革命後の彼らの活動の意図などを知るため、やや長くなるが紹介してみたい。

NGO アマズィーグ文化協会の人々の集まり（2015 年 3 月）

週末のアマズィーグ語学習クラスの風景（2015 年 6 月）

アマズィーグ語のティフナグ文字

アマズィーグ語の教科書（モロッコ製）

〈聞き取り〉

「チュニジア・アマズィーグ文化協会（ATCA: Association Tunisienne de la Culture Amazigh）」が公式に市民団体としての認可を得たのは、二〇一一年七月三〇日のことで、その時の会長はチュニス大学の女子学生八ディージャ・ベンサイダーンで、私は副会長でした。革命では若者たちが大活躍しましたし、私は若い人たちがこうした団体組織で活発に活動していくことは素晴らしいことだと考えています。その後に、選挙で私が会長になりました。私たちの協会は、アマズィーグの政治的分離独立などを要求するものではなく、団体の名前のとおり、文化的活動を目的としたものです。チュニジアのアマズィーグ文化遺産の価値の認識、それを国内外で知ってもらうこと、また各国にいるアマズィーグの人々と広く連携を図っていくことです。アマズィーグの人々はさまざまな方言を各地で話していますが、それでも意志の疎通は可能です。まず私たちは、話す人々が少なくなってきているアマズィーグの言語を是非とも継承していかなくてはならないと考えているので、すでにその教室を開設しました。毎週土曜日の午後二時から四時まで授業をしています。教材はモロッコのアマズィーグ協会が制作した教科書を使用しています。われわれの協会は財政的に豊かではないのですが、篤志家の女性が自宅の一階スペースを全てこの協会のために無料で貸してくれているので、そこを事務所と教室にあてて使用しています。現在、二〇人くらいが学んでいます。

それから、私たちはまだまだこの国のアマズィーグの歴史や文化についても調査や研究をしていかなくてはなりません。私たちの普段の生活のなかにも、沢山のアマズィーグ起源のものがあります。クスクスやベルクークシュやオスベーンといった料理の名前は、みなアマズィーグ語起源のものですし、地名にもそうしたものが沢山あります。歌や昔話なども、古老たちが亡くならないうちにそうしたものを記録に残さなくてはならないと考えています。やらなくてはならないことは本当に沢山あります。もちろん、私たちはそれをこの協会だけでやろうとするのではなく、例えば、世界アマズィーグ会議などの組織とも連携して進めていこうと考えています。今年のその会議は、七月にモロッコのアガディールで開催される予定になっています（チュニジア・アマズィーグ文化協会ガーキー・ジャルール会長、男性、公務員、五〇代後半、ＮＧＯの事務所にて、二〇一五年六月一三日）。

〈聞き取り〉

革命前は、アマズィーグのことを話題にするということは全くのタブーでした。アマズィーグの権利を主張する動きは、国家統合を揺るがすことだと危険視されていましたから。一九七〇年代に、アマズィーグの名前をつけたある音楽グループが、アラビア語で歌を歌っていたにも関わらず、活動を禁止されたりもしていたほどです。

ブルギバ時代には、教育でもチュニジアの歴史では先住民アマズィーグについてはほとんど教えられず、また経済政策も全く同じで、アマズィーグが分布している地域や山岳地帯にはほとんど何の開発政策も実施されてきませんでした。しかし、そのためにむしろアマズィーグの人々は、その固有のアイデンティティを保持していくことにもなりました。

一方で国家は、われわれの伝統文化を「ベルベルの文化」として、観光客を呼び込むために利用していました。私たちは国家にそのように扱われることには実際には反発していたのです。しかし、こうした状況が、チュニジア革命と、そして特にリビアでの革命によって一変することになったのです。

特にリビアではアマズィーグの人々はカダフィー体制への反体制勢力として闘っていましたが、内戦が激化するなかで、その一部の人々がチュニジア南部のアマズィーグの集落へと避難してきたのです。それによって、チュニジアのアマズィーグとリビアのアマズィーグの人々のあいだに大きな交流が生まれることになったのです。

革命の後、私たちはチュニジア・アマズィーグ文化協会という団体を創りました。現在、その他にも地域的なアマズィーグ協会が八つあります。革命後の早い段階で団体を公認してもらったことはとても幸いでした。ナフダ党政権下だったら、その認可はもらえなかったと思います。彼らは、アラブとイスラームということを強調するからです。

ただ指摘しておきたいことは、私たちは国家統一を揺るがし、分離独立を要求するというような意図は全くもっておらず、単にアマズィーグの文化や言語の存在や、私たちがアマズィーグのアイデンティティをもつことを政府が公認することを求めているということです。われわれは孤立主義者ではありません。アラビア語にも開かれていますし、もちろん私たちもムスリムです。多様な文化を尊重する統一国家のなかで生きていくことを望んでいますし、そもそも私たちのルーツは、このチュニジアの大地にあるのです。

アマズィーグ語の話者に関しては、チュニジアのそれは、モロッコやアルジェリアと比べると大変に少なく、全部でも二五万人くらいです。その人口は主に南部に集中していて、ジェルバにはゲラーラ、マフブービーン、エルメイ、セドギアーン、アジム、セドウイケッシュの町に、アマズィーグ語を話す人々が暮らしています。その他、ガベス県のマトマタやタウジュート、ゼラワ、タメゼット、タタウィーン県のシュニニ、ドウイレット、また内陸部のガフサ県のマジューナ、スネッドやサケット、さらにカスリーン県のテーラやスリアナ県のマクタールにも住んでいます。

私たちは、協会を設立し活動を始めても、相変わらず、メディアからは締め出されていると感じています。例えば、二〇一三年一月一三日に、私たちはチュニジアの独立後の歴史で、初めて、アマズィーグの新年の祭りを祝ったのです。しかしメディアは、それを一切取り上げませんでした。私たちも、予算がないので、そうしたことをもっとアピールするようなこともできずじまいでした。それでも、これからはカナリー諸島にもいるアマズィーグの人々までも含めて、北アフリカの他国の同胞たちとともに活動をしていこうと考えています。

特にモロッコでのアマズィーグの活動は、北アフリカ諸国のなかで一番進んでいて、私たちにとり、とても参考になっています。というのは、モロッコでは二〇一一年憲法で、アマズィーグの言語を、アラビア語と並んで国語と認めたからです。チュニジアのアマズィーグの活動は、まだまだ、モロッコの一九七〇年代頃の活動状況と言えるでしょうが、遅れを取り戻すように活動していく積りです（チュニジア・アマズィーグ文化協会副会長、ムハンマド・ハルファッラ、歴史文書館勤務、五〇代後半、ホテルのロビーで、二〇一五年三月八日)。

こうしたアマズィーグ文化協会の活動に加えて、二〇一五年九月には、「チュニジア・アマズィーグ女性協会(Association Tunisienne de la Femme Amazighe)」という女性団体も設立され、チュニスのメディナにあるターハル・ハッダード文化クラブで記者会見があったとされる。そのヌール・バズ会長によると、アマズィーグ文化のなかでも、特に女性によって継承されてきた料理や工芸品の伝統技術が、衰退のなかにあり、それを継承していくことは重要と考え、協会を設立したと述べている。[29]

以上のように、革命後の自由や人権保護の高まりのなかで、それまで声を上げることができなかった少数民族の人々の新しい動きが現在、見られるようになってきている。そしてこのことは、革命後の民主化の重要な側面であり、またそれを支えている市民社会のこれらの活動も革命以前と以後との違いを象徴しており、注目に値するものがあるだろう。

反人種主義団体「ムネムティ」

チュニジアでは一般的に人種主義や差別はないとはされているが、同国の黒人の人々の認識は大きく異なっている。事実、黒人のそのほとんどの人々が自らの肌の色に基づく差別や偏見を経験したことがあると考えている。

革命の直後、早くも二〇一一年一月二三日に、そうした反人種主義の団体、「私の夢」を意味する「ムネムティ(Mnemty)」というNGOが立ち上げられた。その団体の創設者は、チュニス航空のスチュワーデスとして三〇年間、勤務してきたサアディーヤ・ムスバフ(Saadia Musbah)さんで、革命以前にもN

GOを設立しようとしたが、当局からそうした人種差別は同国にはないと否定され、認められなかったとしている。ムスバフ代表は、チュニジアの黒人の多くが、何らかの差別の経験をしているにも関わらず、そうした差別や偏見がないと否定する意識から、まず変えていかなくてはならないと考え、革命後、直ちに人種差別撤廃に向けた団体を設立したとしている。

この団体について筆者が知ることになったのは、二〇一五年三月八日の「世界女性の日」のデモにこの団体も参加していたことからである。以下は、その後、このNGOの事務所を訪ねて、ムスバフ代表やスタッフの方々から聞き取りをした内容を紹介してみたい。

〈聞き取り〉

私の父方の先祖は、マリのトンブクトゥの出身で、チュニジアに連れてこられた後、南部ガベス近くの町トゥブルブ（Touboulbou）で長く暮らしていましたが、私自身はチュニスの庶民街バーブ・スウィーカ（Bab Souika / Bab Suiqa）で生まれました。

反人種差別NGO「私の夢」のサアディーヤ・ムスバフ代表（2015年6月）

肌の色が黒いということで、通りを歩いている時に奴隷を意味する「アビード（'abid）」とか「ウシーフ（wusif）」という言葉を浴びせられるという経験は、チュニジアに住む黒人であれば、必ずあるはずです。私は一所懸命勉強して、国営航空会社チュニス・エアーに就職しましたが、スチュワーデスとして働くなかでも、人種差別の経験はありました。例えば、私は長く勤務してきたので、今はキャビン長（Chef de cabine）をしていますが、若い同僚から奴隷の下で働くことはできないと言われ、同じフライトでの勤務を拒否されたことがありました。乗客からも、私がタラップで出迎えると、「これは本当にチュニス行き?」と尋ねられたりすることもあります。私が憤りを感じるのは、こうしたことをほとんどの黒人が経験しているのに、そうした人種差別はこの国にはないとそれを否定することなのです。幼稚園などでも、アラブ人の女の子が黒人の男の子と遊ぼうとすると、母親が「黒人の子とは遊んではだめよ」などと言うのです。多様な人々と共存していくという意識は子供の頃からの教育が大切であるにもかかわらず、こうしたことが頻繁に起きているのです。

それで、こうした問題を多くの人々に意識化してもらえるように、運動を開始しました。そして差別のない社会で生きていくという夢を託して、「ムネムティ（Mnemty：「私の夢」の意）」という協会を立ち上げました。その日も、一月二三日という一八四六年に奴隷制が廃止された月日に合わせました。そして二〇一二年の「奴隷制廃止の日」を記念したその集会では、「一八四六を知っている?（Sais-tu 1846? / Ta'rifsh 1846?）」という問いを投げかけました。この一八四六年という年は、チュニジアで奴隷制度が廃止された年だからです。[30] こうしたことが、十分、学校教育でも教えられていないのです。世界史的にみても、アメリカよりも早い時期に廃止されたにもかかわらず、それを知らない人が多いのです。こうしたことから、まず運動を開始していきたいと考えました。そして議会や政府のメンバーにも、どんどん黒人を増やしていけるようにしたいと願っています（ＮＧＯムネムティの代表、サアディーヤ・モスバフさん　女性、五〇代半ば、ＮＧＯ事務所で、二〇一五年六月一六日）。

〈聞き取り〉

ジェルバには、今でも奴隷の墓（jabāna al-'abīd）という墓地があるんですよ。ジェルバでは、奴隷制が廃止されてからも、労働力として黒人が奴隷のように使われてきたので、その名残りがこうした墓地にも残っているのです。またメドニーン県ゴスバという村では、今でもワーディ（wādī 涸れ川）を挟んで、白人[31]地区と黒人地区に分かれていて、双方は混住もしませんし、通婚もしないのです。白人（アラブ人）と黒人が結婚する例が稀にあるようですが、家族が反対することが多く、まだまだ人種差別が残っています。双方の家族が結婚式のあとで、対立や衝突することもないわけではありません。今でも、スクールバスを白人の子供たちと黒人の子どもたちで分けている例すらみられるのです。

　テレビ番組を見ても、おわかりのとおり、黒人のアナウンサーなどは決して出てきませんよ。この国には確かに黒い肌の人もいるのに…。私たちは、こうしたことを指摘しながら、少しずつそうした偏見に気づいてもらい、差別をなくしていきたいと考えているのです（NGOムネムティのスタッフ、女性、五〇代、NGO事務所で、二〇一五年六月一六日）。

　ムネムティの事務所で出会ったのは黒人のスタッフたちだけであったが、このNGOのメンバーにはアラブ人もいるとのことで、この団体はあらゆる偏見や差別に反対する人びとに開かれているものということであった。

LGBTへの差別反対のNGOシャムス

チュニジアでは、二〇一五年五月一八日、「世界同性愛・トランスジェンダー差別反対の日」に合わせて、首都のチュニスに本部をもつ「シャムス（Shams）」という「太陽」を意味するNGOが公認された。これは、同国初の同性愛者への差別偏見に反対する団体で、またその刑罰化の廃止も訴える運動を目的とし

2015年3月8日「世界女性の日」にブルギバ通りでのパレードに参加するさまざまな市民団体（2015年3月8日）

ている［Boukhayatia 2015］[32]。チュニジア革命後、秘密裏に活動を進めてきたが、設立がこの時期まで遅れたのは、イスラミストの台頭、特に暴力的で過激なジハーディストの動向を懸念して、安全を重視していたためとしている。しかし、二〇一五年三月にチュニスで開催された世界社会フォーラムで、虹色の旗をシンボルとした性的マイノリティの権利擁護運動を行っている国際的NGOとの出会いが後押しとなり、そうしたトランスナショナルな連携のなかで、チュニジアにおいても同じ目的の団体創設へと繋がったとしている。この団体設立によって、全ての人々と子供たちが自由に生きていけるようになることを目指しているとされる。特にチュニジアの刑法二三〇条にある、同性愛者に対しての刑罰という規定によって、[33]投獄され苦しんでいる者たちがおり、まずその法の撤廃要求を展開していきたいとしている。

この刑法の撤廃、性的マイノリティの権利擁護活動に対しては、すでにブロガーのリーナ・ベンムヘンニーや民主化NGOのバルサラの代表、大学教授、フェミニスト活動家、また舞台芸術家なども支援を表明している［Ibid］。またザイトゥーナ大学の比較宗教学のサルワ・グリーサ教授が代表を務める、ビザルトに本部をもつＮＧＯ「差異の権利促進チュニジア協会（ATODD: Association Tunisienne pour le Promotion du Droit à la Différence）」も、シングルマザーや性的マイノリティへの偏見差別と闘い、多様性や差異の尊重に向けた活動を行っている。なお、性的マイノリティの権利を訴えているＮＧＯには、「ケルムティ（Kelmty:「私の言葉」の意）」という他の団体もあるとされている。

しかし、シャムスは認可を得て活動開始してから間もなく、その名称をより明確に「同性愛者権利擁護のためのシャムス協会（Association Shams pour la Défense des Droits des Homosexuels）」と改称したことから、論議を呼ぶこととなり、特に共和国ムフティからの反対意見もあり、政府からの認可が一旦留保されることともなっている。ムフティは、シャムスの団体が擁護しようとしている権利が、聖典『コーラン』で言及されている、男色が民を滅ぼすこととなった反倫理的行為であるとして、イスラームの価値、ムスリムの倫理、チュニジア社会の原理に抵触するものであると判断するとしている。そのため、政府当局に対して、この団体の認可に対しては再検討を要するとしていた[34]。こうして、性的マイノリティの権利については、

NGO 主催の地域リーダー養成講座（2015 年 10 月）

NGO「差異の権利促進チュニジア協会」の代表・グリーサ教授（左）とそのメンバー（2015 年 10 月）

それを支持する知識人や人権擁護活動家がいる一方で、主に宗教的指導者などからはそれに反対する動きがみられる。

二〇一五年一二月現在、このNGOシャムスは未だ認可取り消しとはなっていない。ただし、一二月初旬に、カイラワーン大学のラッカーダの学生寮で六人が同性愛者として逮捕され、同月一二日にその六人はカイラワーンの裁判所から三年間の禁固刑とこの町への五年間の立入り禁止の判決を言い渡されるという事件があり、これに対して、シャムスは六人の釈放と同性愛者を刑罰化する刑法二三〇条の廃止を求める声明を発表している。[35] また人権擁護活動家らも、この事件を機に、チュニジアでは年間五〇人もの人々が同性愛を理由に逮捕され、しかも未だに一九一三年に制定された一〇〇年以上も前の刑法（Code Pénal）に基づいて、刑罰化されていることを大きく問題視し、司法の在り方を批判している。[36] こうして性的マイノリティの人々の人権をめぐっては、チュニジア社会のなかでもそれを擁護する人々とあくまでの宗教的規範や既存の刑法に基づいて判断しようとする人々のあいだの溝は小さくなく、合意形成にはまだ時間がかかることが予想される。

終　章　チュニジア革命の意義と今後の展望

二〇一五年一二月一七日、チュニジア革命の始まりから五年目を迎えたシーディ・ブーズィードの町では、その「自由と尊厳の革命」を記念する式典が開催された。紆余曲折を経つつも、二〇一四年一月には新憲法を制定し、そして二〇一五年二月には自由選挙に基づく新政権を発足させ、革命のその第一義的目標を達成し、二〇一六年には地方議会選挙の実施を控えるところまで歩みを進めてきた。この式典には、文化遺産保存省のラティーファ・アハダル大臣が出席し、この町に建てられた音楽学院と公立図書館の落成式が行われたほか、この折にはまた革命博物館の起工式も執り行われた。歴史学者でもあるアハダル大臣は、革命博物館について、「有形無形の遺産を展示することになるこの博物館は、未来の世代に集団的記憶を継承していく象徴的な場所になるだろう」と述べたとされている。[1]

そのチュニジア革命について、「全てのチュニジア人が、革命の活動家であった。そこにはリーダーはおらず、全ての人々が、それぞれのやり方でリーダーであった」と記したのは、二〇一一年にノーベル平和賞候補となった若き女性ブロガー、リーナ・ベンムヘンニーであった［Ben Mhenni 2011: 4］。経済学者のモンセフ・グエンも、「チュニジア革命には、確かに一九八〇年代のポーランドにおけるワレサのような[2]リーダーはいなかった」と述べており［Guen 2013: 243］、また政治社会学者のモハンマド・ケルーもチュニジア革命を「リーダーなき革命 révolution sans leaders」と記している[Kerrou 2014][3]。その意味では、チュニジア革命は多くの市民による参加型で達成された、まさに文字通りの市民革命であったと捉えられるだろう。イヤード・ベンアシュールはまた、「革命」とは、反乱（révolte）や蜂起（insurrection）や反逆（rébellion）とは異なり、その国民の長期にわたる未来設計図に歴史的な影響を及ぼすという特性をもつものである、と記している［Ben Achour 2012: 3］。

本書は、チュニジア革命とその後の民主化が、どのような背景や要因のもとに、どのように始まり、そしてどのような展開過程を辿ったのかを、文献研究とまた文化人類学的現地調査による観察記録や多くの人々からの聞き取り資料に基づいて、プロセス・ドキュメンテーションの手法を用いて記述したものである。革命期とその後の五年余りの民主化の過程とは、まさに市民参加型での一つの壮大な社会開発プロジェクトとも捉えられるようなものであった。そして、それは、「序章」においても述べたように、実際には政治的・経済的・社会的・宗教文化的なさまざまな分野の事象が関わり合って展開しているという意味で複合的多面的現象であり、またさまざまな利害関係者がそれぞれ主張し抗議し論戦を張るという点では多声的であり、多様な地理的空間で同時並行的にあるいは同時多発的に多くの現象が展開しているという意味では多所的でもある。そして個々の人々の行動や活動が、ある地域社会や諸団体組織やさらには政府やその公的機関やまた国際的団体やそのネットワークとも結びつき、その相互作用のなかにあるという意味では、ミクロとメゾとマクロという多元的な現象でもある。したがって、本書においてプロセス・ドキュメンテーションとして記述し得たことは、当然ながら、そのうちのごくほんの一部にしか過ぎない。

しかしながら、個別的部分的な事例ではあっても、それらをプロセス・ドキュメンテーションという手法を用いて、一つの時間軸に乗せて描くことで、ミクロの事例を革命の推移やその後の民主化過程という、メゾやマクロのレベルでの動向とも関連づけて、それを多角的に複眼的に把握し理解するようにと試みた。またチュニジア革命は、「リーダーなき革命」であったがゆえに、そこには予め用意された明確な設計図、ブループリントは存在せず、自由や公正、尊厳や労働の権利が尊重される社会の構築を目指しはしたが、その手法や手続きに関しては、それぞれの利害関係勢力が多様な主張やイデオロギーをかざして論争し、せめぎ合うこととともなった。本書では、そのさまざまな主義主張、対立や抗争、対話や論争、譲歩や妥協も含めて描くことを試みた。

本書のまとめ

ここで一応、本書の内容を簡単にまとめておくことにしたい。

まず第1章においては、革命が起こった背景や要因を把握するために、「『二つのチュニジア』と革命の背景」と題して、まず独立以降の政府開発政策がサーヘル地域を中心とした沿岸部偏重主義であったことが、地域間の社会経済格差を招いてきたことについて述べた。またベンアリー体制のネポティズムや不正蓄財の実態を具体的な諸事例から明らかにし、そうした不正の隠蔽や権力保持のための警察国家体制、投獄・拷問経験者やその家族からの聞き取り内容の紹介、また革命の予兆としてのガフサ・リン鉱山民衆蜂起事件についても、革命の歴史的背景として記述した。

第2章「チュニジア革命の始まりとベンアリー政権の崩壊」では、具体的に二〇一〇年一二月一七日から二〇一一年一月一四日までの革命が、まず内陸部の町シーディ・ブーズィードでの野菜売りの青年の抗議の焼身自殺と、それを機に地域住民の異議申し立てデモが始まり、それへの当局の武力制圧が逆にその抗議運動を全国各地へと広げることとなった、その多所的展開過程について明らかにした。またその過程にはあらゆる階層や職業、老若男女が参加していき、労働組合や弁護士会などの市民団体も重要な役割を果たしたことについて述べた。そして最終的には、政権内部者と軍との協働もあり、独裁体制の崩壊に至ったことについて、その過程を跡付けた。

また第3章「革命後の民主化移行と制憲議会選挙でのナフダ党勝利」では、まず独裁政権崩壊後、旧政権政党のRCD党員たちが少なからずそのまま残るかたちで発足した臨時政権に対して、シーディ・ブーズィード県の町村から「自由のキャラバン」の抗議運動が起こり、それに続いた「カスバ1」、「カスバ2」の市民の座り込み運動を時系列的にまた多声的に跡付け、M・ガンヌーシー臨時政権からベージー・カーイドエッセブシー臨時政権への移行過程を明らかにした。また革命後の臨時政府下では、法学者ヤッド・ベンアシュールを長とする「革命の目的実現のための高等機構（HIROR）」が設置され、合法的な国家運営が目指された。そして政府と市民とがともに民主化という最上位目標の達成に向けて議論するなかで、当初の大統領選挙の予定は、新憲法の策定のための制憲議会選挙の実施へとその手順が変更されることとなった。そして二〇一一年一〇月のその制憲議会選挙で、イスラミスト政党のナフダ党が第一党となるまでの過程を明らかにした。

第4章「ナフダ党連立トロイカ政権からカルテット仲介の『国民対話』」では、第一党となったが、過半数には満たなかったナフダ党が、世俗主義左派系の他の二党、CPR党とタカットル党との連立を組み、トロイカ体制を発足させたことについて述べた。このトロイカ体制は、世界でも稀と言える、国政の三大ポストの政府主席（旧首相）と共和国大統領と制憲議会議長の座を異なる政党のメンバーで分け合い暫定政権を発足させ、そして一年以内での憲法の起草を目指すものであった。しかしその間、ナフダ党連立政権下でイスラーム過激派勢力が勢いづき、暴力事件や破壊行為が頻発し、さらに新憲法へのシャリーア（イスラーム法）導入や女性の権利をめぐって、イスラミスト勢力とリベラル勢力との対立や論争が巻き起こり、社会が二極化していく事態となった。こうして新憲法の起草作業も遅滞し、経済や治安状況も悪化していった。加えて二〇一三年に入り、二月と七月にはイスラーム政党を批判していた野党議員の暗殺事件が相次いで起こることとなり、チュニジアの民主化は頓挫しかねないという危機的状況に陥った。パルドー議事堂前の広場には、真夏のラマダーン月中であったにも関わらず、数千人の市民らが集まり、ナフダ党政権に退陣を求める座り込みが続けられた。そして革命後のこの最大の危機を前に、二〇一二年からすでに「国民対話」を提唱していた労働組合（UGTT）と人権擁護連盟（LTDH）と全国弁護士会（ONA）に加えて、企業家団体の産業商業手工業連合（UTICA）も参加することとなり、これら四団体で「国民対話カルテット」を結成し、この市民団体が仲介役となって、政権政党と他の全政党に呼びかけ、対話による危機の打開が図られることとなった。この「国民対話カルテット」による調停と支援によって、新憲法草案の完成と新憲法の制定、そしてそれを政治的成果としてナフダ党政権が退陣、無党派テクノクラートのマフディ・ジュムア政権の発足、そして国民代表者議会選挙と大統領選挙までのロードマップが確定されることとなった。

第5章「女性たちの活発な政治社会活動」では、こうした革命期と革命後の民主化過程では、とりわけ女性たちが活発な政治社会活動を繰り広げ、また実際に重要な役割を果たしたことから、それらについて諸事例を挙げて記述した。最初に独立以降の政府の女性政策について述べた後、革命過程での女性のサイバー・アクティヴィストらの活躍や、革命後、アラブ諸国初となる選挙制度へのパリテ法の導入、すなわち比例代表制の選挙立候補者名簿を男女交互拘束名簿制とすることで議員の男女平等化を目指したこと、またCEDAWの留保なしの全面的批准への女性NGOの働きかけ、制憲議会での女性議員の実態、ナフダ党による憲法へのシャリーア導入に対するリベラル派の女性たちの粘り強い反対運動、同じく憲法に男女の補完性を明記することへの反対と男女の完全なる平等要求運動などの過程を跡付けた。また過激なイスラミスト勢力の台頭に対抗し、女性たち自身がその暴力に立ち向かっていったこと、その過程で女性の身体そのものが戦術手段化していったことについて論じた。すなわち女性自身がその身体の所有権を、「私の身体は私のもの、誰の名誉のものでもない」として主張する動きがみられた一方でまた、イスラミストの女性たちの「ジハード・アルニカーフ（結婚の聖戦）」のためのシリア渡航が社会問題となっていったことについても言及した。そしてこうした女性への暴力横行に対して、それへの抗議活動やその被害者救済や支援活動を行ったのもまた、主に女性たちの団体であったことを明らかにした。独立以降、チュニジアの女性の地位向上や権利拡大は、政府の政策によってもたらされてきたが、そしてそれゆえにそれは「国家フェミニズム」とも呼ばれてきたが、本章では、それがチュニジア革命と民主化過程を通じて、まさに「市民フェミニズム」と呼び得るものへと大きく脱皮し変貌を遂げていったことを、プロセス・ドキュメンテーションによって跡付けた。

第6章「新憲法制定と自由選挙に基づく新政権の発足」では、新憲法の制定とその後のテクノクラートのM・ジュムア政権下での過激派イスラミスト勢力の掃討作戦、そして国民代表者議会選挙と共和国大統領選挙とその決選投票という三度の選挙を二〇一四年秋に平和裏に実施し、二〇一五年の二月に新政権が発足したことについて、まず跡付けた。それによって革命の第一義的目標であった政治的民主化を何とか達成したこと、しかし経済的な立て直しが課題となるなか、それへの取り組みが本格化し始めた矢先、二〇一五年三月のバルドー博物館テロ事件、さらに七月のスースのリゾート・ホテルでのテロ事件と、相次いで観光客を狙ったテロ事件が発生し、基幹産業の観光業が大打撃を受けることとなった。さらに同年一一月にもチュニスで大統領警護隊のバスがテロの標的となる事件が起き、今や経済的課題に加え、その前提となる治安回復のために、「テロとの闘い」も同時に進めていかなくてはならない状況にあることを明らかにした。

そして第7章「市民社会の力とトランスナショナルな連帯」では、そうした革命と民主化移行期が、まさに市民たちの主体的な関与に大きく支えられてきたものであることを、市民社会の活動とその役割から検討した。特に革命後の四年間にアソシエーション（NGO）の数が倍増したこと、その実態を統計資料などから明らかにした。また多様な分野で活動しているNGOのなかから、幾つかの具体的事例、特に民主化と関わりのある憲法起草に関わるNGOや、選挙や民主化監視NGO、失業対策や雇用創出に関わるNGO、さらに革命後、初めてそれまでのタブーを破って活動を開始したマイノリティ集団、すなわち先住民のアマズィーグと黒人と性的マイノリティのそれぞれの権利擁護団体の活動を取り上げて、革命後の民主化過程が市民参加型で進行してきている実態やそれがトランスナショナルな連携や連帯のなかで、多元的に展開してきている様相を明らかにした。

チュニジア革命と民主化過程の特徴

以上のようなチュニジア革命と民主化過程についてのプロセス・ドキュメンテーションから、政治的にはある程度、民主化移行に成功したと捉えられるとするならば、その要因やまたその過程でみられた特徴とは、どのようなものであったのか。「アラブの春」のなかにあった多くの国々が、その後、混乱や混迷を深め、凄惨極まりない状況にある国もみられるなかで、「チュニジアは例外」と評されるような道を辿ったとすれば、その理由や民主化過程はどのような特徴をもつものであったのだろうか。

一般的によく指摘されるように、チュニジアは確かに中東諸国のなかでは国土が比較的小さく、また古くから統合が進んできた国家ではある。民族的にも先住民アマズィーグと呼ばれる人々の割合はアルジェリアやモロッコよりはるかに少ない一〜二％であり、イスラームの一宗派イバード派やユダヤ教徒やキリスト教徒も存在するものの、スンナ派イスラームの人々が九八％を占め、チュニジア人としての帰属意識が広く浸透していることなどが挙げられる。こうしたことが、国家を大きく分断する火種が少なかったことや、革命後の民主化移行過程の成功とも確かに無関係ではなかったものと考えられる。ただし、以下ではこうした所与の条件や背景に加えて、特にチュニジアの革命後の民主化過程でみられた特徴について、幾つかの点を指摘しておきたい。

まず一点目として、革命後の状況として、国家の合法的存続が挙げられる。チュニジアの場合、隣国のリビアなどとは異なり、旧政権は崩壊したが、国家は崩壊せず、国家としての枠組みが合法的に存続していった。ベンアリー出国の後、直ちに一九五九年憲法の五六条に則り、首相が大統領の代行者となったが、翌日には憲法五七条に則り、下院議会議長が臨時大統領に就任してベンアリー元大統領の復職の可能性を完全に閉ざすこととなった。その後の民主化移行期においても、早い段階で「革命の目的実現のための高等機構（ＨＩＲＯＲ）」が設置され、これが多様な勢力を統合・仲介しつつ重要な役割を果たし、民主化に向けた主要な法改正を進め、あくまでも合法的に民主化移行を進めていった。さらに当初予定されていたように、一気に大統領選挙へとは進まず、まず民主主義国家の根幹となる新憲法を制定することに照準を合わせ、そのために制憲議会選挙を先に実施し、新憲法制定の後に議会選挙、そして大統領選挙という手順を踏んだことである。仮に大統領選挙を最初に行い、新憲法の制定を後にした場合、新憲法が大統領の権限下で真に民主的なものとなり得たかどうかは危ぶまれ、時間はかかってもまず新憲法策定のための制憲議会選挙、そして議会選挙と大統領選挙という順番が、誰もが納得する手続きとして採用されたことは極めて重要な意味をもつことであった。また制憲議会選挙後の暫定政権下においても、新憲法制定までの移行期間中には、そこで小憲法を呼ばれる法の下で政権運営が為されていった。この法に基づく国家運営は、移行期の盤石ではない政権であっても、公権力としての最低限の正当性をもち得ていたという点では、これも優れて重要なことであったと考えられる。

次に二点目として、革命後の民主化移行過程での軍事力や武力行使が少なく、政府レベルでは議論や論争協議を中心にそれが推移していったことである。もちろん、過激なイスラミストらによる暴力や破壊行為などはみられたが、政府レベルでは軍事力や武力行使をしないという暗黙の了解があり、議論や論争、協議や対話や交渉、妥協や譲歩そして連立連携によって、合意形成と物事の決定や解決が図られていったことである。またその過程でのチュニジア軍の役割も特徴的であった。革命の過程では、民衆の抗議運動を、警察や国家警備隊、また大統領警護隊が武力によってそれを制圧しようとしたが、チュニジア軍は政権からはやや距離をおいて中立を保ち、民衆をむしろ保護する側にまわった。さらに革命後の民主化過程においても、チュニジア軍は政治権力を志向することがなかった。この軍の非政治性という点は特筆しておいてよいだろう。チュニジア軍は、もともと僅か三万五〇〇〇人程度の規模で、一二万人を擁した警察部隊との比較では小さな勢力であった。また歴史的にもモロッコやアルジェリアでは独立の過程で軍が重要な役割を果たしたのとは対照的に、チュニジア軍は歴史的にも非政治的でより中立的であった。この点は、アルジェリアでの一九九一年の複数政党制の選挙でのイスラーム救国戦線（ＦＩＳ）の勝利後、国軍が介入して最高国家評議会によるＦＩＳの非合法化や、またムルシー政権に対する軍の「クーデター」がみられたエジプトとは、大きく異なっていた。しかしチュニジア軍は、国土と国民の安全保障というその任務において国民から絶大な信頼を得ており、この点では国民に対する手荒く傲慢な取締りで嫌悪や反感の対象ともなっている警察組織とは著しく対照的な存在である。革命後の民主化過程では、過激派イスラミストらによる暴力行為や破壊行為が確かにみられたが、公的な武力行使は比較的少なく、また政府レベルでの敵対する勢力への表立った復讐や粛清がなかったことも極めて重要であった。民主化は論争や協議を中心とし、あるいはデモや座り込みやストライキ、サボタージュという非暴力的手段での主義主張を訴えるという手法で為され、それらは次に挙げる市民社会の活動の特徴とも共通している。

第三点目は、この点が最も重要であったと思われるが、革命期も民主化移行過程においても、市民の活動や関与が極めて活発であったということである。チュニジア革命は、その意味ではまさに、市民による革命であった。特に民主化移行のプロセスにおいては、そこに多くの市民たちが、政治的宗教的イデオロギーや立場の違いを超えて、積極的に関与し参加していったことが重要であった。まさに市民社会の健全で闊達な活動が、独裁政権崩壊後の盤石とはいえない国家を支えるかたちで、民主化移行を推進し成功させたとも言える。

A・R・ノートンは、その編著『中東における市民社会（Civil Society in the Middle East）』において、「市民社会」の定義として、それは、アソシエーション、クラブ、ギルド、組合、連盟、同盟、政党、集団など、国家と市民のあいだで緩衝機能を果たすものとしており、市民社会の機能が、文字通りまた明らかに参加型の政治システムの核心であると論じている［Norton 1995: 7］。また市民社会は、多様な形態のアソシエーションの混合体以上のものであり、それは質（クオリティ）や文化教養（シビリティ）をも意味し、シビリティとはまた、異なる政治的見解や社会的態度を受け入れる個々人の寛容さや意志力を意味するとしている［Ibid: 11-12］。ただし、市民社会は万能薬ではなく、まして政府を代替するものでもなく、鍵となるのは国家の役割であるが、政府と市民社会は、対立よりも将来的には協力関係にもなるだろうと指摘している。そして、民主化のグローバルな傾向の象徴が市民社会であり、市民社会は、破壊的な銃弾よりもはるかに有益なものである、と述べている［Ibid: 7-10］。

チュニジアの革命後の四年間に九〇〇〇以上もの市民社会団体の創設、またその闊達な活動ぶりをみるならば、革命とその民主化の成功は、こうした市民社会の存在なしにはあり得なかったことも明らかであると思われる。また革命後に臨時政府によって設立された「革命の目的実現のための高等機構（HIROR）」の在り方も、その一五〇名余りの構成メンバーが、政党代表者や専門家ばかりでなく、各地域の代表者、国民的名士、元反政府活動家、そしてNGO代表者など、ありとあらゆる分野の人々から成る組織として、民主化に向けて機能していったことは大いに評価できることと思われる。

チュニジアの市民社会は、まさにノートンの定義のように、異なる政治的見解や社会的態度を受け入れる個々人の寛容さや意志力をもって、主にデモや座り込みや、ストライキやサボタージュという手法で、それぞれの主張を展開していった。この点はまた、政治学者のC・ティリーとS・タローが、「コンテンシャス・ポリティクス（争議政治）」として論じた政治手法とも相通じるものがあるだろう［Tilly and Tarrow 2015］[4]。

そして第四点目としては、革命の過程でもその後の民主化過程においても、女性たちの活躍が目立ったことである。実際に市民社会の活動でも、政界においても、女性たちが活発に活動し、既述のようにNGOのメンバーにおける男女比では女性の方が男性より高く、全体の六〇〜七〇％を占めているとされ、女性が代表となっている団体も少なくない。選挙法に、パリテ法がアラブ諸国で初めて採用されたことも、女性団体の働きかけによるものであった。

チュニジアの市民社会の成熟度や女性の活躍に関しては、また社会学的考察以上に歴史的考察も欠かせないと思われる。チュニジアは、本文でも述べたが、一八四六年には奴隷制度を完全に撤廃しており、また一八六一年にはアラブ世界初となる憲法を制定していた。また一九世紀にはこうした政治的改革と並行して、イスラーム思想の改革も行われていたのである。さらにフランス保護領から独立した一九五六年には、八月に『家族法（CSP: Code du Statut Personnel）』を公布して、複婚（一夫多妻婚）禁止や男性側からの一方的離婚の禁止、結婚可能な最低年齢の規定など、女性の地位や権利を大きく向上させる政策も採られていた。そして初代ブルギバ大統領の政権下では、一九五八年から男女をともに対象とした教育政策に力が注がれ、アラビア語とフランス語のバイリンガル教育が推進され、国際化が目指されていたこと、また国家予算の五分の一から年度によっては三分の一ほどが教育分野に割り当てられていたという事実は注目に値するものであろう［Perkins 1997: 57-58, 2014（2005）: 143-144］[5]。現在では、男女ともに高等教育への進学率が高くなってきているが、高校・大学では、女子の進学率が男子のそれを上回ってきており、チュニジア統計局によれば、高等教育での男女比は、二〇〇八－九年度は女子学生の割合が全体の五九・八％、二〇一二－一三年度には六二・七％にもなっている［INS 2013: 49］。そうした状況がまた、既述のような女性たちの活発な活動や市民社会への貢献にも繋がってきていると考えられる。

ケルーは、アラブ諸国で初めて複婚を禁止した家族法の制定や、教育や労働における男女平等の法整備から約半世紀の時を経て、フェミニズムは、今やチュニジア社会の大セクターとなり、特に二〇一一年から二〇一三年にはトロイカ政権に対して、女性を抜きにこの国の統治は難しいということを知らしめた、とも記している［Kerrou 2014］。

最後に第五点目としては、チュニジア革命の過程でも、その後の民主化過程においても、外国からの直接的干渉や介入がなかったという点を挙げておきたい。イスラーム政党ナフダ党への湾岸諸国からの資金援助については、誰もが認めているところであるが、しかし、直接的に革命や民主化移行過程への外国勢力からの介入はみられなかった。大統領選挙後、新政府発足前の二〇一五年一月に、ナフダ党の重鎮党員、フセイン・ジャズィーリーが、「現在のチュニジア政界で起きていることは、一〇〇%メイド・イン・チュニジアである」と述べていたことは、実に印象的でもある［Chennoufi 2015］[6]。また最も危機的状況へと陥った、二〇一三年夏の時点においても、外からの介入はなく、その危機打開にあたっては、内発的に四つの市民団体が立ち上がり、「国民対話カルテット」としてその危機の仲裁調停役を見事に果たし、その国難を乗り切った。そして危機や問題を非暴力的な手段で、対話によって克服しようとしたことは、まさにノートンが挙げていたシビリティを象徴することであったといえるだろう。

特にこの四団体のなかでも、労働組合ＵＧＴＴと企業家団体ＵＴＩＣＡとは長く敵対する関係にあったが、革命後、最大とも言える国難を前にして連携した。人口一〇〇〇万人ほどの国において、七五万人の会員を有する労働組合と、一五万人の会員をもつ企業家団体とが団結したことは、国民対話を推進するうえで決定的な力ともなった。こうした妥協や譲歩や連携は、制憲議会選挙後のイスラーム政党と二つの世俗主義左派系政党との連立のトロイカ政権でもみられたことを想起すれば、チュニジアの民主化への道はこうしたイデオロギー的対立や相違を乗り越えて連携したトロイカ政権で始まり、カルテットの仲介による国民対話によって、その民主化移行が達成されたともいえるだろう。いずれにしても、危機に際しても外国の介入を招かずに、国内でも対立を主に対話や交渉、譲歩や妥協で乗り越えていったところに、民主化成功の鍵があったことは確かである。

外国からの政治的軍事的介入を招かなかった一方で、革命直後、外交官の経歴をもつカーイドエッセブシー臨時首相が、ただちに欧米諸国などへの外交訪問を展開し、世界銀行から六〇億ドル、またフランスからも一〇億ユーロの資金援助を得たことや、また大統領選挙後にも再度、正式に共和国大統領として二〇一五年五月に訪米し、アメリカのオバマ大統領と会談し、政治・軍事・経済分野での二国間協定を締結したことなどは、チュニジアの国家安定に向けて功を奏していると思われる。また革命後、多くの国際機関や諸外国の大使館などを通じて、資金援助に留まらず、既述のように民主化に向けての人材育成や技術移転などを受けていたこと、また市民団体などもトランスナショナルな連携を図りつつ活動していることも、民主化過程に肯定的な影響をもたらしていると考えられる。

チュニジアの現状と今後の課題

チュニジアは、政治的民主化移行という課題を何とか為し遂げて、新たな歩みを開始した現在、新政権下でもまた大きな二つの課題に直面している。一つがテロとの闘いであり、もう一つが経済立て直しという相互に関連している難題である。特にテロの脅威を取り除き、治安の回復と安定化を図らない限り、経済を立て直すための基幹産業の観光業やまた外国資本の呼び込みも叶わず、その意味でテロ対策は、目下、国家の最優先課題となっている。

エッシード政府主席は、二〇一五年七月、一〇〇〇人のテロリストの逮捕とまたジハード集団に参加するため渡航しようとした一万五千人の若者の出国を阻止したことを発表している。[7] また二〇一五年一二月のチュニジア内務省の発表では、二〇一五年一月から同年一一月半ばまでにテロ関連施設と見なされた一〇〇〇か所を解体したほか、リビアとシリアの紛争地帯からの帰国者五〇〇人については、[8] 目下、自宅監視保護下か、裁判訴追中としている。テロリストやテロ関連施設摘発の報道は、二〇一五年の後半は連日のように続いていた。[9]テロとの闘いに向けての政府の方針に、ナフダ党も政党協議会（シューラー）の意見として、それを支持する意向を示している。またエッシード政府主席は、テロとの闘いを進める一方で、それが基本的人権や自由の侵害の口実に使われることがあってはならないとし、テロとの闘いと人権尊重とを慎重にバランスを取りつつ、解決策を探ることを発表しており、こうした姿勢には民主化の深化や成熟も感じられる。[10]

国際的なレベルでは、二〇一五年一二月一六日に、サウジアラビア当局が同国主導による三四か国のイスラーム諸国反テロリズム連盟を発足することを発表したが、チュニジアもそれに参加することにしている。カーイドエッセブシー大統領は、この件の協議のためにサルマン・ビン・アブデルアズィーズ国王から招待を受け、一二月二二日から二三日にかけて二日間、リヤドを訪問した［Chennoufi 2015］[11]。

チュニジア中央銀行のムスタファ・カマール・ナブリー元総裁はまた、テロ対策には、テロ組織を資金面で取り締まる法が必要であるとし、以下のような指摘をしている［Abou Sarra 2015］[12]。一点目として、国境付近の密輸入を禁止する法の必要性である。アルジェリアとの国境地帯ではテロリストへの武器や資金や食糧までが密輸可能となっているとする。二点目として、陸上・海上・空路での出入国管理の厳格化である。在留資格のない者に対して無制限の資金持ち込みを防止するためとしている。三点目として、国内の集金・寄付金に関する法整備の必要性で、ザカートなどの財がジハーディストの手に渡ることを防ぐためとしている。そして四点目として、アソシエーション法に関することで、この法では一〇万ディナール以上の資金がある団体には、専任会計士の雇用を義務付けているが、[13]法律があっても監査が行われないため、最新の情報では一五〇以上のNGOがテロ関連組織に資金調達していた事実が発覚していると指摘している。[14] さらに五点目として、外国からの資金に関する法整備の必要性で、中央銀行ではそのチェックは可能であるが、国立銀行でもその点検をしていないところが多く、法の不備が取締り上の大きな問題となっていることを指摘している。そのため、テロとの闘いには、こうした資金の流れに関する法の緊急整備が必要であると力説している［Abou Sarra 2015］。

他方ではまた、刑務所の管理についても大きな問題があるとされている。テロリストやテロ関連の犯罪で逮捕・収監されている受刑者たちは、刑務所内では他の犯罪者たちと同じ空間で過ごしているとされ、これが過激なイスラーム思想を蔓延させる温床になっているとされている。[15] 事実、革命後、二〇一一年四月にアンサール・シャリーアを創設したアブー・イヤード、本名サイフアッラー・ベン・ハシーンも、革命後に釈放された後、刑務所内で築いた人的ネットワークをもとに、この過激派組織を立ち上げ、勢力を拡大していった。こうしたことから、テロの容疑で拘束された過激な思想をもつ犯罪者に対しては、人権に配慮しつつも、その扱いを今後どのようにしていくか、これも一つの重要な課題となっている。

チュニジアでは、二〇一五年一一月にも、再び大統領護衛隊のバスを狙った爆破テロ事件が発生した。その後、非常事態宣言が出されていたが、それが一旦解除された直後、再び新たなテロ計画が発覚し、一二月二四日から非常事態宣言をさらに二か月間延長することとなっている。[16] こうして、同国でのテロとの闘いは、今後もしばらく継続していくことになると思われる。

テロとの闘いは、またこうした厳重な取り締まりや武力的摘発のみでは解決し得ない面があることも充分承知しておく必要がある。現状に不満をもつ若者たち、特に経済的問題や失業対策も合わせて推進していかなくてはならないことは明らかである。新政権が、地方の格差是正や社会連帯経済的方向を目指しているることについては既述のとおりであるが、相次ぐテロ事件によって、その立て直しが厳しい壁に突きあたっていることも上述のとおりである。
希望を持てない若者が、過激なイスラーム思想の集団に取り込まれるばかりでなく、より良い生活を夢見て、ヨーロッパへの危険な地中海横断の密航を試みることは、革命後、五年を経た今も全く変わっていない。二〇一五年一二月のチュニジア経済社会権利局（Bureau Tunisien des Droits Économiques et Sociaux）の発表によると、革命後、一五〇〇人以上のチュニジア人がそうした密航の過程で死亡したとされている。[17] また同じく二〇一五年一二月時点では、基幹の観光産業も相変わらず低迷したままで、ホテルの四七％が閉鎖に追い込まれている現状にあるとされている。[18]
しかしその一方で、政府による雇用創出政策に加え、マイクロクレジットの融資活動なども複数の機関によって推進されており、小規模起業の動きが活発化していることは確かである。さらにアフリカ開発銀行も、二〇一二年から幾つかの機関と連携し、「開発の市場（スーク・アルタンミア）」と名付けたプロジェクトを開始しており、大卒失業者などの若者を中心に革新的起業への無償資金提供を行っている［Dabbar 2012］[19]。こうした努力もあり、チュニジアの失業率は革命の年の二〇一一年の一八・六％から一五％台にまで次第に下降してきており、政府としては、官民を挙げて雇用創出に向けて連携協力し、この失業率を二〇二〇年までに革命以前の数値よりもさらに低い一一％までに下げることを目標に掲げている。[20]
こうしたなかで、既に第7章でも取り上げた、チュニジアでの「一村一品」の運動を、マイクロクレジット融資プロジェクトと合わせて推進していく試みは、日本として十分国際協力が可能な分野の一つであると考えられる。マイクロクレジット融資による起業は、それぞれは個人プロジェクトである。しかし、一村一品は個人プロジェクトからコミュニティ開発へと繋がる可能性をもつもので、社会的繋がりをも創り出していくという意味で、単に経済効果のみならず、社会的連帯効果をも生むものである。すでにエンダ（Enda inter-arabe）などのＮＧＯでその試みが開始されており、今後、ＪＩＣＡなどからの協力を得て、日本としての国際協力を推進していくことも十分考えられるだろう。

ただし、いかにテロ対策を強化し、また失業対策を推進しても、西欧社会からもイスラーム国などへと向かう若者たちが見られるように、そうした若者たちの心の深い闇にいかにして希望の光や生きる意味を与え得るかは、社会全体に課せられたもう一つの重く大きな難題である。高橋和夫が、二〇一五年一一月一三日に起きたパリ同時多発テロ後の「報復の連鎖、断てるか」と題した新聞記事で、欧州のイスラーム教徒の若者たちの心の隙間について述べており、「『心の隙間』を抱えたイスラーム教徒がいる限り、過激派の呼びかけに応ずるのを止めるのは難しい」としている。そして「そうした若者たちを生み出さないために寛容な社会を創り、過激主義への同調者のパイを小さくしていく努力が必要」であると述べているが［高橋 2015］[21]、この指摘は西欧社会のみながらず、まさにチュニジア社会にもそして他のイスラーム諸国の若者の一部にも、そのまま当てはまることであろう。

その意味では、すでに紹介した宗教指導者のＭ・Ｓ・メスターウィ師が述べていた、イスラーム思想自体の改革、現代という時代に相応しい寛容なイスラームへと、どのように思想的改革をし、また解釈し直して、それを普及させていけるのか、これは宗教的文化的問題として、今後極めて重要かつ挑戦的な課題となるだろう。人間とは、「自ら紡いだ意味の網目に支えられて生きる動物」であるとするならば［Geertz 1973: 5］、そうした意味の網目を、あるいは希望をそれぞれが紡ぎ出していける社会や世界を、われわれひとりひとりがどのようにして、今後、創り出していけるのか。

平和なイスラームや宗教間対話を推奨・推進しようとしているムスリム団体も決して少なくない［Chernov-Hwang 2009, Bentounès 2009］。アルジェリアのムスタガネムに本部をもち、広くヨーロッパ諸国でも平和なイスラームの普及に努力しているアラーウィ・スーフィー教団のような事例もある。この教団は、これまでも「希望の種まき（Semer l'espérance）」と題したキャンペーンや、また二〇一四年からは「世界人類共生の日（La Journée Mondiale du Vivre Ensemble）」を国連に特設してもらうよう働きかけるキャンペーンなども展開している。[22] 過激なイスラームの集団だけに目を奪われることなく、そうした平和を推進しようとしているムスリムたち自身の活動にもわれわれがより関心をもち、そうした平和推進活動にわれわれもまた協力や連帯を示していくこと、そうしたことも十分可能でかつ重要なことではないかと考えている。

注

【序章】

1 "Hope springs." *The Economist*, 20 December 2014. その他、*Al Arabia News*, (26/12/2014) でも Ajouodi, Asma "2014: A Year of Tunisian political success ? " という報道がなされた。
http://english.alarabiya.net/en/perspective/analysis/2014/12/26/2014-A-year-of-Tunisian-political-success-.html. accessed 28 December 2014.

2 二〇一五年に入り、三月の一か月間のみで七七人が自殺を図っており、そのうち三八件が内陸のガフサ県に集中しており、また焼身自殺がその半数以上（五五%）を占めるとされている。"Tunis : 55% de Tunisiens qui se sont suicidés au cours du mois de mars 2015, se sont immolés par le feu."*African Manager*, (14/04/2015). http://www.turess.com/fr/africanmanagerfr/184323, accessed 14 May 2015.

3 この世論調査の数字は、La Baromètre politique de Sigma-Al Maghreb に基づくもの。
"Tunis: Les Tunisiens perdent confiance mais portent aux nues l'Armée et les foroce de sécurité (sondage)." *African Manager*, (13/05/2015). http://www.turess.com/fr/africanmanagerfr/185920, accessed 14 May 2013.

4 Boumiza, Khaled, "Tunis : Qu'attend-il pour changer de cap ? "*African Manager*, (13/05/2015). http://www.turess.com/fr/africanmanagerfr/185919, accessed 14 May 2015.

5 革命過程の多数の写真と証言を集めた書籍［Bettaïb 2011］、同じく革命過程の検証本や革命の論評［Missaoui et Khalfaoui 2011, Cherni 2011, Filiu 2011)、ベンアリー政権やその夫人についての論評［Beau 2011, Ben Chrouda 2011］、M・ブー・アズィーズィーを題材とした著書［Bouamoud 2011］、ブロガーの体験手記［Ben Mhennni 2011］、革命の歴史背景を論じた著作［Kraiem 2011, Tayara 2011］などが挙げられる。

6　学術団体の研究成果［OTTD（L'Observation Tunisien de la Transition Démocratique）2012a, 2012b］の他、［Ayachi et al.（eds.）2012, Guetta 2012, Belkhodja et Cheikhroukou 2013, Gana（ed.）2013, Joffé（ed.）2013, Beau et Lagarde 2014, Clancy-Smith 2014, Kraiem 2014］などがある。それらのなかには、遅滞する民主化推進過程への手厳しい批判を含む論評［Puchot 2012, Weslati 2013, Seddik 2014］や紛争回避への警告的な著書［Weslati 2013］もある。

7　チュニジア革命や民主化について、政治経済面との関連で論じた著書［Ben Hammouda 2012, Bousnina 2012, 2013, Guen 2013, Jouini（ed.）2013, Hached et Ferchichi（eds.）2014, World Bank 2014］、歴史学的研究［Boularès 2012, OTTD 2012a, 2012b, 2014, Dot-Pouillard 2013, Kraiem 2014, Nafti 2015］、また女性やジェンダーとの関連での研究には［Gdalia 2013, Ben Salem et Ben Cheikh 2013, Sboui 2014, CREDIF 2012 a, b, c］や、若者に焦点をあてて論じた著書には［Honwana 2013, Lamloum et Ben Zina 2015］などがみられる。またイスラミスト勢力やナフダ党［Dargouthy 2011, Liman 2013, Mellakh 2013］、憲法［M'rad 2014］、メディア［Adi 2014］、チュニジア労働総同盟（UGTT）との関連からチュニジア革命を論じた著作［Yousfi 2015b］も公刊されている。

8　臼杵 2011、酒井（編）2011、水谷（編）2011、長沢 2012a, 2012b、酒井 2012, 2016、山内 2012、伊能・土屋（編）2012、鈴木 2013、土屋（編）2013、加藤・岩崎 2013、栗田 2014、青山（編）2014、松本 2015、池内 2016 などがみられる。

9　一九九五年に英国の海外開発研究所（ODI：Overseas Development Institute）において、同研究所と開発研究センター（Centre for Development Studies）の主催で開催されたワークショップにおける議論をもとにしているとされている。なお、参加型村落評価（PRA: Participatory Rural Appraisal）についてのモスの批判的論考については［Mosse 1994］を参照のこと。

10　チュニジア各地での現地調査は、二〇一一年八月〜九月、二〇一二年二月〜三月、八月〜九月、二〇一三年二月〜三月、二〇一四年二月〜三月、二〇一五年二月〜三月、五月〜六月、九月〜一〇月にかけて、複数回わたり、延べ一七〇日間、実施した。

【第1章】

1　サーヘル（sāḥil）は、アラビア語では「沿岸の」「海岸地帯の」を意味する語であるが、チュニジアではそれに加えて、モナスティールとスース地域を指して使用する固有名詞となっている。

2　アイェブがもともと使用した表現である［Ayeb 2011-2012：66］。

3　こうした対比的な捉え方は、これまでも筆者のチュニジアの特に南部での調査中にもよく聞かれるものであった。

4　チュニスの中心を貫くブルギバ通りと交わる中心的広場は、革命以前はベンアリーが政権に就いた政変を記念し、「一一月七日広場」と呼ばれていたが、革命後は「一月一四日広場」と改称されている。

5　「ジャスミン革命」という呼称は、新聞会社 La Presse に所属するジャーナリストの Zeid El-Heni が革命前夜に自らのブログで使用してから広まった呼称とされ、ジャスミンが清澄さや温和さ、忍耐を象徴する花であることと、グルジアの「バラ革命」やキルギスタンの「チューリップ革命」など、一連の花を冠した革命をも連想させるものであったことによるとされる。しかし、この呼称についてはチュニジア人の間では特に合意がなく、現在ではほとんど使われておらず、現地では一般的には単に「チュニジア革命」と呼ばれている。"Révolution du jasmin: une expression qui ne fait pas l'unanimité." *Le Monde Afrique*,（17/01/2011） http://www.lemonde.fr/afrique/article/2011/01/17/revolution-du-jasmin-une-expression-qui-ne-fait-pas-l-unanimite_1466871_3212.html, accessed 5 February 2011. また「ジャスミン革命」という名称は、ベンアリー自身がブルギバ政権を無血のクーデタで終焉させ、政権交代を実現した一九八七年の一一月七日政変を指して使った名称でもあった［鷹木 2011a］。

6　"La révolution du Cactus"（サボテン革命）の呼称は、ガフサ在住のジャーナリストで、チュニジア国際ラジオ南部局局長ラフダル・スゥイド（Lakhdhar Souid）氏による表現。Cactus はチュニジア中西部や南部一帯に自生するウチワ・サボテンを意味し、その果実（hindī）は食用とされている。なお、ハルファ（アフリカハネガヤ）は、同じく内陸部に自生する植物で、ゴザやカゴなどの材料となる重要な植物。

7　チュニジアの土地所有制度は、地域や時代によっても異なり、このテーマだけでも大論文となる研究テーマであるが、ヴァランシは二〇世紀初頭には、国の面積の約半分に相当する六〇〇万haの土地のさらにその半分は部族の所有地で、五分の一が国有地であったとしている［Valensi 1977:102］。現地調査では、中西部では部族の所有地が多いが、問題はそれらの所有権は慣習的に認められてきたもので、土地所有権登録を政府機関で行っていない場合は、公的にはその所有権が認められないため、それを担保として銀行からの融資などを受けることができない。一方、チュニジア南部のジェリード地方のように古くからの定住農耕社会では、土地に関する相続権も含めた手書き文書が歴史的にも多数現存する。ただし、それらが公的権利文書として認可されるためには、土地管理局での土地所有権登録をする必要がある。

8 DEYMAというブランドは、そうした高級ナツメヤシ商品を扱っている企業であるが、工場はチュニスのシャルギーヤ1に、そして売店はチュニス市内とチュニス郊外のラグレットとシーディ・ブーサイードと、全てチュニス圏に集中している。

9 革命後に設立された大学関係者や研究者を中心とする「経済社会開発のためのイニシャティヴ」という非政府研究調査組織で、代表はElyes Jouini。

10 チュニジア国立統計局（ＩＮＳ）では、二〇一〇年の時点では、貧困ラインを年額一人当たり大都市については一二七七ディナール、中間町村は一一五八ディナール、それ以下の地域は八二〇ディナールと設定している。なお、チュニジアの貨幣単位ディナール（DT: Dinar Tunisien）は、二〇一五年一〇月時点で一ＤＴ＝約六〇円。

11 人間開発指数と関連し、出生時平均余命および一人当たりの調整実質ＧＤＰの統計数値の入手も試みたが、国立統計局においても入手が叶わず、人間開発指数に関しても既存の研究を参考にすることにした。

12 ＩＮＳのサイト http://dataportal.ins.tn/ を参照。accessed 15 June 2013.

13 同じく国連開発計画からの『人間開発報告書』でも、人間開発指数（HDI）の数値についても、年度によって過去の数値が大きく変更されている場合がみられる。『人間開発報告書 二〇〇五』では、人間開発指数（ＨＤＩ）の動向でのチュニジアの数値は、一九七五年〇・五一四、一九八〇年〇・五七〇、一九八五年〇・六二二、一九九〇年〇・

六五七、一九九五年〇・六九八、二〇〇〇年〇・七三八となっている［国連開発計画 2006: 272］。
14　ここではDiplôméという語は、直訳では卒業証書取得者という意味であるが、チュニジアでは一般的にバカロレア試験合格者、大学入学資格者、高等教育修了者を意味する。簡明な訳語への配慮から、ここでは「高学歴者」としておく。
15　二〇一〇年の地域開発省の資料に基づく失業率では、全国平均が三〇%とされ、県別ではチュニス圏では一三・八%、北東部と中東部では二〇%であるのに対し、ガフサ県やシーディ・ブーズィード県では四二%、ジャンドーバー県三六・六%、カスリーン県三五・九%、スリアナ県三五・一%と、チュニス圏の三倍ほどとなっている［IDEES 2013: 74］。
16　当局から男性の父親と兄弟に対して、この事件を口外しないようにという脅しがあったともされている［Messaoui et Khalfaoui 2011: 55］。
17　一九七三年と一九七九年には石油とリン鉱石の価格がそれぞれ高騰し収入増がみられた。
18　当初の一八か月間、その後三年間を数度延長することで合意している。
19　民営化は国営の中小企業から開始され、まずチュニジア人経営者のなかで財政的に健全経営を行っている人材が予め選定され、それらの人々に国営企業の売却や借り受け交渉が持ち掛けられた。
20　Séréni, Jean-Pierre “Comment Ben Ali a pillé la Tunisie en toute légalité.” *Orient XXI*,（09/04/2014）http://orientxxi.info/magazine/comment-ben-ali-a-pille-la-tunisie-en-toute-legalite-0562, accessed 5 May 2014.
21　祖父のマフムード・マトリはブルギバとともに一九三四年に新立憲党を結党した一人で、独立後は国会議員として活躍した著名な政治家。ムハンマド・サクリ自身の学歴はベルギーの短大卒。
22　ハマメットでの現地調査は、この町出身の三八歳の男性で、二〇〇三年から二〇〇九年まで、ライラ夫人の弟、トラベルシー一族の首領ともされたベルハサン経営のカルタゴ・ホテルに勤務し、また彼の運転手を務めていたという人物に案内をしてもらい、実施した。

23　この事件については提訴から実際の判決が出るまで時間がかかり、初等裁判所法廷での判決は二〇一二年二月一日に出された。その判決では、この事件に大きく関与した当時の内務大臣アブダッラー・カッラール（Abdallah Kallel）、当時の内務省特別局局長アリー・ガンズーニー（Ali Ganzouni）と内務省職員のアブダッラー・ゲスミー（Abdellah Guesmi）が、それぞれ懲役四年の実刑、また内務省職員の他の一名が懲役三年、そして欠席裁判のまま、ベンアリー元大統領に懲役五年の実刑判決が下されている。

24　ゾグラーミー氏とは、二〇一五年六月一二日、一五日、一六日の三回にわたって面談させて頂いた。革命後、氏はこの事件での軍人被害者らと正義と名誉回復のため、「インサーフ：元軍人のための正義協会」（Jarʿaīya inṣāf qudamāʾ al-ʿaskarīn/Association INSAF: Justice pour les Anciens Millitaires）というNGOを立ち上げ、その会長を務めている。INSAFはまた、国連開発計画（UNDP）からの活動助成金を得て、この事件に関するドキュメンターリー・フィルムも制作しており、ここではそれも参考にした。実名での記述に関しては、本人自身の強い要望による。またすでにこの事件については、新聞雑誌記事において事件関係者が実名で公表されていることから、ここでも実名で記録することにした。

25　この拷問手法は、「ロースト・チキン」（poulet rôti）と呼ばれていた。その他にも、後ろ手に縛った後、逆さ吊りにして、汚物の混じった水に頭部を浸けることを繰り返すなどの拷問が為されていたとされる［Ahmad 2011: 181］。

26　雑誌 *Réalité* 掲載の Zbiss による記事によれば、当時、軍の病院で彼の治療を担当したアブデルアズィーズ・ハリール医師は、その拷問の残忍さに言葉を失うほど衝撃を受けたと、革命後のこの事件についての法廷審議で証言している。医師のカルテは、当時、治療後、直ちに秘密警察によって回収されていたため、その記録は残っていないが、ハリール医師は、ゾグラーミー氏を治療したことを記憶しており、その時、彼は拷問の姿勢を長くとり続けたため、手足は麻痺状態、坐骨神経も強打により激しく損傷していたと証言している。ハリール医師は多数の軍人たちが非人道的な拷問を受けていることにショックを受け、上司に報告し、その上司がベンアリー大統領に拷問中止を直訴したことから、この事件後には拷問が多少控えられるようになったともされている［Zbiss 2012: 52］。

27 ルダイフでは、二〇〇八年の抗議活動に参加した高校の哲学の教師、ウマル・スライミー（'Umar Thulayimī）氏から多くの情報を頂いた。聞き取りは二〇一五年六月四日に実施。彼の兄ターレク氏と弟ハルーン氏はこの事件で拘束・投獄され、それぞれ一〇年と八年の実刑判決を受けたとされる。革命後は釈放され出所した。

28 *Le Maghreb Magazine* でガフサを特集した号でも、"Gafsa or The Forgotten Land" と題されている［*Le Maghreb Magazine* No.10/11-jeuille/août 2012］。

29 ガフサ・リン鉱山事件の中心的な人物で、後述するようにこの事件で逮捕され、投獄と拷問を経験している。革命後、釈放され、現在は国民議会議員を務める。

30 当局が鎮圧のために武力介入するための口実作りだったとする説もある。Zakria al-Dhifawi さんとは、チュニスのカフェで面会し、二〇一五年六月一二日に聞き取りを行った。

31 "Tunisie - Economie: La crise phosphatière se poursuit dans le bassin minier de Gafsa." *WMC actualités,* (18/05/2015). http://www.turess.com/fr/wmc/163741, accessed 20 May 2015.

【第2章】

1 二〇〇七年の統計では、西ブーズィードの人口が六万五七六一人、東ブーズィードが四万八三七一人とされている［Bouamoud 2011: 22］。

2 この地方の北側にはマージュル、ファラシーシュ、南側にはアウラード・サラーマ、アウラード・マアーマル、東側にはジュラス、ナフェート、マフズベなどの部族が居住していた。また今日でもこの地域では、アウラード・ムバーラク、アウラード・ラドワーン、アウラード・アズィーズ、アウラード・ムーサー、そしてファタナッサなどの支族名（'arsh）はよく聞かれるとされている［Bouamoud 2011: 35］。

3 聖者廟の管理人によれば、革命以前は、毎週木曜日と金曜日が参詣者の集う日となっており、共食（zerda）や儀礼（ḥaḍra）を行う習慣があったという。革命後はサラフィストなど過激なイスラミストの台頭もあり、その攻撃の対象とならないように共食や集団での儀礼は差し控えているとのことであった。実際に二〇一二年九月四日には、この町の当時、唯一の宿泊施設であったホテルが、アルコールを販売していたということから、サラフィスト武装集団に襲撃され、ホテルのロビーやレストランやカフェ・バーが破壊される事件が起こっている。

4　アリー・ビン・ガダーヒムは、一八六四年、中央ベイ政権の厳しい徴税に対して、諸部族を率いて反乱を指揮した。しかし、ベイの軍隊の猛攻撃を受けて、一時アルジェリアに逃走し、その後帰郷した折にベイ軍に捕らえられ、一八六七年、獄死した［Boularès 2011: 474-475］。

5　チュニジアでは警察（police/shurṭa）は都市のなかの治安警備を担当し、国家警備隊（ḥars waṭanī/garde nationale）は、市外、地方や田舎、国境地帯における警備を担当する。ただし軍とは異なる組織。

6　ブーアズィーズィのご家族とは、革命後に引越してきたチュニス郊外マルサのご自宅で二回、二〇一二年九月三日と二〇一三年三月五日にお目にかかり、話を聞かせて頂く機会があった。二〇一五年六月にマルサの自宅を再度訪問したが、隣家の方の話では、カナダ留学中の妹ライラさんを頼り、父親と一人の妹をチュニスに残し、一年ほど前に全員がカナダに移住したとのことであった。

7　マルサの自宅での二〇一二年九月三日の聞き取りによる。

8　この事件の後、民衆蜂起が起こったことから、女性検察官は二〇一一年一二月二八日に拘束され、四月一九日に出所するまで刑務所に拘留されていた。事件をめぐっては、法廷審議の後、ブーアズィーズィの家族とのあいだで示談が成立し、無罪放免となっている。Ghanith,J. "Affaire Fadia Hamdi et Mohamed Bouazizi, l'accusée a été innocentée." *Tixup*, (20/04/2011). http://www.tixup.com/societe/4496-affaire-fadia-hamdi-et-mohamed-bouazizi-laccusee-a-ete-innocentee.html, accessed 7 January 2014. また女性検察官の身柄拘束については、彼女は自らの任務を遂行したまでであるのにおかしいとする指摘が、日本人研究者によってもなされていたが［保坂 2011］、一説には当局が、民衆の抗議や怒りを沈静化するために身柄を拘束したという見方と、また身柄を拘束しなければ、彼女自身や彼女の家族にも民衆による危害が及ぶ可能性があり、そのため身の安全確保のための拘束であったとする見方など、さまざまな解釈がみられる。またこの女性検察官の拘束期間中には、彼女の家族親族・友人などが中心となり、彼女を支援する抗議活動がチュニスの法務省前や彼女の故郷メンゼル・ブザイエーンで行われていた。Ghanith, J. “L'affaire de Fadia Hamdi et Mohamed Bouazizi reportée pour le 19 avril 2011.” *Tixup*. (16/04/11). http://www.tixup.com/societe/4419-laffaire-de-fadia-hamdi-et-mohamed-bouazizi-reportee-pour-le-19-avril.html, accessed 7 January 2014.

9　この語りは、シーディ・ブーズィードの現地ばかりでなく、チュニス、トズール、カスリーンなど、チュニジア各地で聞かれたものであったという意味では、民衆のあいだである程度共有されている話であると理解できる。

10　「その秤を持っていくなら、これからはあんたのバストで目方を計って商売するさ（Kīfhazītu al-mizān, anā bash nawzin bi-buzāz luk）」と言ったとされている。

11　このスローガンは、ナフダ党が政権を取った後には、「ホブズ・ワ・メー、ワ・ナフダ・レー」と言い換えられて、民主化過程でも叫ばれ続けたフレーズである。

12　マルサの自宅での二〇一二年九月三日の聞き取りによる。

13　チュニジアには週市が各地域にみられ、経済的に重要な機能を果たしている。この地域での週市は、月曜日：メンゼル・ブザイエーンとルゲブ、火曜日：シーディアリー・ベンアウーンとアスゥーダ、水曜日：メクネッシー、木曜日：ジェルマ、金曜日：ファーイド、土曜日：シーディ・ブーズィードという順で開催され、一つの経済圏を形成している。

14　警察のこの特殊部隊は、特にテロリズムの取締りなどを任務とする。

15　E・アブデルムーラは、特にチュニジアの革命過程ではアルジャジーラの報道が重要な役割を果たしたとして高く評価している［Abdelmoula 2015］。また「アラブの春」と衛星放送に関しては［千葉 2012］を参照。

16　カルタゴの大統領宮殿とは別のベンアリーの私的宮殿で、チュニス郊外の高級住宅街シーディ・ブーサイードに隣接した場所にある。

17　民主進歩党（Le Parti Démocratique Progressiste）と改革運動党（Le Mouvement Ettajdid）など。

18　“Ben Ali regrette les troubles en Tunisie et accuse les médias étrangers.” *Le Monde Afrique*. (28/12/2010).

http://www.lemonde.fr/afrique/article/2010/12/28/ben-ali-regrette-les-troubles-en-tunisie-et-accuse-les-medias-etrangers_1458640_3212.html. accessed 15 September 2012.

19 "Tunisie : l' heure est au bilan humain de la révolution." *Afrique* (06/05/2012), http://www.rfi.fr/afrique/20120506-tunisie-morts-revolution-indemnisation-taoufik-bouderbala-bilan/, accessed 10 May 2012. 国連による当初の発表では、死者三〇〇人と負傷者七〇〇人とされていた。

20 ハインゾーンによれば、ユースバルジ（youth bulge）とは、人口ピラミッドで一五〜二四歳までの人口層が異常な膨らみをみせることで、その年齢層が全人口の二〇%、または〇歳から一五歳未満の年少人口層が少なくとも三〇%を占めるときにみられるとしている［ハインゾーン 2008: 39］。

21 ハースとレッシュによれば、中東北アフリカ全体では大まかに全人口の三分の一が一〇歳から二四歳の若年層としているほか、二五歳未満の人口の占める割合は、リビアでは四八%、エジプトでは五一%、そしてシリアでは五七%とも指摘している［Haas and Lesch 2013:3］。

22 最初の導入は国営企業の Tunisie Telecom によってであったが、二〇〇二年に民間企業の Tunisiana が参入。この Tunisiana での通話可能範囲は二〇〇三年には国土の六〇%、二〇〇五年には国土の九九%ともなり、この会社のみで二〇〇六年には二五〇万人であった契約者人数が、二〇一〇年には五七〇万人に増加していたとされている。さらに二〇一〇年五月にはフランスの携帯電話会社 Orange もチュニジアに参入していた［Hostrup Haugbølle 2013］。

23 "US embassy cables: Tunisia - a US foreign policy conundrum." *The Guardian.* (07/12/2010). http://www.theguardian.com/world/us-embassy-cables-documents/217138, accessed 8 August 2014. この通信文書が本国に送られたのは、二〇〇九年七月一七日（金）のこととされる。

24 その子息のヌールディーン・ハシェード氏は、チュニジア革命まで在日チュニジア大使を務めていた。

25 革命後は内部対立を反映するかたちで、二〇一一年二月には元組合員のハビーブ・ギーガがCGTT（Confédération Générale de Travaileurs Tunisiens）を結成し、また同年五月には一九九〇年代にUGTTの書記長であったイスマイール・サフバーニーが、UTT（L' Union des Travailleurs Tunisiens）を結成して分離している。革命後の組合員数は約七五万人ともされる。

26 Barrouhi, Abdelaziz, "L' armée en deuil." *Jeune Afrique*, (13/05/2002). http://archive.wikiwix.com/cache/?url=http%3A%2F%2Fwww.jeuneafrique.com%2Fjeuneafrique%2Farticle_jeune_afrique.asp%3Fart_cle%3DLIN13053larmeliuedn0. accessed 5 May 2013.

27 アンマール将軍は、一時、「大統領にノンと言った男」として注目されたが、後日、この噂を否定し、自分は抗議が始まった日から最後まで自らの任務に当たっていたと述べたとされている［Kraiem 2014: 294］。

28 これは反テロ部隊（BAT）の指揮官のサミール・タルフーニー（Samir Tarhouni）が、空港に勤務している自分の妻とうまく連携して行った作戦であったこともよく知られている［Kraiem 2014: 280-281］。

29 H・バックーシュは、ベンアリー政権の初期、一九八七年一一月七日～一九八九年九月二七日まで首相を務めた人物で、RCDの重鎮政治家。

30 この表現は、反ベンアリー派政治家で、ブルギバ政権期には政府高官を務めたアフマド・ベンノールによるものとされる。ボーとラガルドによる二〇一四年六月の彼へのインタビューに基づく［Beau et Lagarde 2014: 24］。

31 スリアーティは、大統領護衛隊隊長と同時に治安部隊の責任者も兼任していたことから、法廷審議では各地の民衆抗議への武力鎮圧の罪状も問われたが、三年の刑期を終え、最終的には二〇一四年五月一七日に出獄している。息子はこの罪状に関して、父親は「革命の犠牲の山羊」となったともしている。

32 外務省：第二回日本・アラブ経済フォーラム（概要と評価）
http://www.mofa.go.jp/mofaj/area/middleeast/j_arab_f02/gh.html, accessed 8 August 2015.

【第3章】

1 チュニジアの国民議会（Assemblée Nationale /Majlis al-'Āmma）は、独立以降、一院制であったが、二〇〇二年六月一日の憲法改正により、上院と下院の二院制を採用することとなり、二〇〇五年より二院制へ移行。上院は一二六名から成り、任期六年、その半数を三年ごとに改選し、下院議員と市町村の顧問らにより選出される。二〇一四年の新憲法では上院を廃止。下院は二一四名から成り、革命後の二〇一一年一〇月二三日の選挙によって、制憲議会(Assemblée Constituante)となり、その後、二〇一四年一月の新憲法施行後、二〇一四年一〇月二六日の選挙(Assemblée des Représentants du Peuple)で、国民代表者議会議員二一七名が選出され、国民代表者議会が同年一二月二日に発足している。

2 La République Tunisienne, *Consititution*, 1er juin, 1959. は、その後一二回の憲法改正を経ており、この五六条と五七条は、二〇〇八年七月二八日の最後の改正版の第三章行政権、第一節共和国大統領に関わる条項。

3 本書では、Le Président de la République par Intérim の訳を「臨時共和国大統領」とし、制憲議会体制期の Le Président de la République Provisoire は、「暫定共和国大統領」と訳すことにする。

4 彼女の作品のうち、「宮殿の沈黙(Les silences du palais)」(一九九四年制作)はミラノでの第五回アフリカ映画祭で最優秀賞を、また「男たちの季節(La saison des hommes)」もパリのアラブ世界研究所からの大賞を受賞している。トラトリーも、文化大臣就任から僅か一〇日後の一月二七日に辞任。

5 この中に、二〇一一年四月にイスラーム過激派組織のアンサール・アルシャリーアを創設することになるサイフ・ベンハシーン、別名アブー・イヤードも含まれていた。

6 当初、ベンアシュールを代表とする「条例文・諸機関改革審議会(La Commission de réforme des textes et des institutions)」と、革命過程で重要な役割を果たした、人権擁護連盟、ATFD、全国弁護士会、UGTT、そして一二の野党政党の代表者たちから成る「革命保護評議会(Le Conseil de protection de la révolution)」の二つの委員会であったが、これらが再編されて、これらの三つの委員会となった。さらに三月一五日にまたこれらの委員会が一つの高等機構に統合されたことからも、革命直後の混乱ぶりがうかがえる。

7 委員長にはタウフィーク・ブーデルバラが就任したが、その後、この委員会は解散となっている。

8 委員長はＲＣＤ党員の弁護士アブデルファッターフ・ウマルで、元大統領にも近かった人物。

9 Ben Hamadi, Salah "Le quart de l'économie nationale détourné par le clan." *Le Temps*,（18/06 /2011）. http://www.turess.com/fr/letmeps/56835, accessed 2 August 2015.

10 二〇一一年六月一三日には欠席裁判のまま、テーラとカスリーンでの民衆蜂起に対する武力鎮圧に対する終身刑と全国での殺人と略奪の指示に対して二〇年の禁固刑が言い渡されている［Labat 2013: 258］。

11 "Un fortune colossale en un temps record : Inventaire complet des société de Sakher El-Materi." *La Presse de Tunisie*. 18 août 2011.

12 Ben Hamadi, Salah "25 mille articles de biens meubles confisqués dans le palais de Sidi Dhrif." *Le Temps*,（13/06/2012）. http://www.turess.com/fr/letmeps/66905, accessed 2 August 2015.

13 当時のパリ市長（二〇〇一年～二〇一四年）を務めていた人物。実際はビゼルト生まれではなく、チュニスの生まれ。

14 「われわれはベン・ガダーヒムとダグバージ（Daghbaji）の子孫だ！」という声もあったという［Cherni 2011: 109］。

15 "Arrivée à Tunis de la caravane de la libération." *Le Monde Afrique*,（23/01/2011）. http://www.lemonde.fr/tunisie/article/2011/01/23/arrivee-a-tunis-de-la-caravane-de-la- liberation_1469466_1466522.html, accessed 4 April 2013.

16 実際のＲＣＤの解体は、カーイドエッセブシー臨時政権下で二〇一一年三月九日に実施された。

17 Sadok Sayedi, "Membres du Conseil de l' instance supérieure pour la réalisation des objectifs de la Révolution, de la réforme politique et de la transition démocratique." *Tunisie Numérique*,（14/03/2011）. 現地でも、この機構は略称で Haute Instance と呼ばれている。http://www.tunisienumerique.com/membres-du-conseil-de-linstance-superieure-pour-la-realisation-des-objectifs-de-la-revolution-de-la-reforme-politique-et-de-la-transition-democratique/12754, accessed 23 August 2015.

18 Bouali, Hamideddin,"U.S. Secretary of State Hillary Clinton Visits." *Tunis Demotix*, (17/03/2011). http://www.demotix.com/news/627141/us-secretary-state-hillary-clinton-visits-tunis#media-627125, accessed 26 August 2015. クリントン国務長官の訪問にはそれを歓迎しない、反対デモもあったという報道もされている。

19 "Le G8 propose 40 milliards de dollars pour le printemps arabe." *Le Monde*, (27/05/2011). http://www.lemonde.fr/international/article/2011/05/27/le-g8-propose-40-milliards-de-dollars-pour-le-printemps-arabe_1528473_3210.html, accessed 26 August 2015.

20 また大企業家で元トズール市長のアブドゥラザーク・シャラーイト（一九九〇－二〇〇八年）は、この町の二大観光施設、伝統民俗博物館「ダール・シャライト」と「シャクワーク」というテーマパークの所有者で、ベンアリーとも親しい人物であった。そのため、革命後、国外へ逃亡したため、二つの巨大観光施設は閉鎖され、シャクワークは放火の被害にもあい、多数の従業員は給料支払い停止となり、二〇一二年の調査時点では裁判所での係争へと発展していた。

21 オアシス農地を占拠しつつも、農地の手入れや三～四月にはナツメヤシの受粉作業を自発的に全て無償で行い、農民としての農地への愛着やまた自らの農地管理能力をも対外的にアピールした。旧政権下で民営化された多くのオアシス農地で同様の問題が起きており、この農地・労使紛争については二〇一一年九月の時点では未だ解決には至っていなかった。

22 "Commission rogatoire pour une enquête approfondie: Troubles et actes de violence survenus à Métlaoui." *La Presse de Tunisie*, (15/03/2011). http://www.turess.com/fr/lapresse/24680, accessed 25 July 2015.
"La région sous haute tension." *La Presse de Tunisie*, (6/06/2011). http://www.turess.com/fr/lapresse/30708, accessed 25 July 2015. 双方の対立衝突は、イスラーム主義政党ナフダ党の重鎮指導者アブドルファターフ・ムールーの仲介でやっと収束することとなった。

23 "Couvre-feu décrété à Douz-Nord et Douz-Sud, Sbeitla: couvre-feu de 19H00 à 05H00." *Le Quotidien*, Samdi 3

septembre 2011, p.3.

24 同年八月四日の週市でも衝突が起きており、それについては、“Sfax: 40 bléssés dans une cofrontation sanguinaire à Jbeniana et l' hopital régional attaqué.” *Tunisie Numérique*, (04/08/2011). http://www.tunisienumerique.com/sfax-40-blesses-dans-une-confrontation-sanguinaire-a-jbeniana-et-l%e2%80%99hopital-regional-attaque/63328, accessed 2 September 2011.

25 “Retour de la violence à Jbeniana.” *Le Temps*, Dimanche 4 septembre 2011, p.3.

26 “Des dégâts estimés à trois millions de dinars: Eclairage public - Vols et destructions.” *La Presse de Tunisie*, le 22 août 2015.

27 “Italie: Nouvelle vague de réfugiés sur les côtes de Lapendusa.” *Tunisie Numérique*, (19/03/2012). http://www.turess.com/fr/numeriqu/113229, accessed 23 April 2015.

28 Chennoufi, A.“Tunisie, Naufrage de 800 migrants: Le Ministère des Affaires étrangères revient sur la catastrophe et sur le capitaine tunisien.” *Tunivisions*, (22/04/2015). http:// www. Turess.com/fr/tunivision/60035, accessed 23 April 2015.

29 “Repêchage de 12 corps d' immigres en Méditerranée et sauvetage de plus de 800 autres.” *Tunisie Numérique*, (10/07/2015). http://www.tures.com/fr/numerique 260617, accessed 10 Juy 2015.

30 吉田美智子「難民、今年はや三〇万人　昨年総数越す　ＥＵ、対策協議へ」『朝日新聞』二〇一五年九月一日朝刊、一〇面。

31 Charfi, Fatima “Le taux de suicide en Tunisie” *Le Temps*, le 30 mai 2015, p.2.　なお、日本では年間約三万人の自殺者を出しており、一〇万人の割合では二一・四人となることから、日本との比較では約六分の一に過ぎない。しかし、中東イスラーム諸国のなかでは、統計数字のない国も多いが、一〇万人に対する割合でのイランの六・四人、トルコの五・八人、バハレーンの三・八人に次いで多い数となっている。

32 Jaulmes, Adrien "La Tunisie débordée par les réfugies libyens." *Le Figaro*, (01/03/ 2011). http://www.lefigaro.fr/international/2011/02/28/0100320110228ARTFIG00701-la-tunisie-debordee-par-les-refugies-libyens.php, accessed 2 September 2015.

33 Gall, Carlotta "Tunisie. Les réfugiés libyens affluent et témoignent." *Courrier international*, (16/09/2014). http://www.courrierinternational.com/article/2014/09/16/ les-refugies-libyens-affluent-et-temoignent, accessed 2 September 2015.

34 国連難民高等弁務官事務所によって、二〇一一年三月にチュニジア南部のリビア国境近くのChouchaにリビア人難民受け入れのために開設されたキャンプで、最大の時には一万八千人の難民を収容。その数が七〇〇人ほどに減った段階で、二〇一三年六月三〇日に閉鎖された。Emillinne, Malfatto "En Tunisie, la colère gronde chez les réfugiés du Camp de Choucha." *Le Monde*, le 27 juin 2013.

35 そのホームページは、http://www.isie.tn/, accessed 2 September 2015.

36 Décret-loi No.35 du 10 Mai 2011, *JORT*, No.33 du Mai 2011, p.647.
第二三条で、各政党の選挙名簿の半分を女性候補とし、男女交互の順でリスト化すること、また全選挙区の三分の一以上の地区で、名簿の最初の候補を女性とすることとしている。

37 二〇一一年三月二四日に、特に選挙の投票活動を通じた民主主義の推進とその保護を目的に設立されたNGO。

38 この党は後に分裂して、「チュニジアの呼びかけ（Nidaa Tounes）党」、「忠正党（Wafa）」、「愛の潮流党（Le Courant de l'amour）」などと変化している。

39 二〇一三年山形国際ドキュメンタリー映画祭に出品された二〇一三年制作の作品で、監督は、ハテム・オテロ・ロマーニ。この映画では、ネスマTV事件についても記録撮影されている。

【第4章】

1　従来、首相（Premier ministre）と呼ばれてきたポストに相当するが、選挙後の暫定政府以降、政府主席（Le chef du gouvernement/raʾīs al-ḥukūma）と名称が変更されている。これは単なる名称変更ではなく、革命以前は大統領制で大統領に全ての権力が集中していたが、制憲議会選挙後は議会制を採り、議会が権力を有し、大統領は、イタリアやドイツなどと同様、名誉職的地位となっている。

2　この議会議長選挙では進歩民主党の党首マーヤ・ジュリービーも立候補したが、一四五対六八票で、ベンジャアファルが勝利した。なお副議長にはナフダ党の女性議員マヘルズィーヤ・ラビーディ・マイーザが就任した。

3　"Déclaration de la commission nationale de soutien à la grève de la faim pour les droits et libertés." (21/10/2005). http://www.manifeste.org/article.php3?id_article=252, accessed 8 September 2015.

4　チュニジア学生総同盟（UGET: l' Union générale des étudiants tunisiens）の創設に関わった経歴をもつ。

5　"civil"の意味には、①市民の、②民事の、民法上の（↔刑事上の）、③民間人の、文民の（↔軍人の）、④世俗の、非宗教的な（↔宗教の）などがある。ナフダ党は、選挙運動の過程において、必ずしも憲法をシャリーアに基づいて作ることはしないと明言しており、事実、政教分離も受け入れているので、国造りをイスラームに基づいて行うと先に述べてはいるが、ここでは"civil"を「世俗的」「政教分離の」と訳しておく。

6　この政党自体が民主的な手法で運営されていることについては、四年ごとに会費を納入している全党員が参加する党会で、代議員によって党首と全国会議メンバーが選出され、その全国会議のメンバーが執行部と書記長とを任命するとされており、地域レベルにおいても同様の手法が採用されているとされる［Haugbølle and Cavatora 2014 : 50］。

7　実際に憲法草案は、二〇一四年一月二六日に制憲議会における投票で投票数二一六票のうち、賛成票二〇〇票、反対票一二票、白票四票という、圧倒的賛成によって可決された。

8　この委員会の構成員については、"Tunisie: Composition de l' instance de la vérité et de la dignité." *Tunisie Numérique*, (02/05/2014), http://www.turess.com/fr/numerique/220367, accessed 10 September 2015. またこの組織

機構に関しては、以下のサイトを参照。Weslaty, Lilia “Tunisie: L'organigramme de l'Instance Vérité et Dignité.” *Webdo*,（28/01/2015）. http://www.webdo.tn/2015/01/28/tunisie-lorganigramme-de-linstance-verite-et-dignite/, accessed 10 September 2015.

9　ナフダ党幹部の少なからぬ人々が、同じような経験をしている。

10　Zantūr, Kawthar “Tsūnāmī al-ta'ayyāt al-nahdhāwīya.” *Al-Maghrib*, 16 novembre 2013: 6-7.

11　Weslaty, Lilia“ 'Sheratongate': Le juge chargé de l'affaire muté par le ministre de la justice.” *Nawaat*,（30/01/2013）. http://nawaat.org/portail/2013/01/30/sheratongate-le-juge-charge-de-laffaire- mute-par-le-ministre-de-la-justice/, accessed 15 September 2015.

12　高等機構長であったイヤード・ベンアシュールは、その後、自ら非政府組織「民主化移行期調査協会（ARTD: Association de recherches sur les transitions démocratiques）」を立ち上げ、民主化監視活動を継続している。

13　例えば、ＩＮＲＩＣはその活動成果を三三〇頁にもなる英仏二か国語での報告書にまとめ、二〇一二年九月に刊行している。

14　その政令 No.2011-115（Décret-loi relatif à la liberté de la presse, de l'imprimerie et de l'édition の全文については、以下のサイトを参照。http://www.inric.tn/fr/Decret-loi_relatif_a_la_liberte_de_la_presse.pdf, また政令 No.2011-116 の全文については、以下のサイトを参照のこと。http://www.inric.tn/fr/decret.pdf.

15 “Tunisi- Bochra Bel Haji Hmida quitte Ettakatol et refuse de participer au complot.” *Business News*,（20/11/2011）. http://www.turess.com/fr/businessnews/27744, accessed 12 September 2015.

16　“Al-Bawsala”とは、アラビア語で「羅針盤」「方位磁石」の意味。

17　Al-Bawsala のホームページにそうした活動の結果報告がある。http://www.albawsala.com/marsad_majles, accessed 9 September 2015.

18　“Sidi Bouzid Jets de pierres contre Marzouki et Ben Jaafar.” *Mag14*,（17/12/2012）. http://www.mag14.com/

national/40-politique/1304-sidi-bouzid--jets-de-pierres-contre-marzouki-et-ben-jaafar.html, accessed 16 September 2015.

19 ナフダ党党員のなかにも政教分離を容認する人びともいることから、その点では政教分離を建前とするセキュラリストと考えが重なる部分がある。

20 こうしたガンヌーシー党首が、サラフィストに自らの子供たちとして呼びかけるビデオ映像は複数知られている。"Tunisie: Ghannouchi rassure "ses enfants" les salafistes [video]." *Saoudiwave*, (11/10/ 2012). http://www.saudiwave.com/fr/politique/2311-tunisie--ghannouchi-rassure-ses-enfants-les-salafistes-video.html, accessed 14 September 2015.

21 若桑は、革命後のチュニジアのサラフィー主義には幾つかの潮流があり、大きく「知的サラフィー主義」と「サラフィー・ジハード主義」があるとしている［若桑 2013: 37］。

22 "Tunisie- De "Ni Allah ni maître" à "Laicité, inch'Allah"". *Regards croisés*, (29/06/2011). http://regardscroises.blog.tdg.ch/archive/2011/06/29/tunisie-de-ni-allah-ni-maitre-a-laicite-inch-allah.html, accessed 13 September 2015.

23 そのシーンは、二〇一三年の同監督によるドキュメンタリー映画作品『悪意なき闘い』のなかにも収められている。

24 和訳も出版されている。マルジャン・サトラピ『ペルセポリスーイランの少女マルジ①②』（園田恵子訳）、東京：バジリコ株式会社　二〇〇五年。

25 ハテム・オテロ・ロマーニ監督の二〇一三年のチュニジア・イタリアの共同制作作品。

26 "Les salafistes sevissent une fois plus." *Webdo*, (25/05/2012). http://www.webdo.tn/2012/05/25/les-salafistes-sevissent-une-fois-de-plus/, accessed 14 September 2015.

27 リビアのベンガジ米国領事館では、同じ理由からのイスラーム過激派による襲撃事件があり、クリストファー・スティーブンス米国大使など四名が死亡した。

28 "Sousse: La Faculté des lettres et des sciences humaines envahie par des individus suite à l' interdiction du porte du

niqab." *TAP* (06/10/2011). http://www.turess.com/fr/tapfr/110625, accessed 20 December 2014.

29 Dermeh, A."Coup de force de salafistes au Campus de la Manouba." *La Presse de Tunisie*, le 29 novembre 2011.

30 二〇一五年三月の調査の折の聞き取りに基づく。

31 一九八一年、ブルックリン・ハーレムでのＤＪのバウアーによるタップミュージックのダンスが起源とされる。

32 アビード教育相は、連立政権政党のタカットル党の党員。

33 Auffray, Elodie "En Tunisie, le Harlem Shake vire au combat de société." *L'Express*, (01/03/2013). http://www.levif.be/actualite/international/en-tunisie-le-harlem-shake-vire-au-combat-de-societe/article-normal-140775.html, accessed 18 August 2013.

34 Shabi, Rachel "How the Harlem Shake moves to a more radical beat in Tunisia." *The Gardian*, (14/03/2013). http://www.theguardian.com/commentisfree/2013/mar/14/harlem-shake-moves-radical-beat-tunisia, accessed 22 May 2013.

35 "Ṭulba al-jabha al-sha'abīya yumārisūna al-'unf fī kullīya al-ādāb bi-raqqāda." *Al-Fajr*, (07/03/2014) 第1面、*La Presse de Tunisie*, le 8 mars 2014, p.4にも "Violence à la faculté de Rakkada: Crise idéologique." の同様の事件の記事掲載。

36 二〇一二年九月二日には、シーディ・ブーズィードのホテルで、アルコールを販売していたホテル・ホルシャーニーがサラフィスト集団に襲撃され、建物の多くを破壊された。

37 この聖者も北アフリカの高名なスーフィー、アブー・マディヤーン（'Abū Madiyān）の弟子であると同時に、イブン・アラビー（Ibn 'Arabī）との交流もあったとされるチュニジアの宗教史上の重要な人物である［Brunschvig 1947 Tome II: 332］。

38 "Mausolée Sidi Bou Saïd: Rached Ghannouchi innocente les salafistes."*African Manager*, (16/01/2013). http://www.turess.com/fr/africanmanagerfr/146273, accessed 16 September 2015.

39 “Rached Ghannouchi dégagé à Sidi Bou Said.” *Youtube*, (15/01/2013). https://www.youtube.com/watch?v=Wjj0bra2N3E, accessed 16 September 2015.

40 食卓の章三三節「アッラーとその使徒に対して戦い、または地上を攪乱して歩く者の応報は、殺されるか、または十字架につけられるか、あるいは手足を互い違いに切断されるか、または国土から追放される外はない。（以下省略）」。日本ムスリム協会発行『日亜対訳・注解　聖クルアーン（第六刷）』。

41 Ben Achour, Yadh 2012 *Religion, révolution, et constitution : Le cas de la Tunisie*. (Harvard - le 18 septembre 2012) Leaders.com.tn, (13/11/ 2012). http://www.socialgerie.net/spip.php?article1010, accessed 3 November 2013.

42 Ben Hamadi, Monia “Tunisie - Manifs et contre-manifs sur la Chariâa: Qui est le peuple?” *Business News*, (20/03/2012). http://www.turess.com/fr/businessnews/30018, accessed 17 September 2015.

43 Ben Hamadi, Monia “Tunisie-Manifs et contre-manifs sur la Chariâa: Qui est le peuple?” *Business News*, (20/03/2012). http://www.turess.com/fr/businessnews/30018, accessed 17 September 2015.

44 Khefifi, Walid “Ennahdha en a-t-elle fini avec l'ambivalence? Plus de Chariâa, on maintient l'article ler de la Constitution de 59.” *Le Temps*, (27/03/2012). http://www.turess.com/fr/letemps/64671, accessed 17 September 2015.

45 Roger, Benjamin “Tunisie: Nida Tounès parle d’《assassinat politique》après la mort d’un de ses représentants.” *Jeune Afrique*, (19/10/ 2012). http://www.jeuneafrique.com/173785/politique/tunisie-nida-toun-s-parle-d-assassinat-politique-apr-s-la-mort-d-un-de-ses-repr-sentants/, accessed 19 September 2015.

46 “Tunisie–Vidéo: L’ UGTT attaquée par la ligue de protection de la révolution en marge de la journée de commémoration de la mort de Ferhat Hached.” *Tunisie Numérique*, (04/12/2012). http://www.tunisienumerique.com/tunisie-video-lugtt-attaquee-par-la-ligue deprotection-de-la-revolution-en-marge-de-la-journee-de-commemoration-de-la-mort-de-farhat-hached/155639, accessed 20 September 2015. 翌二〇一三年一〇月八日にも同組織の過激

派イスラミストらがチュニス郊外のアリアナのＵＧＴＴ事務所への襲撃事件を起こしている。"Tunisie: L'UGTT de l'Ariana attaquée par la ligue de protection de la révolution." *Tunisie Numérique*, (08/10/2013). http://www.tunisienumerique.com/lugtt-de-lariana-attaquee-par-les-ligues-de-la- protection-de-la-revolution/196045, accessed 20 September 2015.

47 二〇一三年（ヒジュラ暦一四三四年）のラマダーン月は、七月九日～八月七日までであった。

48 "Massacre de soldats tunisiens près de la frontière avec l'Algérie." *Euronews*, (29/07/2013). http://freuronews.com/2013/07/29/massacre-de-soldats-tunisiens-pres-de-la-frontiere-avec-l-algerie/, accessed 21 September 2015.

49 "Deuil national après la mort de soldats tunisiens au mont Chaambi." *France 24*, (30/07/2013). http://www.france24.com/fr/20130729-huit-soldats-tues- affrontements-frontiere-algerie-mont-chaambi-tunisie/, accessed 21 September 2015.

50 "Wided Bouchamaoui, la patronne des patrons tunisiens." *La Croix*, (23/10/2013). http://www.la-croix.com/Actualite/Monde/Wided-Bouchamaoui-la-patronne-des- patrons-tunisiens-2013-10-23-1049552, accessed 21 September 2015.

51 マルズーキー大統領が党首の「共和国のための議会」は「国民対話」への参加を見送った。

【第5章】

1 高校・大学への進学率については、チュニジア国立統計局の資料でも、女子の方が男子のそれを上回ってきており、高等教育（enseignement supérieur）における男女比は、二〇〇八－九年度は女子が五九・八％、二〇一二－一三年度には六一・七％を占めている［INS 2013: 49］。

2 Le Code du Statut Personel は、直訳では「個人地位法」、また黒田美代子訳（一九九〇年）では「チュニジア私的関係法」と訳出され、さらに「身分関係法」「身分法」の訳語もあるが、本稿では他国との比較考察の便宜も考慮し、

「家族法」という語を使用する。

3　チュニジアは翌一九五八年にベイ制から共和制へと移行し、一九五九年に共和国憲法を公布した。したがって、この家族法は憲法に先んじて制定されたものでもあった。なお、チュニジアの最初の憲法は、一八六一年四月二六日にフセイン朝第一二代目のベイ、ムハンマド・サーディク・ベイ（Muhammad Ṣādiq Bey）によって公布された。憲法の制定はアラブ諸国ではこれが最初のものであった［Boularès 2012: 468-469］。

4　Décret-loi No.35 du 10 Mai 2011, JORT No.33 du Mai 2011, p.647.　第二三条で、各政党の選挙名簿の半分を女性候補とし、男女交互の順でリスト化すること、また全選挙区の三分の一以上の地区で、名簿の筆頭候補を女性とすることとしている。

5　Kraiem によれば、一〇九政党とされている［Kraiem 2014: 336］。第3章を参照。

6　選挙に参加した一〇七政党のうち、一〇〇ほどは二〇一一年三月以降に結成された新政党。

7　この「チュニジア男女平等推進プログラム」はＥＵの財政支援で実施されたもので、報告書の著者は Boutheina Gribaa et Giorgia Depaoli. 同報告書によると、選挙での実際の投票者数は有権者全体の五一％に留まったが、この投票者の男女比については公式のデータがなく、それは当局のジェンダーへの関心の低さを示すものと指摘している。なお、ＮＧＯの監視団によれば、特に地方では女性の投票者が少なかったとされ、理由としては選挙登録には二五ディナールが必要であったことや、地方の投票所には遠いところが多かったことが挙げられるとしている［Gribaa et Depaoli 2014: 10］。

8　ＰＤＭ（Pôle Démocratique Progressiste）は男女交互拘束名簿制を厳格に実践した数少ない政党の一つで、立候補者二三名のうち一七名が女性［Mefarej 2012: 166］。

9　男女交互拘束名簿制では、単に候補者リストを男女交互に作成するという垂直的平等のみならず、選挙区全てで男女の順番が平等となる水平的平等が課題となる。

10　二〇一四年憲法の第二一条と第四六条には、それぞれ以下のように記されている［République Tunisienne 2014:

12.16]。

第二一条

・男性国民と女性国民は、その権利と義務において平等である。彼ら(彼女ら)は法の前では一切の差別なく平等である。

・国家は、国民に対して、個人と集団の自由と権利を保障する。そして国民に対して、尊厳ある生活の条件を保障する。

第四六条

・国家は女性の既得権を保護し、それらを支持し、またそれらを改善していくように努める。

・国家は、女性と男性の果たす異なる責任を認めつつ、全ての分野における女性と男性の機会の平等を保障する。

・国家は、選挙が行われる議会での女性と男性のあいだのパリテ（平等）の実現に尽力する。

・国家は、女性に対する暴力の根絶に向けて必要な手段を講じる。

なお、第二一条では男性国民と女性国民という語順となっているが、第四六条では女性と男性とあいだの機会の平等と、その語順が逆になっている点にも注目しておきたい。

11　Dami, Samira "Les femmes, des actrices sociales importantes de la révolution." *La Presse de Tunisie*, (11/03/2011). http://www.turess.com/fr/lapresse/24354, accessed 17 August 2015.

12　Galofaro, Antonio "A Tunisian Girl, le cyberactivisme de terrain." *Dégage !*. (13/04/2011). http://www.ir7al.info/?p=1389, accessed 23 October 2012.

13　ベンムヘンニーの Tunisian Girl のサイトは http://atunisiangirl.blogspot.com/.

14　一九八九年に創設された女性市民団体で、男女同権や女性差別廃止、女性への暴力反対などの実践的活動を行っている団体。そのメンバーの一部は、同年に設立されたより研究調査を中心とする「開発調査チュニジア女性協会（AFTURD: Association des Femmes Tunisiennes pour la Recherche sur le Développement）」にも所属している。

15　二〇一五年一月にはカーイド・エッセブシー大統領とハビーブ・エッシード首相から、女性・家族・児童省大臣に任命されたが、大臣に就任後、政権がナフダ党との連立を組んだ時点ですぐに辞任している。

16 Koursi Labidi, Najma "Kedija Cherif, militante féministe et lauréate du prix Minerva." *Al Huffington Post Maghreb-Tunisie*, (27/11/2014). http://www.huffpostmaghreb.com/2014/11/27/khedija-cherif-prix-_n_6231636.html, accessed 7 December 2014.

17 メディアと女性との関わりでの革命後の新しい動きとしては、二〇一四年三月八日「国際女性の日」には、欧州地中海地域初のウエッブ女性テレビ局「ニサーＴＶ」がチュニスを本部にして開設されたほか、この同日にはラジオでも女性メディア協会によって、初となる女性向けの「チュニジア女性ラジオ局」が開局されている。"Lancement d'une chaîne télée féminine, «Nissa TV»." および "La «radio de la femme» est née." *La Presse de Tunisie*, le 9 mars 2014, p.4.

18 Sarret,Camille "La Tunisie adopte la parité hommes-femmes en politique." *TV 5 Monde*, (24/04/2011). http://www.harissa.com/news/article/la-tunisie-adopte-la-parit%C3%A9-hommes-femmes-en-politique, accessed 10 December 2013.

19 この賞は、一〇年前から携帯電話会社のオランジュ（Orange）がスポンサーとなり、地中海諸国の女性五人に毎年授与しているもの。"Khadija Madani remporte le prix international'Women for change'." *La Presse*, (16/10/2015). http://www.lapresse.tn/article/thailande-explosion-d-une-voiture-piegee-sur-l-ile-touristique-de-samui/153/788, accessed 19 October 2015.

20 Verdier, Marie "Khaoula Rachidi, la fille du drapeau tunisien." *La Croix*, (24/10/2013). http://www.la-croix.com/Actualite/Monde/Khaoula-Rachidi-la-fille-du-drapeau-tunisien-2013-10-24-1050939, accessed 20 December 2013. なお、チュニジア国旗には、赤の地にイスラームを象徴する三日月と星があしらわれている。

21 Ben Omrane, Salah "Une étudiante à la faculté de Manouba a défendu le drapeau national tunisien, attaqué par de salafistes." *La milieu autorisée*, (07.03.2012.). http://lemilieuautorise.com/2012/03/07/3532/, accessed 13 February 2013.

22　D.M. "Moncef Marzouki rend hommage à Khaoula Rachidi et au drapeau national." *Business News*, (12/03/2012). http://www.businessnews.com.tn/Moncef-Marzouki-rend-hommage-%c3%83%c2%a0-Khaoula-Rachidi-et-au-drapeau-national-（vid%c3%83%c2%a9）.520,29860,1, accessed 13 February 2013.

23　ブラーフミーはシーディ・ブーズィードの出身で、ナフダ党を鋭く批判していた議員の一人で、「民衆運動党 Mouvement du peuple」の創設に関わった後、その後二〇一三年七月には自らの新党「人民潮流党 Courant Populaire」を結成していた。

24　Vendrier, Marie "Wided Bouchamaoui, la patronne des patrons tunisiens." *La Croix*, (13/10/2013). http://www.la-croix.com/Actualite/Monde/Wided-Bouchamaoui-la-patronne-des-patrons-tunisiens-2013-10-23-1049552, accessed 25 December 2014.

25　"Tunisia: Wided Bouchamaoui best woman entrepreneur in Arab World." *African Manager*, (04/05/2014). http://www/africanmanager.co/site_eng/detail_article.php?art_id=204, accessed 4 May 2014. この賞は国連開発計画も支援しており、選考委員会はノーベル平和賞受賞者で構成されている。またW・ブーシャンマーウィは、日本政府安倍政権が主催した二〇一四年九月一二～一三日に東京で開催された「女性が輝く社会に向けた国際シンポジウム」にも、チュニジアの代表として出席している。

26　"La président de l'UTICA Ouided BOUCHAMAOUI reçoit le Prix Oslo Business for Peace Award." *Tekiano*, (11.04.2014). http://www.turess.com/fr/tekiano/10050, accessed 4 May 2014.

27　"Wided Bouchamaoui reporte le prix de La Tribune Women's Awards." *La Presse de Tunisie*, (02/12/2014). http://www.lapresse.tn/article/wided-bouchamaoui-remporte-le-prix-de-la-tribune-womens-awards/94/230, accessed 30 January 2015.

28　ＡＴＦＤは以前から女性の性暴力被害者への聞き取り調査や支援をしてきたが、元会長のサナ・ベンアシュールは革命後、ＢＥＩＴＹというＮＧＯを創設し、革命後の混乱で福祉手当を得られず、ホームレスになった女性たちの救済活動を行っている。「平等とパリテ協会」会長スカンドラーニーも、制憲議会選挙後は、増加する女性への暴力を非難するデモ集会などを開催している。詳細は、http://www.ejoussour.net/node/10104 を参照。

29　ＦＥＭＥＮは、二〇〇八年にウクライナのキエフで、アンナ・フツォル（Anna Hutsol）によって創設されたフェミニスト抗議団体。ウクライナ人女性が性産業や悪質仲介業者による国際結婚の犠牲になっている現実に抗議し、女性の身体を武器として、裸体の上半身で抗議することを特徴とする。女性の性的搾取への抗議のみならず、独裁政治、家父長制、宗教など多様な社会問題に関する抗議行動も実践している団体。HP http://femen.org/ を参照。

30　"La Femen girl tunisienne revendique son droit d'apparaître nue." *Investir En Tunisie*, (17/03/2013). http://www.turess.com/fr/investir18910, accessed 14 December 2013.

31　"Amina Sboui, alias Tyler, Femen tunisienne." *La Voix du Nord*, (le 31/05/2013). http://www.lavoixdunord.fr/france_monde/amina_sboui_alias_tyler_femem, accessed 14 December 2013.

32　"Tunisie: l' association tunisienne des femmes démocrates plaide pour Amina." *Tunisie Numérique*, (21/05/2013). http://www.tunisienumerique.com/ tunisie-l- association-tunisienne-des-femmes-democrates-plaide-pour-amina, accessed 14 December 2013.

33　"Amina, the Tunisian activist who sparked a scandal." *Voice of Africa*, (04/06/2013). http://voiceofafrica.co.za/amina_the_tunisian_activist_who_sparked_a_scandal, accessed 8 January 2014.

34　Hartman, Alexandra "Femen Activist Revels Against Tunisia's "*Dimocracy*" in new Nude Photo." Tunisia-live.net, (15/08/2013). http://www.tunisia-live.net/2013/08/15/amina-criticizes-tunisias-dimocracy-in-new-nude-photo/, accessed 8 January 2014.

35　「私の身体は私のもの」という文言は、他のフェミニスト団体などでも「私の身体は私の権利（jisdī ḥuqūqī）」などと言い換えられ、一つのスローガンと化していった。

36　"Le prédicateur Wajdi Ghanin en terrain (presque) conquis en Tunisie." *Kapitalis*, (12/02/2012) . http://www.

kapitalis.com/tribune/8269-le-predicateur-wajdi-ghanim-en Tunisie, accessed 14 February 2013.

37 Driss, Mohammad "Tunisie : Le ministère des affaires de la femme: L' excision est interdite." *Tunisie Numérique*, (le 17 février 2012). http://www.tunisienumerique.com/tunisie-le-ministere-des-affaires-de-la-femme-lexcision-est-interdite/105219, accessed 14 February 2013.

38 Sbouai, S. "L'excision, simple opération ésthétique ?" *Baya.tn*, (13.02.2012.). http://www.baya.tn/2012/02/13/lexcision-simple-operation-esthetique/, accessed 14 February 2013.

39 "Tunisie- Le parquet se décide à enquêter sur les réseaux d'embrigadement des jeunes Tunisiens dans le Djihad." *Tunisie Numérique*, (19/03/2013). http://www.turess.com/fr/numerique/169946, accessed 19 May 2014.

40 "La Tunisie plus grand exportateur de djihadistes en Syrie." *African Maneger*, (02/09/2014). http://www.turess.com/fr/africanmanagerfr/171317, accessed 20 December 2014. チュニジアに続き、サウジアラビア二五〇〇人、モロッコ一五〇〇人、西欧諸国ではロシア八〇〇人、フランス七〇〇人とされている。

41 "Nombre des filles ayant participe au Djihad Nikah en Syrie : la Tunisie en première position." *Investir En Tunisie*, (25/03/2014). http://www.tures.com/fr/investir/25585, accessed 30 May 2014.

42 Arbani, Murad "Les "djihadistes du nikah" tunisiennes, en Syrie, veulent rentrer de peur d'être assasinées." *Algérie 1 com*, (20/06/2013). http://www.algerie l.com/actualite/les-djihadistes-du nikah-tunisiennes, accessed 13 February 2014.

43 "Considéré comme crime organisé: Jihade Al Nikah serait-il criminalisé ? " *La Presse de Tunisie*. le 7 octobre 2013.

44 現地のチュニジアでは、「名誉殺人」に相当する行為は、"ghusl 'aura"、すなわち「恥を洗う」という言い方をする。

45 Ben Said, Safa "Man burns daughter to death in suspected honor killing." *Tunisialive*, (11/06/2014). http://www.tunisia-live.net/2014/06/11/man-burns-daughter-to-death-in-suspected-honor-killing/, accessed 15 June 2014.

46 Petré, Christine "Tunisians protest on the streets and online against rare case of honor killing." (18/06/2014). http://www.yourmiddleeast.com/culture/tunisians-protest-on-the-streets-and-online-against-rare-case-of-honor-killing_24498, accessed 20 June 2014.

47 ＡＴＦＤからは既に二〇一〇年一〇月の日付で、"Les Droits des Femmes en Tunisie: Déclaration-Résume des questions prioritaires soumis par l'ATFD au comité des Nations Unies pour l'élimination de la discrimination à l'égard des femmes"と題した書類が作成されている。

48 このプロジェクトは、Open society institute から財政支援を受け、チュニジアとエジプトで開始されたもので、アラブ地域の他の諸国へも普及させる予定とされている。

49 ＵＮＦＰＡやＯＮＵＦＥＭＭＥＳに始まり、デンマーク外務省、Sida（スウェーデンの国際協力機関）、在チュニジア・フィンランド大使館、ユーロ地中海人権ネットワーク、ＯＸＦＡＭ、スイス連盟、ノルウェー外務省などから資金援助を得ている。

50 Beity の HP は http://beity-tunisie.org/fr を参照。

【第6章】

1 革命後の最大の危機でもあったこの折には、民間企業連合のＣＯＮＥＣＴやＵＧＴＴから分離した労働組合ＵＴＴや観光業連盟ＦＴＡＶ、またＳＹＮＡＲＧＩや会計士会など、複数の市民団体が、①テクノクラート政権樹立、②次期選挙の準備開始、③専門家による憲法の草案完成という、カルテットの提案とほぼ同じ内容の提案と、それに加えて行政機関とモスクの人事と暴力に対抗する治安維持の政策など、九項目に関しての要求と提案を八月初旬に行っている。Nouira, Imen "Tunisie - La CONECT, l'UTT, la FTAV, le SYNARGI et l'Odre des experts comtables lancent leur initiative." *Business News*, (06/08/2013). http://www.turess.com/fr/businessnews/39986, accessed 18 November 2013.

2　国際的には、二〇一五年一月にフランスのパリで、預言者ムハンマドの風刺画を掲載した週刊誌の出版社シャルリ・エブドへの襲撃事件がみられた。

3　"Tunisie（vidéo）: Ibrahim Kassas crie Allaou Akbar à l' ANC." *Investir en Tunisie*,（22/01/2014）. http://www.tures.com/fr/investir/24303, accessed 6 November. 2015.

4　ジャン・ボベロは、第六条の良心の自由と「背教」の自由を保障する規定は、これまでアラブ・イスラーム諸国の法規範では認められたことのなかったとして、高く評価している［ボベロ 2014: 115］。

5　ベンアリー時代の政権政党「立憲民主連合党（RCD）」は、最盛期には約二〇〇万人の党員を抱えていたとされる。

6　「アミール（'amīr）という称号を持つ者が統治する地」という意味。アラブ首長国連邦（United Arab Emirates）の 'Imārāt は、'imāra の複数形。

7　フランス保護領時代に開発された地区で、地名もその名残りを留めている。

8　Ibn Taymīya（1258-1326）は、マムルーク朝期にシリアやエジプトで活躍したハンバル派のイスラーム学者。サラフ（初期世代）の理性の再構成を試み、シャリーア（イスラーム法）の絶対性とその完全な遂行を主張し、スーフィズムや聖者崇拝を批判した。近現代のイスラーム改革主義、サラフィー主義の思想形成に大きな影響を及ぼした。

9　Schneider, Julie "A Tunis, la mosquée Zitouna, un etat dans l' etat." *Le Point*,（01/10/2012）. http://www.lepoint.fr/monde/a-tunis-la-mosquee-zitouna-un-etat-dans-l-etat-01-10-2012-1512134_24.php, accessed 21 October 2014.

10　"Tunisie- Plainte contre l'imam de la mosquée Sidi Lakhmi." *Tunis Numérique*,（19/12/2012）. http://www.tunisienumerique.com/tunisie-plainte-contre-limam-de-la-mosquee-sidi-lakhmi/157774 , accessed 22 October 2014.

11　"Le ministre des affaires religieuses croit que la Tunisie est un État islamique." *Business News*,（09/03/2014）. http://www.turess.com/fr/businessnews/44820, accessed 30 October 2014.

12　"Tunisie: Mounir Telili: 90 mosquées toujours hors contrôle de l'État." *Tunis Numérique*,（03/05/2014）. http://www.tunisienumerique.com/tunisie-mounir-telili-90-mosquees- toujours-hors-controle-de-letat/220409, accessed 25

October 2014.

13 “Tunisie: Le ministère des affaires religieuses recupère le contrôle de 100 mosquées.” *Tunis Numérique*, (03/05/2014). http://www.tunisienumerique.com/tunisie-le-ministere-des-affaires-religieuses-recupere-le-controle-de-100-mosquees/226862, accessed 25 October 2014.

14 “L'imam extrémiste Ridha Jaouadi trace Mehdi Jomaa.”*Business News*, (22/07/2014). http://www.turess.com/fr/businessnews/48160 , accessed 26 August 2014.

15 “Tunisie : Les imams protestent devant l'Assemblée nationale constituante.” *Business News*, (08/07/2014). http://www.turess.com/fr/businessnews/47750, accessed 28 August 2014.

16 “Limogeage de Ridha Jaouadi, le ministère des affiares religieuses campe sur ses positions.”*Tunis Numérique*, (17/09/2015). http:// www.turess.com/fr/numerique/266692, accessed 28 October 2015.

“Ennahdha etonne par l'arrestation de Ridha Jaouadi.” *Business News*, (27/10/2015). http://www.turess.com/fr/businessnews/59835, accessed 28 October 2015.

17 “Ridha Belhaj et Bechir Ben Hassan interdits de conduire la priēre.” *La Presse de Tunisie*, (03/07/2015). http://www.turess.com/fr/lapresse/101285, accessed 27 October 2015.

18 “Hammadi Jabali: Dieu Protègera nos ressoirtissants en Syrie.” *Business News*, (06/02/2012). http://www.turess.com/fr/businessnews/29168, accessed 15 September 2015.

19 エッシード政権下では、宗教問題省の大臣に就任している。

20 “Chronique: Jihad an-nikah ou le corps des femmes thēâtre des fantasmes masculins.” *Tunivisions*, (25/09/2013). http://www.turess.com/fr/tuivisions/46246, accessed 17 August 2015.

21 “Près de 5500 Tunisiens combattraient avec les jihadhistes.” *DNA*,(10/07/2015). http://www.dna.fr/actualite/2015/07/10/pres-de-5500-tunisiens-combattraient-avec-les-jihadistes, accessed 13 July 2015.

22 "15 mille jeunes empêchés de rejoinder des groups djihadistes et arrestation de 1000 terroristes, selon Habib Essid." *Tunisie Numérique.* (10/07/2015). http://www.tunisienumerique.com/15-mille-jeunes-empeches-de-rejoindre-des-groupes-djihadistes-et-arrestation-de-1000-terroristes-selon-habib-essid/260621, accessed 12 July 2015.

23 アブー・ハサン・シャーズィリー（Abū Ḥasan Shādhilī 1197-1258）を開祖とするスーフィー教団。なおチュニジア方言では、シャーディリーと発音する。現在、チュニスの南部地区の丘、彼がイスラーム神秘主義の修行をしたとされる場所にフセイン朝下、一七四〇年頃に建立された聖者廟と教団施設ザーウィヤがあり、その周りにはチュニス最大のジェラーズ墓地が広がっている。ここでは七〇〇年間、フランス保護領下でも、一度も途絶えることなく、毎週金曜日、日没と夜の礼拝のあいだの時間にコーラン朗誦が続けられてきている。また毎週土曜日には教団の宗教儀礼ズィクル（dhikr）が行われており、夏季六月～八月にかけての一四週間のみ、木曜日にもその儀礼が行われる。革命後、サラフィストが台頭した時期もその伝統は維持され、また信徒らが警備をしてサラフィストらからの襲撃からこの宗教施設を護ったとされている。

24 一八七九年九月、チュニスの生まれ。近代チュニジアを代表する法学者で、一九四四年からザイトゥーナの総長を務めた。一九七三年八月に死去。Ibn ʿĀshūr Muḥammad al-Ṭāhir. 1997 *Tafsīr al-taḥrīr wa al-tanwīr*. 30 vols. Tūnis: Dār Saḥnūn. や Ibn ʿĀshūr Muḥammad al-Ṭāhir. 1978 *Maqāṣid al-sharīʿa al-Islāmiya*. Tūnis: Al-Sharika al-tūnisīya lil-tawzīʿ の著作がある。前者は三〇巻から成る著作で、この完成に四〇年の歳月を費やしている。革命目的実現のための高等機構長を務めたイヤード・ベンアシュールの祖父にあたる。

25 大統領選挙のキャンペーン中には、シャーディリーヤ夫人がシーディ・ベルハサンのザーウィヤを訪れ、夫のカーイドエッセブシーへの投票を呼びかけ、大統領就任後には教団の活動を保護する方針だとも語ったとされている。

26 一九五九年憲法では、議会の名称は Majlis al-Āmma /Assemblée Nationale となっていたが、一九八一年六月九日にこの名称に改称。国民議会（議員定数二一四人）は、その後、二〇〇二年六月一日の法改正で、上院（Majlis al-Mustashārīn / Chambre des Conseilleurs）（議員定数一二六人）を加えて、両院制となっていた。

27 第五三条の条文は、「国民のうち、国民代表者議会への被選挙資格を有する者は、過去最低一〇年間、チュニジア国籍を有する有権者の全員であり、立候補を表明する時点で満二三歳以上であること、また法に違反することをしていない者とする」となっている。

28 第五六条の条文は、「国民代表者議会は任期を五年間とし、議会任期の最後の六〇日間に改選が行われることとする。なお、緊急事態によって選挙を実施できない場合には、他に定める法令によって、この任期を延長することができる」となっている。

29 制憲議会選挙時の選挙法については、以下を参照。"Tunisie: décret-loi du 10 mai 2011, relative à l' élection d' une assemblée nationale constituante." http://www.pouruneconstituante.fr/spip.php?article481, accessed 26 November 2015.

30 この法改正は、二〇〇九年四月一三日の組織法の第三条の改正（l'article 3 de la loi organique no. 2009-19 du 13 avril 2009). République Tunisienne 2010 *Le Code Électoral*, l'Imprimerie Officiele de la République Tunisienne. p.5. また五四条の条文は、「有権者は、満一八歳以上のチュニジア国籍を有する全ての市民であり、選挙法で定められた条件を満たすものである」とされている。

31 内訳は、フランス二選挙区各五議席、イタリア一選挙区三議席、ドイツ一選挙区一議席、その他の欧米全域一選挙区二議席、アラブ諸国一選挙区二議席、その他の全地域一選挙区二議席。

32 制憲議会選挙で当選した八九人のうち、その後四人が離党したことから、国民代表者議会選挙直前にはナフダ党議員は八五人となっていた。

33 この政党は、二〇一一年の選挙には参加しなかった。

34 有権者の事前登録者数が、二〇一四年には二〇一一年よりも三〇〇万人減少したことについては、二〇一一年には選挙の事前登録なしでも、選挙日当日に投票所で身分証明書による当日登録が可能で、その手続き後に投票した人々もいたが、二〇一四年には当日登録制度が廃止されたことから、これも登録者数減少の一要因となったと考えられる。

35　憲法の第四章「行政権」の第七四条では、「チュニジア生まれで、イスラームをその宗教とする全ての有権者は、共和国大統領職に立候補する権利をもつ。立候補者は、立候補を表明する時点で、最低満三〇歳以上であることとする。またその人物がチュニジア国籍以外の国籍を有している場合には、立候補表明の書類に、共和国大統領を宣言する時にもう一つの国籍を放棄することを明記することとする。立候補者は、選挙法にしたがって、国民代表者議会の議員や地方共同体の委員会委員長、登録済みの有権者からの推薦を受けることとする」とされている。

36　憲法の第七五条では、「共和国大統領は、その任期を五年間とし、前任者の任期最後の六〇日間のあいだに普通の、自由で、直接的、匿名での公明正大で透明性のある選挙によって、その過半数の得票数を得た者とする。また最初の選挙で、過半数の得票を得た者がいなかった場合には、その選挙の最終結果公表の後の二週間のあいだに二回目の選挙を行うこととする。この二回目の選挙には、一回目の選挙で上位二番目までの二人の候補者が参加する。最初の選挙のあいだに候補者の一人が死亡した場合、あるいは第二回目の選挙で候補者二人のうちの一人が死亡した場合には、立候補者の手続きを再開する。選挙の新しい日程は、四五日以内に設定するものとする。一回目、二回目の選挙での立候補者がその立候補を取り下げることには責任を問われない。選挙を実施することが、緊急事態によって不可能となった場合は、大統領の任期は法律によって延期される。共和国大統領は、継続または断続で二期以上の任期満了を超えて、その職への就任は禁止される。辞任の場合は、任期途中でもそれは任期満了と見なされる。いずれの修正案も、大統領の任期の回数やその期間を増やすことはできない」とされている。

37　シューラー（shūrā）とは、『コーラン』のなかに出てくる相談や協議を意味する語彙で、第四二章第三八節では互いによく相談し合うということが奨励されている。一般的な政党の会合や会議には、ijtimāʿ や majlis などの語が使用されることから、このシューラーという語の使用からも、イスラーム政党のナフダ党の特徴が窺える。“Tunisie-Election: Ennahdha: Nouveau mot d'ordre de neutraité.” *Tunisie Numérique*. (14/12/2014). http://www.tunisienumerique.com/tunisie-election- ennahdha-nouveau-mot-dordre-de-neutralite/241637, accessed 15 December 2014.

38 この大統領選挙でも、カーイドエッセブシーへの投票率が高かったのが、チュニスとサーヘル地方で、またマルズーキーへの投票率が高かったのが南部であったとされ［岩崎 2015］、議会選挙とほぼ類似の傾向が地理的に示される結果となった。同様の指摘は以下のサイトでもなされている。"Présidentielle: Tableau interactif des votes par circonscroption, la Tunisie coupée en deux, Siliana et Sidi Bouzid se démarquent." *Al Huffington Post Maghreb Tunisie*, (26/11/2014). http://www.huffpostmaghreb.com/2014/11/26/presidentiellevotecirconscription_n_6224638.html, accessed 7 December 2014.

39 "L'UGTT, l'UTICA, la présidence du gouvernement et la CONECT félicitent les Tunisiens du succès des élections." *Business News*, (23/12/2014) http://www.turess.com/fr/businessnews/52294, accessed 24 December 2014.

40 "Tunisie: le nouveau président Béji Caïd Essebsi prête serment." *Le Monde*, (31/12/ 2014), http://www.lemonde.fr/tunisie/article/2014/12/31/tunisie-le-nouveau-president-beji-caid-essebsi-prete-serment_4547957_1466522.html, accessed 3 January 2015.

41 "Tunisia elected "Country of the Year 2014" by The Economist." *TAP*, (18/12/2014), http://www.tap.info.tn/en/index.php/politics2/23429-tunisia-elected-country-of-the- year-2014-by-the-economist, accessed 20 December 2014.

42 ムラーキブーンの選挙監視報告会では、九九％の投票所が定刻通りに開場され、また二％の人が投票所に許可なく入場したことなどが報告されている。Marzouk, Zeinib "Mourakiboun releases findings on elections." *Tunisialive*, (22/12/2014) http://www.tunisia-live.net/2014/12/22/mourakiboun-releases-findings-on-elections/, accessed 23 December 2014.

43 制憲議会議員のターハル・ハミーラが、二〇一四年六月に雑誌『ジュムフーリーヤ』におけるインタビューで、トロイカ体制下での汚職の額は、ベンアリー政権が二三年間に積み上げた汚職額を上回るものであると述べ、トロイカ体制の政党以外にも汚職をしている政党は数多く、それらは慈善団体を通じて、特に外国からの多額の政治資金を取得することになっていると述べている。"Tahar Hmila: « La corruption de la Troika est beaucoup plus importante que celle de Ben Ali durant les 23 ans »." *African Manager*, (18/06/2014) http://www.turess.com/fr/africanmanagerfr/167742, accessed 22 June 2014.

44 "Exclusif: Texte intégral du décret-loi organisant les partis politiques." *Tunsie Numérique*, (20/07/2011). http://www.tunisienumerique.com/exclusif-texte-integral-du-du-decret-loi-organisant-les-partis-politiques-adopte-aujourdhui/58672, accessed 5 November 2015.

45 産業・エネルギー・鉱物大臣、観光・工芸大臣、文化遺産保護大臣、女性家族子供大臣の四大臣が女性で、また四人の女性国務長官はそれぞれ財務省、開発・投資・国際協力省、国際協力担当、農業・水資源・漁業省の担当となり、革命後の政府構成員人事では女性の数が最多となった。

46 "Le gouvernement Essid prête serment devant le président Caïd Essebsi." *Kapitalis*,(06/02/2015). http://www.kapitalis.com/politique/27415-habib-essid-prete-serment-devant-le-president-caid-essebsi.html, accessed 12 February 2015.

47 "Tunis: 82% des Tunisiens satisfaits de Mehdi Jomaa et 74% de BCE (sondage Sigma)."*African Manager*, (24/01/2015). http://www/turess.com/fr/africanmanagerfr/1800001, accessed 14 May 2015.

48 Mahroug, Moncef. "Tunisie Sondages: Le degré de satisfaction du gouvernement au plus bas." *WMC Actualités*, (02/02/2013). http://www.turess.com/fr/wmc/130727, accessed 6 November 2013.

49 "Beji Caid Essebsi en Ethiopie: «La guerre qui nous a unis contre le colonialisme, nous unit aujourd' hui contre le terorrisme»." *La Presse de Tunisie*, (31/01/2015). http://www. Turess.com/fr/lapresse/95180, accessed 19 May 2015.

50 "Le président Essebsi: « Il y a beaucoup de cellules dormantes en Tunisie »." *France 24*, (18/03/2015). http://

www.france24.com/fr/20150318-president-tunisien-essebsi-cellules-dormantes-tunisie-terrorisme/, accessed 20 March 2015.

Bellakhal, M. "Tunisie : Caïd Essebsi appelle à la réconciliation nationale, au travail, à la confiance." *Investir En Tunisie,* (21/03/2015). http://www.turess.com/fr/investir/31205, accessed 22 March 2015.

51 "Tunisie-Fermeture de 40 jardins coraniques." *Tunisie Numérique*, (26/03/2015). http://www.turess.com/fr/numerique/250247, accessed 26 March 2015. 子供を対象としたコーラン学校の閉鎖については、さまざまな議論やまた反発もあった。

52 事件の翌日には、「イスラーム国」から博物館の観光客を狙った犯行であるとする犯行声明が出された。

53 "Tunisie-Gafsa : fin de l'opération de Sidi Aïche, identification des terroristes tués en cours." *Tunisie Numérique,* (29/03/2015). http://www.tunisienumerique.com/tunisie-gafsa-fin-de-loperation-de-sidi-aiche-identification-des-terroristes-tues-en-cours/250496, accessed 31 March 2015.

54 元在日チュニジア大使、サラー・ハンナーシー氏からの情報に基づく。

55 「世界はバルドー」という句は、同年一月七日に起きたパリのシャルリ・エブド社の襲撃テロ事件後、「私はシャルリ（Je suis Charlie)」とする文言をテロに反対するスローガンとして掲げていたことを、チュニジア風にアレンジしたもの。

56 Chennoufi, A. "Tunisie, People: Syhem Belkhodja sur France 24: Nous resterons Debout! Mais si les Tunisiens restent seuls, les jihadistes vont gagner." *Tunivision,*(21/03/2015). http://www.turess.com/fr/tunivisions/59259, accessed 22 March 2015.

57 アンケート調査の実施方法はコンピューターと電話によるとされる［Sīgma Kūnsāy 2015: 2］。

58 "Economie: La Tunisie aura sa stratégie de développement de l'économie sociale et solidaire." *WMC Actualités,* (20/05/2015). http://www.turess.com/fr/wmc/163842 , accessed 21 May 2015.

59 Gharbi, Chokri "Le grand exercice de la décentralisation: Plan de développement 2016-2020." *La Presse de Tunisie*, le 1 août, 2015.

60 "Tunisie: Habib Essid decide une batterie de mesures au profit de Sidi Bouzid."*African Manager*, (22/10/2015). http://turess.com/fr/africanmanagerfr/234164 , accessed 23 October 2015.

61 "Tunisie-Sousse: Arrestation de 20 personnes pour apologie du terrorisme."*Tunisie Numérique*, (02/04/2015). http://www.turess.com/fr/numerique/250987, accessed 3 April 2015.

62 "Tunisie, Tourisme: Printemps des Oasis - relançons le tourisme en Tunisie."*Tunivision*, (14/04/2015). http://www/turess.com/fr/tunivisions/59807, accessed 23 November 2015.

63 "L'EI revendique l'attaque de Sousse, en Tunisie." *Le Monde*, (27/06/2015). http://www.lemonde.fr/international/article/2015/06/27/l-ei-revendique-l-attaque-de-sousse-en-tunisie_4662989_3210.html, accessed 18 July 2015. "Seifeddine Rezgui, le tueur de l'attaque de vendredi dernier qui a fait 38 morts était sous l'emprise d'une drogue." (01/07/2015). http://tempsreel.nouvelobs.com/en-direct/a-chaud/4600-attentatentunisie-seifeddine-rezgui-tueur-attaque.html , accessed 18 July 2015.

64 Bouzouita, Cherine Zgaya "Le Mur d'Essid, veritable rempart contre le terrorisme?" *Business News*, (13/07/2015). http://www.turess.com/fr/businessnews/57450, accessed 15 July 2015. この防護壁建設プロジェクトは、すでに二〇一四年四月から二年計画で開始されていたが、ウスラーティ防衛大臣は、緊急性からこの計画を早め、二〇一五年度末までに完成させる予定と発表した。

65 "Tunisie: le courant "Ansar Al-Charia" implique dans les attentats terroristes et dans l' assassinat de Belaid et Brahmi(Larayedh)." *TAP*, (27/08/2013). http://www.turess.com/fr/tapfr/217733, accessed 20 July 2015.

66 "Attantat en Tunisie: cinq suspects arrêtés, les salafistes accusés." *Le Monde*, (30/10/2013). http://www.lemonde.fr/tunisie/article/2013/10/30/deux-attentats-suicides-rates-en-tunisie_3505273_1466522.html , accessed 22

November 2013.

67　具体的には、「改革前線党（Jabha al-iṣlāḥ）」「慈愛党（Raḥma）」「威厳党（al-Aṣāla）」「解放党（Ḥizb al-Taḥrīr）」の四党を挙げている［Ben Tarjem 2013:41］。

68　“Tunisie: Rachida Ghannouchi foudateur d' Ansar Alchariaa?” *Investir En Tunisie*,（12/09/2013）. http://www.turess.com/fr/investir/21873, accessed 20 July 2015.

69　“Rachida Ghannouchi: Ennahcha est le plus grande victime du terrorisme.” *Tunisie Numérique*,（21/03/2015）. http://www.tunisienumerique.com/rached-ghannouchi-ennahdha-est-la-plus-grande-victime-du-terrorisme/249709, accessed 20 July 2015.

70　二〇一三年八月、アルジェリアの新聞『アル・ファジュル』は、マグレブ・イスラーム諸国のアルカーイダ（ＡＱＭＩ）の創始者アブデルマレク・ドルークデル（別名：アブー・ムサーブ・アブデルワドゥード）が、二〇〇人のチュニジア人を聖戦派遣のために軍事訓練していることを報道した。“Terrorisme - 200 tunisiens veulent entrer le pays dans le chaos, selon Al-Fajr.” *African Manager*,（02/08/2013）. http://www.turess.com/fr/africanmanagerfr/153897, accessed 17 October 2015.

二〇一四年一月一四日のアルジェリアの新聞『アッサリーフ』は、マクレブ・イスラーム諸国のアルカーイダ（ＡＱＭＩ）の創始者アブデルマレク・ドルークデル（別名：アブー・ムサーブ・アブデルワドゥード）が、アルジェリアのテロリスト、ハーレド・シャーイブ（別名：ロクマン・アブー・サクル）を、チュニジアのアンサール・シャリーアを再編した「ウクバ・イブン・ナーフィゥ軍団」の指導者として指名したと報道した。このロクマン・アブー・サクルは、すでに二〇一三年のラマダーン月からチュニジアのカスリーン県に滞在し、かなりの数のチュニジア人青年を訓練していると報じている。

“Al-Qaida désigne le dangereux terroriste algérien, Emir pour la Tunisie.”*African Manager*,（14/01/2014）. http://www.turess.com/fr/africanmanagerfr/160676 , accessed 17 October 2015.

71 “Chellali, Salsabil “A Tunis, les jeunes musulmans prennent le chemin de l'église.”*Le Monde Afrique*, (06/01/2015). http://www.lemonde.fr/afrique/article/2015/01/06/a-tunis-de-jeunes-musulmans-prennent-le-chemin-de-l-eglise_4550097_3212.html , accessed 10 January 2015.

72 “Réunion de la FTAV: Il faut sauver le secteur tourisme.” *Business News*, (30/06/2015). http://www.businessnews.com.tn/reunion-de-la-ftav--il-faut-sauver-le-secteur-tourisme,520,57095,3 , accessed 15 July 2015.

73 Zaibi, Amel “La sécurité présidentielle visée: Attentat terroriste à Avenue Mohamed-V à Tunis.” *La Presse de Tunisie*, (25/11/2015). http://www/turess.com/fr/;apress/106888, accessed 26 November 2015.

74 “Arrestation du terroriste qui a déclenche le grand déploiement sécuritaire au centre de Tunis.” *African Manager*, (21/11/0215) . http://www.tures.com/fr/africanmanagerfr/237104 , accessed 26 November 2015.

75 Fatanassi, Insaf “Ce qui reste à faire pour le tourisme tunisien.” (30/06/2010). http://www.businessnews.com.tn/details_article.php?t=519&a=21159&temp=1, accessed 25 July 2015.

76 “Tunis : l'attantat de Sousse frappe l' économie sur le court terme avec une croissance de 1.9% en 2015.” *African Manager*, (02/07/2015). http://www.turess.com/fr/africanmanagerfr/187939, accessed 3 July 2015.

77 “Réunion de la FTAV: Il faut sauver le secteur tourisme.” *Business News*, (30/06/2015). http://www.businessnews.com.tn/reunion-de-la-ftav--il-faut-sauver-le-secteur-tourisme,520,57095,3., accessed 15 July 2015.

78 “Un Million de touristes Algériens se sont rendus en Tunisie jusqu'au 10 septembre.” *African Manager*, (22/09/2015). http://www.turess.com/fr/africanmanager/fr/230723, accessed 1 December 2015.

79 “Tunisie-Salma Elloumi: Baisse du nombre de touristes d'un million en 2015.” *African Manager*, (21/09/2015). http://www.turess.com/fr/africanmanagerfr/230568, accessed 28 October 2015.

80 Bellakhal, M. “Offensive de Daech dans le sud tunisien?” *Investir En Tunisie*, (09/06/2015). http://www.turess.com/fr/investir/32495, accessed 22 August 2015. “trabendo”という語は、スペイン語の“contrabando”からアルジェ

リアで生まれた造語で、国家規制から逃れて行われているあらゆるインフォーマルな経済活動を意味する。
81 "La Tunisie des frontières: jihad et contrebande." *Rapport Moyen Orient/Afrique du Nord*, No.148.（28/11/2013）. http://www.crisisgroup.org/fr/regions/moyen-orient-afrique-du-nord/afrique-du-nord/Tunisia/148-tunisia-s-borders-jihadism-and-contraband.aspx, accessed 8 September 2015. "Réforme et stratégie sécuritaire en Tunisie." *Rapport Moyen Orient/Afrique du Nord*, No.161.（23/07/2015）. http://www.crisisgroup.org/fr/regions/moyen-orient-afrique-du-nord/afrique-du-nord/Tunisia/161-reform-and-security-strategy-in-tunisia.aspx, accessed 8 September 2015.

【第7章】

1 「チュニジア決選投票へ　ジョモア暫定首相インタビュー」『朝日新聞』二〇一四年一一月二五日朝刊七面。正式には、ジュムア氏の職位は、Ra'īs al-ḥukūma/ le chef du gouvernement であるので、本書では「政府主席」とする。
2 Scheneider, Julie "Tunisie: La société civile s'organise." *Youphil*,（18/01/2011）, http://www.youphil.com/fr/article/03366-tunisie-la-repression-s-abat-sur-les-internautes?ypcli=ano, accessed 25 November 2014. 具体的には、スリム・アマムーのサイト、*-Z- de Débat Tunisie*、別称 *@slim404* や、二〇一〇年四月のフェイスブック検閲に対抗して作られたサイト *Sayeb Salah ya Ammar*、また国際的なサイト *Anonymous* も、チュニジア市民を支援するために *opération Tunsia* というキャンペーンをサイバー空間で行っていたとしている。またチュニジアで長く検閲された後、アメリカに拠点を移した *Takriz* という言論の自由を守るサイトもすでに一九九八年一月に開設されていたとしている。また *Nawaat.org* が多数のチュニジア人ブロガーたちを再組織化し、革命後は新たな独裁的権力に対抗するため、*poursuivre le combat*（闘いの継続）というサイトも開設されたとしている。この *Nawaat.org* は、情報・分析・調査などの優秀さから、革命後、以下のような数々の賞を受賞していることでも注目される。二〇一一年には「国境なきリポーター（The Reporters Without Borders）」ネティズン賞、「電子フロンティア財団パイオニア賞（The Electronic Frontier Foundation Award）」「表現の自由賞（Free Expression Awards）」を、二〇一二年には、デジタルパワー・インデックスから「アラブ・eコンテント賞（Arab eContent Award）」、「オープン・チュニジア政府メディア賞（Open Gov Tn Award）」、チュニス・マヌーバ大学から「アカデミア賞（Akademia Prize）」を、二〇一五年にはチュニジア・ジャーナリスト全国連盟から「最優秀インタラクティブ・ウェブサイト賞」を受賞している。

3　"Béji Caid Essebsi: En Tunisie, c'est la société civile qui a vaincu!" *Business News*, (01/06/2014). http://www.turess.com/fr/businessnews/46872, accessed 28 June 2015.

4　カルタゴにあるＮＧＯ「バスマ（Basma）」の施設は、筆者が二〇一一年九月に訪れた折には一時閉鎖となっていたが、内部の訪問は許可された。その障害者自立支援の職業訓練施設は、多様な工芸品製作技術の学習室から、情報、電機、料理、また音楽・絵画・彫刻などの芸術分野の実習訓練室、美容師・理髪師やマッサージ・整体師養成、スポーツ関連の訓練施設と、その近代的施設の充実ぶりには驚くべきものがあった。その管理人によれば、当時の社会開発担当大臣も、この施設の豪華・充実ぶりには目を見張っていたとのことであった。

5　ＩＦＥＤＡの公式サイトからの情報に基づく。http://www.ifeda.org.tn/fr/, accessed 25 November 2015.

6　チュニジアの諸機関から公表される統計数字は、同じ項目に関するデータでも機関によって異なることがあり、また時期が変わると同一機関でのデータが過去のものと変わることや、また割合などの算出数値にも誤りが散見されることがある。そのため、ここでは二〇一五年三月七日付けでＩＦＥＤＡから公表されている数値を使用し、また割合の数字も独自に算出したものを使用する。

7　このグラフでもう一つのピークとなっている一九八九年の二一〇一団体については、一九八七年のブルギバ政権からベンアリー政権への交代後のもので、これらはほとんどが開発系のＮＧＯであったとされている［CREDIF 2014: 16］。なお、このグラフのＮＧＯの総数が二〇一五年三月時点のそれよりも多いのは、開設後に数年で閉鎖となり現存しない団体もあるためと考えられる。

8　同じくＩＦＥＤＡの情報に基づくが、活動分野別でのＮＧＯの総数は革命前九三四二、革命後八九六〇、合計一万八三〇二となり、上述の一万七九〇六よりも多い数となっている。これは同じＮＧＯが複数の活動分野にまたがって活動している場合があるためと考えられる。

9　政府の「開発と国際協力秘書課（SEDCI: Le Secrétariat d'Etat au Développement et à la Coopération Internationale）」が担当している。

10　この活動は、二〇〇〇年に国連で採択された「国連腐敗防止条約（CNUCC: Convention des Nations Unies contre la corruption）」にチュニジアは二〇〇三年に署名し、二〇〇八年に批准しながら、その履行状況の評価が全くなされてこなかったことに対し、革命後、市民が自らそれを実施しようとするものである。その市民社会の活動は、『国連腐敗防止条約の適用に向けた市民社会の貢献―チュニジアの経験』と題した報告書にまとめられている［Thabet 2014］。

11　"Kamel Jandoubi: Des soupçons de corruption et d'opacité entourent 2% des associations en Tunisise." *Business News*. (23/09/2015). http://www.turess.com/fr/businessnews/59121, accessed 30 September 2015.　この二%という数字は、政党の政治資金の不透明さなどを考えるならば、低い数字であると判断される。

12　世界社会フォーラム二〇一三年については、http://ggjalliance.org/WSFtunisia2013、また二〇一五年のそれについては、公式ＨＰ https://fsm2015.org/ がある。

13　Bawsalaとは、アラビア語で「羅針盤」「方位磁石」を意味する。

14　より詳しくは、ＡＴＩＤＥの公式ページ http://www.atide.org/ を参照。

15　その第六一条の条文は以下の通りである。「第六一条　読み書きができない、または身障者の有権者で、第六〇条に示されたようなやり方で投票ができない者は、それとは異なるやり方で、その本人が選んだ、選挙の立候補者ではない有権者一人から援助を受けて投票することが認可されている。また一人の有権者が一人以上の援助をすることは禁止とする。委任状による投票は禁止とする。予備の投票用紙の枚数は、各投票所の投票者数の一〇%以上を上回ってはならない」。Décret-loi du 10 mai 2011, relative à l'élection d'une assemblée nationale constituante. Art. 61.

16　この機関の一般募集の選挙監視員となった人物からの聞き取りでは、監視員になる資格条件はバカロレア（大学入学資格）以上の学歴をもつ者とされ、一日の研修の受講後、選挙当日は午前六時から真夜中の零時頃まで監視に当たるとされている。報酬は、研修日は五〇ディナール、選挙投票日は一〇〇ディナールとされている。

17　ATIDE, *Expérience tunisienne de l'observation électoral : L'ATIDE d'observateurs à une force de proposition citoyenne*, 2011.

18　ATIDE *Rapport préliminaire : Les élections de l'Assemblée Nationale Constituante, ont-elles été transparantes et intègres?* le 28 octobre 2011.

19　"Tunisie–Al Bawsala porte plainte contre Mustapha Ben Jaafar." *Business News*, (06/03/2013). http://www.turess.com/fr/businessnews/36726, accessed 3 November 2015. このＮＧＯの活動については、ＮＨＫのＢＳ１で二〇一五年一二月一三日放送のドキュメンタリーＷＡＶＥ「チュニジアの〝民主化〟は守られるのか」でも取り上げられた。

20　主食のパンには政府補助金が付されているが、バゲット・パン一本、二〇一四年時点では三五〇ミリーム（二〇円程度）。一〇〇ミリームは約六円。

21　ベンムバーラク教授の妹で弁護士のダリーラ・ベンムバラク・ムサッデクは、革命後、このＮＧＯ「ドゥストゥールナー」をともに立ち上げ、自由のために、特に反イスラミストとして闘争した手記を著書にしている［Ben Mbarek Msaddek 2013］。

22　"Enda iter-arabe, deuxième IMF mondiale pour ses performances sociales." *Business News*, (15/07/2015). http://www.turess.com/fr/businessnews/57519, accessed 16 July 2015. 二〇一五年年末には、エンダが従来のＮＧＯに加えて、エンダ・タムウィール（Enda Tamweel）という金融機関としての株式会社も立ち上げ、二〇二〇年までに一〇〇万人への企業融資を目標とするとしている。

23　ＬＴＤＨの公式サイトからの情報に基づく。http://www.ltdh.tn/, accessed 4 November 2015.
24　Dermech, A. "La société civile s'en mêle: cadidatures à l'instantace vérité et dignité." *La Press de Tunisie,* (18/02/2014). http///www.turess.com/fr/lapresse/79148, accessed 3 March 2014.
25　"Tunisie: Plus de 22.000 plaintes déposés aupres de l'Instance Vérité et Dignité." *Huffington Post,* (16/12/2015). http://www.huffpostmaghreb.com/2015/12/16/tunisie- plaintes-instance_n_8820058.html, accessed 18 December 2015.
26　ベルベル berberとは、北アフリカの先住民を指して使われる他称で、もともとはギリシア人が自らと異なる言語を話す異民族を蔑んで呼んだ「バルバロイ barbaroi」に由来する。北アフリカ先住民自身は、自称の単数ではイマジゲン imazighen、複数ではアマズィーグ amazighと称している。
27　"Fédération mondiale Judéo-tunisienne en Israel." *Harissa.com,* (13/05/2014). http://harissa.com/news/article/f%C3%A9d%C3%A9ration-mondiale-judeo-tunisienne-en-isra%C3%ABl, accessed 9 December 2015.
28　アマズィーグの姓のみならず、部族名や地域固有の地名などに由来する姓も、よくみられるアラビア語の名に変えられていたという。ＮＧＯドゥストゥールナーのメンバーで、チュニス大学のジャウハル・ベンムバーラク教授は、父親の姓と異なるとのことで、父親の姓は部族の村に由来するものであったため、ブルギバ時代に変更を命じられたが、父は部族長でもあったため、それを維持し続け、子供たちはその後の教育や進学就職の便宜を考えて、政府の政策に従った姓を使うことにしたと話していた。
29　"L'Association tunisienne de la femme amazighe est officiellement née." *TAP,* (09/10/2015). http://directinfo.webmanagercenter.com/2015/10/09/creation-officiellement-de-lassociation-tunisienne-de-la-femme-amazighe/, accessed 24 October 2015.
30　チュニジアの奴隷制に関しては、フサイン朝期のアフマド・ベイが一八四一年に、まず奴隷売買を禁止し、翌年一八四二年にはチュニジアで生まれた者は全て、奴隷の子供であっても自由人とした。そして一八四六年に奴隷制度自体を全廃した。しかし、奴隷制度廃止に反対する人々もおり、実際には一八九〇年に再度、奴隷制度に関する禁止法令が公布される頃までは続いていたとされている［Boularès 2012: 435-437］。

31　白人（bīdha）とはアラブ人のことを示す。また彼らを「自由人（aḥrār）」と呼び、奴隷（ʻabīd）とは異なるとする認識もあるという。

32　Boukhayatia, Rihab “Tunisie: “Shams” voit le jour, les militants LGBT sortent de l'ombre.” *Huff Post Tunisie*, (19/05/2015). http://www.huffpostmaghreb.com/2015005/19/tunisie-shams-homosexualite_n_7312318.html, accessed 20 May 2015.

33　チュニジアの刑法（Code Pénal）の二三〇条には、「ソドミー（肛門性交）は、仮にそれが上記の条項のケースに当たらない場合でも、三年間の禁固刑によって罰せられる」と記されている。

34　『聖クルアーン』の第七章、高壁章八〇－八一節には、「また（われは）ルートを（遣わした）、かれはその民に言った。『あなたがたは、あなたがた以前のどの世でも、誰も行わなかった淫らなことをするのか。あなたがたは、情欲のため女でなくて男に赴く。いやあなたがたは、途方もない人びとである』」とあり、これが同性愛を禁止する根拠とされている。日本ムスリム協会発行『日亜対訳・注解　聖クルアーン（第六刷）』一九〇頁。“Le mufti demande la réexamen du visa accordé à une association qui défend les droits des homosexuels.” *Shems FM*, (25/05/2015). http://www.shemsfm.net/fr/actualite/le-mufti-demande-le-reexamen-du-visa-accorde-a-une-association-qui-defend-les-droits-des-homosexuels-110724, accessed 27 May 2015.

35　“Kairouan: 6 personnes condamnées à 3 ans de prison et bannies de la ville pour homosexualité, selon Shams.” *Business News*, (12/12/2015). http://www.turess.com/fr/businessnews/60974, accessed 15 December 2015.

36　Galtier, Mathieu “Tunisie: six étudiants condamnés pour homosexualité.” *Libération*, (14/12/2015). http://www.liberation.fr/planete/2015/12/14/tunisie-six-etudiants-condamnes-pour-homosexualite_1420696, accessed 15 December 2015.

【終章】

1 "Sidi Bouzid: inauguration du collègue pilote du musique et pose de la première pierre du musée de la révolution." *African Manager* (18/12/2015). http://www.turess.com/fr/africanmanagerfr/240034. accessed 19 December 2015. このワルディ・アブドゥーリー音楽院とイブン・ハルドゥーン図書館は、アブー・バクル・ガムーディ文化複合施設の一部とされている。

2 ポーランド語の発音では、レウ・ヴァウェンサ。

3 Kerrou, Mohamed. "Le compromise historique Tunisien." *Leaders* (19/05/2014). http://www.turess.com/fr/leaders/14116. accessed 20 May 2014.

4 ティリーとタローの述べる「コンテンシャス・ポリティックス」とは、行為者が政府に対してある要求をするとき、それを公的パフォーマンスを通して行うことで、従来の集団的行動に加え、新たに創造したやり方を含むことがあり、政治組織の影響力ある人物と連携することもあるとしている。それは、活動家たちの主張が他の人々の関心とも共通していることを踏まえており、社会生活における争議と集団的行動と政治という三つの特徴を合わせたものとしている［Tilly and Tarrow 2015: 7］。

チュニジア革命と民主化過程においても、公的空間でみられた市民による政治的要求の多くは、単なる従来のデモに留まらず、その状況がビデオ撮影され、ネット配信されるなど、新しい手法も使われていた。さらにデモやシット・イン、ストライキやサボタージュに加え、その折のシュプレヒコールや歌や詩、プラカードや横断幕　そして壁に描かれたグラフィックなどまでが争議手段として駆使されていた。それがさらにソーシャル・メディアで発信され、チュニジアの地方から全国へ、さらに中東アラブ諸国や中国やアメリカなどの世界へもトランスナショナルな影響をもたらしたことは、チュニジア革命の大きな特徴だったと言えるだろう。ティリーとタローも同書のなかで、「アラブの春とトランスナショナルな争議の波」として論じている［Ibid 2015: 134-140］。

5 『人間開発報告書 二〇一四』掲載のジェンダー開発指数では、チュニジアの平均就学年数は、男性が七・五年、女性が五・五年であるが、予測就学年数については、男性が一四・〇年、女性が一五・〇年と、女性の方が長くなっている［国連開発計画　2015: 197］。

6　"Chennoufi, A. "Tunisie, Parti politiques: Houcine Jaziri: ce qui se passe actuellement sur la scène politique est 100% made in Tunisia." *Tunivisions*（19/01/2015）. http://www.turess.com/fr/tunivisions/57823, accessed 20 January 2015.

7　"15 mille jeunes empêchés de rejoinder des groups djihadistes et arrestations de 1000 terroristes, selon Habib Essid." *Tunisie Numérique*（10/07/2015）. http://www.turess.comfr/numerique/260621, accessed 11 July 2015.

8　スファン・グループからの情報によると、ダーシュの戦闘に参加しているチュニジア人男性は、二〇一五年一二月時点で六〇〇〇〜七〇〇〇人とされている。"Tunis: Entre 6 et 7000 combattants tunisiens chez Daech, pour le plupart originaires de Bizerte et de Ben Guerdène."*African Manager*（9/12/2015）. http://www.turess.com/fr/africanmanagerfr/239065, accessed 17 Dec. 2015.　二〇一五年五月二一日のチュニジア治安軍事研究センター長による発表では、七〇〇人のチュニジア人女性がダーシュに参加しているとされている。"700 Tunisiennes ont rejoint les rangs de DAECH." *African Manager*（21/05/2015）. http://www/tures.com /fr/numerique/255684, accessed 17 December 2015.　また二〇一三年の八月時点での「在外チュニジア人支援協会（Association de secours aux Tunisiens à l'étranger）」の情報では、チュニジア人女性も一〇〇〇人余りが、シリアのイドレブ（Idleb）におり、その多くが「結婚の聖戦（ジハード・アルニカーフ）」のために渡航した女性とされている。Marzouk, Hamza "Mot-Clef: Association de secours aux Tunisiens à l'étranger." *L'Economiste Maghrébin*（27/08/2013）. http://www.leconomistemaghrebin.com/tag/association-de-secours-aux-tunisiens-a-letranger, accessed 23 September 2015.　なお、同協会の会長 Badis Koubakhi の二〇一五年六月の情報によれば、シリアとリビアに渡航したチュニジア人の数は約一万人とされ、そのうち四六人が、シリアの刑務所に投獄されているという。"Association de secours aux Tunisiens à l'étranger: Des Tunisiens dans les prisons Syriennes." *Mosaiquefm*（19/06/2015）. http://www.

mosaiquefm.net/fr/index/a/Actud\etail/Element/53732, accessed 23 September 2015. また政府は、二〇一五年五月にイラクとシリアでのチュニジア人の死亡者数は五〇〇人としている。"500 Tunisiens tues en Irak et en Syrie." *African Manager* (15/04/2015). http://www/turess.com/fr/africanmanagerfr/184389, accessed 7 November 2015.

9 "Walid Louguini: 1000 cellules demantelées depuis janvier 2015 jusqu' à ce jour." *Business News* (14/12/2015). http://www.turess.com/fr/businessnews/61006, accessed 14 December 2015. テロ計画のなかには、新年の観光ホテル、週市、高等学校、警察署を狙ったものなどがあったとされ、容疑者のなかには一四歳の男子も含まれていたとされる。

10 "Essid atteste que la lutte antiterroriste doit être menée dans le respect des droits humains." *African Manager* (14/12/2015). http://www.turess.com/fr/africanmanagerfr/239596, accessed 14 December 2015.

11 Chennoufi, A. "Tunisie: Presidence de la Republique: Beji Caid Essebsi s'envole pour Riyad." *Tunivisions* (22/12/2015). http://www.turess.com/fr/tunivisions/64421, accessed 23 December 2015. カーイドエッセブシー大統領は、テロ対策協議でサウジアラビアを訪問した際には、サウジアラビアとの経済協力連携についても話し合い、同国から保健、基礎インフラ、教育、産業分野への三〇〇〇億ドルの投資の契約も取りまとめてきている。

12 Abou Sarra, "Financement du terrorisme: Les cinq failles de la législation tunisienne, selon Mustapha Kamel Ennabli." *WMC actualité* (28/11/2015). http://www.turess.com/fr/wmc/167242, accessed 14 December 2015.

13 Décret-loi no.2011-88 du 24 septembre 2011, portant organization des associations. の第四三条。JORT No.74, p.1981.

14 この点に関しては、二〇一四年夏にジュムア政権下で、一五七の団体が活動禁止とされている。"Tunisie-Mahdi Jomaâ décide le gel des activités de 157 associations." *Business News* (18/08/2014). http://www.tures.com/fr/businessnews/48754, accessed 19 August 2014.

15 "Pas de cellules réservées aux terroristes: Prions tunisiennes." *La Presse* (22/09/2015). http://www.turess.com/fr/lapresse/104381, accessed 13 December 2015.

16 "Tunis: Saisie de ceintures explosives de 10kg de TNT." *African Manager* (23/12/2015). http://www.turess.

com/fr/africanmanagerfr/240484, accessed 23 December 2015.

17　"Plus de 1500 Tunisiens desparus en Méditerranée." *Tunisie Numérique* (18/12/2015) http://www/turess.com/fr/numerique/276452, accessed 19 December 2015.

18　"Tourisme Tunisie: 47% des hôtels fermés." *WMC actualités* (18/12/2015). http://www.tures.com/fr/wmc/167569, accessed 19 December 2015.

19　Dabbar, Zeid "«Souk At-tanmia»: un petit marché qui voit grand développement. *Le Temps* (31/01/2012). http://www.turess.com/fr/letemps/63036, accessed 3 February 2012. アフリカ開発銀行（ＢＡＤ）は、英国協力機構（ＤＦＩＤ）や国連工業開発機構（ＯＮＵＤＩ）やまた民間の携帯電話会社のTunisianaやＴＯＴＡＬなどと連携して、このプロジェクトを推進中で、二〇一二年には二〇〇〇件の応募があり、最優秀プロジェクト七〇～一〇〇件に経営の集中コース受講後に一〇万～三〇万ディナールの無償融資を行っている。二〇一五年現在も継続中。

20　"Tunisie: Le taux de chômage sera de 11% en 2020." *Directinfo* (22/09/2015). http://directinfo.webmanagercenter.com/2015/09/22/tunisie-le-taux-de-chomage-sera-de-11-en-2020/, accessed 15 December 2015.

21　高橋和夫「耕論　報復の連鎖　断てるか　『「心の隙間」埋める社会に』『朝日新聞』、二〇一五年一一月二七日（金）朝刊一七面。

22　「世界人類共生の日」の設置を国連に働きかけるキャンペーンについては、http://www.jmve.ch/ja-news.html　を参照。

あとがき

恵子おばさん（ハーラティ・ケイコ）へ

こんにちは。

私たちのことを心配して下さって、ありがとうございます。お蔭さまで、みんな元気にしています。そちらは、いかがですか。

チュニジアとチュニジア人は大丈夫です。私たちは有能ですから、きっとこの難局を乗り超えていけると思います。ベンアリー大統領とその家族は、山ほど問題を残して、そして沢山の財産を盗んで、チュニジアを去っていきました。この国は、いま、私たちの手のなかにあります。チュニジア人は、自らの血で自由を勝ち取ったのです。私たちはみな、とても満足していて、幸せな気持ちでいっぱいです。なぜなら、今日からそしてこれからも、ベンアリーとその妻、またその旧体制については、今までとは全く異なる話を自由にできるようになったのですから。

将来、チュニジアはもっともっと良くなるでしょう。チュニジア人はもっと自由を謳歌し、そしてその自由をもって、改革や創造のアイディアを開花させて発展し、より良い未来を築いていくことでしょう。

信じて下さい。

いま、私たちの体のなかを流れている血は、昨日のそれとは違います。

いま、私たちが呼吸している空気は、昨日のそれと違います。

いま、私たちが見ている地図は、昨日のそれと違います。

その地図には限界がないのですから。

私たちは、これまで檻のなかで生きていたのです。

アルハムドリッラー

この文章は、チュニジア一月一四日革命の直後に、筆者がチュニジアの複数の友人や知人たちに宛てて送ったメールに対する返信の一つで、幼い頃からよく知る調査地の村の青年からのものである。そしてこのメールを受け取ってから、すでに五年以上の年月が過ぎた。


チュニジア革命は、筆者にとっても実に大きな衝撃であった。二三年以上に及んだベンアリー体制のあっけない終焉、それに続いた「アラブの春」と当初呼ばれた民主化のうねりが、中東・北アフリカ諸国のほとんどを巻き込むことになろうとは、全く予想もしていなかったからである。

長く人類学的調査をしてきた国で起きていることが、自分自身の肌感覚で納得したかたちで捉えられるとはとても言い難く、多くの新たな動きに驚き、また自分はこれまで何を見てきたのだろうかと猛省を強いられ、自分の研究調査能力の無さをも自覚させられていた。

盤石にも見えたベンアリー体制のその深い闇については、思い返してみれば、筆者にも幾度かそれを覗き込み、もっと直接的に知り得る機会があったようにも思う。一度は、一九九〇年代の初頭、チュニジア経済社会研究所（CERES）によく出入りしていた頃、顔見知りとなった受付の、結婚を間近に控えた男性が、ある夜、突然イスラミストだという理由で、自宅で拘束され投獄されたということを伝え聞いた時のことである。よくモスクに通っているというただそれだけの理由で、裁判もなく拘束・投獄されるという事実を知って驚愕し、事情を知る人々により詳しい話を聞こうとしたが、ほとんどの人たちは口をつぐみ、その話題を故意に避け、またそうした問題には関わらないようにと釘を刺された。

もう一度は二〇〇〇年代に入ってからのこと、フランス・パリの書店でチュニジア自由人権尊重委員会編『チュニジアにおける拷問 1987-2000』（Comité pour la Respect des Libertés et de Droits de l'Homme en Tunisie, 2000, *La torture en Tunisie 1987-2000*. Paris: Le Temps de Cerises）と題した拷問経験者たちによる生々しい証言を収録した本を手にした時である。その内容に多大な衝撃を受け（今読み返すと、革命後に暫定政府主席となったアリー・ラライエド氏とその妻の証言も出ている）、その後、チュニジアでの調査期間中に何人かの研究者や知人・友人にその内容を確認しようと思ったが、逆にベンアリー大統領がイスラミストらをきちんと拘束・逮捕しているから、チュニジアはアルジェリアのように内戦などになることもなく、平和で安定しているのだと、強く論駁された。そしてそうした闇を覗き込むことよりも、当時の筆者は貧困削減に関わるマイクロクレジットなどをテーマとした開発分野の調査研究をしていた。

チュニジア革命後、急激な治安の悪化もあり、筆者がチュニジアを再訪したのは二〇一一年の夏季休暇に入ってからのことであった。一年ぶりのチュニスは、それまで見たこともないほど汚れた町となっていた。ストライキで収集されないゴミの山、放火や襲撃破壊の跡をそのままさらけ出した建物、町の要所々に配備された装甲車や警察車両、そして通りのカフェには無精ひげの失業者やリビアからの難民たちが溢れていた。デモやストライキ、シットインやサボタージュがその頃も未だ至るところで起きていた。外国人観光客の姿がほとんど見られなくなり、その一方、町のホテルにはリビアからの富裕層の難民たちが長期滞在するようになっていた。またそれまでほとんど見かけることがなかった、顎鬚を蓄え長衣をまとったイスラミストの男性やチュニジアの伝統的な白いヴェールとは対照的な黒いヴェールで全身を覆った女性たちの姿も見られるようになっていた。権力の空白状態にも近い状況下で、盗難や暴行事件が多発するようになり、また革命が起きても将来に希望を持てない若者たちは、命がけで西欧への地中海横断密航を繰り返すようになっていた。チュニスの書店には、多数のチュニジア革命や「アラブの春」についての書籍が並べられ、革命前であれば、発禁処分となっていただろうベンアリー大統領やその妻についての暴露本が店先を飾っていた。

南部の調査地の村にも足を延ばした。のんびりとしたそのオアシスの村でも、革命後、地主と貧農・失業者たちとの間で土地争いが起きていた。しかもそうした農地紛争は、その村だけではなく、そのオアシス地帯一帯で起きており、さらにそうした異議申し立てや対立抗争、そして衝突などがチュニジアの各地で、労使間、部族間、有職者と失業者、旧住民と新住民、リベラル派とイスラミスト勢力などの間でも頻発していたのである。そうした多くの動きからは、あたかもそれまで抑圧されていた不満や欲求が、革命の「自由」「尊厳」「公正」という名のもとに、一気に噴き出し、爆発しているといった印象すら受けるものがあった。

その一方で、革命直後から二〇一一年の夏頃までの間に、民主主義の構築を目指して、新しい政党が一〇〇党以上も結成され、また多様な活動を目的としたアソシエーション（NGO）も、革命後の一年間に一九〇〇団体以上も新設されるという、市民社会の活発な動きもみられるようになっていた。

現地で起きているこうした多くの事象を前に、革命後の最初の調査では、現地に行ってみれば、多少は「チュニジア革命」というその大きな出来事の動きについて自分なりにその大枠を把握できるようになるのではないかという思惑は、全くの誤算であったことにも気づかされることとなった。その後も文献やネットで情報を集めつつ、翌年も相変わらず、暗中模索しながら、とりあえず、現地調査を継続した。民主化への一歩を固めるための制憲議会選挙でのイスラーム政党ナフダ党の勝利やトロイカ政権の発足の後も、新憲法とイスラーム法の関わりをめぐるイスラミスト勢力とリベラル派とに国民が二分されるような動きや、多声的に語られる同一の現象、相変わらず同時多発的に頻発している異議申し立て運動など、この先、どのような方向へと向かうのかが不透明であるなかで、それらを一体どのように捉え、描けばよいのか、暗中模索は続いた。

ただ、A・アパドゥライの『グローバリゼーションと暴力』と題した著書のなかで述べられている、グローバル化のなかでみられる二つのシステムのせめぎ合い、すなわち「脊椎型システム」と「細胞型システム」という概念に出会った時には、チュニジアでの混沌としたさまざまな現象が、あたかも壊れた脊椎型システムを、今また新たに創り直そうとしている多くの細胞たちの動きとしても捉えられるように思われ、多少、霧が晴れるような思いにもなった。そして、自分のなかで、チュニジア革命と民主化についての全体としての一つの像を思い描けるようになったのは、二〇一四年初頭の新憲法制定とM・ジュムア政府主席の就任の頃からであった。そしてそれを描くとするならば、多面的で多声的で多所的でもあるそれらの現象をできるだけそのまま素直に、多くの聞き取り内容とともに描きたい、と考えるようにもなっていた。

ただ当時、本務校では学生指導と学内業務等で多忙を極めており、調査資料の整理や文献は読んでも、執筆に集中する時間はほとんど持てずにいた。そしてチュニジア革命から五年目を迎える二〇一五年度、勤務先の桜美林大学から一年間の特別研修の機会を得て、チュニジアでの追加調査と執筆作業に専念した。

特別研修期間というこの貴重な一年間の時間が得られなければ、本書を書き上げることは到底できなかっただろうと考えている。その意味では、まず本務校の桜美林大学にはまたとない機会を与えて頂いたことに対して、心から感謝の意を表したい。また特別研修期間中は、早稲田大学文学学術院の大稔哲也教授に受入れ先になって頂いた。大稔教授は、平成二四年度〜平成二六年度科学研究補助金で『「アラブの春」の社会的研究―エジプト一月二五日革命を中心に」という研究プロジェクトの代表者を務められており、その研究会には筆者もしばしば参加させて頂き、報告もさせて頂いたことがあったため、そのような経緯で受入れ先を依頼し、ご快諾頂いた。受入れ先となり、その煩瑣な書類手続きなどにご協力頂いたことに対して、ここに厚く御礼を申し上げたい。

またチュニジア革命前後の時期に数年間、嶋田義仁教授（元名古屋大学大学院）が研究代表者の科研「アフロ・ユーラシア内陸乾燥地文明とその現代的動態」のプロジェクトで現地調査の機会を与えて頂きましたこと、また総合地球環境学研究所での「アラブなりわい研究プロジェクト」でご一緒させて頂いた研究代表者の縄田浩志先生（現秋田大学大学院国際資源学研究科教授）にも大変お世話になりましたこと、ここに記して御礼を申し上げる次第である。また二〇一一年〜二〇一三年にかけて国立民族学博物館共同研究会「実践と感情―開発人類学の新展開」（代表：関根久雄筑波大学大学院教授）にも参加させて頂き、メンバーの方々と開発関連のテーマで多くを学ばせて頂いたことに対しても感謝申し上げたい。また二〇一四年度には一年間のみではあったが、笹川平和財団の助成で「イスラームと価値の多様性―ジェンダーの視点から」の共同研究プロジェクトを組織させて頂いたが、この折のメンバーの方々にも、多くの刺激を頂き楽しい共同研究会を開催できたことに対して御礼を申し上げたい。この折のメンバーとは、二〇一六年度からの東京大学東洋文化研究所・長澤栄治教授代表の科学研究費補助金研究プロジェクト「イスラーム・ジェンダー学構築のための基礎的総合的研究」においても、再びご一緒できることを非常にうれしく思っている。

実際に本書の執筆に至るまでの過程では、当然ながら、革命後のチュニジアで数え切れないほど多くの人々と出会い、またそれらの方々に大変お世話になった。とりわけ忘れ難く、時に胸が痛むような、そして感動的でさえある数々の貴重な話を聞かせ頂いた方々には、お礼の言葉もないほどである。本書に収めることができたのは、そうした数多くの聞き取り内容のごく一部でしかないが、しかし現地でうかがうことができた、そうしたひとりひとりからの聞き取り内容は、私にとってはどんな著書や論文や統計資料よりも、チュニジア革命について、自分なりに理解し、確かなイメージを紡ぎ出していく上でこの上なく役立つものであった。ひとりひとりの人には、他の誰をもっても代えることができない特別な物語があった。そしてそうした話を聞かせて頂いたことが、それを無駄にしてはいけない、何とかそれをかたちにして残さなくてはならないという責任と決意にも繋がったと考えている。

また在日チュニジア共和国大使館からも、本書制作過程では筆者が自ら撮影することが叶わなかった政治家などの著名人の写真を提供して頂いた。その件で、実に寛大なご対応をして下さったカイス・ダラジ・チュニジア特命全権大使とまたその実務の面でご協力下さったサーミー・ブガーミー一等書記官には、ここにそれを記して深い感謝の意を表したい。ダラジ大使は二〇一五年の冬に日本に着任後、実に精力的に活動されており、二〇一六年三月二五日の日本チュニジア友好協会（小野安昭会長）主催の記念講演会では、"The Tunisian Exception"と題した、チュニジア革命の成功要因について、長い歴史的時代を視野に収めたご講演をされた。その内容は学術的にも素晴らしいもので、筆者も実に感銘深く拝聴した次第であった。本書では全く扱うことができなかったチュニジアの古代からの歴史的伝統文化や精神性をも論じたもので、是非ともその内容がいつか邦訳されて多くの方々にも共有されるものとなることを願っている。

また日本の中東人類学的研究のまさにパイオニアであった大先輩でかつフィールドでの恩師でもあった故片倉もとこ先生、故大塚和夫先生には、筆者がまだ現地調査のいろはを学んでいた頃から長いあいだご指導頂き、大変にお世話になった。その学恩に対して、本書刊行の報告とともに心から感謝の意を表したい。本書を携えて先生たちをお訪ねしたならば、今でもまたあの笑顔に出会えそうな気がしている。

本書刊行の過程では、また明石書店の兼子千亜紀さんと編集事務では古川文夫さんに一方ならぬお世話になった。出版業界が目下、極めて厳しい状況にあるなか、本書の刊行をお引き受け下さった明石書店とお世話をして下さった兼子さんには厚く御礼を申し上げたい。また編集上の実務をご担当下さった古川さんにも、その素晴らしい手際のよさへの賛辞も含めて謝意を表したい。

また実際に本書を書くための現地調査などが可能になったのは、二〇一四年〜二〇一六年度の科研費助成事業、研究課題名「チュニジア民主化革命の展開とその諸課題をめぐる文化人類学的研究」（基盤研究(C)課題番号 26370959）と題した研究助成金が得られたことによる。その意味では日本学術振興会に御礼を申し上げ、ここにその成果についてのご報告をする次第である。

チュニジア民主化革命は、その後の中東・北アフリカ地域でのさまざまな混乱や混沌をも含めた大変動へと繋がり、さらにその混乱もあってこの地域からは多くの移民・難民が西欧に押し寄せることとなった。そしてそうしたことも一要因となり、この「あとがき」を書いていた頃に、英国が国民投票によってEUからの離脱を選択するに至ったという現実を前にして、あらためて、その変動の始まりともなったチュニジア革命という出来事の重みをいままた噛みしめてもいる。

最後に私事となって恐縮ではあるが、本書を書き上げるまで支えてもらった家族にも心からお礼を述べたい。留守しがちな筆者をいつも大らかに見守り支えてくれている夫と、またチュニジア革命がちょうど始まった頃、短期の入院を機に歩行が困難となり要介護となった父を、札幌の実家で最後まで介護してくれた母と妹にはその苦労に対して言い尽くせない感謝の気持ちでいる。父が亡くなるまでほぼ二年間、筆者も頻繁に札幌の実家と往復することとなったが、母と妹の苦労はそれとは比較にならないようなものであった。また他の姉妹やその家族にも日頃の厚情に対して謝意を表したい。

なお、多くの課題をまだまだ残している、またチュニジア革命と民主化という大きな出来事のほんの一部を描いたに過ぎない拙著ではあるが、「チュニジア革命と民主化」と題したものであることから、そのために力を尽くした人々、特にその過程で尊い命を落とされた、その意味で殉教者となられた方々に、畏敬の念をこめて、本書を捧げることとしたい。

二〇一六年六月　ラマダーン月に

鷹木恵子

略語一覧

AIHR	Arab Institute for Human Rights	アラブ人権研究所
ALTT	Association de Lutte contre la Torture en Tunisie	チュニジア拷問反対協会
ATFD	Association Tunisienne des Femmes Démocrates	チュニジア民主女性協会
ATFURD	Association des Femmes Tunisiennes pour la Recherche sur le Développement	チュニジア女性開発調査協会
BTS	BanqueTunisienne de la Solidarité	チュニジア連帯銀行
CAWTAR	Center of Arab Woman for Training and Research	アラブ女性研修調査センター
CEDAW	Convention on the Elimination of all Forms of Discrimination Against Women	女性差別撤廃条約
CNLT	Conseil National pour les Libertés en Tunisie	チュニジア自由全国委員会
CPR	Congrès pour la République	共和国のための議会（党）
CREDIF	Centre de Recherches, d'Etude, Documentation et d' Information sur la Femme	女性調査研究資料情報センター
CRLDHT	Comité pour le Respect des Libertés et des Droits de l' Homme en Tunisie	チュニジア自由人権尊重委員会
FIDH	Fédération Internationale des Droits de l'Homme	国際人権連盟
HIROR	Haute Instance pour la Réalisation des Objectifs de la Révolution, de la Réforme Politique et de la Transition Démocratique	革命の目的実現・政治改革・民主化移行達成のための高等機構
IDEES	Initiative pour Développement Economique et Social	経済社会開発へのイニシアティヴ
IFEDA	Centre d'Information, de Formation, d'Etudes et de Documentation sur les Associations	アソシエーション情報養成研究資料センター
INS	Institut National de la Statistique	国立統計研究所
ISIE	Instance Supérieure Indépendante pour les Élections	選挙のための高等独立機構
IVD	Instance de la Vérité et de la Dignité	真実尊厳機構
LTDH	Ligue Tunisienne pour la Défense des Droits de l'Homme	チュニジア人権擁護連盟
MTI	Mouvement de la Tendance Islamique	イスラーム潮流運動
OMCT	Organisation Mondiale Contre la Torture	世界拷問反対組織
ONA	Ordre National des Avocats de Tunisie	チュニジア全国弁護士会
RCD	Rassemblement Constitutionnel Démocratique	立憲民主連合（党）
PDP	Parti Démocratique Progressiste	民主進歩党
PNUD	Programme des Nations Unies pour le Développement	国連開発計画（UNDP）
REMDH	Réseau Euro-Méditerranéen des Droits de l'Homme	ヨーロッパ地中海人権ネットワーク
UGET	Union Générale des Etudiants Tunisiens	チュニジア学生総同盟
UGTT	Union Générale Tunisienne du Travail	チュニジア労働総同盟
UNDAF	United Nations Development Assistance Framework	国連開発支援フレームワーク
UNFT	Union National de la Femmes Tunisienne	チュニジア女性全国連合
UTICA	Union Tunisienne de l'Industrie, du Commerce et de l'Artisanat	チュニジア産業商業手工業連合

付録1　革命後の政権と首相・政府主席氏名とその在任期間と共和国大統領氏名

革命後の政権	首相および政府主席の氏名	政党	在任期間	共和国大統領氏名
第一次臨時政権（挙国一致政権）（無所属、PDF、革新、タカットル、UGTT等）	ムハンマド・ガンヌーシー臨時首相	元RCD	二〇一一年一月一七日～二〇一一年二月二七日	フワード・ムバッザア臨時大統領
第二次臨時政権	ベージー・カーイドエッセブシー臨時首相	無所属	二〇一一年二月二七日～二〇一一年一二月二四日	同右
第一次暫定政権（トロイカ）（ナフダ、CPR、タカットル）	ハマディ・ジバリー暫定政府主席	ナフダ	二〇一一年一二月二四日～二〇一三年三月一三日	モンセフ・マルズーキー暫定大統領
第二次暫定政権（トロイカ）（ナフダ、CPR、タカットル）	アリー・ラライエド暫定政府主席	ナフダ	二〇一三年三月一三日～二〇一四年一月二九日	同右
第三次暫定政権（テクノクラート）	マフディ・ジュムア暫定政府主席	無所属	二〇一四年一月二九日～二〇一五年二月六日	同右
第二次共和制第一次政権（テクノクラート）	ハビーブ・エッシード政府主席	無所属	二〇一五年二月六日～現在に至る	ベージー　カーイドエッセブシー大統領

付録2　チュニジア革命と民主化に関する歴史年表

年月日	チュニジアでの主な出来事
一八三七	フサイン朝アフマド・ベイ即位、近代化改革開始（〜五五）
一八四六	奴隷制の全面撤廃
一八六一・一	立憲君主制憲法発布（四月施行）
一八七三	ハイルディーン宰相就任、近代化への改革を推進（〜七七）
一八七五・一二・一	サディーキー中学校の開設
一八八一	仏とバルドー条約調印（五・一二）（仏に外交と財政を委譲）
一八八三	マルサ協定調印（六・二）　チュニジア、仏国の保護領化
一九〇七	青年チュニジア党の結成
一九二〇・二	ドゥストゥール党結成、ベイに要求書提出（六月）
一九二四	チュニジア労働者総同盟創立（ムハンマド＝アリー議長就任）
一九三四・三	ブルギバ派、新ドゥストゥール党を結成（三月）
一九五六・三・二〇	チュニジア独立協定調印
八・一三	家族法（Le Code de Statut Personnel）の制定、複婚と夫側からの一方的離婚禁止
一一・一二	国際連合加盟（モロッコと同時加盟）
一九五七・七・二五	国民議会、ベイ廃位、共和制移行を決定
一九五八・一〇・一	アラブ連盟加盟（モロッコと同時加盟）
一九五九・六・一	新憲法制定、大統領制へ移行
一一・八	国民議会と大統領選挙、ブルギバ初代大統領の選出
一九六四・一〇・一九	新ドゥストゥール党、社会主義ドゥストゥール党（ＰＳＤ）と改称
一一・九	国民議会と大統領選挙、ブルギバ大統領の再選
一九六九・九・八	アフマド・ベンサーラフ経済・財政・計画大臣解任（協同

中東・北アフリカ地域の主な出来事	
一八三〇	仏軍アルジェ占領、征服支配を開始
一八三九	オスマン帝国でタンズィマート開始
一九一一	伊、リビア領有を宣言
一九一二	仏、モロッコを保護領化
一九一六	アラブの反乱の開始
一九二七	「北アフリカ学生同盟」パリで結成
一九三九	第二次世界大戦の勃発
一九四五	アラブ連盟の結成
一九五四	アルジェリア戦争の勃発
一九六〇	モーリタニア独立
一九六二	アルジェリア独立宣言
一九六九	リビア革命（カダフィー大佐に

	組合化政策の中止）
一一	国民議会・大統領選挙、ブルギバ三選
一九七五・三・一八	憲法改正、ブルギバ終身大統領へ
一九七八・一・二六	「黒い木曜日」事件（UGTTのストから衝突へ、死者一三〇人）、非常事態宣言
六・一四	メスティリ派、「民主社会運動（MDS）」を結成→一〇月に禁止
一九七九・四	アラブ連盟本部チュニスに移転（背景：三・二六　エジプト・イスラエル平和条約）
九・五—八	社会主義ドゥストゥール党大会、複数政党制への移行否決、新中央委員会のメンバー
一一・四	国民議会選挙（PDSの候補のみ）
一九八〇・一・二六	ガフサ事件（死者四〇人、負傷者一一一人、逮捕者四二人）
七・一九	MDSの活動認可（複数政党制への移行始まる）
一九八一・四・一〇	PDS臨時党大会、複数政党制への移行決定
八・一一	複数政党制に基づく独立後初の国民議会選挙、与党全議席独占
一九八三・一二・二七	パン・小麦粉等の値上げ発表、全国各地でパン食糧の暴動（翌年一月六日まで、死者一四〇人）
一九八六・一一・二	国会選挙（主要野党ボイコット）、与党全議席独占
一九八七・八・二	スース・モナスティールの四ホテルをイスラーム過激派組織が攻撃
一〇・二	ベンアリー内相、首相就任、スファル前首相、国会議長に就任
一一・七	一一月五日革命、ブルギバ大統領、高齢を理由に解任、ベンアリー大統領就任
一九八八・二・二七	社会主義ドゥストゥール党（PDS）、立憲民主連合党（RCD）に改称

	よるクーデター）
一九七三	第4次中東戦争
一九七六	サハラ・アラブ共和国樹立宣言
一九七九	イラン・イスラーム革命
一九八〇	イラン・イラク戦争の開始
一九八一	エジプト・サダト大統領暗殺事件
一九八二	イスラエルのレバノン侵攻とPLO本部のチュニス移転
一九八四	モーリタニア、サハラ共和国承認
一九八五	イスラエル空軍機、チュニスのPLO本部爆撃
一九八七	第一次インティファーダの開始

四・二九	新政党法制定（宗教・言語・地域にもとづく政党禁止）
七・二五	憲法改正（終身大統領制廃止、大統領再選三回までに限定、一期五年）
一九八九・一	イスラーム潮流運動党（ＭＴＩ）、ナフダ党と改称、認可要請は拒否
四・二	大統領選挙、ベンアリー再任
四・一二	国民議会選挙、与党議席独占
一九九〇・六・一〇	地方選挙、ＲＣＤの単独勝利、野党ボイコット
一九九一・五	イスラーム主義者への弾圧（五・一八―六・二四）、バラック・サーヘル事件
七・九	国会補欠選挙、ＲＣＤ単独勝利（野党ボイコット）（―九・二一）
一九九二・三・二四	結社法、国会採択、人権連盟解散
八・二八	ナフダ党党員、ガンヌーシーを含む三五人に終身刑の求刑
一九九四・三・二〇	国民議会選挙、大統領選挙　ベンアリー二選
一九九九・一〇・二四	複数候補者による初の大統領選挙、ベンアリー三選
二〇〇〇・四・六	ハビーブ・ブルギーバ元大統領死去
二〇〇二・四・一一	ジェルバ島シナゴーグ、イスラーム過激派による自爆テロ（ドイツ人など二〇人以上犠牲）
二〇〇二・四・三〇	軍のヘリコプター事故（エリート軍人一三人死亡）
二〇〇四・一〇・二四	大統領選挙、ベンアリー四選
二〇〇五・一〇・一八	「権利と自由のための一〇月一八日運動」の結成とハンガーストライキの実施
二〇〇七・一・一二	スリマーンでイスラミスト集団と警察部隊の衝突
二〇〇八・一・五	ガフサ・リン鉱業会社の採用人事発表と抗議開始（警察・治安部隊と衝突）、六月まで継続
二〇〇九・一〇・二五	大統領選挙　ベンアリー五選
二〇一〇・一二・一七	シーディ・ブーズィードで野菜売り青年ムハンマド・ブー

一九八九	アラブ・マグレブ連合（ＵＭＡ）の創設
一九九〇	アルジェリア、地方選挙でＦＩＳ大勝
一九九〇―九一	湾岸危機から湾岸戦争へ
一九九一	西サハラとモロッコ停戦宣言
一九九一	アルジェリア、国会選挙でＦＩＳ圧勝
一九九二	アルジェリア、国家最高評議会の権力掌握とＦＩＳの解散
一九九三	中東和平オスロ合意締結
二〇〇〇	第二次インティファーダ
二〇〇一	九・一一同時多発テロ事件 米英のアフガニスタンへの攻撃
二〇〇三	イラク戦争の勃発
二〇〇四	G8サミットで拡大中東構想合意 ラバトで未来フォーラム開催
二〇〇四	エジプトでキファーヤ運動組織化
二〇一〇・六	エジプトでハーレド・サイー

アズィーズィの焼身自殺

一二・二二　シーディ・ブーズィード県の町々に抗議デモ広がる

一二・二三　ベンアリー一族、ドバイへ休暇旅行に出発

一二・二六　UGTT、野党、LTDH、弁護士会、ATFD、CNLT、OMCTなどが民衆抗議に連帯表明

一二・二七　UGTTがデモを実施、ルゲブ二〇〇〇人規模のデモ、ベンアリー大統領、急遽帰国。

一二・二八　ベンアリー大統領がブーアズィーズィの入院先を見舞い、その夜、テレビ演説

二〇一一・一・四　ムハンマド・ブーアズィーズィ、チュニスのベンアルース病院で死亡

一・八　カスリーンとテーラで治安部隊による実弾発砲で死者多数、抗議運動の全国的広がりへ

一・一〇　ベンアリー大統領、二度目のテレビ演説（外国の集団によるテロ行為と批判）

一・一二　多くの大都市で抗議デモ、RCD事務所、警察署、公的機関への襲撃や放火

一・一三　抗議運動から政権打倒運動へ、ベンアリー大統領、三度目のテレビ演説（次期大統領選不出馬）

一・一四　一月一四日革命、チュニスのブルギバ通りで数万人による政権打倒デモ

夕刻、ベンアリー大統領一家、サウジアラビアへ亡命

夜、ムハンマド・ガンヌーシー首相、大統領職代理に就任をテレビで発表

一・一五　憲法委員会、ベンアリー大統領解任とフワード・ムバッザア臨時大統領の就任の発表

一・一六　ムハンマド・ガンヌーシー臨時政府の発足

一・一九　一八〇〇の囚人の釈放、各地の刑務所から囚人脱走

一・二三　「自由のキャラバン」のチュニスへの行進、「カスバ1」の

ド青年、警察により虐殺

二〇一〇・一一　エジプト、人民議会選挙で不正行為

二〇一〇　一二・二八　アルジェリア、反政府デモ

二〇一一　一・一三　リビアでも反体制デモ

一・二五　エジプト、タハリール広場で反政府デモ

一・二七　イエメン、反政府デモ

	座り込み開始（〜一・二七）
一・二七	ガンヌーシー首相による新内閣人事の発表、首相辞任要求の「カスバ2」の座り込み継続
一・三〇	ラーシド・ガンヌーシー、英国から二〇年ぶりに帰国
二・七	上院・下院議会の解散
二・一一	左派組織による「革命保護委員会」の形成
二・一八	「政治改革と民主化移行実現のための高等機構（HI）」の設置に関する法令
二・一九	政治犯に対する恩赦
二・二七	ムハンマド・ガンヌーシー首相辞任、後任にベージー・カーイドエッセブシーの指名
三・一	イスラーム政党ナフダ党の認可
三・七	ベージー・カーイドエッセブシー臨時内閣発足
三・九	立憲民主連合党（RCD）の解党
三・一五	「革命の目的実現・政治改革・民主化移行達成のための高等機構（HIROR）」の設置
四・一八	「選挙のための独立高等機構（ISIE）」の設置
五	アンサール・シャリーア、スクラで集会
六・二	ベンアリーと妻ライラ・トラベルシーに公金横領罪で欠席裁判にて三五年の禁固刑判決
七・四	ベンアリーと妻ライラ・トラベルシーに麻薬・武器、考古学的遺跡取引罪で欠席裁判で一五年半の禁固刑判決
七・二八	ベンアリーと妻ライラ・トラベルシーに収賄と不動産不正取引で一六年の禁固刑判決
一〇・一四	ネスマTVでの「ペルセポリス」放映に対するサラフィストの抗議デモと社長宅襲撃事件
一〇・一六	チュニスで表現の自由と暴力反対の数千人規模のデモ
一〇・二三	制憲議会選挙実施、ナフダ党勝利

一・二八	エジプト、「怒りの金曜日」集会
一・三〇	モロッコ、民主化要求デモ
二・一一	エジプト、ムバーラク大統領辞任
二・一四	バハレーン、民主化要求デモ
二・一五	リビア、ベンガジでカダフィー政権に対する武力闘争開始
二・二〇	モロッコ、政治改革要求デモ
三・一五	シリアで反バース党政権デモ
三・一九	米英仏NATO軍、リビア空爆開始
三・一九	エジプト、憲法改正の国民投票
五・五	リビア、ミスラタを反政府勢力占領
六・三	イエメン、サーレハ大統領負傷
六・六	エジプト、ムスリム同胞団の「自由公正党」を公認
七・一	モロッコ、憲法改正の国民投票
一〇・二〇	リビア、カダフィー大佐死亡

一一・二二	制憲議会議長にムスタファ・ベン・ジャアファル（タカットル党）選出
一一・二八	チュニス大学マヌーバ・キャンパスでサラフィスト学生ら、座り込みを開始（約半年間）
一二・一一	制憲議会、公共権臨時組織に関する法整備
一二・一二	暫定共和国大統領にモンセフ・マルズーキー（CPR）選出
一二・一四	政府主席に、ハマディ・ジバリー（ナフダ党）首相→トロイカ体制の発足
二〇一二・三・七	チュニス大学でサラフィスト学生の黒旗掲揚事件、女子学生ハウラ・ラーシドが阻止
三・二六	ナフダ党、新憲法へのシャリーアの適用を断念
三・二九	サラフィスト政党「改革戦線党」を初認可
四・二	NGO「我々の憲法」創始者J・ベンムバーラク、ドゥーズでサラフィストとナフダ党員により襲撃
五・二	ナフダ党政権とザイトゥーナ・モスクの過激派イマームが「教育復興協定書」に署名
六・一一	サラフィストらによるマルサのアブディラ宮殿での絵画展覧会襲撃事件
六・二八	「ニダー・トゥーニス党（チュニジアの呼びかけ党）」の結成
九・一四	米国大使館とアメリカン・スクールへのアンサール・シャリーアによる襲撃事件
一〇・一八	タタウィーンでニダー・トゥーニス党の書記、「革命保護連盟」（LPR）による襲撃で死亡
一一・二七	スリアナでの民衆蜂起と治安部隊との衝突（―一二・一）
一二・四	UGTT事務所へのLPRとナフダ党の支持者らによる襲撃
一二	アルジェリア国境付近カスリーン県シャンビ山岳地帯でAQMIの軍事訓練キャンプ発見
二〇一三・一・一二	シーディ・ブーサイードの廟、放火
二・六	野党議員ショクリ・ベライード（民主愛国主義者の運動党）、

一一・二三	イエメン、サーレハ大統領、副大統領に政権移譲
一一・二八	エジプト、人民議会選挙開始
二〇一二	
五・一〇	アルジェリア、国民議会選挙
五・二三	エジプト、大統領選挙
五・二五	シリア政府軍、一〇〇人以上の市民虐殺
六・二六	エジプト、ムルシーが大統領に当選
七・七	リビア、初の国民議会選挙
九・一一	リビア、ベンガジの米国大使館襲撃事件で米国大使死亡
一一	シリア国民連合結成
一二・一五	エジプト、新憲法案の国民投票
一二・二六	エジプト、新憲法の公布
二〇一三	
一・一六	アルジェリア、イナメナス人質事

	自宅前で暗殺。イスラーム過激派が犯行に関与。		件（日本人一〇人死亡）
二・八	全国各地でベライード葬儀参列者による反政府デモ		
二・一四	マフディーヤでワジュディ・ガーニムの支持者と反対者との衝突		
二・一九	ハマディ・ジャバリー政府主席辞職		
二・二二	アリー・ライエド（ナフダ党）政府主席に指名		
四・二四	制憲議会、憲法草案の第三回の公表		
五・一	カスリーン県シャンビ山中で、治安部隊がテロ組織掃討作戦展開（数週間）	四・二〇	イラク、一二県で地方議会選挙
	同県とケフ地域を軍事展開立入禁止地区と宣言	四・二三	リビア、トリポリの仏国大使館襲撃事件
五・一九	カイラワーンでアンサール・シャリーア年次大会の無許可開催。政府、当組織を非合法化		
六・一	制憲議会、憲法草案を公表		
六・一二	FEMENの活動家三人、チュニジア人FEMENメンバー、アミーナ・サブウィの釈放要求	六・三〇	エジプト、ムルシー大統領の辞任要求大規模デモ
七・二五	シーディ・ブーズィード出身の野党政治家ムハンマド・ブラーフミー、チュニスで暗殺	七・三	エジプト、軍によるムルシー大統領解任・逮捕
七・二七	ブラーフミーの葬儀と内閣辞職要求デモの広がり、制憲議会議員の一部が抗議の辞職		
七・二九	アルジェリア国境付近でテロ集団掃討中に八人の兵士殺害		
八・四	チュニス郊外ワルディアでテロ対策特別部隊がアジトを襲撃、六人拘束	八・一四	エジプト、軍によるムルシー支持者多数殺害
八・二七	ライエド政府主席、アンサール・シャリーアの政治家暗殺関与を理由に、テロ組織に指定	八・二一	シリア、ダマスカス郊外で化学兵器使用
九・七	ブラーフミー暗殺から四〇日目、バルドーで数千人がナフダ政権交代要求デモ		
九	UGTT、UTICA、LTDH、弁護士会のカルテットが「国民対話」の提案を開始	九・二三	エジプト、ムスリム同胞団と自由公正党が非合法化

	九・一七	カルテットがロードマップを提示
	一〇・五	「国民対話」の書類にナフダ党を含む二一政党が正式に合意署名
	一〇・二三	「国民対話」の会合開催
	一〇・二三	シーディ・アリー・ベン・アウーンの軍事衝突で七人の治安部隊員死亡
	一〇・三〇	スースのホテルで爆発、一時間後にモナスティールのブルギバの霊廟で自爆テロ
	一二・一四	マフディ・ジュムア、新政府主席に指名
二〇一四	一・九	ラライエド政府主席、辞職
	一・二六	制憲議会、新憲法草案を圧倒的多数で可決（二一六議席：賛成二〇〇票、反対一二票、白票四票）
	二・七	新憲法の公布
	七・一七	カスリーン県でラマダーン夕食時のテロ攻撃で軍人一四人死亡、二〇人負傷
	一〇・二三	国民代表者議会選挙
	一一・五	ケフとジャンドーバ間の自動車道で軍人・家族が乗ったバスへのテロ攻撃で五人死亡、一二人負傷
	一一・二三	共和国大統領選挙
	一二・一三	ナフダ党は、大統領選挙での中立を発表、判断は各党員に委任
	一二・二一	共和国大統領選挙の決選投票
	一二・三一	ベージー・カーイドエッセブシー新大統領に就任
二〇一五・一・三		カーイドエッセブシー大統領、アディスアベバでの第二四

二〇一四	一・三	シリア、ISISがのラッカを占領
	一・一四—一五	エジプト、新憲法の国民投票
	一・二二	ジュネーブ、国連仲介シリア和平会議
	四・三〇	イラク、国民議会選挙
	五・二六	エジプト、大統領選挙でスィースィー前国防相が勝利
	六・四	シリア、アサド大統領再選
	六・二五	リビア、国民議会選挙、世俗派勝利にイスラーム勢力が反撃
	六・二九	IS、バグダーディがカリフ宣言
	八・八	米国、ISへの空爆開始
	一〇・一八	イエメン、フーシー派がサナア占拠
二〇一五		

	回アフリカ連合サミットに出席
一・五	新大統領、政府主席にハビーブ・エッシードを指名
二・六	ハビーブ・エッシード政権の発足
三・一八	バルドー博物館テロ事件（犠牲者、日本人二人を含む二四人）
三・二二	チュニスでテロ反対デモに外国からの要人を含む数千人参加
三・二八	カーイドエッセブシー大統領、エジプトでの第26回アラブ諸国サミットに出席
五・一八	カーイドエッセブシー大統領訪米、ワシントンでオバマ大統領と会見
六・二六	スース・インペリアル・マルハバ・ホテルで観光客を狙ったテロ事件（三九人死亡、三九人負傷）
一〇・九	「国民対話カルテット」のノーベル平和賞受賞の発表
一一・二四	チュニスのムハメド5世通りで、大統領警備隊のバスで自爆テロ（一二人が死亡、二〇人負傷）
一二・一	「国民対話カルテット」、オスローにてノーベル平和賞受賞式

一・二三	サウジアラビア、アブダッラー国王逝去、サルマーン新国王即位
三・二五	サウジアラビアとの有志連合、イエメン・フーシー派を軍事攻撃
六・一六	エジプト、ムルシー元大統領とムスリム同胞団員一〇〇人に死刑判決
七・一四	イラン、欧米六か国と核協議合意
九・三〇	ロシア、シリア政府の要請で空爆開始
一二・三〇	ＵＮＨＣＲ、欧州流入の難民数、一〇〇万人突破と発表

・http://www.huffingtonpost.fr/news/tunisie/（ハッフィントンポスト紙のサイト）
・http://www.lemonde.fr/afrique/（フランス・ルモンドのアフリカ・サイト）

映像資料（「アラブの春」に関する山形国際ドキュメンタリー映画祭上映作品）

・『良いはずだった明日（It was Better Tommorrow）』2012年、チュニジア（アラビア語）監督：ヒンド・ブージャーマア　（字幕：鷹木恵子監修）
・『悪意なき闘い（No Harm Done）』2012年、フランス（フランス語・アラビア語）監督：ナディア・エルファーニー、アリーナ・イザベル・ペレス（字幕：鷹木恵子監修）
・『共通の敵（A Common Enemy）』2013年 スペイン・チュニジア（アラビア語、フランス語）監督：ハイム・オテロ・ロマーニ　（字幕：鷹木恵子監修）

渡邊祥子
2016 「アラブの春とチュニジア国家＝社会関係―歴史的視点から―」松尾昌樹・岡野内正・吉川卓郎編著『中東の新たな秩序』ミネルヴァ書房、pp. 105-123.

Weslati, Slah
2014 *Tunisie entre démocratie, guerre civile et terrorisme "Arretez le mas sacre."* Paris: Pha-International.

World Bank
1986 *Republic of Tunisia: Fourth Urban Development Project, Loan and Project Summary*. Report No. P-4353-TUN. The World Bank.
1988 *Republic of Tunisia: Second Small and Medium Scale Industry Development Project, Loan and Project Summary.* Report No.P-4535-TUN. The World Bank.
2014 *The Unfinished Revolution: Bringing Opportunity, Good Jobs and Greater Wealth to All Tunisians*. Washington D.C.: The World Bank.

山内昌之
2012 『中東―新秩序の形成』ＮＨＫ出版。

Yousfi Hèla
2015a The Tunisian Revolution: Narratives of the Tunisian General Labour Union. *Routledge Handbook of the Arab Spring*. Sadiki, Larbi. ed. pp. 319-330.
2015b *L'UGTT: Une passion tunisienne - Enquête sur les syndialistes en révolution 2011-2014*. Tunis: IRMC.

Zamiti, Khalil
2012 Avatar de la révolution. *Réalités,* No.1365: 24-25.

Zantūr, Kawthar
2013 Tsūnāmī al-ta'ayyāt al-nahdhāwīya. *Al-Maghrib*, le 16 novembre: 6-7.

Zbiss, Hanène
2012 Procès Barraket Essahel: A quand la vérité ? *Réalités,* No.1363: 51-53.
2013 Basa Belaid : La naissance d'une icône. *La Revue du CEREDIF*, No.45 : 50-53.

主要参考ウェッブサイト

・http://www.lapresse.tn/（チュニジアの日刊紙ラプレスのサイト）
・http://www.tunisia-live.net/（チュニジアのニュース・サイト）
・http://www.turess.com/fr（チュニジアのニュース・サイト）

"l'Expérience de la Tunisie". Tunis: Tous unis contre la corruption.
Tilly, Charles and Tarrow, Sidney
2015 *Contentious Politics.* (second edition) New York: Oxford University Press.
Tizaoui, Hamadi
2013 *Le décrochage industriel des régions intérieures en Tunisie*. Tunis: Arabesques.
トッド、エマニュエル
2012 『アラブ革命はなぜ起きたか―デモグラフィーとデモクラシー』(石崎晴己訳）藤原書店
Touati, Zeinib and Zlitni, Sami
2013 Social networks and women's right activism in post-revolutionary Tunisia. In Olimat, Muhamad (ed.) *Arab Spring and Arab Women*: *Chalenges and Opportunities*. London: Routledge. pp. 162-175.
Toumi, Mohsen
1989 *La Tunisie de Bourguiba à Ben Ali.* Paris: Presses Universitaires de France.
土屋一樹編
2013 『中東地域秩序の行方―「アラブの春」と中東諸国の対外政策』アジア経済研究所。
チュニジア共和国
1990 『チュニジア私的関係法』(黒田美代子訳）国際大学中東研究所。
鶴見和子
1996 『内発的発展論の展開』筑摩書房。
内山田康
2003 「開発の二つの記憶」『民族学研究』67(4) : 450-477。
UNDAF
2014 *Plan cadre d'aide au développement Tunisie 2015-2019.* Tunis: ONU.
臼杵　陽
2011 『アラブ革命の衝撃―世界でいま何がおきているのか』青土社。
Valensi, Lucette
1977 *Fellahs tunisiens : L'économie rurale et la vie des campagnes aux 18e et 19e siècles*, Paris: Mouton.
若桑　遼
2013 「革命後のチュニジアにおける『サラフィー主義』の伸長」『中東研究』Vol.1, No. 517: 36-45.

池谷和信・佐藤廉也・武内進一編『アフリカI』朝倉書店、pp. 269-285.
2007 『マイクロクレジットの文化人類学―中東北アフリカにおける金融の民主化にむけて』世界思想社。
2011a 「チュニジア・ジャスミン革命所感」『地中海学会月報』No.338 : 7
2011b 「チュニジア革命ともう一つの公共空間」『アフリカ』vol.51, No.2: 42-45.
2012 「チュニジアの民主化過程の現状―ローカルコンテクストからの考察」『アジ研ワールドトレンド特集「アラブの春」と中東政治の構造変容』No.196 : 24-29.
2013a 「オアシスの伝統的生活から学ぶ未来」 石山俊・縄田浩志編 『ポスト石油時代の人づくり・モノづくり』 昭和堂、pp. 105-135.
2013b 「書評 ティヨン、G. 『イトコたちの共和国』(宮治美江子訳) みすず書房」『比較文明』No.29 : 156 –160.
2015 「チュニジア政府開発政策と革命後のオアシス農地紛争―開発・感情・論理をめぐる一考察」関根久雄編『「開発と感情」の人類学』春風社、pp.305-343.
2016 「チュニジア革命と民主化移行期における女性たちの活動―国家フェミニズムから市民フェミニズムへ」『国際学研究』第6号 : 11-30.

Takaki, Keiko
2013 Ecumenism and Transnational Movement in Islam: A Peace-building Activities of the Sufi Tariqa al-Alawiyya. *The Journal of Sophia Asian Studies,* No. 30: 75-90.

鷹木恵子(編)
2010 『チュニジアを知るための60章』明石書店。
2014 『イスラームと価値の多様性―ジェンダーの視点から』笹川平和財団中東イスラム基金事業共同研究プロジェクト成果報告書(内部資料)。

武内進一
2012 「紛争影響国における国家建設―「能力の罠」vs.「正当性の罠」」『国際問題』11月 No. 616 : 19-31.

Tamimi, Azzam S.
2001 *Rachid Ghannouchi : Ademocrat within Islamism.* Oxford and NewYork: Oxford University Press.

Tayara, Bassam
2011 *Le printemps Arabe décodé: Faces cachés des révoltes.* Beyrouth: Albouraq.

Thabet, Mounir (ed.)
2014 *Contribution de la société civile dans l'application de la CNUCC*

力と非暴力』ミネルヴァ書房。
2012 「『アラブの春』をどうとらえるか」『中東研究』Vol. III, No.513 : 13-20.
酒井啓子（編）
2011 『〈アラブ大変動〉を読む―民衆革命のゆくえ』東京外国語大学出版会。
2012 『中東政治学』有斐閣。
坂田正三
2003 「参加型開発概念再考」佐藤寛編『参加型開発の再検討』日本貿易振興会アジア経済研究所、pp. 37-59.
佐藤　寛（編）
2003 『参加型開発の再検討』日本貿易振興会アジア経済研究所。
関根久雄
2007 「対話するフィールド、協働するフィールド―開発援助と人類学の『実践』スタイル」『文化人類学』72(3) : 361-382.
七五三泰輔
2009 「参加型計画立案の実践プロセスにみる政治性のモニタリングと記録の方法―環境保全プロジェクトのプロセス・ドキュメンテーションの分析から」『国際開発研究』第 18 巻第 1 号 : 37-51。
Sīgma Kūnsāy
2015 *Al-Bārūmītur al-Siyāsī li-Sīgmā Kūnsāyu*. Tunis: Sigma Group.
白谷　望
2015 『君主制と民主主義―モロッコの政治とイスラームの現代』風響社。
鈴木絵美
2013 『エジプト革命―軍とムスリム同胞団、そして若者たち』中公新書。
鈴木尊紘
2007 「フランスにおける男女平等政策参画―パリテに関する 2007 年 1 月 31 日法を中心に」『外国の立法』233 号、国立国会図書館調査及び立法考査局 pp. 157-169.
Stora, Benjamin
2011 *Le 89 Arabe: Réflexions sur les révolutions en cours*. Paris: Editions Stock.
高橋和夫
2016（2013）『改訂版　現代の国際政治』放送大学教育振興会。
鷹木恵子
2000 『チュニジアのナツメヤシ・オアシス社会の変容と基層文化』東京外国語大学アジア・アフリカ言語文化研究所、Studia Culturae Islamicae, No.68.
2007 「イスラームの女性とチュニジア―アラブ女性解放のリーダー国の動態」

大稔哲也
2011 「エジプト『一・二五革命』の社会史点描—公共性とコミュニタス」『現代思想：特集　アラブ革命』Vol. 39-4 : 100-107.
OTTD（L'Observatiore Tuisien de la Transition Démocratique）(ed.)
2012a *La Transition Démocratique en Tunisie, Etat des Lieux, Les Acteurs*. Tunis: Diwen Edition.
2012b *La Transition Démocratique en Tunisie, Etat des Lieux, Les Thématique*. Tunis: Diwen Edition.
2014 *Démocratie, Religion et Liberté*. Tunis: Diwen Edition.
Ouesleti, Bilel
2014 *Produits de terroir et coopératives*. Tunis: Enda inter-arabe.
Perkins, Kenneth
1997 Recent Historiography of the Colonial Period in North Africa: The "Copernican Revolution" and Beyond. In Le Gall, M. and Kenneth, P. eds. *The Maghrib in Question: Essays in History & Historiography*. Austin: The University of Texas Press, pp. 121-135.
2013 *A History of Modern Tunisia*（second edition). New York: Cambridge University Press. (『チュニジア近現代史—民主的アラブ国家への道程』鹿島正裕訳、2015、風行社)。
Pouessel, Stephanie
2012 Les marges renaissantes: Amazigh, Juif, Noir. Ce que la révolution a changé dans ce « petit pays homogène par excellence » qu'est la Tunisie. *L'Année du Mahgreb,* VIII: 143-160.
Puchot, Pierre
2012 *La Révolution confisquée: Enquête sur la transition démocratique en Tunisie*. Paris: Sindbad.
Ramadan, Tariq
2011 *L'Islam et le Réveil Arabe.* Paris: Presses du Châtelet.
Réseau Doustourna
2014 *Réseau Doustourna 2011-2014*. Tunis: Réseau Doustourna.
Sadiki, Larbi（ed.)
2015 *Routledge Handbook of the Arab Spring: Rethinking Democratization*. London: Routledge.
Sboui, Amina
2014 *Mon corps m'appartient*. Paris: Editions Plon.
酒井啓子
2010 「中東における暴力化の諸相」長崎暢子・清水耕介編著『紛争解決—暴

L. (ed.) *Routledge Handbook of the Arab Spring*. London and New York, pp. 89-104.

Murphy, Emma C.

1999 *Economic and Political Change in Tunisia: From Bourguiba to Ben Ali*. London: Macmillan.

2003 Women in Tunisia: Between State Feminism and Economic Reform. In Doumato, E. A. et al.(eds.) *Women and Globalization in the Arab Middle East*. London: Lynne Reinner Publisher, pp. 169-194.

Naccache, Gilbert

2011 *Vers la démocratie? De l'idéologie du développement à l'idéologie des droits de l'homme*. Tunis: Editions Mots Passants.

Nafti, Hatem

2015 *Tunisie, Dessine-moi une révolution: Témoignages sur la transition démocratique 2011-2014*. Paris: l'Harmattan.

中村廣治郎

1997 『イスラームと近代（叢書 現代の宗教 13)』岩波書店。

長沢栄治

2012a『エジプト革命―アラブ世界変動の行方』平凡社新書。

2012b『アラブ革命の遺産―エジプトのユダヤ系マルクス主義者とシオニズム』平凡社。

Norton, Augustus Richard (ed.)

1995 *Civil Society in the Middle East*. Leiden: E.J.Brill.

小國和子

2003 『村落開発支援は誰のためか―インドネシアの参加型開発協力にみる理論と実践』明石書店。

Olimat, M. S. (ed.)

2014 *Arab Spring and Arab Women: Challenges and opportunities*. London Routledge.

翁長忠雄

2014 「ジョモア暫定首相インタビュー　与野党歩み寄り必要」『朝日新聞』2014 年 11 月 25 日朝刊 7 面。

小野仁美

2015 「現代チュニジアにおけるシャリーアと女性―ラシード・ガンヌーシーのイスラーム的女性解放論」『イスラム世界』83: 1-29.

小野安昭

2011 「なぜ、チュニジアから始まったのか？」『現代思想:特集　アラブ革命』Vol. 39-4: 159-163.

Mefarej, Leila
2012 La représentation féminine après le 14 janvier. In Rouissi, H., Nouira, A. Zghal, A. (sous la direction de) *La Transition Démocratique en Tunisie, Etat des Lieux, Les Thématique*. Tunis: Diwan Edition, pp. 153-168.

Mellakh, Habib
2013 *Chroniques du Manoubistan*. Tunis: Cérès Éditions.

Missaoui, Najeh et Khalefaoui, Oussama
2011 *Révolution Tunisienne 1ère Période: Dégage, dégage, dégage: Ils ont dit Dégage !* Ben Arous: Editions Franco-Berbères.

宮治一雄
1983 『アフリカ現代史Ⅴ 北アフリカ』（第二刷）山川出版社。

宮治実江子
2011 「中東世界の地殻変動―チュニジアにおける民主革命への動き」『現代思想：特集アラブ革命』Vol. 39-4, pp. 164-171.

水谷　周（編）
2011 『アラブ民衆革命を考える』国書刊行会。

Moghadam,Valentine M.
2013 *Globalization and Social Movement: Islamism, Feminism, and the Global Justice Movement.* (Second Edition). Lanham: Rowman & Littlefield Publishers. INC.

Moghadam, Valemtine M. (ed.)
2013 *From Patriarchy to Empowerment: Women's Participation, Movements, and Rights in the Middle East, North Africa, and South Asia*. New York: Syracuse University Press.

Mosse, David
1994 Authority, Gender and Knowledge: Theoretical Reflections on the Practice of Participatory Rural Appraisal. *Development and Change*, Vol. 25: 497-526.
2001 Introduction. In Mossee, D., Farrington, J. and Rew, A. (eds.) *Development as process*. NewDelhi: India Research Press, pp. 1-53.

Mosse, David, Farrington, John and Rew, Alan (eds.)
2001 *Development as process: Concepts and methods for working with complexity*. New Delhi: India Research Press.

M'rad, Hatem
2014 *Tunisie: De la révolution à la constitution*. Tunis: Nirvena.

Mullin, Corinna
2015 Tunisia's Revolution and the Domestic-International Nexus. In Sadiki,

Lamloum, Olfa et Ali Ben Zina (sous la direction de)
2015 *Les Jeunes de Douar Hicher et d'Ettadhamen: Une enquête sociologique*. Tunis: Arabesque.
Lamloum, Olfa et Ravenel, Bernard (sous la direction de)
2000 *La Tunisie de Ben Ali: La société contre le régime*. Paris: L'Harmattan.
Larémont, Ricardo René (ed.)
2014 *Revolution, Revolt, and Reform in North Africa: The Arab Spring and Beyond.* London and New York: Routledge.
Liman, Adnan
2013 *Ennahdha: ses cinq verités*. Tunis: Phoenix Editions.
Mahbouli, Sami
2015 *Katastroïka: Chroniques 2011-2014*. Tunis: Apollonia Editions.
Mahfoudh Draoui, Dorra
2016 *Tunisiennes et action politique en contexte post-révolutionnaire*. Tunis: CREDIF.
Al-Majlis al-Waṭanī al-Ta'asīsī
2014 *Dustūr al-Jumhūrīya al-Tūnisīya*. Tūnis: Al-Majlis al-Waṭanī al-Ta'asīsī.
Maktouf, Lotfi
2013 *Sauver la Tunisie*. Saint-Amand-Montrond: Fayard.
Manai, Ahmed
1995 *Supplice Tunisien: La jardin secret de général BenAli.* Paris: La Découverte.
Marks, Monica
2013 Women's Rights before and after the Revolution. In Gana, N.(ed.), *The Making of the Tunisian Revolution.* Edinburgh: Edinburgh University Press, pp. 224-251.
Marzouki, Moncef
2012 (1987) *Arabes, si vous parliez*… Casablanca: Afrique Orient.
松田嘉子
2015 「チュニジア伝統音楽研究所『ラシディーヤ』」『多摩美術大学研究紀要』29: pp.109-123。
松本　弘
2015 『アラブ諸国の民主化―2011年政変の課題』山川出版社。
松本　弘（編）
2011 『中東・イスラーム諸国　民主化ハンドブック』明石書店。

Studies, Vol. 19, No. 2: 131-136.

2014c Tunisia's women: partners in revolution. *The Journal of North African Studies*, Vol. 19, No. 2: 186-199.

King, Stephen J.

2003 *Liberalization against Democracy: The Local politics of Economic Reform in Tunisia*. Bloomington & Indianapolis: Indiana University Press.

2009 *The New Authoritarianism in the Middle East and North Africa*. Bloomington & Indianapolis: Indiana University Press.

私市正年

2004 『北アフリカ・イスラーム主義運動の歴史』白水社。

2011 「ジャスミン革命の衝撃」『現代思想：特集アラブ革命』Vol.39-4, pp.172-177.

国連開発計画

2006 『人間開発報告書 2005』（横田洋三・秋月弘子・二宮正人監修）国際協力出版社。

2011 『人間開発報告書 2010』（横田洋三・秋月弘子・二宮正人監修）阪急コミュニケーションズ。

2015 『人間開発報告書 2014』（横田洋三・秋月弘子・二宮正人監修）CCC メディアハウス。

Korten, D.

1980 Community Organization and Rural Development: A Learning Process Approach. *Public Administration Review* Sep-Oct: 493-503.

Kraiem, Mustapha

2011 *Aux origins de la révolution Tunisienne*. Tunis: La Maghrébine pour l'Impression de la Publication du Livre.

2014 *La Révolution Kidnappée.* Tunis: La Maghrébine pour l'Impression de la Publication du Livre.

栗田禎子

2014 『中東革命のゆくえ―現代史のなかの中東・世界・日本』大月書店。

黒木英充（編）

2008 『「対テロ戦争」の時代の平和構築―過去からの視点、未来への展望』東信堂。

Labat, Séverine

2013 *Les Islamistes Tunisiens: Entre l'état et la mosquée*. Paris: Demopolis.

Architects, Prospects. Edinburgh: Edinburgh University Press, pp.159-180.

Hostrup Haugbølle, Rikke and Cavatorta, Francesco

2014 Islamism in Tunisia before and after the Arab Spring. In Knudsen, Are and Ezbidi, Basem (eds.) *Popular Protest in the New Middle East.* New York: I.B.Tauris, pp. 31-60.

池内　恵

2016 『イスラーム世界の論じ方』中央公論新社。

伊能武次・土屋一樹（編）

2012 『エジプト動乱―1.25 革命の背景』アジア経済研究所。

Institut National de la Statistique

2013 *Annuaire statistique de la Tunisie 2008-2012.* Tunis: INS.

石黒大岳

2013 『中東湾岸諸国の民主化と政党システム』明石書店。

岩崎えり奈

2012 「チュニジアの革命と地域―2011 年制憲議会選挙結果をもとに」『中東研究』Vol II, No.515: 45-54.

2015 「チュニジアの 2014 年選挙と地域」『中東研究』Vol II, No.524: 76-94.

Jeblaoui, Emna

2012 Le rôle de la société civile dans la transition démocratique: Suivi des acteurs des droits de l'homme. In OTTD ed. *La Transition Démocratique en Tunisie, Etat des Lieux, Les Acteurs.* Tunis: Diwan Edition, pp.335-365.

Joffé, George (dir.)

2013 *North Africa's Arab Spring.* London and New York: Routledge.

Jouini, Elyès (dir.)

2013 *Tunisie l'éspoir: Mode d'emploi pour une reprise.* Tunis: Cérès Editions.

Kahlaoui, Tarek

2014 The Powers of Social Media. In Gana, Nouri (ed.) *The Making of the Tunisian Revolution: Contexts, Architects, Prospects*, pp.147-158.

加藤博・岩崎えり奈

2013 『現代アラブ社会―「アラブの春」とエジプト革命』東洋経済新報社。

Khalil, Andrea

2014a *Crowds and Politics in North Africa.* London and New York: Routledge.

2014b Gender Paradoxes of the Arab Spring. *The Journal of North African*

étoilée.
Geertz, Clifford.
1973 *The Interpretation of Cultures*. New York: Basic Books, Inc., Publishers.
Geisser, Vincent et Gobe Éric
2008 Un si long règne… Le régime de Ben Ali vingt ans après. *L'Année du Maghreb,* IV: 347-381.
Gobe Éric et Chouikh, Larbi
2014 La Tunisie politigue en 2013: de la bipolarisation idéologique au «consensus constitutionnel»? *L'Année du Maghreb,* 11: 301-322.
Gribaa, Boutheina et Depaoli, Giorgia
2014 *Profile Genre de la Tunisie*. Mission d'identification d'un programme de promotion de l'égalité homme-femme en Tunisie. l'Union Européenne.
Guen, Moncef
2013 *Tunisie: Pour un modèle économique postrévolutionnaire*. Paris : L'Harmattan.
Haas, Mark L. and Lesch, David W.(eds.)
2013 *The Arab Spring: Change and Resistance in the Middle East.* Boulder: Westview Press.
Hached, Farah et Ferchichi, Wahid (sous la direction de)
2014 *Révolution Tunisienne et défis sécuritaires*. Sfax: Med Ali Edition.
Haddad Mezri
2011 *La face cachée de la révolution tunisienne: islamisme et occident, une alliance à haut risque.* Tunis: Arabesques.
Haji, Rejeb
2015 *De la révolution…Tout un programme ! Chronique 2011-2014*. Tunis: Collection Farh.
ハインゾーン、グナル
2011 (2008) 『自爆する若者たち―人口学が警告する驚愕の未来』(猪股和夫訳) 新潮選書。
Honwana, Alcinda
2013 *Youth and Revolution in Tunisia*. London and New York: Zed Book.
保坂修司
2014 『サイバー・イスラーム―越境する公共圏』山川出版社。
Hostrup Haugbølle, Rikke
2013 Rethinking the role of the Media in the Tunisian Uprising. In Gana, Nouri(ed.) *The Making of the Tunisian Revolution: Contexts,*

2012b *Code du Statut Personnel entre loi et vécu. La Revue du CREDIF*, No. 43. Aout.

2012c *La violence à l'encontre des femme. La Revue du CREDIF*, No. 44. Décembre.

2014 *Etude sur les associations oeuvrant pour l' égalité des chances entre les femmes et les hommes en Tunisie*. Tunis: CREDIF.

CREDIF et UNFPA

2013 *Egalité de Genre et Transition Démocratique*. Tunis: CREDIF.

Dargouthy, Jaafar

2011 *L'Islam politique et la crise de la démoncratie en Tunisie*. Berlin: Editions universitaires européennes.

ダウィシャ・アディード

2013『民主化かイスラム化か―アラブ革命の潮流―』（鹿島正裕訳）風行社。

Despois, Jean et Raynal, René

1967 *Géographie de l'Afrique du nord-ouest*. Paris: Payot.

Dillman, Bradford

1998 The Political Economy of Structural Adjustment in Tunisia and Algeria. *The Jounal of North African Studies*, Vol. 3: 1-24.

Dot-Pouillard, Nicolas

2013 Tunisie: *la révolution et ses passés*. Paris: l'Harmattan.

Eickelman, Dale F. and Anderson, John W. (eds.)

1999 *New Media in the Muslim World: The Emerging Public Sphere*. Bloomington: Indiana University Press.

Enda inter-arabe

2015 *Rapport annuel 2014*. Tunis: Enda inter-arabe.

Ferchiou, Sophia

1996 Féminisme d'Etat en Tunisie: Idéologie dominante et résistance féminine. In Bourquia, R. et al.（sous la dir.）*Femmes, Culture et Société au Maghreb II*. Casablanca: Afrique-Orient, pp.119-140.

Filiu, Jean-Pierre

2011 *La Révolution arabe: Dix leçons sur le soulèvement démocratique*. Paris: Fayard.

Gana, Nouri（ed.）

2013 *The Making of the Tunisian Revolution: Contexts, Architect, Prospects*. Edinburgh: Edinburgh University Press.

Gdalia, Janine

2013 *Femme et Révolution en Tunisie*. Monpellier: Éditions Chèvre-feuille

No.2: 230-243.
2013b The Arab Spring and Women's Rights in Tunisia. *E-International Relations*. (04.09.2013), http://www.e-ir.info/2013/09/04/the-arab-spring-and-womens-rights-in-tunisia/, accessed 30 October 2014.
Chellalo, Salsabil
2015 A Tunis, de jeunes musulmans prennent le chemin de l'église. *Le Monde* (06/ 01/ 2015).
Cherif Cahmari, Alya
1991 *La femme et la loi en Tunisie*. Casablanca: Editions le fennec.
Cherif Khadija
2015 Sans égalité, point de modernité. In Ben M'rad, M.(ed.) *Tunisiennes et révolution: Le combat des femmes*. Tunis: Simpact, pp.39-40.
Cherni, Amor
2011 *La Révolution Tunisienne s'emparer de l'histoire*. Beyrouth et Paris: Dar Albouraq.
Chernov Hwang, Julie
2009 *Peaceful Islamist Mobilization in the Muslim World: What Went Right*. London: Palgrave Macmillan.
千葉悠志
2014 『現代アラブ・メディア―越境するラジオから衛星テレビへ』ナカニシヤ出版。
Chouikh, Larbi et Gobe Éric
2009 La Tunisie entre la «révolte du bassin minier de Gafsa» et l'échéance électorale de 2009. *L'Année du Maghreb*, V: 387-420.
2013 La Tunisie en 2012: Heurs et malheurs d'une transition que n'en finit pas. *L'Année du Maghreb*, IX: 385-407.
Clancy-Smith, Julia
2014 *Tunisian Revolutions: Reflection on Seas, Coasts, and Interiors*. Washington, D.C.: Georgetown University Press.
Comité pour le Respect des Libertés et des Droits de l'Homme en Tunisie
2000 *La torture en Tunisie: 1987-2000 Plaidoyer pour son abolition et contre l'impunité*. Pantin: Le Temps des Cerises.
COWI et l'Union Européenne
2012 *Rapport de diagnostic sur la société civil tunisienne*. COWI et l'Union Européenne.
CREDIF
2012a *Les acquis juridiques de la femme tunisienne*. Tunis: CREDIF.

isme. *Le Maghreb Magazine,* mai/juin 2013: 39-46.
Bettaïb, V. (ed.)
2011 *Dégage: La Révolution Tunisienne.* Tunis: Alif Editions du Layeur.
Blaise, Lilia
2012 Les dessous de l'affaire Wajdi Ghanim. *REALITES,* No.1365: 16-18.
Borowiec, A.
1998 *Modern Tunisia: A Democratic Apprenticeship.* London: Praeger.
Bouamoud, Mohamed
2011 *Bouaszizi ou l'étincelle qui a destitué Ben Ali.* Tunis : Almaha Editions.
Boubakri, Amor
2015 Interpreting the Tunisian Revolution: Beyond Bou'azizi. In Sadiki, L. (ed.) *Routledge Handbook of the Arab Spring.* London and New York, pp. 65-76.
Boularès, Habib
2012 (2011) *Histoire de la Tunisie : Les grandes dates de la préhistoire à la révolution.* Tunis : Cérès Éditions.
Bourquia, R., Charrad, M.M. et Gallagher, N. (sous la direction de)
1996 *Femmes, Culture et Société au Maghreb II.* Casablanca: Afrique-Orient.
Bousnina, Adel
2012 *Le littoral et le désert tunisiens : Développement humain et disparités régionales en Tunisie.* Paris : L'Harmattan.
2013 *Le chômage des diplomés en Tunisie.* Paris: L'Harmattan.
Brunschvig, Robert
1947 *La Berbérie orientale sous les Hafsides; des origines à la fin de XVe siècle.* Tome II. Paris: Adrien-Maisonneuve.
Bussac, François G.
2012 *Vers une Tunisie libre ?* Tunis: Editions Arabesques.
Chaker, Samira
1997 Impacts sociaux de l'ajustement structurel: cas de la Tunisie. *NPS,* Vol.10, No.1: 151-162.
Chapoutot-Remadi, Mounira
2014 *Tunisian Women during the transition's days(2011-2014).* Paper of the Public Lecture at Tokyo International University, on November 8, 2014.
Charrad, Mounia and Zarrugh, Amina
2013a Equal or Complementary? Women in the new Tunisian Constitution after the Arab Spring. *The Journal of North African Studies,* Vol. 19,

and North Africa. (Second Edition) Stanford: Stanford University Press.
Belhaj Youssef, Hedia
2015 Women and Political Participation in Tunisia. In Euro-Mediterranean Women's Foundation (ed.) *Women in the Mediterranean: First Monitoring Report of the Euro-Mediterranean Women's Foundation of the Ministerial Conferences*, pp.89-97.
Bellin, Eva
2002 *Stalled Democracy: Capital, Labor, and the Paradox of State-sponsored Development.* Ithaca and London: Cornell University Press.
Ben Achour, Sana
2006 Le «mouvement du 18 octobre», un an après. *Les Libertés Publiques en Tunisie*. pp. 93-102.
Ben Achour, Yadh
2012 Religion, révolution, et constitution: Le cas de la Tunisie. (Harvard-le 18 septembre 2012) *leaders.com.tn* (13/11/ 2012) http://www.socialgerie.net/spip.php?article1010 accessed 3 November 2014.
Ben Chrouda, Lotfi
2011 *Dans l'ombre de la reine*. Ile de la Jatte: Editions Michel Lafon.
Ben Mansour, Aïcha
2012 Gafsa, le bassin minier: Dessine-moi une CPG. *Le Maghreb Magazine*, No.10/11-juillet/août, pp.60-64.
Ben Mhenni, Lina
2011 *Tunisian Girl: Blogueuse pour un printemps arabe*. Montpellier: Indigène éditions.
Ben M'rad, Moncef (ed.)
2015 *Tunisiennes et révolution: Le combat des femmes*. Tunis: Simpact.
Ben Saïd, Touhami
1994 Les effets de l'ajustement structurel sur l'intégration de l'agriculture tunisienne à l'échange international. *Options Méditerranéennes*, Ser. B/ No.8. : 117-123.
Ben Slama, Ridha
2014 *Les Nouveaux Prédateurs*. Tunis: Berg édition.
Ben Salem, Maryam et Ben Cheikh, Soumaya
2013 *Politique et jeunes femmes vulnérables en Tunisie*. Tunis: CAWTAR.
Ben Tarjem, Khansa
2013 Islams politiques en Tunisie: de la contestation zitounienne au jihad-

gion et liberté. Tunis : Diwen Edition, pp.75-80.
ALTT-CRLDHT
2008 *La torture en Tunisie et la loi «antiterroriste» du 10 décembre 2003: Faits en témoignages afin que cesse l'impunité*. Tunis-Paris: ALTT- CRLDHT.
Amin, Samir
2011 *Le Monde arabe dans la longue durée : Le « printemps » arabe ?* Paris: Le Temps des Cerises.
青山弘之編
2014 『「アラブの心臓」に何が起きているのか―現代中東の実像』岩波書店。
Association Tunisienne des Femmes Democrates
2014 *«Une loi intégrale» pour la protection des femmes victimes des violences: Non à l'impunité*. Open Society Foundations.
Ayachi, Tahar et al.（eds.）
2012 *La Presse Opinions: Naissance d'une démocratie*. Tunis: Editions de la SNIPE.
Ayeb, Habib
2011 Géographie sociale et géopolotique de la révolution tunisienne : la Révolution de l'Alfa. *Maghreb-Machrek*, No.210, Hiver 2011-2012: 61-77.
Bayat, Asef
2010 *Life as Politics: How Ordinary People Change the Middle East*. Stanford: Stanford University Press.
ボベロ、ジャン
2014 『世界のなかのライシテ―宗教と政治の関係史』（私市正年・中村遥訳）白水社。
Beau, Nicolas et Tuquoi, Jean-Pierre
2011 *Notre ami Ben Ali*. Sfax: Med Ali Editions.
Beau, Nicolas et Lagarde, Dominique
2014 *L'Exception tunisienne: Chronique d'une transition démocratique mouvementée*. Paris: Editions du Seuil.
Beauge, Florence
2010 *La Tunisie de Ben Ali: Miracle ou mirage ?* Paris: Editions du Cygne.
Bechri, Mohamed Z. and Naccache, Sonia
2003 *The Political Economy of Development Policy in Tunisia*. The University of Tunisia.
Beinin, Joel and Vairel, Frédéric（eds.）
2013 *Social Movements, Mobilization, and Contestation in the Middle East*

参考文献

Abdelmoula, Ezzeddine

2015 Al Jazeera and Televised Revolution: The Case of Tunisia. In Sadiki, L.arbi (ed.) *Routledge Handbook of the Arab Spring*. London and New York: Routledge, pp.366-375.

足立　明

2001 「開発の人類学―アクターネットワーク論の可能性」『社会人類学年報』27: 1-33。

2003 「開発の記憶―序にかえて」『民族学研究』 67（4): 412-423。

足立　明編

2005 『参加型開発におけるプロセス・ドキュメンテーションの研究―スリランカとインドネシアの事例をとおして』 平成14年度～平成16年度科学研究費補助金（基盤研究（B)（２)）研究成果報告書。

Adi, Mohammad-Munir

2014 *The Usage of Social Media in the Arab Spring: The Potential of Media to Change Political Landscapes throughout the Middle East and Africa*. Zurich: LIT.

Ahmed, Mohamed

2011 L'armées décapitée（l'Affaire de la «Barraket Essahel» . Mai 1991), In Bettaïb, V.（ed.) *Dégage: La Révolution Tunisienne*. Tunis: Alif Editions du Layeur, pp.181-182.

Aleya-Sghaïer, Amira

2014 The Tunisian revolution: The revolution of dignity. In Larémont, Ricardo. R.(ed.) *Revolution, Revolt, and Reform in North Africa: The Arab Spring and Beyond*. London: Routledge, pp.30-52.

Allal, Amin

2013 Becoming Revolutionary in Tunisia, 2007-2011. In Beinin, J. and Vairel, F.(eds.) *Social Movements, Mobilization, and Contestation in the Middle East and North Africa*. Stanford: Stanford University Press, pp.185-204.

Allani, Alaya

2013 The post-revolution Tunisian Constituent Assembly: Controversy over Power and Prerogatives. *The Journal of North African Studies*, 2013, Vol.18, No.1: 131-140.

2014 L'insécurité et le terrorisme: une menace réelle. *Les Cahiers de l'Observatoire Tunisien de la Transition Démocratique: Démocatie, reli*

【や行】

【ら行】

【わ行】

【ま行】

【な行】

【は行】

【た行】

【索　引】

[著者紹介]

鷹木恵子（たかき　けいこ）

北海道生まれ。立教大学大学院文学研究科博士後期課程単位取得退学。博士（文学）。文化人類学専攻。筑波大学歴史人類学系・文部技官を経て、現在、桜美林大学人文学系教授。オランダ・ナイメーヘン大学留学、チュニジア経済社会調査研究所（CERES）、アルジェリア開発応用調査研究所（CREAD）の客員研究員などを歴任。

〔主要著書・編著〕

『北アフリカのイスラーム聖者信仰』 刀水書房、2000年。

『チュニジアのナツメヤシ・オアシス社会の変容と基層文化』東京外国語大学アジア・アフリカ言語文化研究所、Studia Culturae Islamicae, No.68, 2000年。

『マイクロクレジットの文化人類学』世界思想社、2007年。

『チュニジアを知るための60章』（編著）明石書店、2010年。

〔監訳・共訳書〕
監訳　サム・デイリー・ハリス『マイクロクレジットの現状』日本リザルツ、2008年。
共訳　ザヒヤ・サマイール・サルヒー編著『中東・北アフリカにおけるジェンダー』明石書店、2012年。

チュニジア革命と民主化
人類学的プロセス・ドキュメンテーションの試み

2016年9月10日　初版第1刷発行

著　者　　鷹　木　恵　子
発行者　　石　井　昭　男
発行所　　株式会社 明石書店
〒101-0021　東京都千代田区外神田6-9-5
電　話　03（5818）1171
FAX　03（5818）1174
振　替　00100-7-24505
http://www.akashi.co.jp
編集／組版　　本郷書房
装　丁　　明石書店デザイン室
印　刷　　株式会社文化カラー印刷
製　本　　本間製本株式会社

（定価はカバーに表示してあります）　　ISBN978-4-7503-4401-0

●世界歴史叢書●

ユダヤ人の歴史
アブラム・レオン・ザハル著　滝川義人訳　◎6800円

ネパール全史
佐伯和彦著　◎8800円

現代朝鮮の歴史
世界のなかの朝鮮
ブルース・カミングス著　横田安司、小林知子訳　◎6800円

メキシコ系米国人・移民の歴史
M・G・ゴンサレス著　中川正紀訳　◎6800円

イラクの歴史
チャールズ・トリップ著　大野元裕監修　◎4800円

資本主義と奴隷制
経済史から見た黒人奴隷制の発生と崩壊
エリック・ウィリアムズ著　山本伸監訳　◎4800円

イスラエル現代史
ウリ・ラーナン他著　滝川義人訳　◎4800円

征服と文化の世界史
トマス・ソーウェル著　内藤嘉昭訳　◎8000円

民衆のアメリカ史【上巻】
1492年から現代まで
ハワード・ジン著　猿谷要監修　富田虎男、平野孝、油井大三郎訳　◎8000円

民衆のアメリカ史【下巻】
1492年から現代まで
ハワード・ジン著　猿谷要監修　富田虎男、平野孝、油井大三郎訳　◎8000円

アフガニスタンの歴史と文化
ヴィレム・フォーヘルサング著　前田耕作、山内和也監訳　◎7800円

アメリカの女性の歴史【第2版】
自由のために生まれて
サラ・M・エヴァンズ著　小檜山ルイ、竹俣初美、矢口祐人、宇野知佐子訳　◎6800円

レバノンの歴史
フェニキア人の時代からハリーリ暗殺まで
堀口松城著　◎3800円

朝鮮史　その発展
梶村秀樹著　◎3800円

世界史の中の現代朝鮮
大国の影響と朝鮮の伝統の狭間で
エイドリアン・ブゾー著　柳沢圭子訳　李娜兀監訳　◎4200円

〈価格は本体価格です〉

●世界歴史叢書●

ブラジル史
ボリス・ファウスト著　鈴木茂訳　◎5800円

フィンランドの歴史
デイヴィッド・カービー著　百瀬宏、石野裕子監訳
東眞理子、小林洋子、西川美樹訳　◎4800円

バングラデシュの歴史
二千年の歩みと明日への模索
堀口松城著　◎6500円

スペイン内戦
包囲された共和国1936-1939
ポール・プレストン著　宮下嶺夫訳　◎5000円

女性の目からみたアメリカ史
エレン・キャロル・デュボイス、リン・デュメニール著
石井紀子、小川真和子、北美幸、倉林直子、栗原涼子、
小檜山ルイ、篠田靖子、芝原妙子、高橋裕子、
寺田由美、安武留美訳　◎9800円

南アフリカの歴史【最新版】
レナード・トンプソン著　宮本正興、吉國恒雄、
峯陽一、鶴見直城訳　◎8600円

韓国近現代史
1905年から現代まで
池明観著　◎3500円

アラブ経済史　1810〜2009年
山口直彦著　◎5800円

新版 韓国文化史
池明観著　◎7000円

新版 エジプト近現代史
ムハンマド・アリー朝成立から
ムバーラク政権崩壊まで
山口直彦著　◎4800円

アルジェリアの歴史
フランス植民地支配・独立戦争・脱植民地化
バンジャマン・ストラ著　小山田紀子、渡辺司訳　◎8000円

インド現代史【上巻】
1947-2007
ラーマチャンドラ・グハ著　佐藤宏訳　◎8000円

インド現代史【下巻】
1947-2007
ラーマチャンドラ・グハ著　佐藤宏訳　◎8000円

肉声でつづる民衆のアメリカ史【上巻】
ハワード・ジン、アンソニー・アーノブ編
寺島隆吉、寺島美紀子訳　◎9300円

肉声でつづる民衆のアメリカ史【下巻】
ハワード・ジン、アンソニー・アーノブ編
寺島隆吉、寺島美紀子訳　◎9300円

――◆以下続刊　〈価格は本体価格です〉